Die Geschichte Hessens

Gerd Bauer
Heiner Boehncke
Hans Sarkowicz

Die Geschichte Hessens

Von der Steinzeit bis zum Neubeginn nach 1945

Eichborn.

1 2 3 4 04 03 02

Umschlaggestaltung: Teresa Wiesehöfer und Christina Hucke
Lektorat: Dr. Oliver Thomas Domzalski
Redaktion: Simon Schneider
Layout und Satz: Oliver Schmitt
Druck und Bindung: Finidr, Tschechien
ISBN 3-8218-1750-X

Verlagsverzeichnis schickt gern:
Eichborn Verlag, Kaiserstr. 66, D-60329 Frankfurt am Main
www.eichborn.de

Inhalt

Hessen unterm Hakenkreuz 291

Anhang 327

Vorwort

Geschichte ist in Hessen lebendig. Auf Schritt und Tritt begegnen wir den Zeugnissen der Vergangenheit, denn Hessen ist besonders reich an bedeutenden Burgen, Schlössern, Kirchen, Klöstern und stattlichen Bürgerhäusern. In den zahlreichen Museen wird das präsentiert, was von früher übrig geblieben ist. Das können keltische Schmuckstücke sein oder Alltagsgegenstände aus dem Mittelalter, aber auch die Reste der Grenze, die Deutschland nach dem Zweiten Weltkrieg in zwei ungleiche Hälften teilte.

Diese historischen Zeugnisse sind aber von sich aus stumm. Keine Burg sagt uns, wer sie erbaut hat und warum. Und wenn wir einen Tontopf vor uns sehen, wissen wir noch nicht, wie die Menschen vor zweihundert oder mehr Jahren gelebt haben. Geschichte verlangt danach, erzählt zu werden. Und dabei sind Überraschungen garantiert, gerade in Hessen.

Denn fast vierhundert Jahre lang, von 1567 bis 1945, war unser Land geteilt. Nach dem Tod Philipps des Großmütigen bildeten sich die Landgrafschaften Hessen-Kassel und Hessen-Darmstadt heraus, die lange Zeit die Entwicklung Hessens bestimmten. Aber sie waren nicht die einzigen. Auch die Nassauer Fürsten, die zahlreichen kleineren Herrschaften, die geistlichen Würdenträger und die zeitweise sehr mächtigen Freien Reichsstädte hatten ein gewichtiges Wörtchen mitzureden. Hessen glich einem großen Flickenteppich. Und die Grenzen, die im Lauf der Zeit gezogen wurden, sind manchmal heute noch zu spüren. So gibt es zum Beispiel, über Jahrhunderte fast unverändert, immer noch katholische und evangelische Gegenden in Hessen – mit durchaus unterschiedlichem Wahlverhalten.

Geschichte ist also mehr als Lehrbuchwissen, sie ist Teil unserer Gegenwart – nur kennen muss man sie, und das ist gerade bei der hessischen Geschichte gar nicht so einfach. Denn die Akteure waren zahlreich. Hessen lag immer in der Mitte Deutschlands, war Durchgangsland und ein in zahllosen Kriegen heiß umkämpftes Aufmarschgebiet.

Mit dem vorliegenden Buch wollen wir den Knoten entwirren helfen und eine leicht lesbare Einführung in die hessische Geschichte geben. Der Band soll der wissenschaftlichen Forschung keine Konkurrenz machen, aber er beruht auf ihren Ergebnissen. Dafür sei allen hessischen Historikern und Archäologen an dieser Stelle herzlich gedankt. Unser großer und nicht unbescheidener Wunsch ist es, dass alle, die das Buch gelesen haben, mit anderen Augen durch Hessen gehen, mehr sehen und mehr verstehen als vorher.

Der zeitliche Bogen spannt sich vom Auftauchen der ersten Menschen bis zum Neubeginn nach 1945. Wir wollen zeigen, wie unser Bundesland Hessen aus seinen geschichtlichen Wurzeln entstanden ist. Die Gegenwart und die allerjüngste Vergangenheit bleiben deshalb ausgespart.

Beim Schreiben haben wir uns die Arbeit geteilt:

Von Gerd Bauer stammen die ersten Kapitel bis zum Tod der Heiligen Elisabeth. Heiner Boehncke verfasste den Teil von der Gründung Hessens bis zum Ende des Alten Reichs. Und Hans Sarkowicz beschrieb die Zeit von den Napoléonischen Kriegen bis zum Beginn der Ära Zinn.

Von der Steinzeit zur Eisenzeit

Vor etwa 500 000 Jahren

Steinzeitjäger in der Wetterau

Bereits in den fünfziger Jahren des (gerade) vergangenen Jahrhunderts stieß der engagierte »Freizeit-Archäologe« Otto Bommersheim auf einem Acker bei Münzenberg in der Wetterau auf steinzeitliche Geröllgeräte. Es waren handliche Steine, die eindeutig von Menschen bearbeitet waren. Einige wiesen einseitige Schneiden auf, andere waren zweiseitig behauen oder auch zugespitzt – einfachste Werkzeuge zum Hauen, Hacken, Schaben und Bohren. Die Formen ähnelten zwar den typischen Steinwerkzeugen der frühen Altsteinzeit, doch da die Fundstücke an der Oberfläche lagen, konnten sie keiner gewachsenen Erdschicht zugeordnet werden. Eine eindeutige Altersbestimmung war deshalb zunächst nicht möglich. Die bloße Formverwandtschaft mit den Werkzeugen des Homo erectus galt den Archäologen nicht als ausreichender Beweis. Erst durch wissenschaftliche Grabungen in den siebziger Jahren konnte die Datierung dann belegt werden. Entsprechende Geröllgeräte fand man tief unter dem Ackerland der Wetterau, in einer Erdschicht des frühen Eiszeitalters. Die Steinwerkzeuge von Münzenberg waren also mindestens 500 000 Jahre alt und gehörten damit tatsächlich in die Zeit des Homo erectus, jenes steinzeitlichen Jägers, der lange vor dem Neandertaler auch durch das Land zwischen Neckar und Weser streifte.

Otto Bommersheim hatte Hessens älteste Steinwerkzeuge entdeckt. Allerdings nicht »zufällig« im landläufigen Sinne. Als so genannter »Feldbegeher«

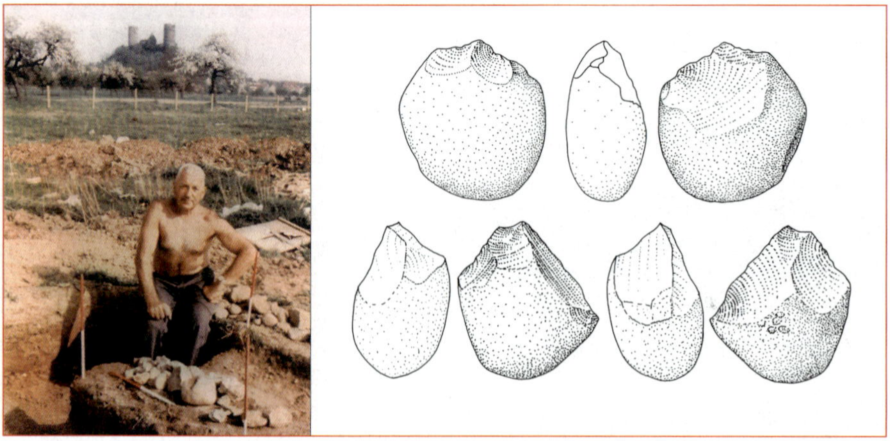

Otto Bommersheim (1911–1994) und »seine« Geröllwerkzeuge

war er über Jahre hinweg gezielt auf der Suche nach archäologischen »Lesefunden« auf den Äckern seiner Wetterauer Heimat. Was er dabei fand, überließ er stets der Wissenschaft zur genaueren Auswertung.

Erst die enge Zusammenarbeit mit Archäologen brachte dann auch den Beweis für das Alter »seiner« Geröllgeräte. Das Wetterau-Museum in Friedberg zeigt eine Auswahl jener spektakulären Funde, die Wissenschaftsgeschichte schrieben.

© Hessisches Landesmuseum Darmstadt

Oben: Modell des Homo erectus im Landesmuseum Darmstadt
Unten: Rekonstruktion eines Jagdlagers (nach Fiedler)

Der Homo erectus lebte in ganz Westeuropa, aber auch in Südafrika, Java und China. Die frühe Menschenform ist (außerhalb Hessens) seit 1,5 Millionen Jahren nachweisbar. Die spätesten Belege sind etwa 300 000 Jahre alt. Aus diesem Zeitraum finden sich in unserem Bundesland nur jene Münzenberger Geröllgeräte und ähnliche Fundstücke aus Großenbach bei Hünfeld, die in den achtziger Jahren entdeckt wurden. Knochen des Homo erectus wurden in Hessen bislang nicht gefunden. Die nächste Fundstelle liegt in Mauer bei Heidelberg. Dort wurde der Unterkiefer eines Homo erectus entdeckt, der zwischen 600 000 und 700 000 Jahre alt ist. So ging in Deutschland der Homo erectus meist als »Heidelberger« (Homo erectus heidelbergensis) in die Schulbücher ein.

Seine Wohn- oder Lagerplätze konnten in Hessen ebenfalls nicht nachgewiesen werden. Entsprechende Befunde aus Thüringen und Südfrankreich legen aber nahe, dass die Jäger und Sammler der frühen Altsteinzeit ihre Lager zumeist in den Flussauen anlegten. Die sandigen Uferbereiche waren »frei von Sträuchern und Bäumen und gewährten damit einen gewissen Schutz vor anschleichenden Raubkatzen. Treibholz zum Hüttenbau und zum Unterhalt von Feuerstellen war reichlich vorhanden. Der Tierreichtum dieser Landschaft sicherte die Ernährung. Das Rohmaterial der Steingeräteherstellung lag unter den Füßen.«[1]

Mammut, Bär und Steinzeit-Küche

Die häufig beschriebene Mammutjagd mit riesigen Fallgruben ist bislang nicht nachgewiesen und war vermutlich auch nicht nötig. Funde aus Spanien, England und Deutschland belegen nämlich, dass bereits der Homo erectus zur Jagd eine Lanze benutzte, die er mit Steinklingen aus dem besonders harten Holz der Eibe schnitt. Wie Untersuchungen bei heutigen Elefanten zeigen, sehen sie im Menschen keine potentielle Gefahr und lassen ihn nahe herankommen. So war es für den Steinzeitjäger vermutlich nicht schwierig, sich von hinten an ein Mammut heranzupirschen und ihm die Lanze durch den Brustkorb ins Herz zu stoßen. Hirsche und andere schnelle Beutetiere trieben die Jägertrupps der Altsteinzeit vorzugsweise in das sumpfige Ufergelände von Flüssen und Seen. Dort kam man besser an sie heran, weil sie weniger beweglich waren. Auch für die Jagd auf den Höhlenbären gab es spezielle Methoden. Die gefundenen Skelettreste zeigen, dass die Jäger stets versuchten, dem Bären mit einer Keule die linke Schädelhälfte zu zertrümmern. Diese Vorliebe wird damit erklärt, dass sie wohl vorwiegend Rechtshänder waren.

Nach erfolgreicher Jagd zerlegte man die Beute sofort an Ort und Stelle und verzehrte vermutlich gleich die Leber und andere leicht verderbliche Innereien. Hinzu kam der Mageninhalt von Pflanzenfressern als wichtige Nährstoffreserve in vorverdauter Form. Das »Fastfood« der frühen Jäger.

Hatte man Großwild erlegt, so transportierte man nur die besten Stücke weg und ließ die Reste liegen, denn es gab kaum Konservierungsmöglichkeiten. In Zeiten ohne Frost musste die Beute innerhalb weniger Tage verzehrt sein. Bei der Zubereitung des Fleisches spielte natürlich das Feuer die zentrale Rolle. Bei dessen Nutzung waren die Menschen der Altsteinzeit nicht mehr auf zufälligen Blitzeinschlag mit nachfolgendem Steppenbrand angewiesen. Sie kannten Methoden, das Feuer in glimmenden Materialien (wie Baumschwämmen) mitzuführen oder waren bereits im Stande, es bei Bedarf neu zu entzünden. Die älteste Feuerstelle, die in Deutschland gefunden wurde, ist 350000 Jahre alt. Das beweist aber nun keineswegs, dass die Jagdbeute vorher roh verzehrt werden musste. Das Fleisch wurde an Spießen geröstet oder auf erhitzten Steinen gebraten. Kratzspuren an den Schneidezähnen des Homo erectus von

Heidelberg belegen, dass er zu Lebzeiten das Bratenstück in die Hand nahm und mit einer Steinklinge direkt am Mund abtrennte. Servietten wurden noch nicht benutzt.

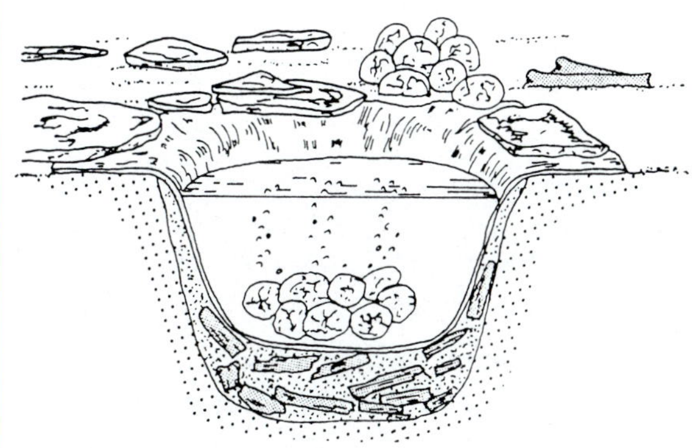

Die Kochgrube der Steinzeit-Gourmets

Doch es wurde sogar regelrecht gekocht. Da feuerbeständige Gefäße noch nicht erfunden waren, behalfen sich die Gourmets der Altsteinzeit mit einer »Kochgrube«, die nach dem Tauchsiederprinzip funktionierte: Man verkleidete eine nicht allzu tiefe Grube mit einem wasserdicht eingefetteten, großen Lederstück und füllte Wasser hinein. Dann warf man im Feuer erhitzte Steine so lange in das Wasser, bis die Gartemperatur erreicht war. Große und zähe Fleischstücke dürften so sicher nicht weich geworden sein. Für Kleinteile und zartes Grünzeug hat es aber auf jeden Fall gereicht. Experimente zeigten, dass in einem einzigen Pferdefell 10 Liter Wasser zum Kochen gebracht werden konnten.

Fische aller Art standen ebenfalls auf dem Küchenzettel. So fand man an den Lagerplätzen u.a. die Reste von Schleien und großen Welsen. Eine vegetarische Komponente der Ernährung gilt als wahrscheinlich. Die Archäobotaniker kennen aus der Umwelt des Homo erectus eine große Anzahl essbarer Pflanzen, wie etwa Kornelkirsche und Feuerdorn. Allerdings ist nicht zu beweisen, dass sie auch tatsächlich gesammelt und gegessen wurden.

Vor etwa 300 000 Jahren

Dörrfleisch und dünne Klingen

Den Zeitraum zwischen 300 000 und 120 000 kann man vereinfachend als Phase des Übergangs vom Homo erectus zum Neandertaler skizzieren. Die Menschen dieser Altsteinzeit-Periode werden von der Wissenschaft gelegentlich als späte Homo-erectus-Gruppen, manchmal aber auch als frühe Neandertaler bezeichnet.

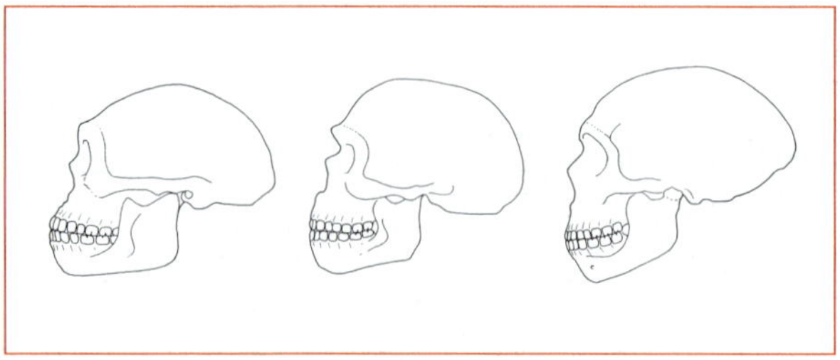

Homo erectus, früher u. typischer Neandertaler

Der Menschentyp dieser Übergangszeit unterschied sich allerdings schon deutlich vom Erscheinungsbild des Homo erectus. Ein Schädelfund aus dem baden-württembergischen Steinheim belegt eine unerwartete Annäherung an das heutige Aussehen des Homo sapiens, so dass vermutet werden kann, »dass einer von ihnen in heutiger Kleidung in einer Großstadt nicht besonders auffallen würde«[2] – ein erstaunlicher Befund angesichts der Tatsache, dass der spätere Neandertaler uns optisch doch weit weniger entsprach.

Neben der äußeren Erscheinung dieser Jäger hatten sich auch ihre Steinwerkzeuge verändert. Nach wie vor werkelte man zwar mit Faustkeilen, Steinmessern und Schabern, aber diese waren jetzt deutlich feiner gearbeitet. Mittlerweile kannte man auch spezielle Schlagtechniken, um sehr dünne Steinmesser herzustellen. Daraus schließen die Archäologen auf anspruchsvollere Verfahren beim Zerlegen der Jagdbeute, etwa zum Räuchern, Dörren und Trocknen kleiner Fleischscheiben. Auch eine verbesserte Herstellung von Fellbekleidung und Lederartikeln aller Art könnte mit der Verfeinerung der Messer einhergegangen sein.

In Hessen gibt es viele Funde aus dieser Zeit. Als besonders einträglich erwiesen sich der nördliche Vogelsberg, die Schwalm und die Waberner Senke.

Vor etwa 120 000 Jahren

Die Jagdstation der Neandertaler

Nicht weit von Edertal-Buhlen mündet der Netzebach in die Eder. Etwa drei Kilometer bachaufwärts schiebt sich eine Dolomitformation in das enge Tal, der so genannte Hundeküppel. Um 1900 wurde ein Teil des Felsens gesprengt, um Platz für den Straßenbau zu machen. Die Wildunger Lokalzeitung notierte damals, dass die Explosion eine Anzahl fossiler Tierknochen zutage förderte. Doch erst Mitte der sechziger Jahre ergaben erste Untersuchungen, dass an diesem Platz eine Jagdstation der Neandertaler gelegen hatte. Der markante Dolomitriegel bot sich dafür geradezu an. Er sperrte das Tal an seiner engsten

Stelle und war ein günstiger »Hochsitz«, von dem aus Beutetiere und bösartige Nachbarn frühzeitig auszumachen waren. Zudem bot der Felsen einladende Terrassen und Nischen, die, vor dem Nordwind geschützt, den ganzen Tag in der wärmenden Sonne lagen. Ein idealer Wohnplatz für die Jäger der so genannten Würm-Kalt-Zeit. Im Zuge weiterer Grabungen erwies sich der Hundeküppel als einer der wenigen europäischen Fundplätze, die auch den Alltag in der mittleren Altsteinzeit nachvollziehbar machten. Die Archäologen hatten das große Glück, genau jene Bodenoberflächen freilegen zu können, auf denen die Steinzeitjäger einst ihrem Tagwerk nachgegangen waren.

Der Menschentyp der letzten Eiszeit erhielt seinen geläufigen Namen von einer ergiebigen Fundstelle im Neandertal bei Düsseldorf. Dort fanden sich – anders als in Hessen – auch Skelettteile dieser Jäger, deren Auftreten die Wissenschaft auf den Zeitraum von etwa 120 000 bis 30 000 Jahre vor unserer Zeit datiert.

Im Umfeld der Jagdstation bei Buhlen stießen die Archäologen auch auf zahlreiche Abfallgruben mit den Knochen von Beutetieren. Neben dem Mammut jagten die Neandertaler dort auch das eiszeitliche Nashorn, Wildrinder, Wildpferde und gelegentlich auch Rentiere. Zerschlagene und verkohlte Knochenreste an den Feuerstellen belegen zudem, dass in der holzarmen Steppenlandschaft auch Knochen als Brennmaterial gedient haben müssen. Aus unterschiedlichen Fundschichten wird geschlossen, dass die Steinzeitjäger den Felsrücken am Netzebach im Laufe von 100 000 Jahren immer wieder als Jagdstation nutzten. Besonders aufschlußreich waren die Reste einer Behausung am Fuß des Felsens: Gesteinstrümmer waren dort von Menschenhand kreisförmig in einem Radius von vier bis fünf Metern angeordnet. Zwei Steinblöcke in der Kreismitte dürften den Mittelpfosten eines Zeltes oder einer bienenkorbähnlichen Hütte aus Binsengeflecht gehalten haben. Die landläufige Vorstellung von den »Höhlenmenschen« muss also relativiert werden. Was nicht heißt, dass die Jägersippen Höhlen und schützende Felsüberhänge nicht gerne als Wohnstatt genutzt hätten. Man wusste sich aber auch anders zu helfen.

Rekonstruktion des Lagerplatzes bei Edertal-Buhlen

Vor etwa 32000 Jahren

Herr Neandertal trifft Frau Cro-Magnon

Im Frühjahr 1952 fand man in einer Kiesgrube bei Kelsterbach die Schädeldecke einer etwa vierzigjährigen Frau. Der Bagger hatte sie aus einer 4,60 m tiefen Schicht zutage gefördert. Da es keinerlei weitere Funde im Umfeld gab, war man bei der Datierung auf die Radiocarbon-Methode der Anthropologen angewiesen: Jene »Alte von Kelsterbach«, so stellte sich heraus, starb vor 32000 Jahren und war damit der bislang älteste Mensch, der in Hessen gefunden wurde. Die Form der Schädeldecke entsprach bereits der des heutigen Menschen. Die »älteste Hessin« war also keine Neandertaler-Frau. Sie gehörte schon zu unseren direkten Vorfahren, den so genannten Cro-Magnon-Leuten, die vermutlich aus Afrika zugewandert waren. Ihren wissenschaftlichen Namen erhielten sie nach einem Fundort nahe des französischen Städtchens Cro-Magnon in der Dordogne.

Die »Alte« im Museum Kelsterbach

Das Alter des hessischen Schädelrests belegte auch, dass die Cro-Magnon bereits zu einem Zeitpunkt in Mitteleuropa waren, als hier noch Neandertaler jagten. Beide Menschentypen könnten sich also durchaus vermischt haben. Doch die Wissenschaft ist da vorsichtig und lässt die Frage offen, ob damit auch die Neandertaler zu unseren Vorfahren zu rechnen sind.

Vergleiche der Chromosomen-Struktur von Neandertalern und heutigen Menschen ergaben eine äußerst geringe Übereinstimmung. Allerdings war die Materialbasis dieser Untersuchungen sehr schmal, denn es stand nur ein kleines Knochenstück aus dem Neandertal zur Verfügung.

Die erste »Maschine«

Die Cro-Magnon prägten das Bild der späten Altsteinzeit, die vor etwa 10000 Jahren zu Ende ging. Auch sie waren Jäger und Sammler. Neben den überkommenen Hartholz-Lanzen, Steinklingen und Schabern verwendeten sie bereits geschärfte Geschossspitzen aus Knochen und Geweih. So fand sich etwa in der Wildhaus-Höhle bei Steeden an der Lahn eine 40 cm lange Spitze, die aus einem Mammutknochen geschnitzt war. Vermutlich das Vorderteil eines Kurzspeers, der als Speerschleuder Verwendung fand.

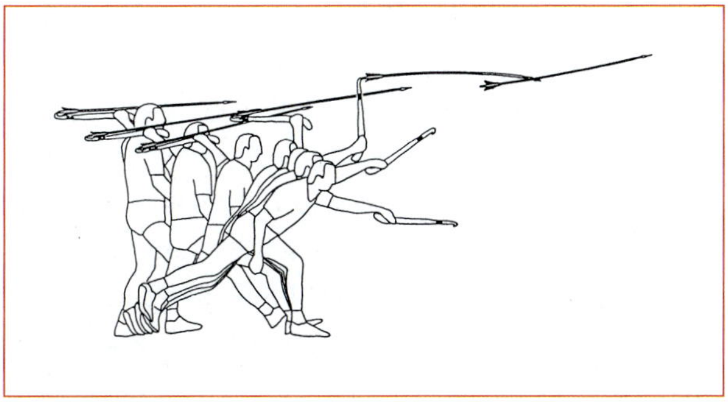

Wurfvorgang Speerschleuder

Diese Distanzwaffe gilt als die erste Maschine der Welt, »denn sie besteht aus zwei getrennten, aber funktional verbundenen Teilen, also aus einem Hakenteil, das in der Hand des Jägers verblieb, und einem Speer, dessen Basis in das Hakenteil eingelegt wurde. Beim Wurfvorgang wirkte das Hakenteil wie die Verlängerung des Armes und bewirkte so eine erhebliche Steigerung der Wurfweite und der Durchschlagskraft.«[3]

Schmuckfunde aus dieser Phase sind in Hessen eher rar, obwohl die Cro-Magnon andernorts sehr viel künstlerisch gestaltetes Material zurückließen. Lediglich ein paar durchbohrte Steinperlen aus dem Lahntal und ein mit Zickzackmustern verzierter Vogelknochen sind in den Fundberichten vermerkt.

Der ausgehenden Altsteinzeit entspricht klimatisch die Schlussphase der letzten Eiszeit. Fauna und Vegetation beginnen sich allmählich zu verändern. »Lichte Birken-Kiefern-Wälder entstehen, und aus einer fast baumfreien Landschaft entwickelt sich eine Parktundra ähnlich der heutigen sibirischen Taiga. Die großen Eiszeitdickhäuter Mammut und Wollnashorn sterben aus. Sicher nicht ganz ohne Zutun des Menschen. Rentierherden, Wildpferdgruppen, aber auch Ur und Rothirsch sind die Bewohner dieser Landschaft.«[4]

VOR ETWA 10 000 JAHREN

Mit Pfeil und Bogen durch die Wälder

Den Beginn der »Mittleren Steinzeit« in unseren Breiten datiert die Wissenschaft auf etwa 8000 Jahre vor der Zeitenwende. In der vorgeschichtlichen Systematik bildet jenes »Mesolithikum« eine nur 3000 Jahre dauernde Übergangszeit zwischen der Altsteinzeit (Paläolithikum) und der Jungsteinzeit (Neolithikum), in der der Ackerbau die Lebensbedingungen grundlegend veränderte. In dieser mesolithischen Periode gingen die skandinavischen Gletscher weiter zurück. In Mitteleuropa wurde es feuchter und wärmer. Die Parktundra der späten Altsteinzeit machte üppigen Wäldern Platz, in denen bereits die meisten der heute bekannten Bäume und Sträucher wuchsen. Man lebte im Sippenverband, der aus etwa 25 Menschen aller Altersstufen bestand. Die Werkzeuge hatten jetzt hölzerne Stiele, in die Steinklingen eingesetzt und mit einem pechartigen Klebstoff aus Birkensaft befestigt wurden. Neben Lanze und Wurfspeer wurden Pfeil und Bogen zur wichtigsten Waffe der Jägersippen. Zwar war bereits in der späten Altsteinzeit gelegentlich mit Hilfe von domestizierten Wölfen gejagt worden, im Mesolithikum aber avancierten diese prähistorischen Hunde endgültig zu Haustieren, die damals auch gegessen wurden. Haselnüsse wurden gesammelt und durch Rösten als Wintervorrat haltbar gemacht. Dazu deckte man die Nüsse mit lockerer Erde oder Sand ab und entzündete darauf das Feuer. Entscheidend war, dass lediglich die Hitze einwirken konnte, ein direkter Kontakt mit den Flammen aber vermieden wurde.

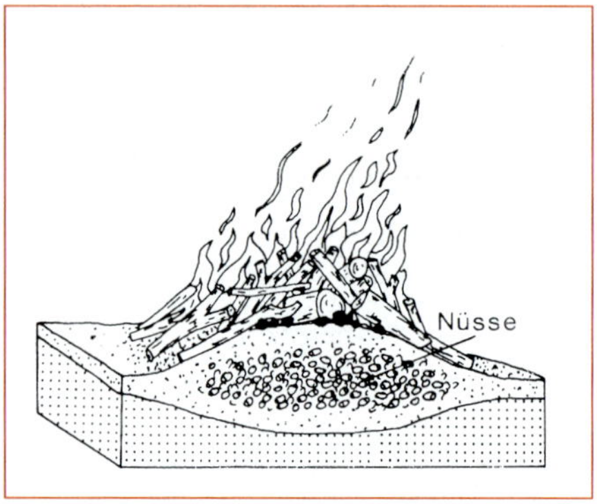

Steinzeitliche Haselnuss-Rösterei

Auch Boote, Fischreusen und hölzerne Grabspaten kamen nun zum Einsatz. Die inzwischen verfügbaren Techniken ermöglichten eine breite Nutzung der natürlichen Lebensgrundlagen. Man brauchte nur noch wenige Stunden, um den täglichen Nahrungsbedarf zu sichern.

»Damit ist ein stärkeres Verweilen am Ort verbunden oder aber ein periodisches Aufsuchen bestimmter Stellen in der Landschaft. Große und ungeheuer fundreiche Siedlungsstellen der Mittelsteinzeit bei Rüsselsheim, bei Stumpertenrod im Vogelsberg oder bei Hombressen nördlich von Kassel zeigen diese Ortstreue. So entstanden damals wohl schon kleine dorfähnliche Gebilde, deren Bauten nicht nur mobile, zeltartige Hütten waren, sondern stabilere, aus Holz errichtete Behausungen mit Dächern aus Rinde oder schilfähnlichen Materialien. Wieweit solche ›Dörfer‹ Basislager waren, die vielleicht von Teilen der Gemeinschaft, z.B. älteren Leuten, schwangeren Frauen und kleinen Kindern ganzjährig bewohnt waren, wissen wir nicht. Die Jagd auf Rothirsch, Reh, Wildschwein, Biber und Ur kann aber sicher nicht auf den direkten Umkreis solcher Plätze beschränkt gewesen sein. Andere Fundstellen mit sehr kleinen Inventaren beweisen kurzfristige

Aufenthalte, die wir mit einiger Sicherheit schweifenden Jägergruppen zuweisen können.«[5]

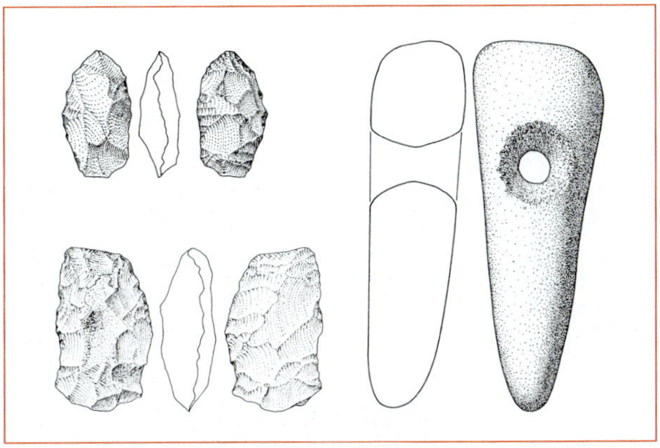

Mittlere Steinzeit: Messer, Schaber, Axtklinge

Auf der Stufe der Jäger und Sammler war die Arbeitsteilung mit großer Wahrscheinlichkeit geschlechtsspezifisch: Die Männer gingen auf die Jagd, während sich die Frauen mit dem Sammeln von Haselnüssen, Schlehen, Holunderbeeren und Eicheln abmühten. Das Beschaffen von Fischen, Muscheln und Vogeleiern war wohl ebenfalls deren Aufgabe, ebenso wie das Sammeln von Brennholz, das Gerben von Fellen und die Fertigung wetterfester Lederkleidung und schließlich das Konservieren der Nahrung durch Rösten, Dörren und Räuchern. Auch das Kinderkriegen und Kinderaufziehen waren vermutlich keine Männersache.

Vor etwa 7000 Jahren

Die ersten Bauern

Die Periode der Jungsteinzeit (Neolithikum) in Europa datieren die Fachleute auf die Zeit von etwa 5000 bis 2000 Jahren vor der Zeitenwende. In diesem Zeitraum entwickelten sich Ackerbau und Viehzucht. Anders als die Jäger der vorangegangegen Abschnitte der Steinzeit waren die frühen Bauern an ihre Felder gebunden und lebten kontinuierlich in winterfesten Siedlungen. Die Forschung geht heute davon aus, dass sich diese Steinzeitbauern nicht aus einheimischen Jägerstämmen entwickelten, sondern aus dem Vorderen Orient über den Balkan nach Mitteleuropa einwanderten. Steinzeitlichen Ackerbau gab es dort nämlich schon 3000 Jahre früher. Diese Bauernsippen brachten aus dem Südosten auch die Haustiere mit. Rind, Schwein, Schaf und Ziege kamen so in unsere Breiten. Auch das angebaute Getreide, wie Emmer, Einkorn und Gerste, erreichte Europa auf diesem Weg. Das Neue musste von außen kommen, da es bei uns offenbar »keinen vergleichbar vielfältigen Pool an Pflanzen und Tieren (gab), an dem eine Domestikation ansetzten konnte.«[6]

Wildschaf aus Vorderasien (1), Hausschafe der Jungsteinzeit (2), der Eisenzeit (3) und heute (4)

Auerochse oder Ur (5), Hausrinder der Jungsteinzeit (6), der Eisenzeit (7) und heute (8)

Wildschwein (9), Hausschweine der Jungsteinzeit (10), der Eisenzeit (11) und heute (12)

Der Größenvergleich zeigt, dass die Haustiere der Vorzeit ziemlich kleinwüchsig waren.

Das einzige vorhandene Haustier war der Hund, der bereits den eiszeitlichen Jägern beim Beutemachen half.

Unklar bleibt, warum aus Wildschwein, Auerochse (Ur) und Wisent keine Stallbewohner wurden. Man nimmt aber an, dass sie zumindest später eingekreuzt wurden.

Verglichen mit den vielen hunderttausend Jahren der Jäger und Sammler ist die bis heute andauernde Phase der landwirtschaftlichen Nutzung nur ein winziger Abschnitt auf der Zeitachse. Ihre Einführung erfolgte in nur wenigen tausend

Jahren und war somit geradezu rasant. Diese schnelle und tief greifende Umwälzung der Lebensverhältnisse bezeichnen einige Wissenschaftler deshalb auch als »neolithische Revolution«. Ungeklärt ist allerdings, warum sie stattgefunden hat. Für ihren Ursprung im Bereich des »fruchtbaren Halbmonds« (Israel, Syrien, Kurdistan) gibt es zumindest ein plausibles Modell:

»Zunächst war am Übergang von der letzten, ganz Europa und auch den Vorderen Orient betreffenden Eiszeit zur klimatisch gemäßigten Jetztzeit, dem Holozän, genügend Wildgetreide in der Natur vorhanden, um einzelne Bevölkerungsgruppen zu einem fast stationären Leben an ein und demselben Ort zu bewegen. War so viel Wildgetreide an einem Ort vorhanden, dass man mit seiner Ernte magere Jagderfolge ausgleichen konnte, sprach viel für eine vorübergehende, vielleicht Jahre dauernde Seßhaftigkeit einer Gemeinschaft. Das führte zu einer größeren Anzahl von Kindern und zu einer größeren Bevölkerungsdichte in der Region, als sie natürlicherweise in Jäger-Sammler-Gesellschaften zu finden ist. Diese wiederum erforderte eine wesentlich intensivere Nutzung der natürlichen Umgebung, führte vielleicht über die Pflege der Wildgetreide-Vorkommen schließlich zu ihrer bewussten Aussaat, führte weiter über die Zähmung und Gatterhaltung bestimmter Wildtiere schließlich zur bewussten Vermehrung und durch eine geschickte Selektion zur Herausbildung erster Haustiermerkmale bei Rind, Schwein, Schaf und Ziege.«[7]

Erstmals tauchte nun auch Keramik auf. Die Gefäße dienten der Vorratshaltung. Getreide und gepökeltes Fleisch wurden so über den Winter gebracht. Und da umherschweifende Jäger an Tongefäßen gehörig zu schleppen gehabt hätten, leuchtet es ein, dass die Verarbeitung dieses schweren Werkstoffs eine Technik der Bauernkulturen gewesen sein muss.

Für die Archäologen bietet es sich an, die einzelnen nun folgenden Kulturen nicht mehr ausschließlich nach den Fundorten, sondern auch nach den Formen und Mustern ihrer Keramik zu benennen.

Die Bandkeramiker

erhielten ihren Namen dementsprechend von den breiten Bandmustern auf ihren Tongefäßen, die entfernt an stilisierte Schlingpflanzen erinnern. Ihre Siedlungen entdeckte die Wissenschaft schon im 19. Jahrhundert bei Zwesten, später dann auch im Frankfurter Osthafen, bei Darmstadt-Eberstadt und in

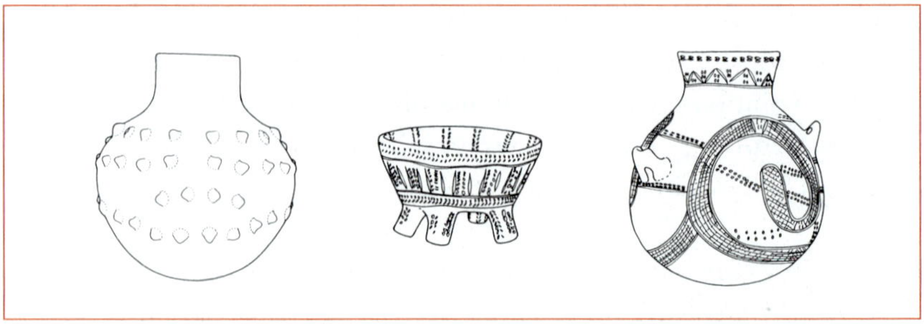

Gefäße der Bandkeramiker: Nicht alle zeigen das namensgebende Dekor.

Kassel. Diese erste neolithische Kultur auf dem Gebiet des heutigen Hessen besiedelte vorwiegend die Senkenlandschaften mit ihren fruchtbaren Lössböden. Mittlerweile kennt man Siedlungsschwerpunkte am Untermain, in der Wetterau, im Usinger Becken, im »Goldenen Grund« südlich von Limburg, im Amöneburger Becken und in der Waberner Senke bei Fritzlar.

Die Dörfer wurden zumeist an den Randhängen dieser Senken errichtet und waren so vor Hochwasser geschützt. Rund um die Siedlungen wurde der Wald gerodet und zu Ackerland gemacht. Pollenuntersuchungen belegen einen Urwald aus Eichen, Ulmen, Linden, Hainbuchen und Eschen. Das Unterholz bestand zumeist aus Haselbüschen. An den Ufern der Wasserläufe dominierten Erlen.

Mit dem Holz dieser Wälder bauten die Bandkeramiker ihre Langhäuser, die in der Regel 8 Meter breit und bis zu 25 Meter lang sein konnten und meist von Nordwesten nach Südosten ausgerichtet waren. Aus freigelegten Pfostenresten schließen die Archäologen auf eine funktionale Dreiteilung des Innenraums: Im Nordwestteil der Schlafraum, im Mittelteil der Wohn- und Arbeitsbereich und im vermutlich zweistöckigen Südostteil der Vorratsspeicher. Für die Pfostenkonstruktion wurden Eichenstämme verwendet. Die Wände bestanden aus einem Geflecht biegsamer Zweige (Hasel, Pappel, Birke und Weide), das mit Lehm verschmiert war – also eine Art frühe Fachwerktechnik. »Wahrscheinlich dürfen wir eine Bemalung der Wände in der Art der vorherrschenden Gefäßmuster und sogar Schnitzerei an den Pfosten annehmen. Das bereits stark differenzierte Holzbearbeitungsgerät (Beitel, Dechsel) und die Verzierfreudigkeit bei der Keramik legen diese Vermutung nahe.«[8]

Die Bauernfamilien bestanden damals aus sechs bis zehn Personen. Die Fundplätze belegen sowohl Einzelgehöfte als auch Gruppensiedlungen mit fünf bis zehn Langhäusern.

Auf Grund der hohen Kindersterblichkeit lag die durchschnittliche Lebenserwartung nur bei etwa 25 Jahren. Wer allerdings das 15. Lebensjahr einmal erreicht hatte, konnte sich auch noch gute Chancen ausrechnen, etwa 40 Jahre alt zu werden. Männer lebten damals etwas länger als Frauen. »Fast die Hälfte der Bevölkerung bestand aus Kindern und Jugendlichen, über ein Drittel stand im Erwachsenenalter zwischen 20 und 40 Jahren und nur 10 Prozent erreichten ein Alter zwischen 40 und 60 Jahren oder mehr. Die Alterspyramide der Bandkeramik gleicht damit der Alterspyramide vieler heutiger agrarisch geprägter Entwicklungsländer und unterscheidet sich ganz deutlich von unserer bundesdeutschen, alterskopflastigen Bevölkerungsstruktur.«[9]

Kannibalen in Ober-Hörgern?

Ende der achtziger Jahre stieß man beim Bau der Kläranlage von Ober-Hörgern in der nördlichen Wetterau auf die Spuren einer bandkeramischen Siedlung aus der Zeit zwischen 4000 und 4500 vor der Zeitenwende. In den steinzeitlichen Abfallgruben fanden sich neben den Resten von Haus- und Wildtieren auch Teile von menschlichen Skeletten. Es handelte sich um einige Schädelfragmente und eine Anzahl linker Schienbeinschäfte. Letztere waren der Länge nach aufgespalten und glichen so auffallend den Röhrenknochen von Schlachttieren, die man damals häufig in gleicher Weise öffnete, um das begehrte Knochenmark herauszusaugen. An einem Unterkiefer entdeckte man außerdem tiefe Schnittkerben. Sie entstanden beim Durchtrennen der Kaumuskeln. Offenbar löste man so den Kiefer vom Kopf. All diese Spuren menschlicher Einwirkung entstanden zudem an den noch frischen Knochen und waren von späteren Kratzern gut zu unterscheiden, so dass die beteiligten Anthropologen darin deutliche Belege für praktizierten Kannibalismus sahen, wissenschaftlich vornehm »Anthropophagie« genannt. Zumindest war der Umgang mit diesen Toten nicht sonderlich ehrerbietig. Statt sie nach Stammessitte in der für die Bandkeramiker typischen Hockstellung zu begraben, entsorgte man sie kurzerhand mit dem Müll.

Hinweise auf Anthropophagie gibt es aber auch bereits aus der Altsteinzeit. So wurden in Süddeutschland Schädel gefunden, die man eindeutig vom Körper getrennt hatte. Im Bereich des »großen Hinterhauptloches« (*foramen magnum*) waren sie regelrecht aufgebrochen, eben genau an jener Stelle, wo das Rückenmark aus der Wirbelsäule in die Schädelkapsel tritt.

Die gleiche Technik kennt man auch von neuzeitlichen Menschenfressern. Als Erklärung bietet die Völkerkunde neben akutem Eiweißmangel in Notzeiten vor allem religiöse Vorstellungen an, etwa den Gedanken, der Verzehr von Menschenfleisch verschaffe dem Esser die Talente des Toten. Oft wurden auch nur die Teile eines Körpers verspeist, in denen man bestimmte Fähigkeiten lokalisierte, beispielsweise die Klugheit im Gehirn oder Schnelligkeit und Ausdauer in den Beinen.

Unklar bleibt, ob auch die Bandkeramiker von Ober-Hörgern mit dem mutmaßlichen Schienbein-Lutschen eine spirituelle Bereicherung verbanden, zumal die dortigen Befunde auch anders interpretiert werden können. So ist es durchaus vorstellbar, dass die fraglichen Menschenknochen nicht zu Verzehrzwecken gespalten wurden, sondern Bestandteil eines Opferrituals waren, bei dem das Knochenmark getöteter Feinde oder auch verstorbener Angehöriger den Göttern dargebracht wurde. In damaliger Zeit könnte das Mark als innerster Kern der Knochen durchaus als »Substanz des Lebens« gegolten haben, vergleichbar der Bedeutung des Blutes bei vielen heutigen Religionen.

Irische Sagen berichten von einem keltischen Brauch, bei dem »man die Gehirne der Feinde aus der Schädelkapsel entfernte und mit reichlich Kalk vermischt zu einem Ball formte. Die auf diesem Weg haltbar gemachten Gehirne wurden bei speziellen Anlässen hervorgeholt und in der Gruppe präsentiert.«[10]

Die Tatsache, dass nur linksseitige Beinknochen gefunden wurden, bietet weiteren Raum für Spekulationen. Viele Kulturen versehen nämlich die linke und die rechte Seite mit gegensätzlicher magischer Bedeutung. Häufig gilt »das Linke« als Sitz dunkler Mächte, während »das Rechte« den guten Geistern zugeordnet wird. Dies könnte man schlicht mit der Wehrhaftigkeit des rechten Arms gegen alles Feindliche erklären, dessen Bedrohung in Gestalt des gleichfalls rechtshändigen Gegners als von links kommend wahrgenommen wird. Noch heute gelten schwarze Katzen nur dann als Unglücksboten, wenn sie einem von links nach rechts über den Weg laufen, und das Aufstehen »auf dem linken Fuß« lässt einen ziemlich miesen Tag befürchten.

Unterstellt man nun den Steinzeitbauern der Wetterau eine schamanische Magie, die »Gleiches mit Gleichem« oder »Ähnliches mit Ähnlichem« vertreibt, so könnte die beschriebene Behandlung der linken Skeletthälfte der »Abwehr des Bösen« gedient haben. Etwa so wie die »Neidköpfe« an hessischen Fachwerkhäusern und die wasserspeienden Dämonen an gotischen Kirchen.[11]

Die Rössener Kultur

wurde nach einem Fundort bei Merseburg benannt. Sie knüpft kulturell an die Bandkeramiker an. Diese Steinzeitbauern hatten offenbar weniger Angst vor Hochwasser als ihre Vorfahren und wagten sich mit ihren Dörfern bis in die Flussauen vor. Erstmals wurden aber auch hessische Höhenrücken wie der

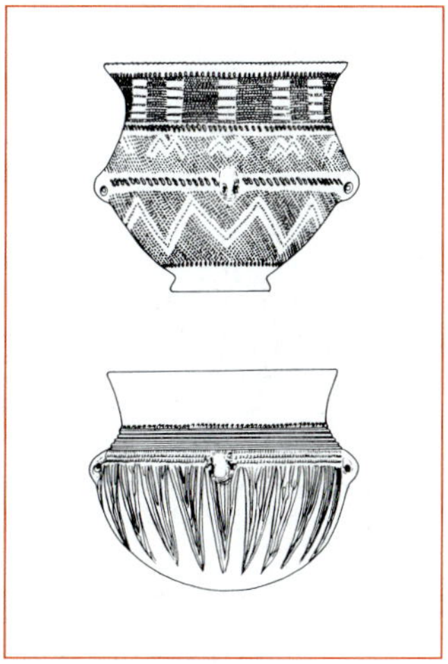

Das trapezförmige Langhaus der Rössener Kultur und reich verzierte Gefäße aus dieser Zeit

Glauberg besiedelt. In den Resten ihrer Häuser fanden die Wissenschaftler Tongefäße, deren markanteste Ornamente durch Doppeleinstiche erzeugt wurden – ein filigranes Design, das sich von der Bandkeramik deutlich unterscheidet.

Aus dem rechteckigen Langhaus der Bandkeramiker entwickelte sich nun ein verwandter Gebäudetyp, der aber einen trapezförmigen Grundriss aufwies. Die Bauernhäuser der Rössener waren bis 50 Meter lang. An ihrer schmalen Giebelfront hatten sie nur eine Breite von 3 Metern. Die Gegenseite war bis zu 7 Meter breit.

Getreide und Brot

Bereits im 5. Jahrtausend hatte sich eine neue Getreideart von Südfrankreich und vom Balkan kommend bis nach Skandinavien ausgebreitet: der Nacktweizen.

Anders als bei den bereits bodenständigen Weizenarten Emmer und Einkorn waren seine Körner nicht mehr von festen, ungenießbaren Spelzen umschlossen. Seine Verarbeitung zu Mehl war einfacher, weil das mühselige Entspelzen entfiel, und so wurde er rasch zum wichtigsten Getreide der nächsten 2000 Jahre. Die Forschung rätselt allerdings noch immer, weshalb ihm die eigensinnigen Bauern Ostdeutschlands und Polens die kalte Schulter zeigten und Emmer und Einkorn die Treue hielten.

In der Mitte des 4. Jahrtausends wurde zum Brotbacken vor allem gut ausgemahlenes Weizenmehl verwendet. In prähistorischen Brotresten fanden sich

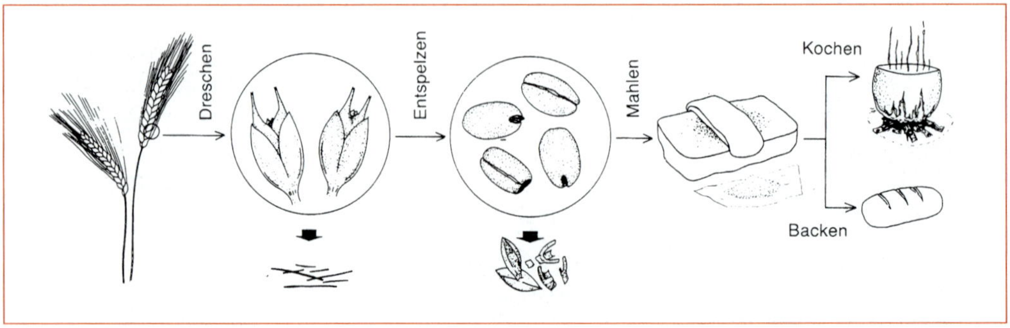

Vom Getreide zum Mehl: Verarbeitungsschritte, die auch heute noch nötig sind.

kleine Steinchen, die beim Mahlen des Getreides als Abrieb entstanden. Sie blieben im Mehl zurück und können so heute den Gebrauch von Mahlsteinen belegen. Die erstaunlich lockere Struktur des untersuchten Steinzeit-Brotes lässt darauf schließen, dass man schon damals das Prinzip der Säuerung kannte. Zu diesem Zweck gab man vermutlich Sauermilch in den Teig.

Die experimentelle Archäologie hat das steinzeitliche Backen in rekonstruierten Öfen erkundet und schwört seither auf würziges Birkenholz, das zum Anheizen in den Backraum eingebracht wird. Danach räumt man die Asche wieder aus, und nur noch die in den Lehmwänden des Tunnelofens gespeicherte Hitze wird zum Backen genutzt:

»Werden die Brotlaibe bei rund 350 Grad in den Ofen eingeschlossen, so werden sie bei fallenden Temperaturen gebacken und nicht wie heute bei einer konstanten Temperatur von 220–240 Grad. Sechs bis acht Brotlaibe

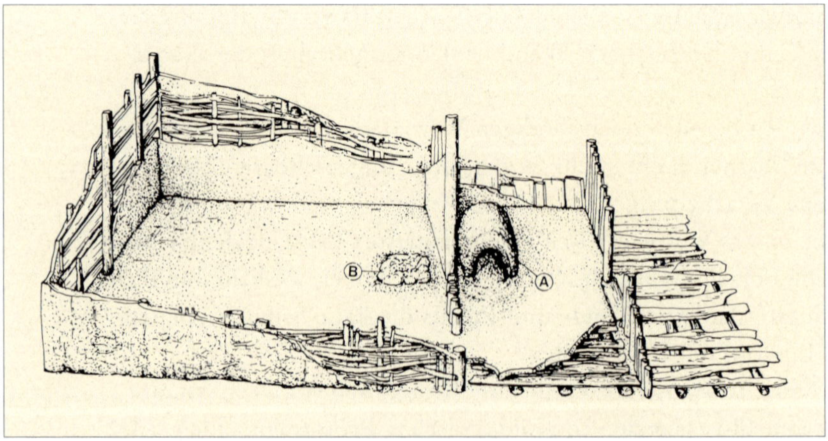

Die Küche der Steinzeitbauern: A: Tunnel- oder Kuppel-Backofen B: Grundplatte der Feuerstelle aus Lehm

mit jeweils 1,5 Kilo Gewicht fanden in den meisten Öfen Platz und waren nach einer Stunde fertig gebacken. Allerdings musste die Ofenöffnung sorgfältig mit einer Holzklappe oder feuchten Tüchern abgedeckt werden. Zum Einschließen und Herausnehmen der Brote benutzte man Backschaufeln aus Holz, die hinreichend im archäologischen Fundmaterial vertreten sind und im vorderen Bereich häufig Brandspuren aufweisen.«[12]

Die Michelsberger Kultur

prägte das nordhessische Landleben im 3. Jahrtausend vor der Zeitenwende. Ihr Kennzeichen sind so genannte »Tulpenbecher«. Der namensgebende Fundort Michelsberg liegt in der Nähe von Bruchsal.

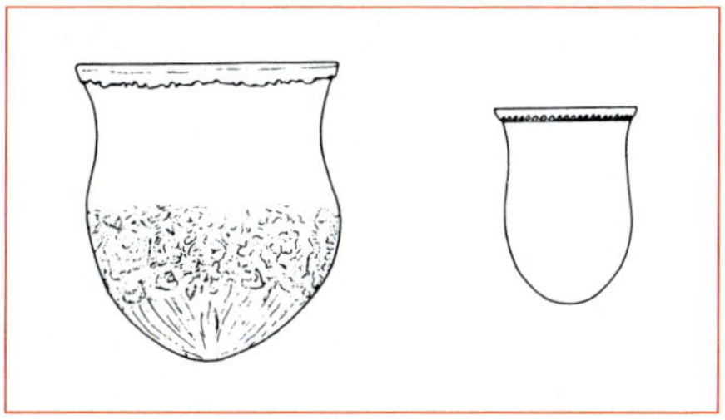

Tulpenbecher: typisch für die Michelsberger Kultur

Die steinzeitlichen Bauerndörfer dieser Kultur findet man nun bevorzugt auf den Höhenrücken, und vieles deutet darauf hin, dass sie befestigt waren. Erstmals stießen die Archäologen auch auf großräumig angelegte Erdwerke, in deren zusätzlich durch Holzpalisaden geschütztem Inneren sich aber keine Wohngebäude fanden. Auch war ihre Lage militärstrategisch meist ziemlich unsinnig, so dass man vermutet, dass die Palisaden eher ein Heiligtum umschlossen. Sie trennten möglicherweise den Sakralbezirk von der profanen Welt der Steinzeitbauern. Andere Deutungen vermuten »geschützte Marktplätze« oder auch nur Einzäunungen für das Weidevieh. Derartige Erdwerke fand man bei Edertal-Bergheim und auf dem Dosenberg bei Wabern-Uttershausen. Offenbar hatten die Michelsberger eine Vorliebe für Nordhessen. Im mittleren und südlichen Landesteil haben sie nur wenige Spuren hinterlassen.

Ein Beil mit Kupferschneide aus Baunatal-Hertingshausen gilt als der früheste Kupfer-Fund in Hessen. Allerdings ist dies kein Beleg für einheimische Kupfergewinnung, denn schließlich könnte die Axt auch durch Tauschhandel nach Baunatal gekommen sein.

Kammergräber und Menhire

Ab etwa 2500 vor der Zeitenwende sprechen die Wissenschaftler von der späten oder ausgehenden Jungsteinzeit. In dieser Periode entstanden die in Hessen zahlreichen Kammergräber und vermutlich auch der größte Teil der Menhire

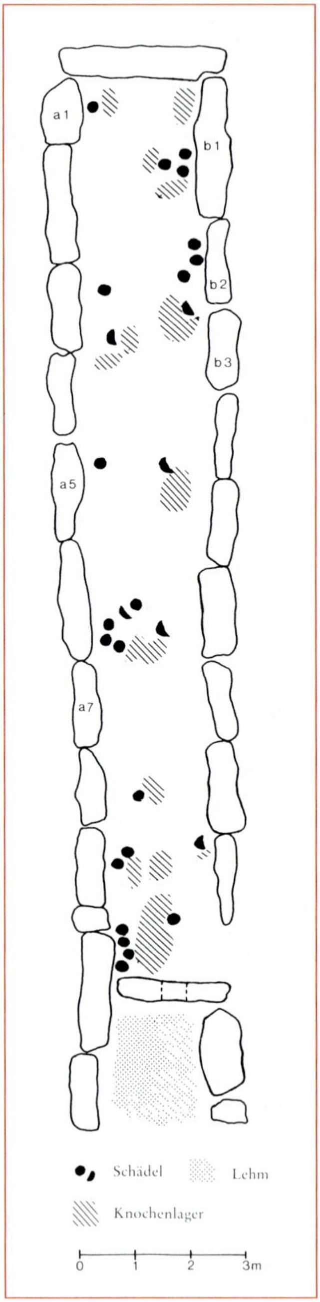

Grundriss der Züschener Grabkammer

(*Menhir*, bretonisch: langer Stein), besser bekannt als Hinkelsteine. Es wird allerdings vermutet, dass auch in der nachfolgenden Bronzezeit (ab 1800 v. Chr.) noch Langsteine aufgerichtet wurden. Da die Bauwerke der ausgehenden Jungsteinzeit mit großen Steinen errichtet wurden, spricht die Wissenschaft auch von der Megalith-Zeit (*Megalith*, griech.: großer Stein). Die Bevölkerung dieser Steinzeit-Phase wird bei uns nach einem Fundort bei Kirchberg in Nordhessen »Wartberg-Kultur« genannt.

Ihre bekannteste Grabanlage findet sich nicht weit von Fritzlar: Die »Steinkiste von Züschen-Lohne«, eine Art »Dorfgemeinschaftsgrab«, das man bereits im 19. Jahrhundert kannte und damals den germanischen Chatten zuschrieb. Von dem steinzeitlichen Hügelgrab ist nur noch der steinerne Kern, die eigentliche Grabkammer, erhalten. Sie ist 20 Meter lang und 3,50 Meter breit. Ihre Längswände bestanden ursprünglich aus 12 Sandsteinplatten, von denen noch 11 erhalten sind. Die zwölfte Wandplatte und die Deckenplatten wurden vermutlich schon im Mittelalter entfernt und in den umliegenden Dörfern zu Mauersteinen verarbeitet. Von ihnen fehlt heute jede Spur. Die eigentliche Grabkammer ist durch eine Querplatte von einer Art Vorraum abgetrennt. Dieser querstehende Sandstein hat in der Mitte eine kreisrunde Öffnung von 50 cm Durchmesser, das so genannte »Seelenloch«, das vermutlich bei religiösen Handlungen als Verbindung zum Reich der Ahnen galt. Bei den Bestattungen spielte die runde Öffnung keine Rolle. Sie ist zu klein, um einen Leichnam ins Innere hindurchzuschieben. Dafür wurde wohl jedesmal eine Deckenplatte entfernt.

Bei den Grabungen stieß man auf die Knochenreste von 27 Toten. Vermutet wird allerdings eine weit größere Zahl von Bestattungen, da man in vergleichbaren Grabkammern über 200 Tote nachweisen konnte. Das Züschener Grab wurde wahrscheinlich bereits in vorgeschichtlicher Zeit in seiner ursprünglichen Struktur verändert.

Dafür spricht eine bronzezeitliche »Nachbestattung« aus dem 10. Jahrhundert vor der Zeitenwende, deren Überreste man im eingesunkenden Schutt der Steinkammer entdeckte.

Spektakuläre Zeichen

Es sind die Bildzeichen an den Wänden der Grabanlage, die die »Züschener Steinkiste« zur touristischen Sehenswürdigkeit machen: Mit Steingeräten hergestellte, punktförmige Einschläge, die sich zu Linien reihen. Das häufigste Zeichen ist eine gerade Linie mit einem nach oben offenen Halbbogen. Die Wissenschaftler orientierten sich an zeitgleichen Felsbildern in anderen Teilen Europas und deuten es als abstrakte Darstellung eines Rindes. Bisweilen sind auch zwei Rinder mit einer Art Joch verbunden und ziehen ein Ackergerät oder auch einen einachsigen Wagen.

Wandstein im Züschener Kammergrab

Die Bildzeichen gelten nicht als profaner Schmuck der Grabkammer. Vorsichtig deuten sie die Archäologen als Hinweis auf einen steinzeitlichen Rinderkult, der das wichtigste bäuerliche Haustier dieser Zeit als Fruchtbarkeitssymbol in den Mittelpunkt religiöser Verehrung stellte. Ähnliche Rinderdarstellungen finden sich auch im oberitalienischen Valcamonica bei Brescia und am Mont Bego in den französischen Seealpen.

Das Züschener Steinzeitgrab wurde nach etlichen Beschädigungen mit einem massiven Gitter geschützt und mit einem Giebeldach versehen. Die Eingangstür ist stets verschlossen. Den Schlüssel erhält man im Heimatmuseum Fritzlar, dem so genannten Hochzeitshaus. Dort gibt es auch Wegeskizzen und Informationsbroschüren. Im Landesmuseum Kassel befindet sich eine anschauliche Rekonstruktion der Grabanlage, die deutlich macht, dass man sich die vorgefundene Kammer als steinernes Zentrum eines Hügelgrabs vorzustellen hat.

In der Wetterau ist alles anders

Hessens südlichstes Steinzeitgrab liegt nicht weit von Muschenheim am Nordrand der Wetterau. Seine Erbauer lebten ebenfalls im dritten Jahrtausend vor der Zeitenwende, und bis in die neunziger Jahre galt die Grabkammer deshalb auch als Anlage der Wartberg-Kultur. Erste Grabungen 1893 und 1913 brachten wenig Erkenntnisse und zerstörten die ursprünglichen Konturen des Kammergrabs. Ende 1989 begannen dann Archäologen der Universität Giessen den ungeordneten Steinhaufen erneut auszugraben. Ihr Ziel war die Rekonstruktion der Anlage. Zur Überraschung der Fachwelt legten sie einen trapezartigen Kammer-Grundriss frei, eine Bauweise, die von den rechteckigen »Steinkisten« der Wartberg-Leute abweicht, dafür aber den Steinzeit-Hügelgräbern in Burgund und Savoyen entspricht. Die Vermutung liegt nahe, dass die Steinzeitbauern der Wetterau diesem südlich-alpinen Kulturkreis angehörten. Denkbar ist aber auch, dass ein angeheuerter Bautrupp nur kurzzeitig sein exotisches Know-how im Norden feilbot.

> *»Welche Antworten abschließend auch immer gefunden werden, das offene und damals wohl weitgehend unbewaldete oberhessische Bergland gibt sich als eine Region zu erkennen, in der Ideengut weit entfernten Ursprungs in steinzeitliche Bauformen umgesetzt wurde. Das Movens (der Beweggrund, d.Verf.) dafür ist erst noch herauszufinden. Dabei sind andere archäologische Quellen mit heranzuziehen, beispielsweise jene polierten Gerätschaften aus dem Halbedelstein Jadeit, die hierzulande gelegentlich als Steinbeilfunde entdeckt werden, u.a. auch vom Hof Güll bei Lich-Muschenheim. Sie stellen im Oberhessischen zweifelsfrei Fremdgut dar, denn Jadeitlagerstätten kennt man bislang allein in den Westalpen. Zur wirklichen Zweckbestimmung dieser Gerätschaften kann die Vorgeschichtsforschung noch keine verbindlichen Angaben machen. Lassen sie sich gleichfalls der magisch-religiösen Sphäre im Sinne von Kultgegenständen zuordnen, hätte man bereits ein weiteres zeitgenössisches Element fremden Ideenguts aus dem heutigen Oberhessen vor rund 5000 Jahren ermittelt.«*[13]

Neben den Scherben einheimischer Bierflaschen, die vermutlich die Grabungshelfer von 1913 zurückließen, bargen die Archäologen zwischen den großen Bausteinen auch einen 4 Meter langen Menhir, der in zwei Teile zerbrochen war. Er stand einst vor dem nach Osten gerichteten Eingang des Hügelgrabs. In der Morgensonne wies sein langer Schatten den Weg ins Totenreich.

Das Geheimnis der langen Steine

Hessens höchster Hinkelstein steht im Amöneburger Becken, und dieser »Lange Stein« war auch der Namensgeber jenes Dorfes, an dessen Kirchhofsmauer er noch heute lehnt: Langenstein ist heute ein Ortsteil von Kirchhain. Der Koloss aus rotem Sandstein ist an die 5 Meter hoch und an der Basis 1,50 Meter breit. Bis 1527, als ein Blitzschlag seine Spitze kappte, soll der Menhir sogar eine Höhe von 6,30 Metern gehabt haben.

Die Wissenschaft weiß von diesen Steinen nicht viel mehr, als dass sie von den Menschen der späten Steinzeit und frühen Bronzezeit aufgerichtet wurden und einem religiösen Zweck dienten. Vor der Entdeckung des Menhirs am Steinzeitgrab von Muschenheim (s. o.) kannte man in Hessen keinen örtlichen Zusammenhang von Menhiren und Kammergräbern. Einzig die Tatsache, dass die großen Steine der Grabkammern und die Menhire mit den gleichen Techniken bearbeitet wurden, galt bis dahin als Hinweis auf die gemeinsame Entstehungszeit. Zudem hatte man aus dem unmittelbaren Umfeld der Hinkelsteine noch keine auf Grabkammern deutende Fundstücke. Das hat sich mit den Grabungen bei Muschenheim geändert.

Die Mehrzahl der hessischen Langsteine steht im nördlichen Landesteil. Die meisten haben einen Volksnamen, der sich an ihre Gestalt anlehnt oder sich auf eine Legende um den jeweiligen Stein bezieht. So kennt man etwa den »Hünstein« und den »Riesenstein« bei Baunatal, den »Wotanstein« bei Gudensberg-Maden, den »Kindstein« und den »Kräppelstein« in der Wetterau und, tief im Süden, den »Sackstein« bei Bürstadt.

Es kann vemutet werden, dass die Völker der Bronzezeit, aber auch die Kelten und Germanen, die eindrucksvollen Steine in ihre Kulte einbezogen oder sie doch zumindest in Ehren hielten. Insofern könnte der Cartoon-Gallier Obelix mit Menhiren schon etwas zu tun gehabt haben. Auf keinen Fall aber hat er sie im Steinbruch neu gemeißelt, denn die Hinkelsteine ragten zu seiner Zeit schon 2000 Jahre gen Himmel.

Kupferschmuck von der Lahn

In einigen Kammergräbern der späten Jungsteinzeit gehörte neben Keramik auch Schmuck zu den Beigaben für die letzte Reise. So bargen die Archäologen in der Megalith-Anlage von Züschen-Lohne zahlreiche durchbohrte Wolfszähne, die wohl ursprünglich zu einer Kette aufgereiht waren. In einem steinzeitlichen Gemeinschaftsgrab in Beselich-Niedertiefenbach bei Limburg fand

Kupferspirale aus dem Lahntal

man neben Bernsteinperlen auch sechs Spiralrollen aus dünnem Kupferblech. Sie belegen, dass die Steinzeitbauern am Ende des 3. Jahrtausends vor der Zeitenwende bereits Kupfererz verhütten konnten. Das Buntmetall war für Werkzeuge zu weich und konnte deshalb die althergebrachten Steingeräte nicht ersetzen. Zur Schmuckherstellung aber war Kupfer ausgesprochen geeignet: Die schmückenden Spiralen aus dem Lahntal sind zwischen 6 und 8 cm lang und bestehen »aus viereinhalb bis sechs oft ungleichmäßigen Windungen. Ein gerader Abschluß der Rollen ist angestrebt, aber nicht immer erreicht worden. Das Kupfer scheint kalt ausgehämmert worden zu sein. Längsgerichtete, streifige Strukturen könnten darauf hindeuten, dass ursprünglich schmaler Kupferdraht zu den wesentlich breiteren Bändern verarbeitet worden ist.«[14]

Die Breite der gedrehten Kupferbänder ist ungleichmäßig und variiert zwischen 0,5 und 1,8 cm. Die Schmuckfunde von Niedertiefenbach gelten in der Fachwelt als einzigartig.

Kupfer, Zinn und Bronze

Legiert man Kupfer und Zinn im Verhältnis 9:1, so erhält man Bronze, jenen Werkstoff, nach dem die Wissenschaft den Zeitraum von 2000 bis 800 vor der Zeitenwende benennt. »Obwohl Zinn in Hessen nicht als Rohstoff gewonnen werden konnte, ist eine einheimische Metallverarbeitung durch entsprechende Gußformenfunde (...) nachzuweisen. Das bedeutet, dass auch Hessen in das interregionale Netz einer metallenen Rohstoffversorgung einbezogen war. Dies förderte eine überregionale Kommunikation und technologische Innovation und wirkte sich letztlich in den Bereichen Wirtschaft und Gesellschaft sowie Ideologie aus. Nicht nur deshalb gilt die Bronzezeit als Zeit des Handels, des kunstvollen Berufs-Handwerkers, des prachtvoll gerüsteten Kriegers und der prächtig geschmückten Frauen.«[15]

Jene »Bronzezeit« wird von verschiedenen Forschern in unterschiedliche Abschnitte aufgeteilt. Um die Verwirrung in Grenzen zu halten, begnügen wir uns mit der handlichen Gliederung in Frühbronzezeit, Hügelgräberzeit und Urnenfelderzeit.

Die frühe Bronzezeit

zeitigt bei uns paradoxerweise zunächst nur Metallprodukte aus Kupfer. Bei Klein-Gerau, Groß-Gerau, Griesheim und Hofheim wurden schlichte Einzelgräber aus der Zeit um 2000 v. Chr. entdeckt, in denen die damaligen Bewohner Hessens in Hockstellung auf der linken oder rechten Seite liegend beerdigt wurden. Dort fanden die Archäologen u.a. kupferne Armspiralen und Drahtröllchen. Nach einem Fundort bei Worms firmieren diese Kupfer-Leute wissenschaftlich als »Adlerberg-Gruppe«. Ihre Siedlungen wurden nie gefunden.

Echte Bronzegegenstände kennt man bei uns erst aus der Zeit um 1800 v. Chr. Sie sind durch einen Hortfund aus Gau-Bickelheim belegt, den das Landesmuseum Wiesbaden in seinen Arsenalen aufbewahrt. Er besteht aus fünf reich verzierten Dolchen, deren Ornamente stark verschlissen sind, während die Schneidepartien der Klingen keine Benutzungsspuren aufweisen. Die Dolche wurden also, so die Vermutung, häufig aus der Scheide gezogen, aber nie als Stichwaffe gebraucht. Sie dienten vermutlich nur als Zeremonialwaffen.

Die Zeit der Hügelgräber

Schematischer Schnitt durch ein Hügelgrab (nach Ulrich)

In allen Landesteilen Hessens findet sich auch heute noch eine Vielzahl von Hügelgräbern. Die meisten entstanden im 15. und 14. Jahrhundert vor der Zeitenwende. Häufig sind es regelrechte Nekropolen, die aus einer größeren Anzahl von Grabhügeln bestehen. Jeder der Hügel wurde über einer Art Holzsarg errichtet, der durch eine Steinpackung geschützt wurde. In jedem Hügel wurde zunächst jeweils nur ein Leichnam in Rückenlage bestattet, später kam es dann aber häufig zu Nachbestattungen. So erklärt sich, dass in einigen Bronzezeit-Hügeln bis zu 24 Gräber gefunden wurden.

Männer wurden mit einer kompletten Kriegsausrüstung auf die letzte Reise geschickt, während in Frauengräbern reichhaltige Schmuckbeigaben gefunden wurden. 1931 wurde auf dem Taubenberg im Fuldaer Land der Grabhügel des »Mädchens von Molzbach« entdeckt, das im Alter von etwa 14 Jahren gestorben war.

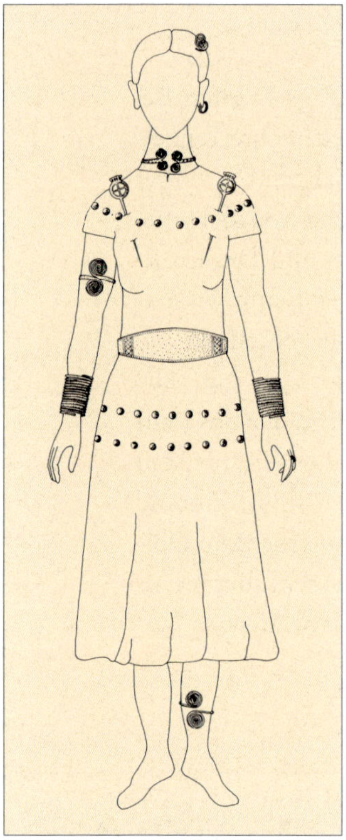

Das »Mädchen von Molzbach« und sein Bronzeschmuck

Sein besonders prachtvoller Bronzeschmuck bestand aus einem Halsband, zwei großen Gewandnadeln, zwei Armspiralen und einem verzierten Blechgürtel. Außerdem fanden sich zwei Ohrringe und ein Fingerring. Die Grabbeigaben sind im Landesmuseum Kassel ausgestellt.

In Grabhügeln bei Wolfhagen und bei Großenlüder barg man sogar Goldspiralen, und im niederhessischen Frielendorf wurden durchbohrte Glasperlen gefunden. Dabei handelt es sich um das älteste Glas Hessens, von dem man lange Zeit annahm, dass es aus dem Mittelmeerraum importiert wurde. Mittlerweile hält man es aber für denkbar, dass auch schon damals im Land zwischen Neckar und Weser Glas erzeugt werden konnte.

Die prächtigen Beigaben belegen, dass nur der wohlhabende Teil der Bevölkerung in den Hügeln bestattet wurde, vermutlich die Angehörigen der Führungsschicht. Ob für diesen Zeitraum von einer Art Adelsherrschaft auszugehen ist, muss offen bleiben. Die vermutlich unscheinbaren Gräber der weniger wohlhabenden Mehrheit der Bevölkerung sind bislang nicht gefunden worden. Aus der Zeit gegen Ende dieser Periode finden sich auch Brandgräber in den Grabhügeln. Offenbar hatte sich die Vorstellung vom Jenseits zu diesem Zeitpunkt bereits gewandelt.
Die Hügelgräber der Bronzezeit blieben nur in den Waldgebieten Hessens bis in unsere Zeit erhalten. Im fruchtbaren Ackerland gerieten sie schon früh unter den Pflug und sind heute verschwunden.

Saubohnen, Käse und Nudeln

Ackerbau und Viehzucht waren auch in der Bronzezeit die wirtschaftliche Grundlage der Bevölkerung. Der aus der Steinzeit überkommene hölzerne Hakenpflug wurde technisch überarbeitet und somit leistungsfähiger. Man pflügte jetzt nicht mehr nur parallele Saatrillen, sondert kreuz und quer. Das Ackerland wurde so auf der ganzen Fläche aufgepflügt und bot damit besssere Bedingungen für die Saat und damit größere Getreideernten. Zur Auswahl standen neben den althergebrachten Weizenarten Emmer, Einkorn und Nacktweizen nun auch Dinkel, Gerste und Hirse. Aus Mehl wurden damals offenbar

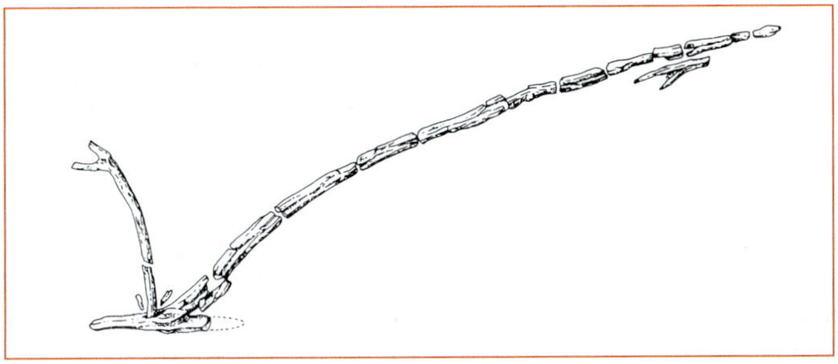

Fundskizze eines Hakenpflugs der frühen Bronzezeit

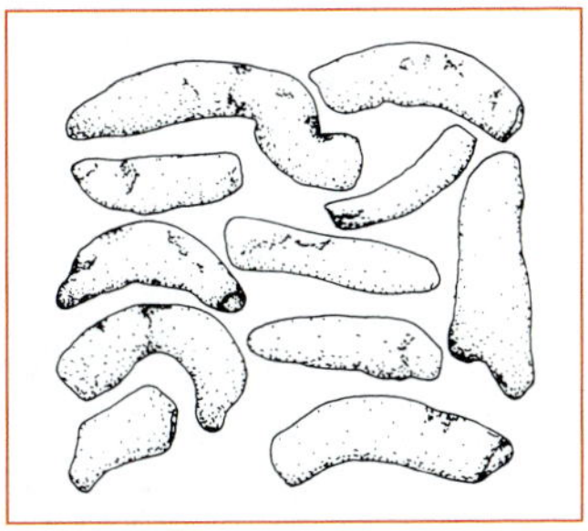

Vorgeschichtliche Nudeln

auch schon Teigwaren hergestellt. Das belegen entsprechende Nudel-Funde aus der Nähe von Bautzen.

Die einzige Bohnenart der Alten Welt, die »Saubohne« oder »Dicke Bohne« avancierte nun zu einer wichtigen Ackerfrucht. So fanden sich in einer bronzezeitlichen Vorratsgrube in Brandenburg 10 Liter verkohlter Saubohnen. Ihre plötzliche Karriere erklären die Archäologen mit einem starkem Bevölkerungswachstum und drohenden Hungersnöten, denen man mit dem Massenanbau dieser eiweißreichen Frucht begegnete.

Bei der Tierhaltung zeigten sich schon große regionale Unterschiede:

»Westlich des Rheins, im französischen Raum, dominierte eindeutig die Zucht und Haltung von Schweinen. An der Nord- und Ostsee bis hinein nach Schlesien wurden vor allem Rinder gehalten. Dort entwickelte sich vermutlich auch die erste richtige Milchwirtschaft.«[16]

Und von der holländischen Nordseeküste kommen auch die frühesten Belege für die Herstellung von Käse. In der späten Bronzezeit wurde dieser »Vorzeit-Gouda« vermutlich nicht nur im Norden, sondern überall dort erzeugt, wo man Milchkühe hielt.

Die Urnenfelderzeit

Zwischen 1200 und 800 vor unserer Zeitrechnung überwiegen Brandbestattungen. Die Asche der Toten wurde in Urnen gefüllt und auf größeren Gräberfeldern beigesetzt. Diese »Urnenfelder« gaben der späten Bronzezeit ihren Namen. Die Siedlungsschwerpunkte lagen in Mittel- und Südhessen. Im östlichen und nördlichen Hessen gibt es nur wenige Funde aus dieser Zeit. Die hessischen Gräberfelder sind kleiner als derartige Anlagen in Süddeutschland. Sie umfassen in der Regel, wie etwa in Dietzenbach und Hanau, 20 bis 40 Bestattungen. Gelegentlich bargen die Archäologen aber auch bis zu 100 bronze-

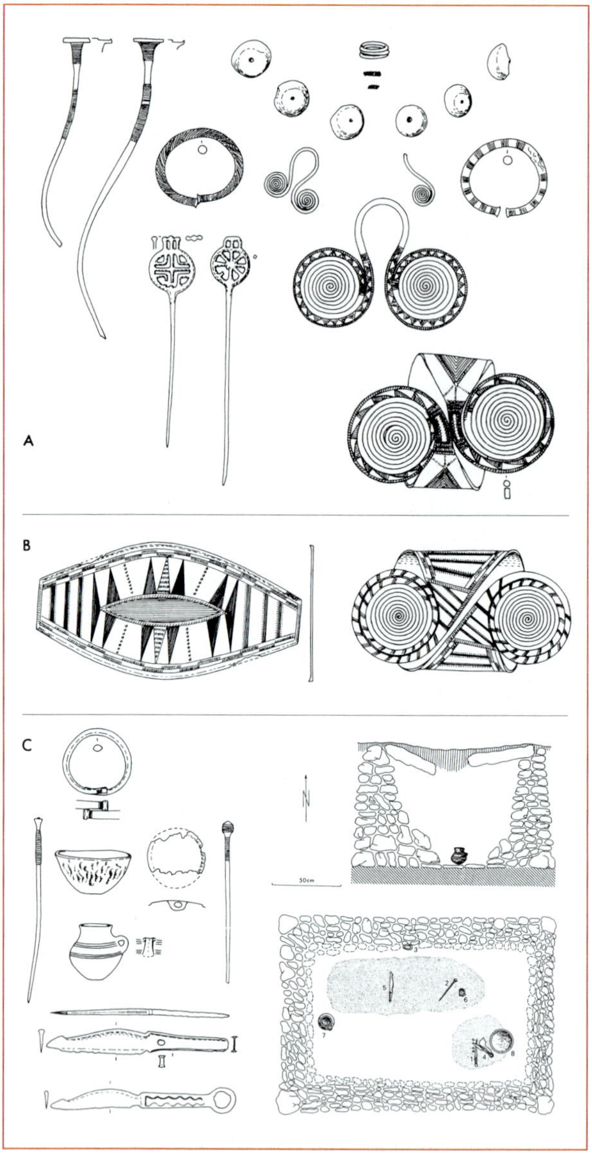

Gräber und Beigaben aus Darmstadt (A), Wölfersheim/Wetterau (B) und Hanau-Steinheim (C)

zeitliche Urnen, so etwa in einem Gräberfeld in Wiesbaden-Erbenheim. Dabei waren die Bestattungssitten vielfältig, verschiedene Beisetzungsarten auf dem gleichen Areal sind keine Seltenheit.

»Vorherrschend ist das Urnenflachgrab, bei dem der aus dem Scheiterhaufen ausgelesene Leichenbrand in einem größeren Gefäß mit den überwiegend auch verbrannten, somit oft bis zur Unkenntlichkeit verschmolzenen bronzenen Beigaben verwahrt wurde.(...) Die Masse der Urnengräber ist nur mit keramischen Beigaben versehen, gefolgt von solchen, die nur geringe bronzene Schmuck- und Trachtbestandteile, meist Nadel, Armring, Ringlein oder eine andere Kleinbronze, enthalten. Zu den »reicheren« gehören schon Gräber mit Messer und/oder Rasiermesser, dann solche mit leichter Bewaffnung (Pfeil und Bogen). An der Spitze stehen dann Gräber mit schwerer Bewaffnung (Schwerter und Lanzenspitzen) und bronzenem Trinkgeschirr (...) oder Wagenteilen mit reichem Bronze- und Goldschmuck.«[17]

Im Gegensatz zur Hügelgräber-Bronzezeit findet man aus dieser Epoche also auch die Grabstätten des »einfachen Volkes«.

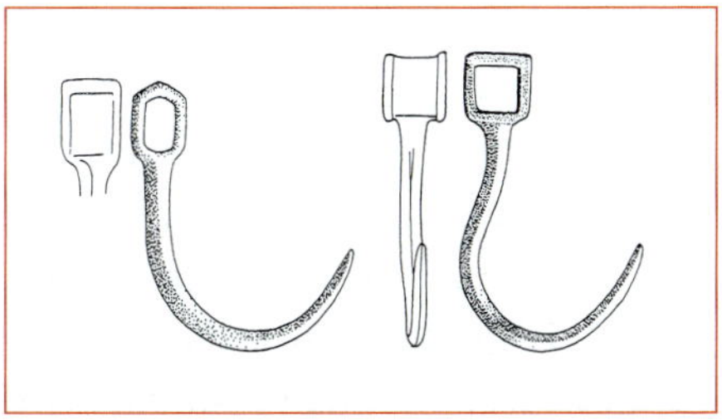

Zwei Fleischhaken aus urnenfelderzeitlichen Brandgräbern in Hessen

Was die Wissenschaft über die Menschen dieser Periode weiß, ergab sich vor allem aus den Grabbeigaben, die man in den Urnenfeldern fand. Die Spuren der damaligen Siedlungen sind weitaus spärlicher. Befestigte Anlagen waren offenbar die Ausnahme. Sie lagen auf den Höhenrücken am Rande fruchtbarer Senken, wie etwa auf dem Glauberg in der Wetterau oder auf dem Bleibeskopf im Taunus. Diese Wehranlagen waren vermutlich Verwaltungssitze, die in Kriegszeiten als Fluchtburgen dienten. Das umfriedete Areal konnte bis zu 10 Hektar groß sein. Die heute als Wälle sichtbaren Reste waren ursprünglich massive Trockenmauern (wie auf dem Bleibeskopf), andernorts aber auch nur Erdaufschüttungen, deren äußere Steilseite mit Steinen verblendet war.

Mehrheitlich lebten die Bauern und Viehzüchter aber in offenen Siedlungen im Flachland, wo der fruchtbare Boden unter den Pflug genommen wurde. Ihre Bauernhäuser waren zwei- und dreischiffige Pfostenständerbauten, deren Wandgefache mit Flechtwerk und Lehmverputz ausgefüllt wurden. Die Reste eines solchen Gebäudes fanden die Archäologen in Dornholzhausen bei Bad Homburg. Zahlreiche Mahlsteine und eine Vielzahl von Bronzesicheln belegen die bäuerliche Lebensweise.

»Aus Butzbach liegen Pflanzenreste von Weizen, Emmer und Gerste vor. Viehzucht galt hauptsächlich dem Rind, daneben Schwein, Schaf und Ziege. (...) Das Pferd wurde geritten oder als Zugtier vor den vierrädrigen Wagen gespannt. Jagd auf Rotwild dominierte. Die Konzentration vieler urnenfelderzeitlicher Fundstellen im Main-Kinzig-Gebiet (...) läßt sich auf eine Nutzung als Jagd- und Fischgebiet zurückführen. Spinnwirtel und Webgewichte belegen eine örtliche Textilerzeugung. Daneben spielt die ortsfeste Metallurgie und Metallverarbeitung eine bedeutende Rolle. Das Metall kam in Form von Gusskuchen als Rohkupfer bzw. als umgeschmolzenes Altmetall in Umlauf.«[18]

Das heutige Süd- und Mittelhessen war in dieser Periode dichter besiedelt als in der vorangegangenen Hügelgräber-Bronzezeit. Ihren relativen Reichtum verdankte die Bevölkerung aber wohl weniger besonders ertragreichem Ackerbau als vielmehr einem hessischen Standortvorteil: Die große Handelsstraße von Italien nach Skandinavien führte mitten durch das Land.

Schwerter aus Eisen

Im 8. Jahrhundert vor der Zeitenwende wird auch in Hessen das Eisen zum wichtigsten Metall. Schmuck und Metallgeschirr bestehen zwar weiterhin aus Bronze, aber für Waffen und Geräte wird das neue, harte Metall zum bevorzugten Werkstoff. Die ältere Periode der Eisenzeit datieren die Archäologen auf 800 bis 500 v. Chr. Sie wird nach einem Gräberfeld bei Hallstatt im Salzkammergut »Hallstattzeit« genannt – eine Zeitspanne, die zwischen Neckar und Weser in sehr unterschiedlichen kulturellen Formen in Erscheinung tritt.

Die Grabhügel der »Koberstadt«

Schon um 1900 belegten Grabfunde aus dem Flurstück Koberstadt bei Dreieich-Götzenhain eine spezielle Ausprägung der Hallstatt-Periode im Bereich des heutigen Süd- und Mittelhessen. Diese »Koberstädter Kultur« genannte Gruppe bestattete ihre Toten wieder in Hügelgräbern. Doch auch hier variierte der Begräbnisbrauch. Nördlich einer Linie Bad Homburg-Büdingen wurden in den eisenzeitlichen Hügelgräbern Urnen beigesetzt, in den weiter südlich gelegenen Hügeln aber bestattete man bevorzugt den kompletten Leichnam. In den Grabstätten fanden sich neben vielfältiger Keramik eiserne Schwerter, von denen Einzelstücke über einen Meter lang waren. Bei Offenbach-Rumpenheim wurde dem toten Würdenträger ein vierrädriger Wagen mit in das Hügelgrab gegeben. Dieses »Wagengrab« erinnert an die Fürstengräber in Baden-Würtemberg aus derselben Zeit (Hochdorf, Hohmichele), war aber weit weniger prächtig ausgestattet. In einem eisenzeitlichen Hügel bei Schwalheim fanden die Archäologen zwei eiserne Radreifen, die als Reste eines einachsigen Wagens interpretiert werden. Diese Wagengräber stellen aber innerhalb der »Koberstädter Kultur« eine Ausnahme dar.

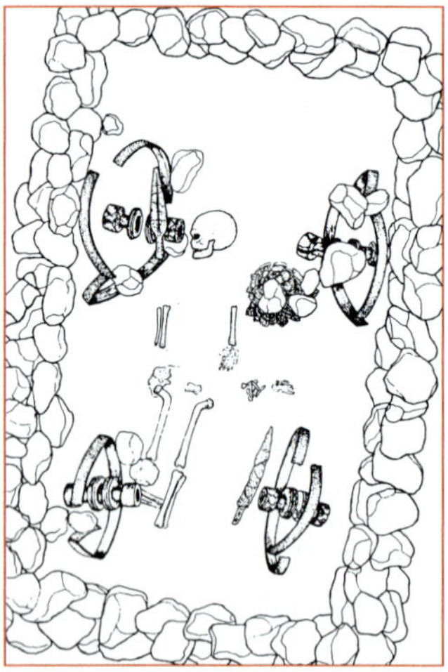

Das Wagengrab von Offenbach-Rumpenheim

Im nordhessischen Raum war die Hallstatt-Phase weit weniger ausgeprägt als im Koberstadt-Bereich. Hier dominieren zunächst noch Flachgräber mit Leichenbrand. Später wurden auch neue Grabhügel errichtet, in denen sich aber überwiegend Urnen finden. Die Hügelgräber (z.B. bei Kirchberg und Wolfhagen) enthielten weit weniger eiserne

Gegenstände als in Süd- und Mittelhessen. Eiserne Schwerter fehlen hier völlig.

In der späten Hallstatt-Zeit wurden auch die Höhen der hessischen Mittelgebirge wieder besiedelt. Einige Forscher vermuten hier ein eisenzeitliches Hirtenvolk, das sich von den Bauern der Koberstadt-Kultur unterschied. Die Mehrzahl der Siedlungen lag allerdings »im flachen, fruchtbaren Land, daneben waren Schutzlagen auf Flussschleifen (z.B. Fuldaschleife bei Grebenau) und Höhenkuppen beliebt. Viele Berge wurden durch Befestigungen geschützt. Es ist aber noch nicht gelungen, solche Anlagen gesichert in die Hallstattzeit zu datieren.«[19]

Vom Ringfort der Bronzezeit zum römischen Kastell (nach K.F. Rittershofer)

Die Archäologen vermuten derartige Wehranlagen in Süd- und Mittelhessen bei Oberursel (Gickelsburg, Altendörfer Mauer) und auf dem Glauberg, in Nordhessen im Bereich der Altenburg bei Niedenstein und der Landsburg bei Schwalmstadt sowie auf Basaltkuppen wie dem Bürgel bei Gudensberg und dem Wartberg bei Kirchberg. Im Kasseler Land kommen Baunsberg, Hirzstein, Hunrodsberg und Dörnberg in Betracht, ebenso die Büraburg bei Fritzlar und der Rhündaer Berg.

Als interessantester hessischer Einzelfund aus dieser Zeit gilt die Stele von Rai-Breitenbach, heute ein Ortsteil von Breuberg im Odenwald. 1919 wurde sie dort auf dem Obersberg entdeckt. Die etwa 45 cm hohe Sandsteinplatte zeigt menschliche Züge: Auf ihr sind Arme, Hals, Kopf und Augen grob angedeutet. Im Umfeld der Stele gab es keine vorgeschichtlichen Begleitfunde. Die Zuordnung zur Hallstattzeit lag nahe, da es vergleichbare Stelen aus Südwestdeutschland gibt, bei denen die zeitliche Herkunft eindeutig ist.

Das Zeitalter der Kelten

Die »Jüngere Eisenzeit« beginnt um 450 vor der Zeitenwende und endet um Christi Geburt. Sie wird gewöhnlich nach einem Fundort am Neuenburger See in der Schweiz als »Latène-Zeit« bezeichnet. Im Südwesten Deutschlands ist dies die Zeit der Kelten. Über den Ursprung der keltischen Stämme gibt es kaum gesichertes Wissen. In ihrer Kunst finden sich verschiedenste Stilelemente. Sie belegen den Einfluss der Hallstatt-Kultur, aber auch der Skythen, Perser und Etrusker. Indoeuropäische Stämme an der unteren Wolga, nach ihren Hügelgräbern »Kurgan-Völker« genannt (*kurgan*, russ.: Hügel), werden von manchen Forschern für »Vor-Kelten« gehalten. Stellt man sich nun die Herausbildung des Keltischen nach dem Modell einer Völkerwanderung vor, so könnte es folgendermaßen gewesen sein: Die Kurgan-Stämme nahmen auf ihrem Weg zu Donau und Rhein Kulturelemente all jener Völker auf, durch deren Gebiete sie zogen. Unterwegs dürften dabei ihre »Marschpausen« mitunter mehrere Menschenalter gedauert haben. Zeit genug, um sich mit Einheimischen zu vermischen. Solcherart ethnisch und kulturell bereichert, kamen sie dann nach Mitteleuropa, wo sie mit ansässigen Hallstatt-Stämmen zu jenem neuen Volk verschmolzen, das die Griechen *»keltoi«* und die Römer *»galli«* nannten.

In Hessen reicht der keltische Einfluss offenbar bis in die niederhessische Senke, wo die Altenburg bei Niedenstein den nördlichsten Fundort darstellt. Ihre Bewohner schlossen zumindest im letzten Jahrhundert vor der Zeitenwende ihre Gewänder mit keltischen Fibeln. Das erlaubt allerdings keine eindeutige ethnische Zuordnung, da bis zum Auftauchen der Römer keinerlei Stammesnamen überliefert sind. Und auch dann wäre Vorsicht geboten, denn die römischen Geschichtsschreiber konnten zwischen Kelten und Germanen nicht allzu gut unterscheiden.

Dennoch lässt sich mit einiger Sicherheit sagen, dass auf dem Gebiet des heutigen Hessen der Siedlungsschwerpunkt der Kelten im mittleren und südlichen Landesteil lag. Vieles spricht dafür, dass der Glauberg am Ostrand der Wetterau das regionale Zentrum der keltischen Frühzeit war.

Der Hügel der Keltenfürsten

Im Jahr 1987 wurden bei der Befliegung des Geländes um den Glauberg die Konturen eines großen Kreisgrabens endeckt, der sich um eine flache Kuppe zog. Der riesige Grabenring hatte einen Durchmesser von fast 50 Metern, der Graben selbst war etwa 10 Meter breit. Dieser Fund stellte sich als der Rest

© Landesamt für Denkmalpflege Hessen, Wiesbaden

Die Grabung aus der Luft (1996).
Foto: Otto Braasch, Landshut

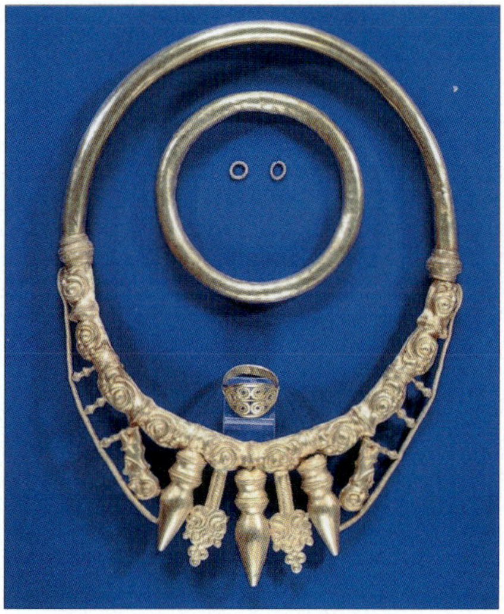
© Landesamt für Denkmalpflege Hessen, Wiesbaden

Goldener Halsring, Armreif und Fingerring aus dem ersten Fürstengrab.
Foto: Ursula Seitz-Gray, Frankfurt / M.

eines gewaltigen Hügelgrabes aus dem fünften vorchristlichen Jahrhundert heraus, als ein Bauwerk der frühen Keltenzeit also. Bei den Ausgrabungen in den Jahren 1994/95 stießen die Archäologen des hessischen Landesamts für Denkmalpflege auf zwei Gräber mit so ungewöhnlich prächtigen Beigaben, dass fortan nur noch von »Fürstengräbern« die Rede war. Beide Grabstellen wurden mit Holz verschalt und im Block geborgen. So transportierte man sie zum Landesamt nach Wiesbaden-Biebrich, wo sie in der dortigen Restaurierungswerkstatt weiter freigelegt wurden. Das erste Grab enthielt die Körperbestattung eines etwa 30-jährigen Mannes. Seine Beigaben bestanden aus einer keltischen Schnabelkanne mit reichem Figurenschmuck, einem Eisenschwert mit Bronzescheide und zwei Lanzen mit eisernen Spitzen. Der Tote trug einen reich verzierten goldenen Halsring. Das zweite Grab erwies sich als Brandbestattung eines Kriegers, dem ebenfalls ein Eisenschwert beigegeben war. Neben Ringen und Schmuckfibeln enthielt dieses Grab eine 50 cm hohe keltische Röhrenkanne aus Bronze, die aber weit weniger filigran verziert war als die Schnabelkanne im Körpergrab. Die Archäologen werteten diese Funde als einmalige Zeugnisse frühkeltischen Kunsthandwerks, »die für die Bedeutung der keltischen Fürsten sprechen, die ihren Sitz auf dem Glauberg hatten. Nach Ergebnissen von naturwissenschaftlichen Untersuchungen könnte ihr Herrschaftsgebiet einen Bereich von 80–100 km um den Berg eingenommen und vom Fulda-Werra-Bergland bis zum Neckar, vom Rhein bis zum Thüringer Wald gereicht haben.«[20]

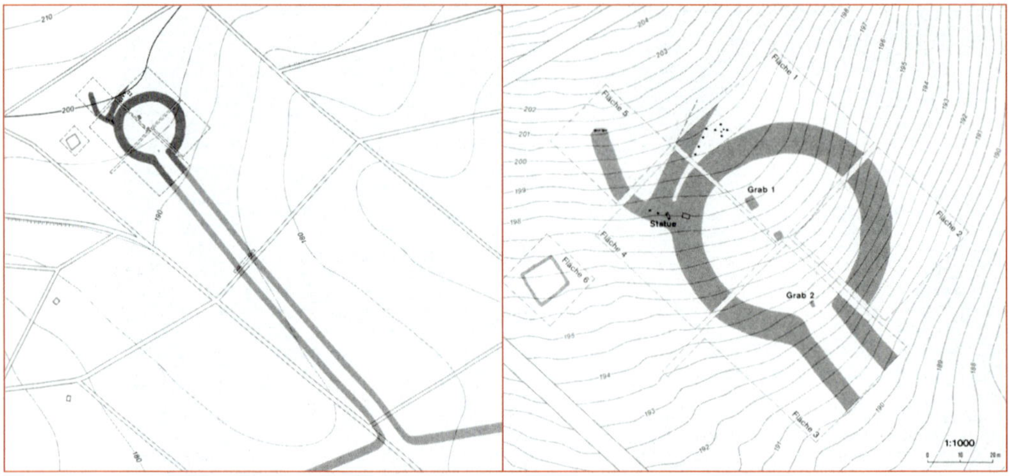

Die »Prozessionsstraße« und der Grabhügel der Keltenfürsten

Der Hügel mit den beiden Fürstengräbern erwies sich im Zuge weiterer Untersuchungen nur als Teil einer großflächigen, landschaftsbeherrschenden Anlage. Deren beträchtliche Ausdehnung machte den Einsatz geophysikalischer Ortungstechnik nötig. Allein mit Grabungen kamen die Archäologen nicht mehr weiter.

Bald stellte sich heraus, dass zu dem Grabhügel eine 10 Meter breite und 350 Meter lange Prozessionsstraße führte, die von Gräben umgrenzt wurde. Diese Gräben münden in den Kreisgraben des Hügels. Am Anfang dieser Straße biegen die Gräben seitlich ab. Der Westgraben erstreckt sich über 900 Meter, während vom östlichen Graben bislang 700 Meter geophysikalisch geortet wurden. »Welche Bedeutung das von ihnen eingefasste Gelände zu Füßen des Glaubergs hat, wissen wir noch nicht. Vielleicht darf man an ein großes zentrales Heiligtum der frühkeltischen Zeit denken, wie es aus antiken Schriftquellen für keltische Stämme in späteren Jahrhunderten überliefert ist.«[21]

Statuen aus Stein

Bei den folgenden Ausgrabungen im Umfeld des vermuteten Kelten-Heiligtums kam im Sommer 1996 ein weiterer sensationeller Fund zutage, dessen wissenschaftliche Bedeutung die Fürstengräber vom Glauberg noch übertrifft: die lebensgroße Statue eines frühkeltischen Kriegers, der in den Medien zumeist als »Keltenfürst« bezeichnet wurde. Die vollplastische Figur lag in einem

Graben seitlich des Hügels. Für die Keltenforschung in Hessen war das ein Glücksfall, »der zu den bedeutendsten archäologischen Entdeckungen der letzten Jahrzehnte in Europa zu zählen ist. Damit nicht genug, fanden sich die Bruchstücke von drei weiteren Statuen, alle aus vermutlich einheimischem Sandstein, die offenbar ganz gleich gestaltet waren. Sie stammen sämtlich aus dem Bereich im Nordwesten des Grabhügels; hier schließen an den Kreisgraben weitere Grabenwerke an, die einen Heiligen Bezirk markieren, der vielleicht dem Ahnenkult diente.«[22]

Der zuerst entdeckte »Keltenfürst« aus Sandstein ist fast vollständig. Lediglich seine Füße sind abgebrochen und wurden nicht gefunden. Es wird daher vermutet, dass die 1,86 Meter hohe und 230 kg schwere Figur ursprünglich auf einem Sockel stand. »Dargestellt ist ein gepanzerter Krieger mit Schild und Schwert und verschiedenem Ringschmuck. Auf dem Kopf trägt er eine so genannte Blattkrone, die aus einer blätterverzierten Haube mit zwei seitlichen blattförmigen Ansätzen besteht.«[23]

Die an den Statuen dargestellte Austattung gleicht der des Toten im ersten Grab des Hügels. Daraus schließen die Fachleute allerdings nicht, dass es sich um eine lebensnahe Darstellung des Bestatteten, also um ein Denkmal im heutigen Sinne handelt. Angenommen wird vielmehr, dass der hochgestellte Leichnam nach dem Vorbild der Steinfiguren mit Schmuck und Waffen ausgestattet wurde.

»Wen diese Statuen darstellen, können wir nicht genau sagen. Handelt es sich um vergöttlichte Ahnen, Heroen, oder sind es Götterbilder?«[24]

© Landesamt für Denkmalpflege Hessen, Wiesbaden

© Landesamt für Denkmalpflege Hessen, Wiesbaden

Die Sandstein-Statue am Fundort (Foto: Ralf Klausmann, Darmstadt) und nach der Restaurierung (Fotos: Ursula Seitz-Gray, Frankfurt/M.)

Der frühkeltische Spiegel von Hochheim

Reich ausgestattete »Fürstengräber« sind kennzeichnend für die frühe Keltenzeit im 5. und 4. Jahrhundert v. Chr. Bekannte Beispiele sind die Gräber vom Kleinaspergle in Baden-Württemberg oder bei Worms-Herrnsheim und Waldalgesheim in Rheinland-Pfalz. Zu den Beigaben gehörten dort meist importierte etruskische Bronzegefäße oder zumindest deren keltische Nachbildungen, oder auch importierter Goldschmuck aus dem Mittelmeerraum. Auch bei den Bronzekannen vom Glauberg gibt es formale Anlehnungen an etruskische Vorbilder. Doch insbesondere die Figuren und Verzierungen der Schnabelkanne zeichnen sich durch eine genuin keltische Formensprache aus, die weit über die Vorlagen hinausgeht.

Bis zu diesen Entdeckungen am Glauberg kannte man in Hessen nur relativ schlichte Funde aus der keltischen Frühzeit, etwa eine etruskische Schnabelkanne aus einem Keltengrab bei Wiesbaden oder den Griff eines etruskischen Fußwaschbeckens, der in Nidda-Borsdorf gefunden wurde. Genuin keltisch ist allerdings ein Bronzespiegel mit einem janusköpfigen Griff, der in den dreißiger Jahren in einem Weinberg bei Hochheim entdeckt wurde und heute als Kopie im Hochheimer Museum betrachtet werden kann. Erstaunlicherweise gibt es auch von der großen frühkeltischen Ringwallanlage auf dem Altkönig im Taunus als Fundgut nur einige wenig spektakuläre Fibeln, also Gewandspangen aus Bronze – die keltischen Vorläufer unserer Sicherheitsnadeln. Auffällig für die hessischen Funde aus dieser Zeit ist der überwiegende Anteil des Frauenschmucks. Zwar wäre es denkbar, dass die Archäologie die entsprechenden Männergräber einfach noch nicht gefunden hat, einige Forscher erklären sich diesen Umstand jedoch mit einer Abwanderung junger Krieger, denn im 4. und 3. Jahrhundert breiteten sich die Kelten über die Alpen hinweg nach Oberitalien und entlang der Donau nach Südosteuropa aus. 386 v. Chr. überrannten sie Rom und 279 v. Chr. wurde Delphi erobert.

Die Herren des weißen Goldes

Schon vor der keltischen Periode galt Salz als wertvolles Handelsgut und Quelle des Reichtums für jene Landesherrn, in deren Gebiet das »weiße Gold« gefördert wurde. Die keltische Salzgewinnung im Bereich von Bad Nauheim war schon lange bekannt, doch erst die Grabungen der letzten Jahre belegten die fast schon industrielle Dimension der Salinen. So weiß man mittlerweile, dass sich die Anlagen um 450 vor der Zeitenwende über eine Länge von mehr als 1000 Metern quer durch das heutige Nauheimer Kurgebiet zogen. Seit Entdeckung der Fürstengräber am Glauberg liegt es nahe, die dortigen Adligen auch für die Herren der Salinen zu halten. Ihr offenkundiger Reichtum könnte durchaus auf das Nauheimer Salz gegründet gewesen sein.

Die Quellen entlang des Flusses Usa hatten damals wie heute einen Salzgehalt von etwa 2,7 Prozent. Zwischen diesem schwach salzigen Wasser, der Sole, und dem fertigen Salz lag die »Gradierung« – also die Erhöhung des Salzgehaltes der Sole, die anschließend im Siedeofen zu Salz kristallisieren sollte. Im Sommer 2001 stießen die Archäologen im keltischen Salinenbereich auf ein erstaunlich gut erhaltenes System von flachen Rinnen, die von niedrigen Flechtzäunen umgrenzt waren. In dieses Rinnensystem waren hölzerne Röhren und Schächte eingebaut, über die möglicherweise das salzige Quellwasser eingeleitet worden war. Durch die konservierende Wirkung der Sole sah man den Holzteilen die zweieinhalbtausend Jahre kaum an, so war etwa Birkenholz noch anhand seiner Rindenfärbung zu erkennen. Vieles spricht dafür, dass in solchen Anlagen die Gradierung stattfand. Vermutet wird, dass die Flechtwerkrinnen zu größeren, flachen Becken führten, in denen Wasser verdunsten konnte und Fremdstoffe wie Kalk sich ablagerten. Die eigentliche Salzgewinnung geschah dann in keltischen Siedeöfen, von denen nur kleinere Fragmente erhalten sind. Sie waren offenbar nur wenige Male nutzbar und wurden dann zerstört, weil man den beschränkten Platz zwischen den Salzrinnen für neue Öfen brauchte. Deshalb gab es auch sehr unterschiedliche Rekonstruktionen durch die experimentelle Archäologie.

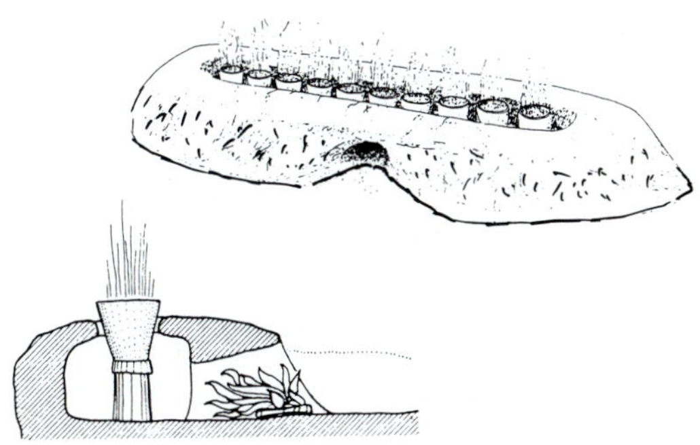

Skizze und Querschnitt: Rekonstruktion eines keltischen Siedeofens

Mittlerweile geht man von einem ovalen Lehmofen aus, der bei einer Breite von etwa 60 cm über drei Meter lang sein konnte. Die Feuerstelle befand sich in der Mitte einer Längsseite. Im Ofeninnern waren die Tongefäße mit der Sole entlang der Mittelachse aufgereiht. Jeder Behälter stand auf einem passenden Keramikständer, der das direkte Feuer auf Distanz hielt. Die Gefäße ragten durch die Ofendecke ins Freie. So konnte die Sole immer wieder aufgefüllt werden und der entstehende Wasserdampf entweichen. Erst nach mehreren Stunden waren die Behälter mit Salzkristallen angefüllt, und man musste sie zerschlagen, um an das »weiße Gold« zu kommen.

Die Keltenstädte der Blütezeit

In den letzten zwei Jahrhunderten vor der Zeitenwende siedelten keltische Stämme fast überall in Europa. In dieser als »Spätlatène« bezeichneten Blütezeit reichte der keltisch geprägte Kulturraum von Galizien im spanischen Nordwesten bis nach Galatien in der heutigen Türkei. In dieser Zeit entstanden die »*oppida*«, keltische Großsiedlungen nach dem Vorbild der damaligen Mittelmeer-Städte. Typisch waren großräumige Festungsanlagen, die über hundert Hektar Siedlungsfläche umschließen konnten und verkehrsgünstig lagen. Ihre langen Wälle waren zumeist Holz-Erde-Konstruktionen, nach innen mit einer Böschung versehen und außen mit Steinen verblendet. Den Durchlaß gewährten so genannte Zangentore, die gut zu verteidigen waren. Ein solches »*oppidum*« war als Marktort Anlaufpunkt für den Nah- und Fernhandel und Verwaltungssitz mit Gerichtsbarkeit und Münzprägerecht.

Eine Erklärung für die zum Teil riesigen Innenflächen der Keltenstädte ist ihre vermutete Zusatzfunktion als »Fluchtburg« für die Bewohner des Umlandes in Kriegszeiten und als Sammelplatz für Heere.

In Hessen sind sechs solcher Großsiedlungen archäologisch erschlossen: das Heidetränk-Oppidum bei Oberursel, der Glauberg am Ostrand der Wetterau, die Dornburg bei Frickhofen, der Dünsberg bei Gießen, die Milseburg in der Rhön und die Altenburg bei Niedenstein.

> *»Die große Bevölkerung solcher Oppida konnte wohl nur durch Zulieferungen landwirtschaftlicher Produkte aus dem Umland ernährt werden. Andererseits produzierte ein Oppidum im handwerklich-gewerblichen Bereich sicherlich auch für das Umfeld. So liegt etwa der Dünsberg im Bereich wichtiger Eisenerzlager und Roh- und Halbfabrikate (...) sind zahlreich bekannt. Dementsprechend steht die vielfältige Eisenverarbeitung (...) an erster Stelle der oppidalen Produktion, gefolgt von der Buntmetallverarbeitung und der Glasmacherei.«*[25]

Die wissenschaftliche Erkundung der hessischen Keltenstädte lieferte wenig Aufschluß über die gesellschaftliche Struktur der späten Latène-Periode.

Bronzepferdchen aus dem Heidetränk-Oppidum

So könnte es ausgesehen haben: Die Keltenstadt bei Oberursel

Im Rückgriff auf Caesars Berichte im »Gallischen Krieg« wird aber nicht von Staaten, sondern von Stämmen ausgegangen, die von einer aristokratischen Führungsschicht regiert wurden. »Ihr leistete eine große Klientel aus mehreren tausend Menschen Gefolgschaft, die teilweise in Schuldknechtschaft oder gar als Sklaven lebten. Für religiöse Dinge waren die geheimnisumwitterten Druiden zuständig. Zumindest für Süd- und Mittelhessen, das randlich eingebunden war in die linksrheinische keltische Zivilisation, möchten wir diese ›gallische‹ Struktur annehmen.«[26]

Einschränkend muss allerdings gesagt werden, dass in Hessen die Belege für den keltischen Glauben der Spätzeit bislang fehlen. Kennzeichnend für diese Periode wären die rechteckigen »Heiligen Haine«, in der Vorgeschichtsforschung meist als »Viereckschanzen« bezeichnet. Lediglich bei Vielbrunn im Odenwald findet sich mit der »Heuneschüssel« eine Wallanlage, deren Abmessungen an süddeutsche Keltenheiligtümer erinnern. Doch die Zeitstellung der »Heuneschüssel« ist in der Fachwelt höchst umstritten. Einige Forscher halten sie für römisch, andere datieren sie sogar ins frühe Mittelalter.

Neue Mühlen braucht das Land

Die Landwirtschaft der keltischen Blütezeit hatte eine stark angewachsene Bevölkerung zu ernähren. Die Ackerflächen wurden entsprechend ausgedehnt und der Wald zurückgedrängt. Zur Bearbeitung des Bodens benutzte man allerdings weiterhin einen Pflug mit eisernen Scharen, der schon seit Beginn der

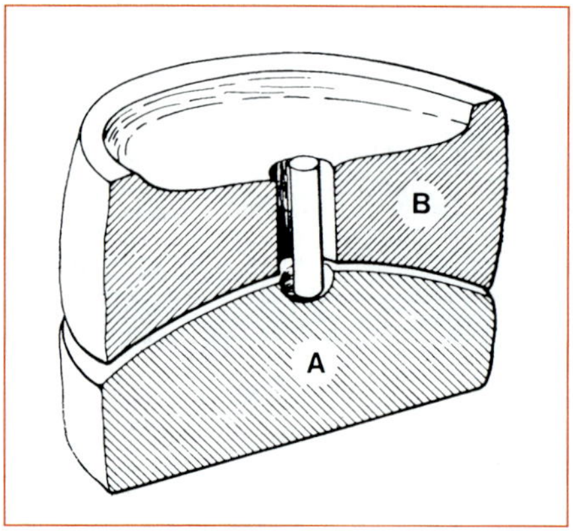

Schema der spätkeltischen Rundmühle

Eisenzeit in Gebrauch war. Die großen Getreidemengen wurden nun aber nicht mehr mit einfachen eisernen Handsicheln geschnitten. Breitere Sensen mit langem Stiel verkürzten den Zeitaufwand bei der Ernte. Die Effektivierung der Landwirtschaft zeigte sich auch bei der Verarbeitung des Getreides. Noch im 3. Jahrhundert vor der Zeitenwende wurde das keltische Korn zwischen zweiteiligen Reibsteinen gemahlen, die im Prinzip noch genauso funktionierten wie die Mahlsteine der Steinzeit (vgl. Abb. S. 30). Ein Jahrhundert später verwendete man schon völlig neuartige Getreidemühlen:

»Diese Rund- oder Drehmühlen bestanden aus einem festliegenden Bodenstein und darüber gelagertem drehbaren Läuferstein. Das Getreide wurde von oben eingefüllt und zwischen den beiden per Handbetrieb gegeneinander gedrehten Steinen zermahlen. Versuche haben gezeigt, dass mit diesen Mühlen gegenüber den Reibsteinen eine enorme Leistungssteigerung möglich wurde. Konnten auf einem einfachen Reibstein nur knapp 5 Kilo Getreide in einer Stunde gemahlen werden, so waren es nun 32 Kilo, also etwa die sechsfache Menge. Die neuen Mühlen gehörten praktisch zur Ausstattung eines jeden Haushalts. In den spätkeltischen Oppida sind von ihnen Hunderte von Bruchstücken gefunden worden.« [27]

Wein, Weizenbier und Met

Über das Getränkespektrum in keltischen Schankwirtschaften ist relativ wenig bekannt. Archäologisch nachgewiesen ist auf jeden Fall das Met, ein alkoholisches Getränk mit Honigzusatz, das zu schnellem Rausch verhalf. Seine verklumpten Reste wurden bereits in den Kannen frühkeltischer Fürstengräber entdeckt, so auch in der prunkvollen Schnabelkanne vom Glauberg. Der Honiganteil ihres Mets wurde archäobotanisch untersucht, die Blütenpollen im Honig gaben Aufschluss über die von den Bienen aufgesuchten Pflanzen, und aus deren speziellen Standortansprüchen konnte auf das Einzugsgebiet der fleißigen Insekten geschlossen werden. Das ermittelte Gebiet zwischen Rhein und Werra könnte dem Herrschaftsbereich der Glauberger Fürsten entsprechen.

Dass in keltischer Zeit bereits Bier gebraut wurde, konnte bislang nicht nachgewiesen werden. Es gilt aber als sehr wahrscheinlich. Nach der Zeitenwende betrank sich jedenfalls die keltische Bevölkerung der römisch besetzten Gebiete regelmäßig mit mehreren Sorten Weizen- und Gerstenbier, das zum Teil auch schon mit Hopfen gebraut wurde – ein herber Genuss, der den Römern zunächst fremd war.

Weinimport aus dem Mittelmeerraum wird bereits seit der späten Hallstattzeit vermutet. Diese Annahme knüpft sich an zahlreiche Funde prachtvoller Trink- und Mischgefäße etruskischen und griechischen Ursprungs in den Gräbern des hallstattzeitlichen und frühkeltischen Adels. Hier ist allerdings nicht auszuschließen, dass jene Prunkgefäße zu reinen Repräsentationszwecken importiert wurden. Sie waren also nicht unbedingt mit dem Konsum von Wein verbunden. Eindeutiger wird der Befund erst im zweiten und ersten vorchristlichen Jahrhundert: Jetzt tauchen in keltischen Oppida schlichte römische Weinamphoren auf. Diese Transportgefäße haben nichts mehr mit Repräsentation, aber viel mit keltischem Weingenuss zu tun. In hessischen Keltenstädten wurden sie allerdings nicht gefunden. Zudem handelte es sich offenbar nur um den Luxus einer begüterten Schicht. Hochrechnungen für das bayrische Oppidum Manching ergaben einen jährlichen Weinimport von höchstens 500 Litern. Bei etwa zweitausend Einwohnern hätte eine gerechte Verteilung pro Jahr und Gaumen nur ein bescheidenes »Viertele« gebracht.

Trinkszene auf einem frühkeltischen Bronzegefäß

Die keltischen Gelage: Üppig essen, tüchtig saufen, kräftig raufen

Die ausschweifenden Feste der keltischen Oberschicht nahm die griechisch-römische Welt mit einem gewissen Befremden zur Kenntnis. So schreibt etwa der griechische Chronist Poseidonius:

> *»Wenn eine größere Zahl von Menschen beisammen ist, sitzen sie in einem weiten Kreis, mit dem wichtigsten Mann in ihrer Mitte; sei es nun, dass er ihnen in kriegerischer Geschicklichkeit überlegen ist oder im Ansehn der*

Familie oder was seinen Wohlstand anbelangt. Neben ihm sitzt der Gast und auf jeder Seite daneben die anderen, in der Rangfolge ihrer Bedeutung. Ihre Schildträger stehen hinter ihnen, während die Speerträger auf der gegenüberliegenden Seite des Kreises sitzen (...) und an dem Festmahl teilhaben. Sie sitzen auf Stroh und ihre Mahlzeiten stehen auf hölzernen Tischen, die etwas über dem Erdboden stehen. Ihre Nahrung besteht aus einer kleinen Anzahl von Broten, zusammen mit einer großen Menge Fleisch. Dieses Fleisch wurde entweder gekocht oder mit Spießen über Holzkohle geröstet. Sie essen in einer ordentlichen, aber löwenähnlichen Art, indem sie ganze Gliedmaßen in beide Hände nehmen und das Fleisch abbeißen. Teile, die schwierig zu beißen sind, schneiden sie mit einem kleinen Messer, das neben dem Schwert in einem eigenen Futteral hängt, ab. (...) Die Diener tragen die Getränke in tönernen oder silbernen Krügen. (...) Die Tabletts, auf denen sie das Essen servieren, bestehen entweder aus den gleichen Materialien, oder aber aus Bronze, Holz und geflochtenen Zweigen. (...) Sie benutzen gemeinschaftlich einen Becher, aus dem sie jeweils nur kleine Schlucke trinken, doch lassen sie ihn oft herumgehen. Die Diener servieren den Becher immer nach rechts, nicht nach links. (...) Manchmal verwickeln sich die Kelten während eines solchen Essens in einen Zweikampf. Ausgestattet mit ihren Waffen vollführen sie Scheingefechte mit gegenseitigem Hin und Her. Manchmal fügt man sich dabei auch Verwundungen zu und die Empörung darüber kann dazu führen, dass der Gegner erschlagen wird. Wenn in früheren Zeiten die Hinterteile der Tiere aufgetragen wurden, bekam der berühmteste Held die Schenkelstücke, und wenn ein anderer auftrat, um sie zu fordern, kam es zu einem Zweikampf auf Leben und Tod.«[28]

Keltisches Geld

In der späten Latène-Zeit tauchten im Umfeld der hessischen Oppida erstmals keltische Münzen auf. Sie belegen die Ablösung der traditionellen Tauschwirtschaft durch ein geregeltes Geldsystem. Keltische Münzen sind aus Gold, Silber oder Bronze geprägt und zumeist nach dem Vorbild griechischer oder römischer Geldstücke gestaltet. Dabei werden die antiken Motive zunehmend variiert und verändern sich bis hin zu abstrakten keltischen Ornamenten. Häufigste Münzform sind die so genannten »Regenbogenschüsselchen«. Diesen Volksnamen verdanken sie ihrer schüsselartigen Hohlform und wohl auch der Erfahrung, dass sie im Ackerland meist nach heftigen Gewitterregen freigeschwemmt wurden und dann – unter dem Regenbogen – in der Sonne blinkten.

Größere Funde goldener Regenbogenschüsselchen wurden in Mardorf bei Marburg und im Heidetränk-Oppidum gemacht. Die Münzen aus der Keltenstadt am Taunus waren noch ungeprägt. Sie enthielten 20 Prozent zulegiertes Silber und geringe Spuren von Platin. Letzteres gilt als deutlicher Hinweis auf die Herkunft des Goldes aus dem Rhein.

Regenbogenschüsselchen aus Hessen.
Foto: Ronald Breithaupt, Marburg

Kelten und Germanen

Nach wie vor weiß die Wissenschaft wenig über das Ende der Keltenzeit und den Beginn der germanischen Kultur in Hessen. Altersbestimmungen des verwendeten Bauholzes in den Keltenstädten belegen, dass die meisten spätkeltischen Oppida etwa um das Jahr 50 vor der Zeitenwende nicht mehr bewohnt waren. Lediglich die Großsiedlung am Dünsberg hat wohl den Anfang der römischen Invasion um 15 v. Chr. noch erlebt. Über die Umstände, die zum Veröden der Keltenstädte führten, kann nur spekuliert werden: »Möglicherweise haben von 72 bis 58 v. Chr. schon »Sueben« Ariovists als Vorboten späterer germanischer Vorstöße das keltische Gefüge erschüttert, vom älteren Durchzug der Kimbern und Teutonen im letzten Jahrzehnt des 2. Jahrhunderts ganz zu schweigen, falls dieser – was wahrscheinlich ist – hessische Landstriche betraf.«[29]

Lange Zeit orientierte sich die Forschung an den Beschreibungen Caesars, denen zufolge bereits während seines Gallien-Feldzuges (58–49 v. Chr.) auf rechtsrheinischem Gebiet »Germanen« siedelten, namentlich die Stämme der Ubier, Usipier, Tenkterer und Mattiaker. In der Folge wurde das Fundmaterial aus der hessischen Spätlatène-Phase als »germanisch« eingestuft. Neuere Untersuchungen der hessischen Keltenstädte und weitere Grabfunde belegen jedoch, dass die hessischen Zeitgenossen Caesars noch einer eindeutig keltisch geprägten Kultur angehörten.

Zwar berichten auch andere römische Quellen, dass die um die Zeitenwende rechts des Rheins unternommenen römischen Feldzüge in germanisches Stammesland geführt hätten. Es ist allerdings mehr als unwahrscheinlich, dass aus den späten Kelten innerhalb einer Generation frühe Germanen wurden. Möglicherweise hatten die Römer erhebliche Probleme mit der ethnischen

Zuordnung der feindlichen Stämme und etikettierten einfach alle »Barbaren« links des Rheins als Kelten und rechts des Rheins als Germanen. Neuere Theorien gehen nun davon aus, dass möglicherweise eine Vermischung beider Völkerschaften um die Zeitenwende die in der früheren Forschung scharf gezogene Trennlinie zwischen Kelten und Germanen nicht mehr zulässt. Vermutet wird, dass sich nach Caesars endgültigem Sieg über die Kelten Galliens (49 v.Chr.) »an der Rheingrenze und in ihrem rechtsrheinischen Vorland aufgrund der ständigen Konfrontation mit der römischen Bedrohung innerhalb weniger Jahrzehnte (...) aus »Restkelten« und »Germanen« neue Stammesverbände (formierten), die von antiken Autoren als ›Germanen‹ bezeichnet wurden. Dies schließt nicht aus, dass in diesen kritischen Jahrzehnten vor Christi Geburt wirklich ›fremdartiger‹ Fundstoff in Hessen fassbar ist, der als frühgermanisch angesprochen werden muss.«[30] So fanden die Archäologen im Dünsberg-Oppidum bei Gießen Keramik germanischen Charakters, die etwa 7 Prozent der Gefäßfragmente ausmachte. Die Tonware könnte allerdings auch als fremdes Handelsgut in eine rein keltische Siedlung gekommen sein.

Die sagenhaften Chatten

Die vermutete Herausbildung »keltogermanischer« Stämme auf dem Gebiet des heutigen Hessen wirft natürlich auch ein neues Licht auf die ethnische Zuordnung der Chatten, die die Nationalromantiker des 19. Jahrhunderts zu den »Urhessen« schlechthin erklärten (ausgesprochen werden sie übrigens »Katten«, nicht »Schatten«, wie man arglos vermuten könnte).

Festzuhalten ist, dass sich unter den Siedlungsfunden aus den ersten Jahrzehnten nach der Zeitenwende zunehmend germanische Stilelemente ausmachen lassen, während keltische Einflüsse allmählich verschwanden. Insofern ist es völlig unerheblich, ob jene Chatten nun ursprünglich keltogermanische Eingeborene oder rein germanische Zuwanderer waren.

Als chattisches Kernland gelten die fruchtbaren Senken an Eder, Schwalm und Fulda. Die im Hessen des ersten Jahrhunderts dominierende germanische Rhein-Weser-Keramik wird im nördlichen Landesteil den Chatten zugeordnet, obgleich wir ihren Stammesnamen nur aus römischen Quellen kennen. Dort wird auch von ihrem sagenumwobenen Hauptort Mattium berichtet, der jenseits der Eder lag und angeblich 15 n.Chr. von den Legionen des Feldherrn Germanicus zerstört wurde. Jenes Mattium wurde bis heute nicht lokalisiert. Lange Zeit hielt man das keltisch geprägte Oppidum Altenburg bei Niedenstein für das mysteriöse Machtzentrum der Chatten. Auch Marburg und die

Älteste Darstellung der Chatten, angelehnt an Tacitus (nach Dilich 1605)

niederhessischen Dörfer Metze und Maden brachten ihre ähnlich klingenden Namen ins Spiel. Falls es sich bei Mattium wirklich um eine größere Siedlung und nicht etwa nur um ein chattisches Heiligtum gehandelt hat, käme noch am ehesten ein Germanendorf bei Fritzlar-Geismar in Frage. Die dortigen Keramikfunde belegen eine größere germanische Gemeinschaft, die den Chatten zugeordnet werden könnte. Dort wird auch der Standort jener heiligen Eiche vermutet, die Jahrhunderte später von einem christlichen Wanderprediger geschändet wurde.

Für die deutschen Nationalromantiker ergab sich die Attraktivität der Chatten vor allem aus den kriegerischen Charakterzügen, die ihnen der römische Historiker Tacitus zuschrieb. Seine detailreiche Beschreibung der germanischen Stämme, »De origine et situ germanorum liber«, kurz »Germania« genannt, entstand im Jahre 98 in Rom. Tacitus hat wohl Germanien nie bereist, sondern stützte sich auf die Berichte der dortigen Legionen. Dieses Werk galt lange als verschollen, bis es um 1455 in (Bad) Hersfeld von einem italienischen Sammler wiederentdeckt wurde. Die »Germania« verfolgte offenbar den Zweck, Verfallserscheinungen der römischen Gesellschaft dadurch zu kritisieren, dass man ihr die fernen Germanen als »edle Wilde« vor Augen hielt. Die Darstellungen des Tacitus sind dadurch notwenig »idealisierend« und häufig auch voller Ungereimtheiten. So beschreibt er in seinem Chattenkapitel ganz offenkundig nicht das Volk, sondern einen kriegerischen Männerbund ähnlich dem der nordischen »Berserker«, der bestenfalls nur einen kleinen Ausschnitt der chattischen Gesellschaft repräsentiert:

»(...) mit dem Eintritt in das Mannesalter lassen sie Haupthaar und Bart wachsen, und erst wenn sie einen Feind erschlagen haben, beseitigen sie diesen der Tapferkeit geweihten und verpfändeten Zustand ihres Gesichts (...) Sie eröffnen jeden Kampf, sie sind stets das vorderste Glied, ein befremdender Anblick; denn auch im Frieden nimmt ihr Gesicht kein milderes Aussehen an. Keiner von ihnen hat Haus und Hof und sonstige Pflichten; wen

immer sie aufsuchen, von dem lassen sie sich je nach den Verhältnissen bewirten; sie sind Verschwender fremden und Verächter eigenen Gutes, bis das kraftlose Alter sie zu so rauhem Kriegerdasein unfähig macht.« [31]

Die derart heroisierten Chatten machten sich im 19. Jahrhundert natürlich gut als ruhmreiche Vorfahren der Hessen, auch wenn dazwischen fast 2000 Jahre mit vielfältigen ethnischen Verschmelzungen lagen. Folgt man den Althistorikern Haller und Dannenbauer, so sind die Chatten richtig augesprochen eigentlich »Hatten«, da die Römer mit dem Ch »nur das stark anlautende H andeuten, das das Lateinische so wenig besaß wie seine Abkömmlinge, die heutigen romanischen Sprachen.« [32] Und von den Hatten ist es dann zumindest sprachlich nicht mehr weit zu den Hessen.

Römische Quellen belegen zwar, dass die Chatten den Römern ziemlich zu schaffen machten, doch bestenfalls die Hessen nördlich von Knüll und Vogelsberg können den kriegerischen Stamm für sich in Anspruch nehmen. Im südlichen Landesteil wohnten andere germanische Stämme, etwa die Mattiaker zwischen Taunus und Untermain. Wegen der sprachlichen Nähe zum chattischen »Hauptort« Mattium halten sie manche für einen Teilstamm der Chatten. Ihr Stammesname ist allerdings keltisch, was neue Zweifel an den römischen Zuordnungen nährt.

Das Grenzland des Imperiums

Der Vormarsch Roms

Seit der römischen Unterwerfung Galliens durch Caesar (49 v.Chr.) bildete der Rhein die offizielle Nordostgrenze des Imperiums. Doch die Völker östlich des Flusses drangen immer wieder auf römisches Gebiet vor. Entsprechende »Befriedungsaktionen« führten römische Legionen mehrfach über den Rhein, und bisweilen wurden besiegte Stämme sogar umgesiedelt. So verbrachte man etwa die als »Germanen« etikettierten Ubier um 38 v.Chr. von ihrem rechtsrheinischen Stammesland in die Umgebung von Köln. Doch die militärische Präsenz Roms an der Rheingrenze war schwach und die benachbarten Stämme blieben unruhig. Als dann 16 v.Chr. einfallende Germanen am linken Niederrhein ein römisches Heer in die Flucht schlugen, befahl Kaiser Augustus die Verstärkung der Grenztruppen und die Niederwerfung aller feindlichen Stämme rechts des Rheins. Unter dem Kommando des Drusus wurden entlang der Flussgrenze drei große Militärbasen (Nijmwegen, Xanten, Mainz) und eine Vielzahl von kleineren Stützpunkten errichtet. Drusus verfügte dort über mindestens fünf Legionen. In jeder Legion standen 6000 Mann unter Waffen, so dass von etwa 30000 gut ausgerüsteten Soldaten auszugehen ist, die noch durch nichtrömische Hilfstruppen verstärkt wurden. 12 v.Chr. überschritt diese Militärmacht den Rhein und wandte sich zunächst gegen Usipiter und Sugambrer, dann gegen Friesen und Chauken. Erst im Laufe dieses Feldzuges verbündeten sich die Chatten mit den anderen Germanenstämmen im Grenzraum. Drusus drang auch in ihre Gebiete vor und errichtete dort einen ersten Militärstützpunkt, nach dem die Archäologen noch immer suchen. Eines der vielen Versorgungslager, die die Römer bei ihren Feldzügen anlegten, wurde 1960 bei Bad Nauheim-Rödgen entdeckt. Es stammt vermutlich aus einer Unternehmung des Jahres 9 v.Chr. Damals zog Drusus von Mainz aus erneut in das chattische Kernland, das heutige Nordhessen, und von dort gegen Markomannen und Cherusker bis an die Elbe. Auf dem Rückmarsch erlitt der Heerführer einen tödlichen Unfall, und ihm zu Ehren wurde im römischen Mainz ein Denkmal errichtet. Dort stehen noch heute die Reste des »Eichelsteins«, den man lange für dieses Ehrenmal hielt und deshalb auch »Drususstein« nannte. Heute weiß man, dass dieses einst als steinerner Tubus geformte römische Bauwerk erst sehr viel später errichtet wurde.

Nach dem Tod des Drusus (9 v.Chr.) übernahm sein Bruder Tiberius das Kommando über die Grenzlegionen. Auch Tiberius operierte im Vorland rechts des Rheins und unterwarf schließlich die Sugambrer, die in linksrheinische Gebiete umgesiedelt wurden. In der Folge gelang es offenbar, die wichtigsten

Germanenstämme in Verträge einzubinden, so dass weitere Feldzüge entbehrlich wurden. Etwa 7 v.Chr. lösten die Römer ihre Stützpunkte und Versorgungslager rechts des Rheins wieder auf. Daraus kann man schließen, dass es Rom in dieser Phase nicht um die Eroberung der germanischen Gebiete ging. Ziel der Militäraktionen war offenbar nur der Schutz Galliens durch eine vorgelagerte Zone mit befriedeten Stämmen.

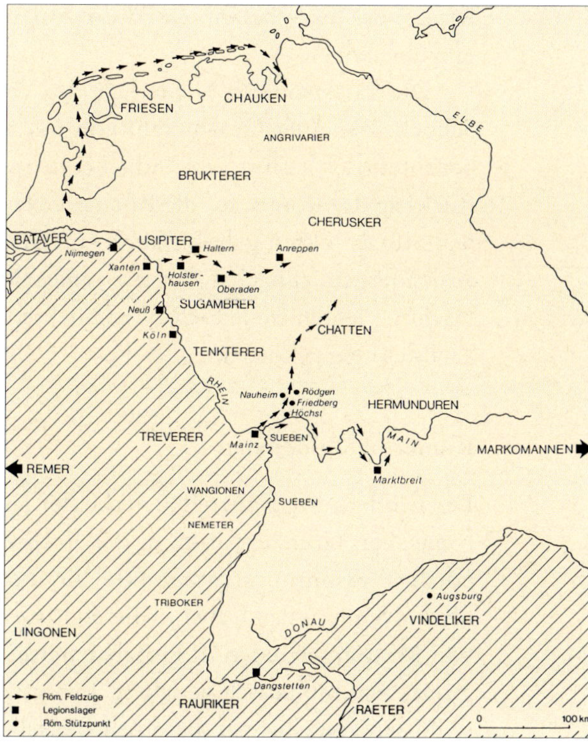

Stammesgebiete um die Zeitenwende.
Der römische Herrschaftsbereich ist schraffiert.

Varus und Arminius

Um die Zeitenwende brachen jedoch erneut germanische Aufstände aus. Das Vertragskonzept war damit gescheitert, und Rom dachte nun an die Errichtung einer neuen römischen Provinz auf rechtsrheinischem Gebiet. Vermutlich im Jahre 7 wurde ein gewisser Publius Quinctilius Varus Oberbefehlshaber des Grenzheeres. Der gelernte Verwaltungsfachmann begann mit dem Aufbau einer Provinzialverwaltung im Vorland der imperialen Rheingrenze. 9 n.Chr. beschlossen die einheimischen Stämme gemeinsamen Widerstand. Auch die Chatten waren offenbar beteiligt. Anführer der Allianz war ein cheruskischer Adliger, der in Rom erzogen worden war. Jener Arminius sollte als »Hermann der Cherusker« in die Geschichte eingehen und es später sogar zu einem Denkmal im Teutoburger Wald bringen.

Arminius nutzte seine Ausbildung in römischer Kriegsführung und lockte die Truppen in einen Hinterhalt. So vernichteten die alliierten Stämme das Heer des Varus: Mehr als drei Legionen wurden aufgerieben, 20000 Römer fanden dabei den Tod. Römische Quellen berichten von einer Schlacht »im Teutoburger Wald«, doch dessen Lage ist noch immer unbekannt. Der heutige Teutoburger Wald kommt nicht in Frage. Er verdankt nämlich seine Existenz lediglich einem westfälischen Landesherrn, der – in Kenntnis der römischen

Kriegsberichte – befahl, ein Waldareal auf seinem Staatsgebiet entsprechend umzubenennen.

Die katastrophale Niederlage des Varus führte in Rom zum allgemeinen Schock. Bei einer Gesamtzahl von nur 28 Legionen im gesamten Imperium bedeutete der Verlust verständlicherweise einen schweren Schlag und hatte den Rückzug der Römer auf die Rheingrenze zur Folge. Zu den damals aufgegebenen Stützpunkten gehörte auch eine Anlage in Lahnau-Waldgirmes, die die Archäologen zunächst für ein reines Militärlager hielten. Zu ihrer Überraschung legten sie jedoch Fundamente frei, die offenbar zu einer römischen Zivilsiedlung gehörten.

Römer in Waldgirmes

Die Entdeckung ziviler Bauwerke der augusteischen Zeit, weit außerhalb der römischen Grenze, sorgte in der Fachwelt für Aufsehen. Man kannte zwar etliche Versorgungsstützpunkte für die verschiedenen Feldzüge in germanisches Stammesland, aber in diesen hatte man bis dahin ausschließlich die Reste von Miltitärgebäuden in Holzbauweise entdeckt. Auch die Anlage in Waldgirmes war militärisch gesichert. Ihre etwa 8 ha große Innenfläche wurde umschlossen von einer für diese Zeit typischen Holz-Erde-Mauer mit zwei vorgelagerten Gräben. Bei den seit 1996 laufenden Grabungen wurden auch die in Stützpunkten üblichen Holzgebäude nachgewiesen. Völlig abweichend von zeitgleich errichteten Anlagen war jedoch das Bauwerk im Zentrum, das die Forscher als ziviles Verwaltungsgebäude interpretieren. Seine freigelegten

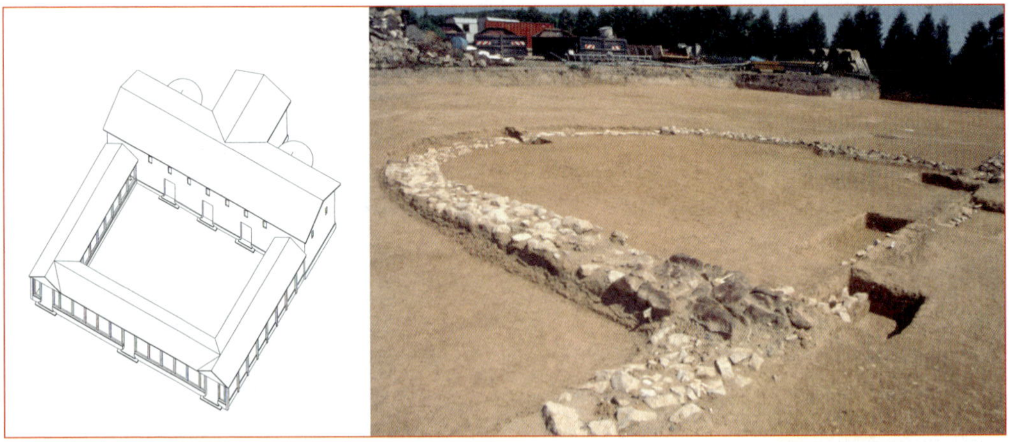

Rekonstruktion des »Forum« von Waldgirmes und seine Steinfundamente

Steinfundamente umschließen eine Grundfläche von 2200 Quadratmetern. Auf den Fundamenten wurden dann Mauern in Holz-Lehm-Fachwerkbauweise errichtet. Die Gestaltung des Hauptgebäudes und seiner Anbauten ähnelte der Architektur römischer Stadtverwaltungen, der so genannten »Foren«. Das Forum von Waldgirmes könnte also der Mittelpunkt einer römischen Stadtgründung mitten im freien Germanien gewesen sein – einer Römerstadt allerdings, die über ihre Anfänge nie hinauskam.

Grundlage für die Datierung der Anlage sind rund 200 Münzen, die überwiegend aus der Regierungszeit des Kaisers Augustus (46 v. Chr. bis 14 n. Chr.) stammen. »Einige der augusteischen Münzen tragen Gegenstempel des Publius Quinctilius Varus, der von 7 bis 9 n. Chr. Statthalter in Germanien war. Diese Münzen sind bisher die letzten, die in den Stützpunkt Waldgirmes gelangt sind. Da sie sämtlich aus der Zerstörungsschicht stammen, lässt sich das Ende der römischen Besiedlung sicher mit der Niederlage der Römer in der so genannten »Schlacht im Teutoburger Wald« 9 n. Chr. in Verbindung bringen. Der Beginn der Anlage läßt sich aus den archäologischen Funden heraus nur sehr schwer bestimmen; eine Besiedlungsdauer von etwa zehn Jahren ist anzunehmen.«[33]

Die umfangreichen Keramikfunde belegen Töpferware aus Italien und einen ungewöhnlich hohen Anteil handgemachter germanischer Gefäße. Die Reste von zwei Töpferöfen legen nahe, dass die meisten römischen Stücke vor Ort gefertigt wurden. Neben einer Glasperle mit der Darstellung des ägyptischen Stiergottes Apis, einer seltenen Scheibenfibel und einer gläsernen Gemme bargen die Archäologen die Reste einer vergoldeten Reiterstatue aus Bronze, die etwa lebensgroß gewesen sein muss. Das größte bislang gefundene Statuenfragment ist etwa 40 cm lang und dürfte zum Brustgeschirr des Bronzepferdes gehört haben. Vermutet wird ein Reiterstandbild des Augustus.

»Dass der Stützpunkt in Waldgirmes auf Dauer angelegt worden war, zeigen allein schon Teile einer Wasserleitung aus Blei. Die bisher überall beobachtete Vermischung der römischen Funde mit germanischer Keramik deutet zumindest für einige Jahre auf ein friedliches Miteinander von Römern und Germanen in dieser Region; zugleich fehlen bisher weitgehend Militaria unter den Funden, wie wir sie aus den Fundspektren zeitgleicher Militärlager gut kennen. Roms umfassender Herrschaftsanspruch wurde in der Aufstellung des vergoldeten Reiterstandbilds den hier lebenden Germanen eindrücklich vor Augen geführt, und die außerordentlich seltenen Kleinfunde wie die Apis-Perle und die silberne Scheibenfibel zeigen, dass

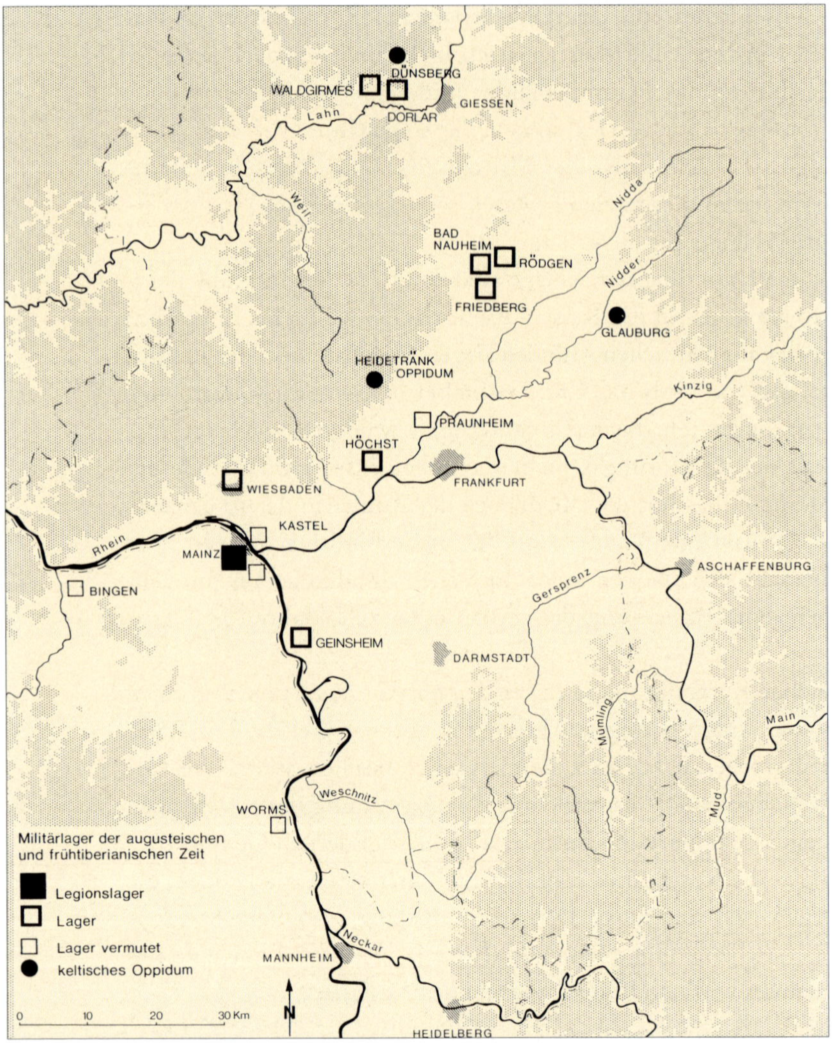

Römische Militärstützpunkte östlich der Rheingrenze (nach Becker/Rasbach)

sich Personen hier aufgehalten haben, die deutlich andere Dinge mit sich führten als diejenigen z. B. in Haltern (einem zeitgleichen Stützpunkt im Lippetal, d. Verf.). Zweifellos war Waldgirmes angesichts der Besonderheiten kein Truppenstandort im üblichen Sinne. Denkbar wäre einerseits eine Funktion im Zusammenhang mit der Nutzung der Lahn als Nachschubweg, andererseits weisen das repräsentative Zentralgebäude und die damit in Verbindung zu setzenden Funde auf eine besondere Bedeutung des Platzes für die Verwaltung und Organisation der umliegenden Gebiete.« [34]

Die Rache des Germanicus

Nach dem Tod des Kaisers Augustus im Jahre 14 n. Chr. übernahm Tiberius die Herrschaft in Rom. Er adoptierte seinen Neffen Germanicus, Sohn des in Germanien umgekommenen Drusus, und gab ihm den Oberbefehl über die Legionen am Rhein.

15 n. Chr. begann der als Thronfolger geltende Germanicus einen Rachefeldzug gegen die Sieger vom Teutoburger Wald: »Mehr um die Schmach zu tilgen wegen des mit Quinctilius Varus verlorenen Heeres«, schreibt der römische Historiker Tacitus, »als aus Verlangen nach Erweiterung des Reiches oder wegen eines sich verlohnenden Gewinns.« Während ein Teil der Streitmacht vom Niederrhein aus gegen die Cherusker vorrückte, führte Germanicus vier Legionen und 10000 Mann Hilfstruppen gegen die Chatten. Von Mainz aus marschierte der Heerbann über Höchst und Friedberg ins chattische Kernland. Glaubt man den römischen Quellen, gewann Germanicus ein Scharmützel im Edertal und zerstörte Mattium, den Hauptort der Chatten. Doch es kam zu keiner Entscheidungsschlacht. Die germanischen Verbände bevorzugten die Guerilla-Taktik. Nach überraschenden Attacken verschwanden sie immer wieder in der Tiefe der nordhessischen Wälder.

Weitere Kriegszüge an Weser und Ems gegen Cherusker und Brukterer sollen zumindest Letzteren ziemlich zugesetzt haben. Ein zweiter Schlag gegen die Chatten im Jahre 16 ging offenbar erneut ins Leere. Schließlich befahl Kaiser Tiberius den Abbruch der Operationen in Germanien. Einziges bleibendes Ergebnis war offenbar die Ausweitung der römischen Besatzung auf die warmen Quellen der Mattiaker. Die sprudelten zwar nicht weit von Mainz, aber immerhin auf der rechten Rheinseite. Später entstand dort Wiesbaden.

Das relativ magere Ergebnis von zwei Jahren spesenträchtiger Feldzüge hielt allerdings Tiberius nicht davon ab, seinen Adoptivsohn Germanicus mit der Konsulwürde zu ehren. Feierlich erklärte man ihn zum Triumphator über Cherusker, Brukterer und Chatten. Ein folgenreicher Vorgang – zumindest für die römische Baugeschichte in Hessen.

Der Ehrenbogen am Rhein

Germanicus verstarb bereits 19 n. Chr. völlig unerwartet, und der römische Senat beschloss, seines »Germanenbezwingers« mit drei gewaltigen Ehrenbögen zu gedenken. Einer der Steinkolosse sollte in Rom, ein zweiter in Syrien errichtet werden. »Ein dritter Bogen, und zwar der größte von allen, solle

Der Ehrenbogen von Mainz-Kastel (Rekonstruktion)

errichtet werden am Rhein in der Umgebung jenes Grabmals, das für Drusus, den Bruder unseres Princeps Tiberius Caesar Augustus, das Heer in seiner Trauer begonnen und später mit Erlaubnis des Gottes Augustus vollendet habe.«[35]

Das Grabmal des Drusus befand sich in Mainz und der Germanicus-Bogen sollte dort »apud ripam Rheni«, also irgendwo in der Nähe am Rhein gebaut werden.

Im September 1986 stieß man bei Bauarbeiten in der Großen Kirchenstraße in Mainz-Kastel auf ein Fundament aus gewaltigen Sandsteinquadern. Einige der Blöcke trugen die Baumarken der 14. Legion, die von 13 bis 43 n.Chr. in Mainz stationiert war. Figürliche Bauornamente gaben weitere Hinweise auf eine Entstehungszeit in den ersten Jahrzehnten nach der Zeitenwende. Aus der Struktur des 20,6 mal 12,6 m großen Fundaments konnte auf einen römischen Steinbogen mit drei Durchgängen geschlossen werden, der eine Höhe von etwa 13 m erreicht haben dürfte. Man hatte die Reste des (zur Entstehungszeit) mächtigsten Bogenbaus nördlich der Alpen freigelegt. Sein Standort auf der rechten Rheinseite gegenüber der Mainzer Kernstadt legte nahe, dass es sich tatsächlich um den Ehrenbogen für Germanicus handelte.

Da die römischen Quader bei der Errichtung eines Wohnhauses entdeckt worden waren, brachte der wertvolle Fund eine einjährige Bauverzögerung mit sich. Unklar war zunächst, wie das Bogenfundament angemessen präsentiert werden sollte. Ideal wäre eine hallenartige Überbauung gewesen, die eine Sicht auf das Fundament von der Straße aus ermöglicht hätte. Die Archäologen favorisierten diese Lösung, und auch der Bauherr wollte sich damit arrangieren. Doch die Kosten wären zu hoch geworden. Schließlich entschied man sich für einen preiswerten Kompromiss: die Blöcke wurden in einen niedrigen Kellerraum unter dem neuen Wohnhaus integriert. Das römische Fundament kann dort immerhin noch besichtigt werden.

Germanen belagern Mainz

Auch nach den Operationen des Germanicus kam es römischen Quellen zufolge immer wieder zu kürzeren römischen Feldzügen ins rechtsrheinische Germanien, die zumeist auf irgendwelche Ein- und Überfälle einheimischer Stämme reagierten. Doch Rom ging es nicht um die Ausweitung seines Territoriums, zumal die Besetzung Britanniens (seit 43 n. Chr.) starke Militärkräfte band und die Truppenpräsenz am Rhein infolgedessen stark verringert war. Als dann im Jahre 69 verschiedene Heerführer um die Kaiserwürde kämpften und große Teile des Grenzheeres auf Rom marschierten, nutzten germanische Stämme die Gunst der Stunde. Die am Niederrhein lebenden Bataver eroberten das Legionslager bei Xanten und ein Germanenheer aus Chatten, Usipitern und Mattiakern begann mit der Belagerung von Mainz. Herangeführte römische Einheiten konnten schließlich die Stadt mit Mühe freikämpfen, aber ihr rechtsrheinisches Vorland wurde verwüstet. In der Folge erhoben sich auch zahlreiche gallische Stämme gegen die Vorherrschaft Roms.

Der 69 schließlich in Amt und Würden gekommene Kaiser Vespasian schickte daraufhin ein großes Aufgebot römischer Kampftruppen in die aufständischen Gebiete und beendete die Rebellion. Nach 70 verfügte das verstärkte obergermanische Grenzheer über 40000 Soldaten und überwachte die Rheingrenze vom Bodensee bis zur Moselmündung. Diese Militärmacht diente nun auch sehr bald zur Ausweitung des beherrschten Gebietes auf den gesamten Oberrheingraben: Ried und Bergstraße wurden erobert, und auch Wetterau und Rheingau wurden dauerhaft besetzt.

Der Chattenkrieg des Domitian

Im Jahre 81 war unvermutet der junge Kaiser Domitian auf den Thron gelangt, und er beschloss, sich einen Namen zu machen. Offenbar versprach er sich historischen Ruhm als Bezwinger der unbeugsamen Chatten. Die benahmen sich zwar gerade friedlich und hielten sämtliche Verträge ein, aber das störte Domitian nicht besonders. »Da machen wir eben eine *vorbeugende* Befriedung«, mag er sich gesagt haben und zog an der Rheingrenze 30000 Soldaten zusammen.

Im Frühjahr 83 ging's ab ins wilde Chattistan, aber was nun folgte, liest sich wie das altbekannte Drehbuch des Germanicus: Das überlegene Römerheer hatte Mühe, den zu befriedenden Feind überhaupt zu Gesicht zu bekommen. Der saß in seinen dichten Wäldern, lachte sich eins und überfiel mit schnellen

Guerilla-Aktionen die Nachschubbasen Domitians. Schließlich wussten die Legionäre nicht mehr ein und aus und schlugen schließlich in ihrer Not breite Schneisen in die nordhessischen Wälder. So hofften sie, sich wenigtens etwas Überblick zu verschaffen. Bis zur üblichen Winterpause (83/84) war nicht sonderlich viel passiert. Die Chatten hatten einfach keine Lust zur offenen Feldschlacht.

Aber Domitian war von seinem Sieg überzeugt und gab sich bereits den Ehrennamen »Germanicus«. Dann kehrte er nach Rom zurück und überließ das Kriegführen dem zuständigen Legaten. Doch der hatte auch im Sommer 84 noch keine Siege vorzuweisen. Schließlich brach man 85 die ganze Unternehmung ab und erklärte die Chatten für besiegt. Domitian war mit sich zufrieden und ließ eine Gedenkmünze prägen, auf der zu lesen war: »Victoria Augusti; Germania capta.« Frei übersetzt: Der siegreiche Kaiser hat den Germanen eins auf die Mütze gegeben.

Ein zweiter Feldzug im Jahre 89 endete offenbar günstiger für Domitian. Zumindest unterschrieben die Chatten einen Friedensvertrag.

Die Provinz Obergermanien

Ende der achtziger Jahre wurden die Heeresbezirke »Germania inferior« (Untergermanien) und »Germania superior« (Obergermanien) zu zivilen Provinzen des Römerreiches. Die Wetterau und das heutige Südhessen gehörten zur obergermanischen Provinz, die sich vom Raum Koblenz-Remagen entlang des Oberrheins bis zum Genfer See erstreckte. Der römische Statthalter residierte in der Hauptstadt Mogontiacum, dem heutigen Mainz.

Die römischen Provinzen gliederten sich in zahlreiche Bezirke. Es waren entweder Territorien im Umfeld einer Stadt, so genannte Stadtgemeinden, oder aber ländliche Stammesgemeinden, die »Civitates«. So war etwa Aquae Mattiacorum, das heutige Wiesbaden, Hauptort der Civitas Mattiacorum, die neben dem Stadtgebiet von Wiesbaden auch den Rheingau und den westlichen Main-Taunus-Kreis umfasste. Die östlich angrenzende Civitas Taunensium wurde von Nida aus verwaltet. Diese kleinstädtische Siedlung lag im Nordwesten Frankfurts an einem Flüsschen, das heute noch Nidda heißt.

In den rechtsrheinischen Gebieten des römischen »Obergermanien« lebte damals eine quasi »multikulturelle« Bevölkerung. Zu ihr gehörten einheimische Kelten, zugewanderte Germanen und keltogermanische Stämme, die aus der Verschmelzung beider Völkerschaften hervorgegangen waren. Tacitus berichtet

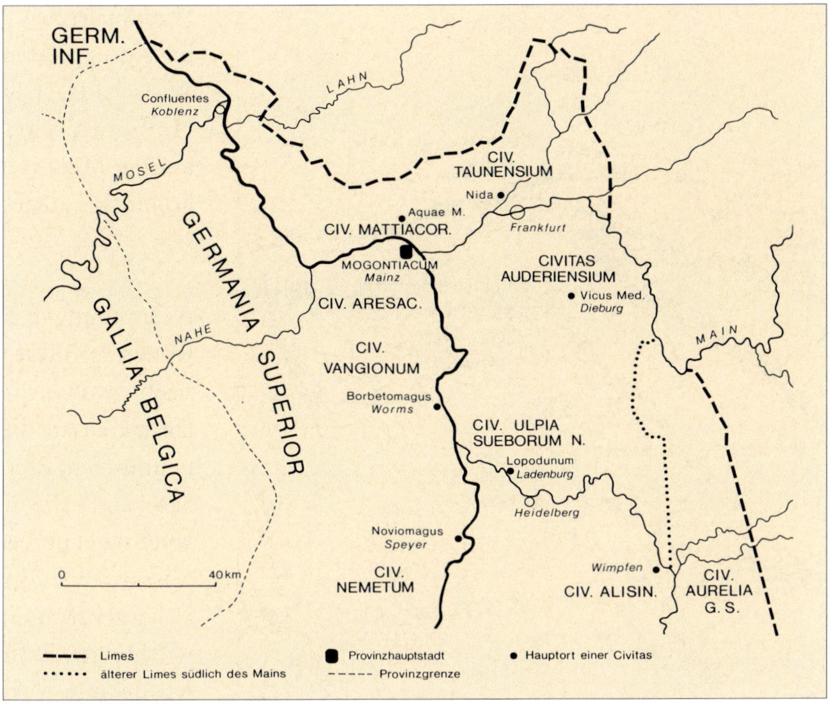

Civitates im römischen Obergermanien (1. Jahrhundert n. Chr.)

zudem von Kelten aus Gallien, die sich in diesen Jahren in den bevölkerungsarmen Gebieten rechts des Rheins niederließen.

Die Bevölkerung Obergermaniens hatte keinen einheitlichen Rechtsstatus. Neben nahezu rechtlosen Sklaven gab es freie Provinzbewohner ohne römisches Bürgerrecht (»*peregrini*«) und römische Vollbürger (»*cives Romani*«). Das Bürgerrecht war keineswegs auf »echte« Römer beschränkt und es gab verschiedene Möglichkeiten es zu erwerben. So nahm der Anteil römischer Bürger in den Provinzen stetig zu.

Ackerbau nach Gutsherrenart

Gut drei Viertel der Bevölkerung waren in der Landwirtschaft tätig, dem wichtigsten Wirtschaftszweig der Provinz. Mit der römischen Besetzung verschwanden offenbar nach und nach die alten Bauerndörfer. Das fruchtbare Land wurde vermutlich völlig neu vermessen und größeren Einzelhöfen, den »*villae rusticae*«, zugeteilt, die zwischen 60 und 100 Hektar unter den Pflug nahmen. Kerngebäude einens solchen Gutshofes war in der Regel das geräumige Wohnhaus des Besitzers mit Fußbodenheizung, Glasfenstern und luxuriösen

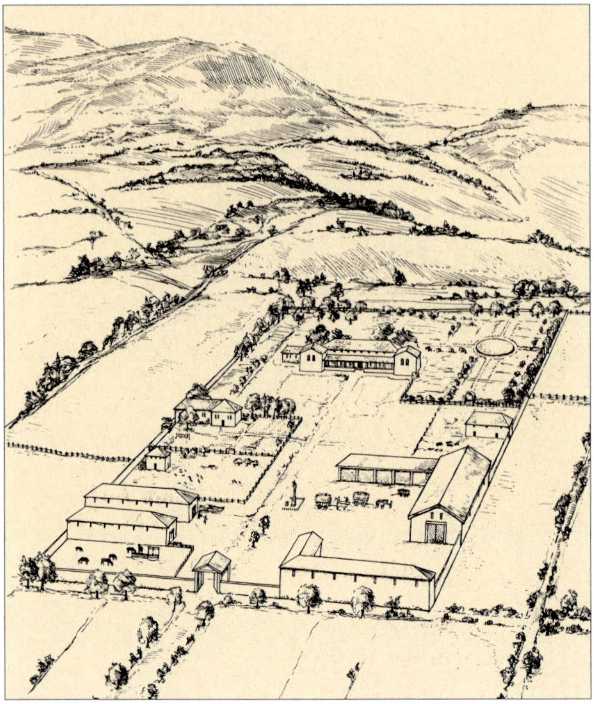

Rekonstruktion eines römischen Gutshofs

Wandmalereien. Um das Herrenhaus gruppierten sich zahlreiche Wirtschaftsgebäude. Der gesamte Hofbezirk war von einer steinernen Mauer umschlossen und konnte bis zu einem Hektar groß sein.

Ausgrabungen belegen, dass die Römer größere und höher gezüchtete Haustiere mitbrachten. Sie traten an die Stelle der einheimischen Pferde, Rinder und Schweine, die durchweg kleinwüchsigen und ertragsschwachen Rassen angehörten. Neben den althergebrachten Weizensorten wie Dinkel, Emmer und Einkorn wurde nun verstärkt der noch heute verwendete Saatweizen angebaut. Gerste, Roggen und Hafer wurden nur in kleineren Mengen geerntet. Von großer Bedeutung waren dagegen Hülsenfrüchte wie Erbsen, Bohnen und Linsen, die Grundlage zahlreicher Alltagsgerichte waren. Mit Sicherheit brachten die Römer den Pfirsich und die Süßkirsche mit. Unklarheit herrscht neuerdings bei der Weinrebe, da schon in vorrömischer Zeit wilde Reben im Rheintal gediehen. Auch die Walnuss muss schon länger in unseren Breiten wachsen, denn ihre Pollen fanden sich im eingedickten Honigwein der berühmten frühkeltischen Schnabelkanne vom Glauberg.

Austern, Wein und Siebenschläfer

Anders als die Gebiete links des Rheins war das südliche Hessen nur gut 170 Jahre fester Bestandteil des römischen Kulturraums. Das Ausmaß der Romanisierung der einheimischen Küche ist deshalb nur schwer abzuschätzen. Die Wissenschaft kennt zwar aus Kochbüchern und anderen zeitgenössischen Quellen die Essgewohnheiten der Römer im Kernbereich des Imperiums, weiß aber vergleichsweise wenig über den Küchenalltag in den germanischen Provin-

Römische Weinbereitung (Umzeichnung eines Reliefs)

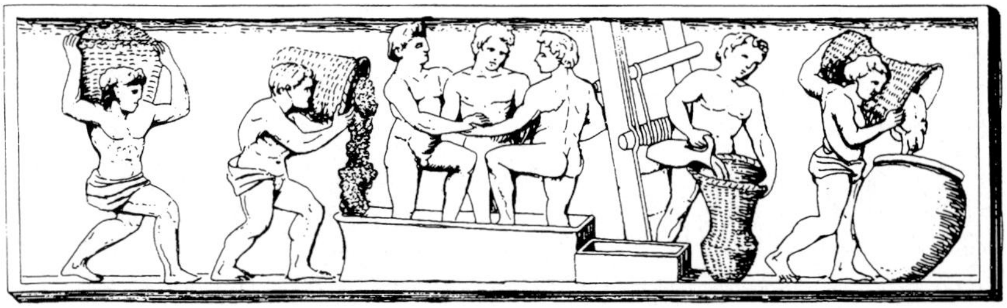

zen und die Unterschiede zu Italien und Gallien. Einige Hinweise geben aber hier die archäologischen Funde, die von Essgeschirr über Weinpressen bis zu Austernmessern reichen.

Relativ einheitlich dürfte die Verpflegung der Armee gewesen sein. An alle Soldaten wurde täglich ein Kilo Getreide, zumeist Weizen, ausgegeben. Er wurde entweder mit kleinen Handmühlen vermahlen und zu Brot verbacken oder als grober Weizenschrot mit Gemüse und Gewürzen zu einem Breigericht namens »puls« verarbeitet. Von lokalen Märkten bezog die Truppe zusätzlich noch Obst und Gemüse sowie Rind- und Schweinefleisch, das teilweise auch in armeeeigenen Mastbetrieben produziert wurde. Schafe und Ziegen standen selten auf dem Speiseplan. Zentralküchen gab es ebenso wenig wie Kantinen. Die Lebensmittel wurden unverarbeitet an die achtköpfigen »Stubengemeinschaften« ausgehändigt, die daraus ihre Mahlzeiten zubereiteten.

Offiziere und höhere Zivilbeamte gönnten sich schon mal kostspielige Importaustern von der Atlantikküste und verzichteten keinesfalls auf die berühmte Fischsoße, die als die Würzbasis vieler römischer Gerichte gilt. Sie wurde durch Gärung haltbar gemacht und erinnert geschmacklich am ehesten an asiatische Sojasoße. Fabrikmäßig produziert in Afrika und Italien, transportierte man sie in Amphoren bis nach Großbritannien.

Die Oberschicht in den Provinzen importierte auch weiterhin schwere Mittelmeer-Weine, obgleich seit dem ersten Jahrhundert auch an Rhein und Mosel Weinbau betrieben wurde. Der regionale Wein wurde aus einer Riesling-Rebe gekeltert und war auch für breitere Bevölkerungsschichten erschwinglich. Zusätzlich zu den schon erwähnten Haustieren standen auch Siebenschläfer und Biber auf dem Küchenzettel. Die beiden Nagetiere wurden in regelrechten Farmen gezüchtet.

Die reichen Familien im fernen Rom pflegten ihr üppiges Mahl im Liegen einzunehmen. Doch die Mehrheit der Römer speiste auf ganz gewöhnlichen Stühlen. So war das auch in den römischen Provinzen: »Gegessen wurde mit Messer, Löffel und den Fingern. Die Gabel ist eine Erfindung späterer Zeit.

Römische Tafelfreuden: Relief an der »Igeler Säule« bei Trier (3. Jahrhundert)

Ihre Funktion übernahmen die Löffel: Einige waren am Stielende angespitzt und eigneten sich vorzüglich zum Aufspießen von Speisen, zum Öffnen von Eiern, Austern und anderen Muscheln. Handwaschschalen gehörten genauso dazu wie Servietten und Tischdecken.«[36]

Die Sicherung der Grenzen

Die Chatten erwiesen sich weiterhin als schwierige Nachbarn und waren wohl der Hauptgrund für den militärischen Ausbau der Provinzgrenzen am Ende des ersten Jahrhunderts. Diese frühen Grenzanlagen Obergermaniens bestanden lediglich aus einem gerodeten Grenzstreifen und hölzernen Wachtürmen, die durch einen Postenweg verbunden waren. Die ersten Teilstücke jenes so genannten Limes (aus »*limites*«, lat.: Grenze) beschränkten sich auf den Taunuskamm und den Nordrand der Wetterau. Etwa um 100 n.Chr. war dann das gesamte rechtsrheinische Gebiet der Provinz durch eine bewachte Grenzlinie geschützt.

Das zuständige Grenzheer Obergermaniens bestand Anfang des 2. Jahrhunderts aus zwei Legionen und einer Vielzahl nichtrömischer Hilfstruppen, die meist aus Einheimischen rekrutiert wurden. In jeder Legion standen etwa 6000 Soldaten unter Waffen, die alle römisches Bürgerrecht haben mussten. Eine Legion war in zehn Kohorten eingeteilt, die zwischen 500 und 1000 Mann stark waren. Die Kohorten wiederum bestanden aus sechs bis zehn Centurien mit je 80 bis 100 Legionären. Mit den 18 000 Soldaten der Hilfstruppen umfasste die römische Militärmacht in Obergermanien insgesamt etwa 30000 Mann.

Die beiden Legionen waren in Straßburg und Mainz stationiert und als Eingreifreserve gedacht. Der Limes wurde durch Hilfstruppen gesichert. Diese Wachsoldaten waren zumeist Kelten und Germanen, die man im Umland angeworben hatte. Ihre erstaunlich hohe Mannschaftsstärke war deshalb nötig, weil sie in Obergermanien eine Grenzlinie von immerhin 375 km Länge zu besetzen hatten. Allein der Limes-Abschnitt auf dem Gebiet des heutigen Hessen war

180 km lang. Die befestigte Grenze zog sich von Rheinbrohl bei Koblenz über die Taunushöhen, umschloss die Wetterau, die Kornkammer der Provinz, passierte Altenstadt und Marköbel, um dann bei Groß-Krotzenburg den Main zu erreichen. Von dort an reichte der Fluss als Sicherungslinie. Erst im fränkischen Wörth begann wieder eine Grenzanlage, die den gesamten Odenwald durchzog, um weiter südöstlich im Donaugebiet an den »Raetischen Limes« anzuschließen. Erst Anfang des 2. Jahrhunderts wurden die Grenzstreifen mit Palisaden bestückt, später kamen auch noch Wall und Graben hinzu.
Anders als häufig vermutet war der Limes zu keiner Zeit eine wehrhafte Verteidigungslinie, von der aus römische Truppen dem Angriff germanischer Heere trotzten. Ernsthaft aufhalten konnte der Grenzwall niemanden, und das sollte er auch nicht. Er war lediglich ein »Annäherungshindernis«, das es den Wachen ermöglichte, die Grenze des Imperiums zu kontrollieren. Eindringlinge sollten frühzeitig entdeckt werden. Die Wachtürme, anfangs aus Holz, später aus Stein gebaut, standen alle 800 Meter und hatten Sichtverbindung. Sie waren nur mit 5 Soldaten besetzt. Bei »Feindkontakt« verschanzten sich die Besatzungen in ihren Türmen, die für diesen Zweck gebaut waren: Die »Diensträume« begannen erst im ersten Stock, zu dessen Tür eine einziehbare Leiter führte. Die Alarmierung erreichte per Rauchzeichen oder Hornsignal von Turm zu Turm das nächste Grenzkastell. Dort entschied man, wie reagiert werden sollte. Reichte die kleine Garnison nicht aus, wurde die nächstgrößere Einheit hinzugezogen. Bei kriegerischen Einfällen ganzer Stämme musste die Legion eingreifen. Die heutige »Saalburg« bei Bad Homburg ist der Nachbau eines Grenzkastells. Dort war eine Kohorte stationiert.

Der obergermanische Limes um 200 n. Chr.

Querschnitt durch einen Wachturm

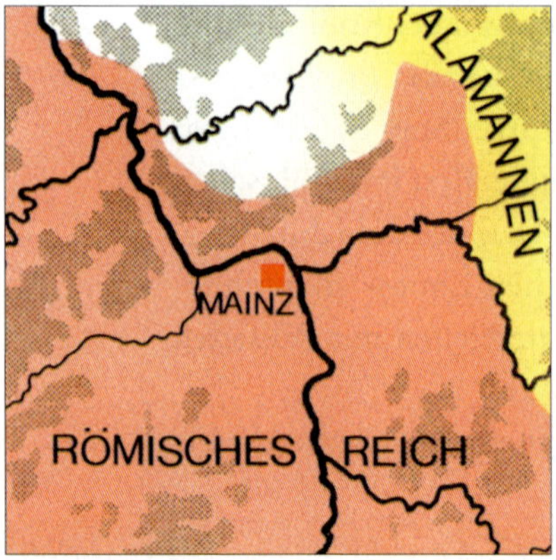

Vor 260 n. Chr.

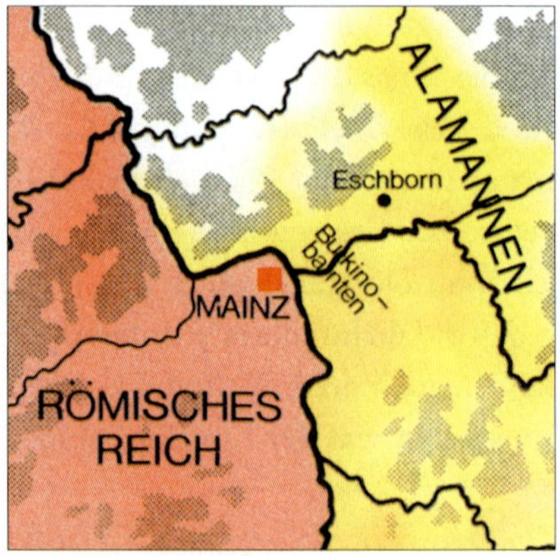

260 n. Chr. – Mitte 5. Jh.

Mutmaßungen über die räumliche Verteilung: Römer – Alamannen – Franken (nach Ament)

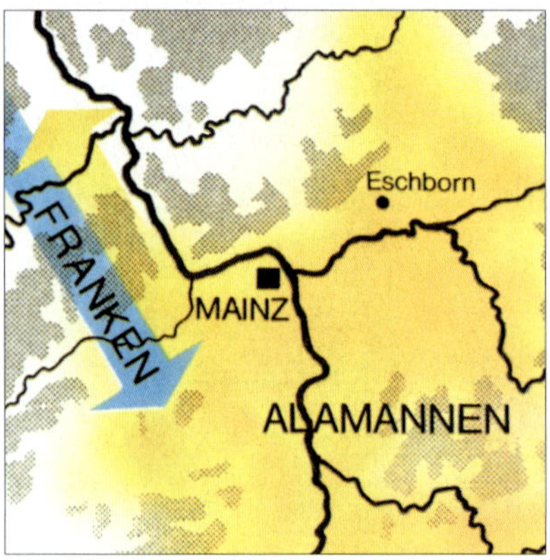

2. Hälfte 5. Jh.

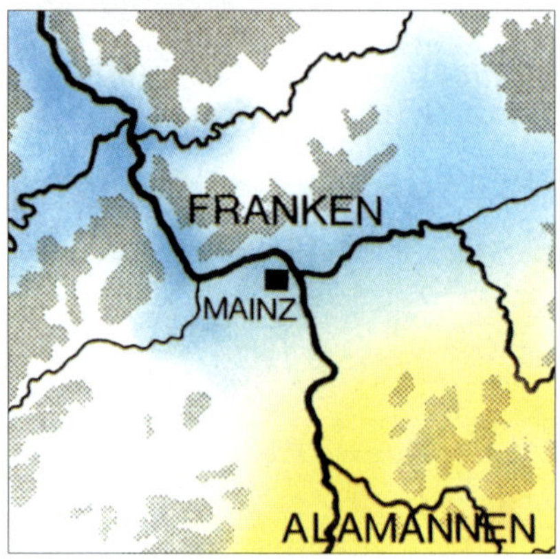

Um 500 n. Chr.

Das Schwinden der römischen Vorherrschaft

Anfang des 3. Jahrhunderts vereinigten sich am Mittellauf der Elbe verschiedene germanische Stämme zum Stammesbund der Alamannen, dem sich wenig später weitere Germanen anschlossen. Auch chattische Gruppen waren vermutlich dabei. Das neue Machtzentrum lag so nahe am römischen Herrschaftsbereich, dass sich Kaiser Caracalla 213 zu einem Präventivkrieg entschloss, in dessen Verlauf die alamannischen Einheiten auch tatsächlich zurückgedrängt werden konnten. Doch die Bedrohung blieb. Vorsichtshalber bauten die Römer nun um alle Civitas-Hauptorte entlang der Grenzen eine Stadtmauer. Doch bereits 20 Jahre später fielen Alamannen in die Grenzprovinzen Raetien und Noricum ein und kamen dabei offenbar auch bis zum Oberrhein. Erst dem 235 von den Legionen zum Kaiser ausgerufenen Maximus gelang schließlich ein erfolgreicher Gegenangriff und damit die Sicherung des Limes. Doch in der

Folgezeit verzettelte sich das römische Heer in Bürgerkriegen. Immer wieder meuterten einzelne Legionen oder ganze Heere und riefen einen ihrer Offiziere zum Gegenkaiser aus. Die zentrale Macht des römischen Reiches wurde zunehmend schwächer. Die Wirtschaft befand sich auf Talfahrt. Um 254 kam es erneut zu massiven Einfällen alamannischer Krieger. Sie stießen am obergermanischen Limes kaum noch auf Gegenwehr. Die meisten Grenzkastelle waren offenbar längst geräumt und der rechtsrheinische Teil der Provinz wurde den Alamannen nahezu kampflos überlassen. Im Jahre 260 war der Rhein wieder Grenze des Imperiums.

In der Folgezeit schlossen die Römer mit alamannischen Fürsten zahlreiche Verträge. Unter anderem konnte der römische Steinbruch im Odenwälder Felsenmeer weiter betrieben werden, und auch die erneute Errichtung eines römischen Brückenkopfs auf der rechten Rheinseite gegenüber Mainz erfolgte offenbar im Einvernehmen mit den germanischen Nachbarn.

Die Alamannen

Folgt man den Beschreibungen römischer Historiker, so waren die Alamannen kein einheitliches germanisches Volk mit zentraler Führung, sondern ein Zusammenschluss sehr unterschiedlicher Stämme und Gruppierungen, die von eigenständigen Häuptlingen geführt wurden. Da das archäologische Fundmaterial, Schmuck, Waffen und Gebrauchsgegenstände, überwiegend der elbgermanischen Formensprache zuzuordnen ist, liegt die Vermutung nahe, dass die meisten Stämme aus dem Osten des germanischen Kulturraums kamen. Nach der gängigen Interpretation römischer Schriften geschah das am Ende des 2. Jahrhunderts. Doch einige Forscher haben daran neuerdings Zweifel. Sie halten es für wahrscheinlicher, dass sich die Alamannen erst sehr viel später aus den Reihen der Germanen formierten, die im 3. Jahrhundert in das römische Heer aufgenommen wurden und im Limes-Hinterland siedeln durften. Damit erkläre sich auch die vom elbgermanischen Brauch der Feuerbestattung abweichende Sitte der Körperbestattung. Auch sei der Name »Alamannen« erst gegen Ende des 3. Jahrhunderts in zeitgenössischen Quellen sicher nachzuweisen. Die bisher als Ersterwähnung des Stammes geltende Nennung im Zusammenhang mit dem Germanenfeldzug Caracallas 213 n. Chr. halten diese Forscher für eine »spätere Zutat«. Zudem sei der Stammesname möglicherweise ein unbrauchbares, weil unscharfes Etikett: »Die Verwendung des auf germanische Wortbildung zurückgehenden Begriffs »Alamanni« könnte dabei römischer Verwaltungspraxis entsprungen sein und in Analogie zur Bezeichnung »Franci« für die germanischen Stämme im Vorfeld der Provinz Germania inferior die Bevölkerung jenseits des Rheins gegenüber der Provinz Germania superior zusammengefaßt haben.«[37]

Sollte tatsächlich erst so spät von Alamannen die Rede sein können, dann wäre wieder völlig offen, gegen welche Stämme Kaiser Caracalla zu Felde zog und wer um 260 n. Chr. die Aufgabe des obergermanischen Limes erzwang. Unumstritten ist jedenfalls die römische Erwähnung eines Landstriches namens »*alamannia*« um 297 n. Chr., der sich damals von der Mainzer Rheinbrücke bis nach Günzburg an der Donau erstreckte.

Könige und Bauern

Der römische Historiker Ammianus berichtet von alamannischen Stammesführern, die er als Könige *(reges)* oder Kleinkönige *(reguli)* bezeichnet. In Hessen lagen ihre Regierungssitze auf dem Dünsberg bei Gießen und dem Glauberg am Ostrand der Wetterau. Die Alamannen übernahmen das römische Ackerland in der Wetterau und im Rhein-Main-Gebiet, nutzten aber in den seltensten Fällen die römischen Gutshöfe, sondern errichteten ihre eigenen Bauerndörfer in der Nachbarschaft. Pollenanalysen belegen für das 4. Jahrhundert einen Rückgang des Getreideanbaus gegenüber der Römerzeit und eine Wiederbewaldung der offenen Kulturlandschaft. Daraus schließt man auf einen Landbau für den Eigenbedarf, während die Herrengüter der Römer auf Überschussproduktion ausgerichtet waren, um das Militär und die Stadtbewohner mit Lebensmitteln versorgen zu können.

Alamannischer Bauernhof (Rekonstruktion)

Die Zunahme der Bewaldung muss allerdings nicht notwendig eine Verwilderung von Brachflächen bedeutet haben. Denkbar ist auch eine verstärkte Viehwirtschaft in weiträumigen Hutewäldern.

In der Mitte des 4. Jahrhunderts berichten die Römer vom

alamannischen Volk der »*bucinobantes*«, das »*contra mogontiacum*«, also rechtsrheinisch gegenüber Mainz zu Hause sei. Die Bucinobanten hatten sich mit den Römern arrangiert und übernahmen den Schutz des römischen Vorlandes rechts des Rheins, das damals den Brückenkopf Mainz-Kastel und das heutige Wiesbaden umfasste. Jenem alamannischen Teilstamm wird auch das Gräberfeld von Eschborn zugeordnet, das man erst 1983 entdeckte. Es stammt aus einer späteren Siedlungsphase und wird auf 430 bis 500 n.Chr. datiert. Gefunden wurden 50 Gräber mit Körperbestattungen, die alle nach Osten ausgerichtet waren. Zu den reichhaltigen Beigaben gehörte eine Vielzahl silberner Gewandspangen, so genannter Bügelfibeln, deren schmaler Fuß mit Querrillen verziert ist. Solche Formen wurden nur im Rhein-Main-Gebiet gefunden, sie stammen also von ortsansässigen Silberschmieden.

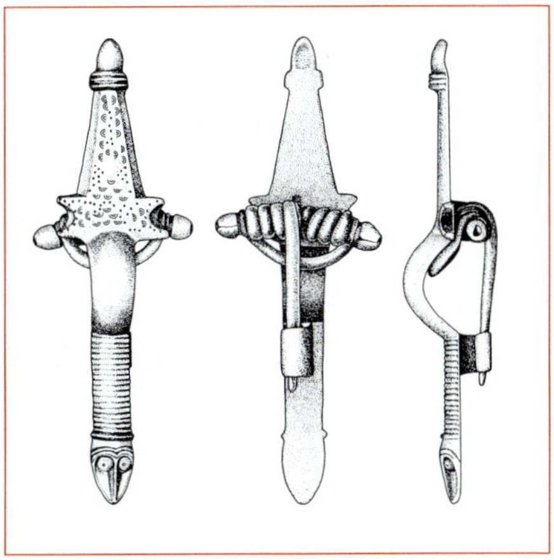

Bügelfibel aus Eschborn

Kopf einer silbernen Haarnadel aus Eschborn

In einem der Gräber fanden die Archäologen das Skelett einer etwa zwanzigjährigen Frau. Um ihre Knöchel war eine eiserne Kette aus stabförmigen Gliedern geschlungen, die mit einem Ring verschlossen war. Der Leichnahm war also vor der Bestattung regelrecht gefesselt worden. Als Grund wird die Furcht vor »Wiedergängern« vermutet. Man wollte so verhindern, dass die Tote als Geistwesen zurückkehren und den Lebenden Unheil bringen konnte. Diese Vorsichtsmaßnahme läßt auf einen üblen Lebenswandel der Verblichenen schließen. Möglicherweise verdächtigte man sie der Hexerei und legte ihr allerlei schädlichen Zauber zur Last.

Ein weiterer interessanter Fund stammt aus dem Grab eines zweijährigen Kindes: eine silberne Haarnadel mit kolbenartig verdicktem Kopf, aus dem vier maskenartige Gesichter herausgearbeitet sind. »Die suggestive Wirkung des nur 9 mm hohen Bildwerks wird erst in der Vergrößerung deutlich. Das mag man als einen Hinweis darauf verstehen, dass eine solche Plastik schwerlich in einem derart winzigen Format und zu nichts anderem als zur Bekrönung einer Haarnadel erdacht worden ist. Die Vermutung liegt nahe, dass ein größeres Bildwerk als Vorbild diente, vielleicht sogar eine monumentale Plastik aus Holz, eine Stele als Abbild eines Götzen oder eines Dämons.«[38]

Die dämonische Götzennadel ist ganze 8,3 cm lang und ein Eschborner Unikat. Die Wissenschaft kennt keine vergleichbaren Stücke.

Die Burgunder am Oberrhein

Die Existenz eines burgundischen Reiches im oberen Rheintal verschwimmt im schillernden Grenzraum von Geschichte, Dichtung und Sage. Gesichert scheint, dass Anfang des 5. Jahrhunderts das Römerreich nicht mehr die Kraft besaß, seine Rheingrenze gegen germanische Stämme zu verteidigen. Gegen Ende des Jahres 406 überschritten Vandalen, Alanen, Sueben und Burgunder den Oberrhein nach Westen und gründeten dort autonome Herrschaftsgebiete. Der in Gallien regierende römische Gegenkaiser Konstantin III. arrangierte sich mit diesen Stämmen und verpflichtete sie vertraglich zur Sicherung der Rheingrenze.

Zeitgenössische Quellen berichten von einem burgundischen Gebiet am Oberrhein, dessen König vermutlich in Worms regierte. Dies war jenes Burgunderreich, das dann im 13. Jahrhundert zum literarischen Schauplatz des Nibelungenliedes wurde. Sein Herrscher Gundahar war die Vorlage für den König Gunther dieses mittelalterlichen Versepos, das uns nur in etlichen widersprüchlichen Abschriften erhalten ist. Besonders bei den Ortsangaben weichen sie stark voneinander ab. Wenn es aber zutrifft, dass die Burgunder im Odenwald zur Jagd gingen – und schließlich soll dort ja gemordet worden sein – dann gehörte auch dieses Jagdgebiet natürlich zum Burgunderland und macht damit Gunthers Reich zu einem Segment hessischer Geschichte. In den dreißiger Jahren glaubte man sogar eine Burgundersiedlung auf der rechten Rheinseite entdeckt zu haben. Doch der Fund bei Lampertheim stellte sich dann als ein germanisches Gräberfeld aus dem 4. Jahrhundert heraus und war damit zu alt, um zu Gundahars erst 413 gegründetem Reich zu gehören.

20 Jahre später gefiel sich Gundahar als Eroberer und überfiel die römische Provinz Belgica, wo ihn die Legionen des Feldherrn Aetius das Fürchten lehrten. 435 zog er geschlagen an den Rhein zurück. Im folgenden Jahr überrannten die Hunnen das Burgunderland. Vermutlich mit Billigung der Römer, wenn nicht gar in deren Auftrag. 20000 burgundische Krieger sollen dabei umgekommen sein. Vielleicht liegt hier der historische Kern des im Heldenlied erzählten Untergangs der Nibelungen.

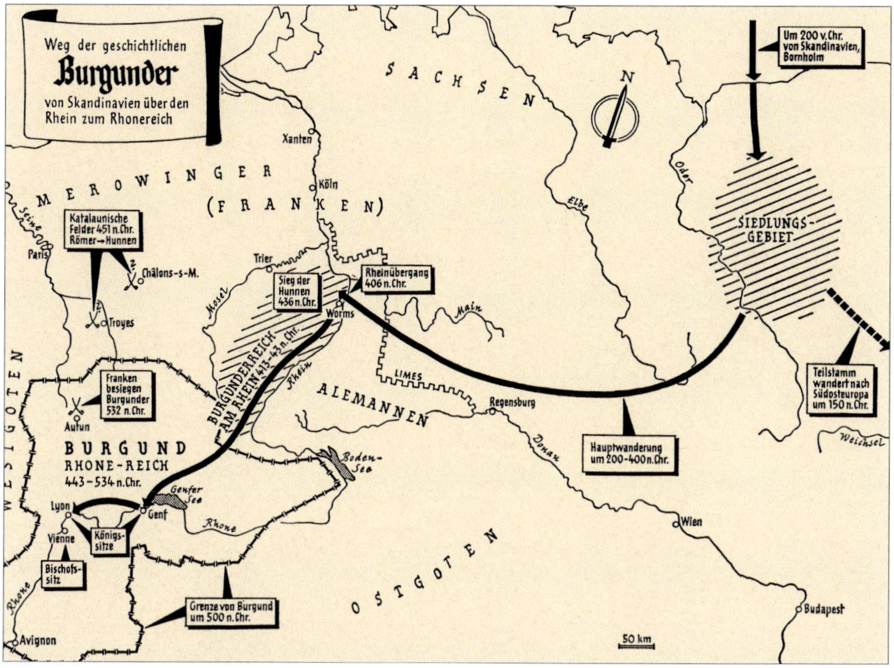

Von Bornholm an die Rhône: Der Weg der Burgunder (nach Helmut Berndt)

Warum aber die Burgunder dort nach einigen Strophen zu Nibelungen werden, bleibt uns der Dichter leider schuldig. In der Wirklichkeit der historischen Überlieferung war die Niederlage gegen Römer und Hunnen der Anfang vom Ende des burgundischen Gebietes am Rhein. 443 verfügte Aetius die Umsiedlung der vertragsbrüchigen Burgunder an den Genfer See. Unter dem Patronat der Römer errichteten sie dort ein neues burgundisches Reich, das bereits 60 Jahre später von Avignon im Süden bis Autun im Norden reichte und im Osten fast bis zum Bodensee. 532 wurden die Burgunder von den Franken besiegt und in deren entstehendes Großreich integriert. Geblieben ist uns die französische Bourgogne und natürlich der Burgunder, der im Glase funkelt.

Von den Franken zur Stauferzeit

Der Siegeszug der Franken

Im 3. Jahrhundert siedelten zwischen Niederrhein und Weser zahlreiche Germanenstämme, die vermutlich die Römer der Provinz Untergermanien mit dem Sammelnamen »*franci*« versahen. Möglicherweise unterschieden sie damit lediglich die unterworfenen Stämme ihres Reiches von den Germanen außerhalb, die zu ihrem Leidwesen noch immer »frank und frei« waren. Jene Sigambrer, Brukterer, Usipiter und wie sie alle hießen, schlossen sich später zum »fränkischen« Stammesbund zusammen, der dem Imperium zunehmend zu schaffen machte.

In der Mitte des 5. Jahrhunderts zerfiel die Macht des weströmischen Reiches am Rhein und im nördlichen Gallien. In der Nachfolge errichteten dort fränkische Stämme kleine, unabhängige Königreiche, deren Regierungssitze in Köln, Arras, Cambrai und Tournai lagen.

Der Kleinkönig von Tournai war ein gewisser Childerich, der seine Ahnenreihe auf den sagenumwobenen Stammesfürsten Merowech zurückführte und deshalb als erster Merowinger in die Geschichte einging. 482 übernahm sein Sohn Chlodwig den Kleinstaat und erweiterte ihn mit Waffengewalt bis zur Loire und zum Pariser Becken. Auch die übrigen der kleinen Königreiche gerieten bald unter seine Herrschaft, die nun von Köln bis Paris reichte.

498 ließ sich König Chlodwig samt seiner Familie und etlicher fränkischer Adliger in Reims von Bischof Remigius taufen. Aus politischen Erwägungen hatte man sich für die athanasianische Version des Christentums entschieden, denn die Bevölkerung der vormals römischen Teile des Merowinger-Reiches hing dieser Richtung an und war so leichter in das neue Staatsgebilde zu integrieren. Die umliegenden Germanenreiche hatten sich dem arianischen Christentum angeschlossen, das Jesus nicht als Gottessohn, sondern nur als heiligen Mann verehrte. Die Lehre des Athanasius ist noch heute Grundlage des römisch-katholischen Glaubens.

Von nun galt das Reich der Merowinger als christliches Land, auch wenn die germanisch geprägten Reichsteile ihre vorchristlichen Traditionen weiter pflegten und niemand von Staats wegen zwangsgetauft wurde.

Chlodwig und seine Söhne erweiterten ihren Herrschaftsbereich Zug um Zug nach Süden und Osten. Anfang des 6. Jahrhunderts kamen die Gebiete der Westgoten und Burgunder zum Reich, wenig später die inzwischen ostgotische Provence.

534 unterlagen die Thüringer und 536 waren auch die Alamannen endgültig besiegt. Die Merowinger regierten nun ein Frankenreich, das ganz Gallien

umfasste und im Osten bis zur Saale reichte. Die fränkische Herrschaft war in den neu erworbenen Gebieten allerdings meist nur eine »Überlagerung« der einheimischen Bevölkerung durch eine fränkische Militärverwaltung. Auch blieb in den germanisch geprägten Provinzen der ansässige Adel häufig an der Macht. Die Merowinger begnügten sich mit der Anerkennung ihrer Oberhoheit.

Hessen wird fränkisch

Seit dem Ende des 3. Jahrhunderts besiedelten Alamannen die Wetterau, das Rhein-Main-Gebiet und das gesamte heutige Südhessen. Nach dem Rückzug der Römer von der rechten Rheinseite (260 n. Chr.) hatten sie diese Landstriche nach und nach in Besitz genommen. Am Ende des 4. Jahrhunderts weiteten dann die Franken ihren Herrschaftsbereich langsam nach Süden aus. Vom Niederrhein kommend besetzten sie das Neuwieder Becken und erreichten über das Lahntal den Limburger Raum. Rheinaufwärts eroberten sie Mainz, das etwa ab 450 zum Frankenreich gehörte. In der Folge wurden auch die Alamannen am Untermain, in der Wetterau, im Ried und an der Bergstraße zu Untertanen der Merowinger. Nach und nach kamen wohl auch fränkische Neusiedler in die rechtsrheinischen Gebiete, denn die Archäologen fanden dort die typischen Reihengräber der Franken, die offenbar seit dem frühen 6. Jahrhundert im heutigen Süd- und Mittelhessen zur vorherrschenden Begräbnissitte wurden. Aus der Streuung der Grabfelder und damit auch der zugehörigen ländlichen Siedlungen wird deutlich, dass die Bergrücken des Odenwalds und das nördlich anschließende Dreieich-Waldgebiet weitgehend menschenleer waren. Auch die Höhen von Taunus und Vogelsberg waren damals unbewohnt.

In der Mitte des 6. Jahrhunderts beherrschten die Thüringer große Teile des hessischen Nordostens. Ihr Gebiet reichte damals weit über das Werratal hinaus nach Westen. Dies belegt unter anderem ein frühmittelalterlicher Friedhof bei Bad Hersfeld, der zu einer thüringischen Siedlung gehörte. Mit der Unterwerfung der Thüringer durch Chlodwigs Sohn Theuderich I. (531 n.Chr.) wurde das Frankenreich bis zur Saale ausgeweitet und es gilt als sicher, dass auch die westlich Thüringens sitzenden Chatten unter fränkische Oberhoheit gerieten. Deren letzte uns bekannte Erwähnung datiert zwar aus dem Jahre 213 n. Chr., als römische Quellen sie zu den Gegnern Kaiser Caracallas zählten. Die Forschung ist sich aber sicher, dass in ihrem Kernland zwischen Fulda und Diemel auch noch in fränkischer Zeit das gleiche Volk ansässig war, das nun in damaligen Berichten als »*hessi*« wieder auftaucht. Zumindest gilt es als sprachgeschichtlich nachvollziehbar, dass sich der Stammesname der Chatten zu

»Hessen« weiterentwickelt hat (siehe auch: »Die sagenhaften Chatten«, S. 58). Über die wirkliche ethnische Zusammensetzung dieser »Althessen« kann aber nur spekuliert werden. Im fränkischen Nordhessen blieb die einheimische Führungsschicht anscheinend unangetastet, und die Bevölkerung behielt ihre kulturelle Eigenständigkeit. Dies folgert die Wissenschaft aus dem völligen Fehlen jener fränkischen Reihengräber, die in Mittel- und Südhessen als Hinweis auf die fortschreitende »Frankisierung« gelten.

Der Aufstieg der Karolinger

Nach dem Tod König Chlodwigs im Jahre 511 begann im Frankenreich eine lange andauernde Phase innerer Machtkämpfe, die vor allem zwischen Angehörigen des merowingischen Königshauses ausgetragen wurden. Im Zuge dieser Streitereien und Intrigen wurde die Position der Merowinger zunehmend schwächer, während die vom jeweiligen König eingesetzten Statthalter, die so genannten »Hausmeier«, immer mehr Einfluss auf die fränkische Politik nehmen konnten. Im 7. Jahrhundert bestand das Reich der Merowinger aus einem westlichen und einem östlichen Reichsteil, Neustrien und Austrien, deren jeweilige Hausmeier um die Vorherrschaft im Gesamtreich kämpften. 687 besiegte schließlich der austrische Statthalter Pippin der Mittlere in der Schlacht von Tertry an der Somme den Hausmeier Neustriens und gewann so die Vorherrschaft im Frankenreich.

Pippins Geschlecht der Arnulfinger lenkte fortan von Reims aus die Geschicke des Reiches und beachtete kaum noch das formell fortbestehende Königtum der Merowinger. 751 kam es zum finalen Putsch der Arnulfinger: Pippin der Jüngere setzte sich auf den merowingischen Thron. Sein Sohn und Thronfolger Karl ließ sich am Weihnachtstag des Jahres 800 von Papst Leo III. zum fränkisch-»römischen« Kaiser krönen und ging als »Karl der Große« in die Geschichte ein. Ihm zu Ehren benannten die Geschichtsschreiber der folgenden Jahrhunderte seine Arnulfinger-Sippe in »Karolinger« um, und dabei ist es bis heute geblieben.

Gaue und Grafschaften

Über die karolingische Verwaltungsstruktur auf dem Gebiet des heutigen Hessen gibt es nur spärliche Informationen. Zeitgenössische Quellen erwähnen zahlreiche »Gaue«, die sich offenbar am Siedlungsgebiet kleinerer ethnischer Einheiten, so genannter »Kleinstämme«, orientierten. So gab es den »Hessen-

Fränkische Gaue auf dem Gebiet des heutigen Hessen (nach W. Heinemeyer)

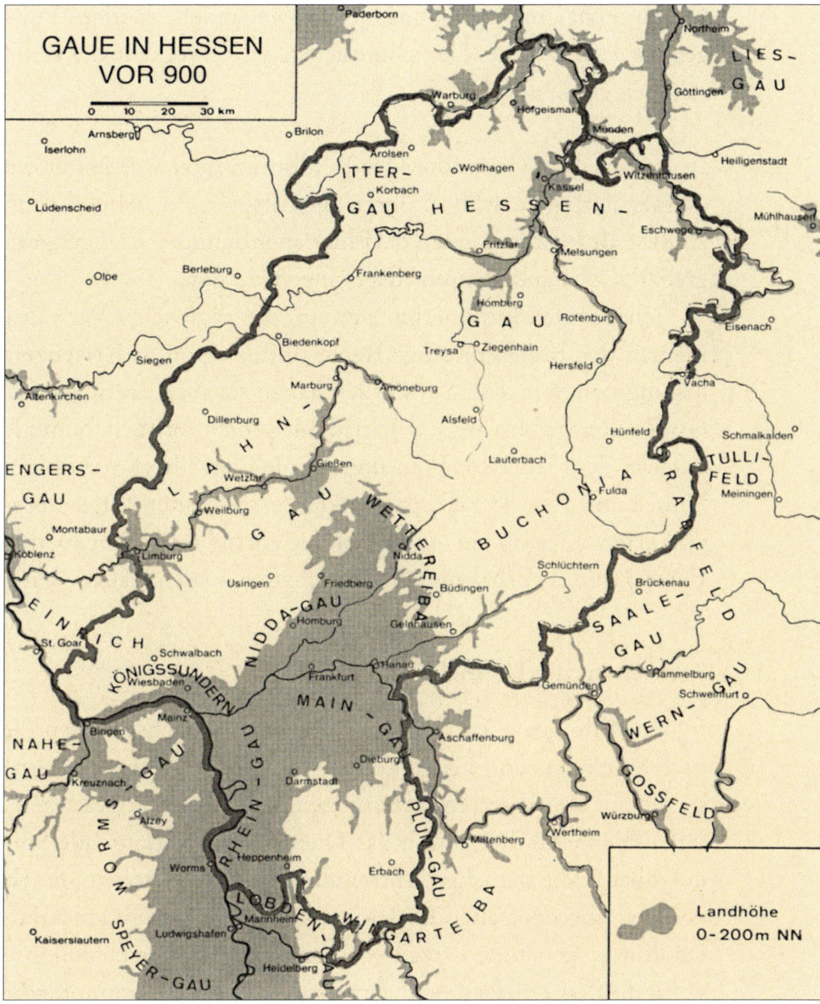

gau« zwischen Ziegenhain und Kassel und den »Ittergau«(Edergau), der vom Edertal bis nach Arolsen reichte. Der »Lahngau« umfasste das Lahntal von Marburg bis Limburg und die angrenzenden Höhenrücken. In Rhön und Vogelsberg lag der »Gau Buchonia« und nach Südwesten schlossen sich der »Gau Wettereiba«(Wetterau), der Nidda-Gau und der Main-Gau an. Belegt sind weiterhin der Plum-Gau im östlichen Odenwald und der Rheingau, der aber, anders als das heute so bezeichnete Gebiet, am Oberrhein lag und das Hessische Ried sowie die Bergstraße umfasste. Den heutigen Rheingau nannten die Franken »Königssunderngau«. Genaue Gaugrenzen sind nicht überliefert und haben wahrscheinlich nie existiert, so dass vermutet wird, es habe sich bei den

Gauen nicht um Verwaltungsbezirke gehandelt, sondern nur um Bezeichnungen für Landstriche, die im amtlichen Schriftverkehr die Zuordnung von Ortschaften erleichterten.

In fränkischen Urkunden des 8. Jahrhunderts werden erstmals so genannte »Grafschaften« erwähnt, deren Bezirksgrenzen nicht genau überliefert sind. Anders als bei den Gauen darf hier aber dennoch von geographisch klar abgegrenzten Zuständigkeiten ausgegangen werden.

Jene Grafen kümmerten sich um die allgemeine Verwaltung, sprachen im Namen des Frankenkönigs Recht und sorgten in Krisenzeiten für die Aushebung von Soldaten. Vermutlich haben sie auch die Steuern eingetrieben. Das Grafenamt war bis ins 10. Jahrhundert nicht erblich. Seine Inhaber gehörten zumeist dem Adelsstand an und wurden jeweils vom König ins Amt berufen. Unbekannt ist, ob sich diese Grafen aus ihnen zugewiesenen Landgütern ernährten oder ob sie einen Teil der entrichteten Abgaben behalten durften. Ebenso ist das Verhältnis der Grafschaften zu den Gauen weitgehend ungeklärt.

Sachsen an der Diemel

In der Mitte des 7. Jahrhunderts dehnten die Sachsen ihren Herrschaftsbereich nach Süden aus und bedrohten die fränkischen Grenzen. Um 690 unterwarfen sie die mit den Franken verbündeten Brukterer und besetzten das (heute hessische) Diemeltal. Die durch das Diemelgebiet verlaufende Sprachgrenze belegt noch heute die damalige Abtrennung vom fränkischen Sprachraum und damit von den oberdeutschen Dialekten. Nördlich jener so genannten »ik/ich-Linie« fand die so genannte »zweite germanische Lautverschiebung« nicht statt. Dort wird auf den Dörfern noch immer ein küstennah anmutendes »Plattdeutsch« gesprochen – zumindest von den alten Leuten. Zudem sind viele Bauernhöfe in (nieder-)sächsischem Stil gebaut.

Im Laufe des 8. Jahrhunderts drangen sächsische Heere immer wieder ins fränkische Hessen ein. Zwischen 748 und 758 unternahm Pippin der Jüngere drei Feldzüge gegen die Sachsen, die dem Grenzland für einige Jahre Luft verschafften. 774 verwüsteten sie erneut den fränkischen Hessengau. Fritzlar ging in Flammen auf und die nahe Büraburg wurde tagelang belagert, aber schließlich nicht eingenommen. Der schwer bezwingbare Festungsbau gehörte zu den fränkischen Fluchtburgen, die eigens zum Schutz vor den Sachsen im Grenzgebiet errichtet worden waren. Weitere Wehranlagen befanden sich auf dem Christenberg südlich von Frankenberg und auf der Amöneburg östlich von

Marburg. Auch die Boyneburg bei Eschwege und der Dörnberg bei Kassel werden als Standorte solcher Burgen in Betracht gezogen.

Die Bedrohung aus dem Norden hielt bis zum Ende des 8. Jahrhunderts an. Erst 804 gelang es Karl dem Großen die kriegerischen Sachsen endgültig zu besiegen und in sein Reich einzubinden.

Anfänge des Christentums

Bereits in der Mitte des 3. Jahrhunderts lebten im römischen Machtbereich an Rhein und Main christliche Gemeinden, die aber noch in Konkurrenz zu einer Vielzahl anderer Glaubensgemeinschaften standen. So wurden neben den antiken Gottheiten Roms auch die ägyptische Isis und die keltischen Matronen verehrt. Sehr beliebt bei den Grenzlegionen war auch der Mithras-Kult, eine Sonnenreligion mit einer christlich anmutenden Heilslehre, die ursprünglich aus Persien kam.

Um 350 hatten die Vorsteher der Christengemeinden in Mainz, Worms, Speyer und Straßburg den Rang eines Bischofs. Mit dem Zusammenbruch der Römerherrschaft am Rhein um 450 verschwanden diese Bischofssitze zwar wieder, aber viele Gemeinden blieben dort weiter bestehen. Dies belegen zahlreiche gallo-romanische Grabsteine mit christlichen Symbolen. Ausgehend von diesen Christengemeinden fasste die neue Lehre auch bei den fränkischen Siedlern Fuß, die seit dem Anfang des 6. Jahrhunderts in das alamannisch geprägte Süd- und Mittelhessen einwanderten.

Um 550 wurde dann das Bistum Mainz neu begründet. Es reichte weit in das südliche Hessen hinein und trieb dort die Christianisierung voran:

»Zu Beginn des 8. Jahrhunderts, als um 711/716 Bischof Rigibert von Mainz eine Dionysiuskirche bei Aschaffenburg einweihte, erstreckte sich die Amtsgewalt des Mainzer Bischofs bereits über das gesamte Land zwischen Odenwald, Spessart, Vogelsberg und Taunus. Die Bischöfe von Worms, die nach einer langen Unterbrechung erst wieder ab 614 nachweisbar sind, wirkten seit dem 7. Jahrhundert südlich des Mainzer Missionsbereiches über den Rhein. (...) Im Nordwesten dagegen missionierte das Bistum Trier, das vermutlich noch vor Ende der römischen Herrschaft moselabwärts bei Koblenz den Rhein erreicht hatte. Von hier trug es das Christentum lahnaufwärts und schuf sich in Dietkirchen bei Limburg einen frühen kirchlichen Mittelpunkt im Gebiet nördlich des Taunus. An der mittleren Lahn, wo sich bei Wetzlar-Gießen Lahntal und Wetterau nähern, trafen die Missionsbestre-

bungen von Trier und Mainz aufeinander und führten hier zu der späteren kirchlichen Aufteilung des Landes unter die Diözesen Trier und Mainz.«[39]

Im Norden und Osten des heutigen Hessen finden sich aus dieser Zeit nur wenige Spuren eines frühen Christentums. Sie werden weitgehend auf die fränkische Verwaltung zurückgeführt, an deren Spitze Mitglieder des fränkischen Adels standen, der mit dem offiziellen Übertritt des merowingischen Königshauses zum Christentum (498) wohl ebenfalls christlich geworden war (siehe auch S. 82). Möglicherweise schlossen sich auch einzelne einheimische Adlige dem neuen Glauben an. Zumindest wurde in den achtziger Jahren in Fulda ein luxuriös gebauter Herrenhof des 7. Jahrhunderts freigelegt, der bereits eine steinerne Kirche aufwies. Auch etliche Adelsgräber im Raum Fritzlar waren nach christlicher Sitte in Ost-West-Richtung angelegt (Kopf im Osten, Füße im Westen). In einem dieser Gräber aus dem frühen 8. Jahrhundert, also aus dem Zeitraum vor den Missionskampagnen des Bonifatius, fand man eine silberne Kreuzfibel.

Lange Zeit hat man Wandermönche aus Irland und Schottland für die Träger der frühen Mission in Nord- und Osthessen gehalten, doch dafür fehlen handfeste Belege. Lediglich in Märtyrerlegenden wird vom segensreichen Wirken dreier Briten berichtet: Kilian, Totnan und Kolonat sollen in der Rhön und im Raum Würzburg missioniert haben. Gegen Ende des 7. Jahrhunderts hätten sie den dort herrschenden Frankenherzog Gozbert zum Christentum bekehrt. Doch jener heiratete alsbald seine verwitwete Schwägerin Geilana, was gegen geltendes Kirchenrecht verstieß und von den drei Missionaren entsprechend gegeißelt wurde. Daraufhin, so berichtet die Legende, habe Geilana sie durch gedungene Mörder beseitigen lassen.

Gegen die fromme Geschichte spricht vor allem die Tatsache, dass der fränkische Adel zweihundert Jahre nach der Taufe König Chlodwigs längst christianisiert war. Aber Heiligenlegenden dienen eben zuvörderst der christlichen Erbauung und moralischen Belehrung und weniger der Übermittlung historischer Wahrheit. Als Beleg für eine irisch-schottische Mission in Hessen sind sie denkbar ungeeignet.

Das Bonifatius-Projekt

Die Entwicklung der fränkischen Kirche in Nord- und Osthessen wurde im 8. Jahrhundert entscheidend von Bonifatius geprägt. Der Missionar und Reformer stammte aus dem englischen Wessex, wo er um 675 geboren wurde. Seine

Eltern waren angelsächsische Grundbesitzer, die den Kleinen auf den Namen Wynfreth tauften. Erst nach seinem ersten päpstlichen Missionsauftrag nannte er sich »Bonifatius«, frei übersetzt: »der Mann, der Gutes tut«. Seine theologische Ausbildung erhielt er in den südenglischen Klöstern Exeter und Nursling, wo der junge Mönch 701 zum Priester geweiht wurde. Im Frühjahr des Jahres 716 unternahm er mit einer Gruppe britischer Mönche eine Missionsreise zu den Friesen. Doch seine angelsächsische Herkunft und damit Sprachverwandschaft mit den heidnischen Küstenbewohnern half ihm nicht sonderlich. Bereits im Herbst 716 brach er das Unternehmen ab und kehrte ins heimische Kloster Nursling zurück. Zwei Jahre später reist er nach Rom zu Papst Gregor II., der ihn offiziell beauftragt, »die wilden Völker Germaniens zu besuchen und zu erforschen, ob die unbebauten Gefilde ihrer Herzen von der Pflugschar des Evangeliums zu beackern seien und den Samen der Predigt aufnehmen wollten.« So jedenfalls schreibt sein zeitgenössischer Biograph und Schüler Willibald. [40]

Erst 721 betritt Bonifatius hessischen Boden. Sein erstes Domizil wird die fränkische Festung Amöneburg auf der gleichnamigen Basaltkuppe zwischen Marburg und Kirchhain. Die Burg ist das Machtzentrum des Oberen Lahngaus, der von den Zwillingsbrüdern Dettic und Deorulf regiert wird. Die beiden waren vermutlich keine einheimischen »*hessi*«, sondern fränkische Adlige, die sich als Christen verstanden. Doch ihr Glaube war offenbar mit heidnischen Elementen angereichert. Laut Willibald ruft Bonifatius sie »zurück von der schändlichen Verehrung der Götzenbilder, der sie, einen Rest von des Christentums Namen sehr missbrauchend, anhingen«.[41]

Auch die Bevölkerung in und um die Amöneburg praktizierte offenbar die gleiche Glaubensmixtur wie ihre Herren und wurde von Bonifatius und seinen Begleitern eines Besseren belehrt. Das lokale Projekt gipfelte in der Errichtung eines kleinen Klosters und einer Kirche innerhalb der Burganlage. Die Kirche wurde passenderweise dem heiligen Michael geweiht, der als Erzengel mit dem Flammenschwert dafür sorgt, dass kein Unbefugter ins Paradies gelangt.

Die fränkische Reichsführung sah in einem einheitlichen, am Papst orientierten Christentum die entscheidende Grundlage für die Stabilität ihrer Herrschaft und unterstützte deshalb das Missionsprojekt des Wynfreth Bonifatius.

723 nahm der Hausmeier Karl Martell das Bonifatius-Team unter seinen Schutz. Die Zusammenarbeit mit der fränkischen Militärmacht vor Ort wurde zum Schlüssel für den Erfolg der Mission. Etwa 723/724 soll Bonifatius in Geismar bei Fritzlar eine dem germanischen Wettergott Donar geweihte heilige Eiche demonstrativ gefällt haben. Folgt man Willibald, so tat er dies eigenhändig inmitten einer hessischen Volksmenge, die fest mit der Rache Donars

Bekehrung mit Schlagkraft: Die Donareiche wird gefällt

rechnete. Als sich nichts rührte, galt die Überlegenheit des Christengotts als erwiesen und die Einheimischen, so berichtet der Biograph, öffneten ihre Herzen der kirchlichen Botschaft. Aus dem Holz der Eiche habe Bonifatius dann im nahen Fritzlar eine Kapelle gebaut. Tatsächlich dürften wohl professionelle Holzknechte den Baum gefällt haben, natürlich gut gesichert durch fränkische Lanzenreiter. Auch die kleine Holzkirche entstand sicher nicht durch die Hand des britischen Predigers, sonden war solide hessische Zimmermannsarbeit. Willibald betont in seiner Schilderung, die ganze Aktion sei eine Idee einheimischer Christen gewesen, die dann auch bei der praktischen Umsetzung geholfen hätten – ein Hinweis darauf, dass es auch im Edertal weniger um die Bekehrung von »Heiden« als um die Reform eines mit germanischen Elementen durchsetzten Christentums gegangen sein dürfte. Vielleicht gingen die alten Edertaler nach der heiligen Messe auch noch zum Opfern an Donars Eiche?

Mittlerweile gibt es auch Zweifel, ob die Eichenschändung überhaupt je stattgefunden hat. Möglicherweise hat auch nur Willibald, als PR-Mann der Missionskampagne, an einer werbewirksamen Legende gestrickt. Seine Bonifatiusbiographie ist jedenfalls die einzige zeitgenössische Quelle, die die Baum-Aktion erwähnt. Er schrieb sie erst 40 Jahre später.

Um 725 dehnte Bonifatius sein Missions-Projekt auf das benachbarte Thüringen aus. Dort waren bereits andere angelsächsische Missionare tätig, die unter dem Schutz des fränkischen Herzogs standen. Als Bonifatius sie einfach ignorierte und keinerlei Absprachen traf, betrachteten sie sein Auftreten als Einmischung in ihren Missionsbereich. Es kam zu Intrigen und offenen Rivalitäten. Doch Bonifatius berief sich auf einen schriftlichen Missionsauftrag des Papstes, in dem Thüringen ausdrücklich erwähnt wurde, und arrangierte sich mit den adligen Gegnern des Herzogs. Er gründete in Ohrdruf bei Gotha einen geistlichen Stützpunkt und besetzte ihn mit seinen Missionaren. 732 ernannte ihn Papst Gregor III. zum Erzbischof und versah ihn mit dem Rechtsstatut des Palliums. Damit konnte Bonifatius nach eigenem Gutdünken Bistümer einrichten und Bischöfe berufen.

Doch erst 10 Jahre später machte er von diesem Recht Gebrauch: 741 gründete er drei neue Bistümer und weihte drei angelsächsische Landsleute zu Bischöfen. Ihre Amtssitze lagen in Würzburg, Erfurt und auf der Büraburg bei

Fritzlar, um die sich damals eine größere Siedlung gruppierte. Dies war der erste Bischofssitz in Hessen. Diese neuen Kirchenbezirke wollte er nun mit den alten Bistümern am Rhein zu einer großen Kirchenprovinz zusammenfassen, die vom Kölner Bischofsstuhl aus regiert werden sollte. Diese Funktion beanspruchte Bonifazius für sich. Doch nun stellte sich die fränkische Kirchenleitung quer. Die Bischofskollegen verhinderten den klerikalen Großbezirk und Bonifatius wurde 745 mit dem frei gewordenen Bistum Mainz abgefunden. Bald sorgte er aber dafür, dass die Bistümer Erfurt und Büraburg wieder aufgehoben und an sein Mainzer Bistum angeschlossen wurden. So kam Wynfreth Bonifatius doch noch zu einer gewaltigen Kirchenprovinz.

Die frühen Klöster

Zur Festigung ihrer kirchlichen Macht initiierten Bonifatius und seine Gefolgsleute zahlreiche Klostergründungen in ihrem Missionsgebiet und trugen dafür Sorge, dass sie dem Zugriff konkurrierender Bischöfe entzogen wurden. So wäre etwa das 744 von Bonifatius in Fulda gegründete Kloster eigentlich unter die klerikale Gerichtsbarkeit des Bischofs von Würzburg gefallen, doch Bonifatius erwirkte beim Papst das Privileg der Exemtion, also der unmittelbaren Zuständigkeit des Heiligen Stuhls. 765 stellte König Pippin das Kloster unter seinen Schutz, und 774 verlieh Karl der Große den Fuldaer Benediktinern auch noch die Immunität und damit den Status der Reichsabtei, der sie der fränkischen Verwaltung entzog und direkt dem König unterstellte. Damit war auch das Recht der Klostergemeinschaft verbunden, ihren Abt selbst zu wählen.

754 unternahm Bonifatius hochbetagt noch einmal eine Missionsreise zu den Friesen, wo er einem Raubmord zum Opfer fiel. Doch in seinem Reisegepäck fanden die Mörder lediglich fromme Bücher und nicht das erwartete Gold. Sie wurden rasch gefasst und offenbar ohne Gerichtsverfahren getötet. Dass jene »Räuber« möglicherweise Gegner der Friesenmission waren, ist naheliegend, denn der Überfall geschah kurz vor einer Firmung von Neugetauften, die mit der Bluttat verhindert wurde. 50 Begleiter des Bonifatius wurden dabei ebenfalls getötet. Seinem Wunsch entsprechend setzte man ihn im Kloster Fulda bei.

Nachfolger auf dem Mainzer Bischofsstuhl wurde sein Schüler und Landsmann Lull. Der aus Bayern stammende Sturmi wurde Abt in Fulda. Auch Bischof Lull hätte dieses Amt gerne zusätzlich übernommen, kam aber nicht zum Zuge. Deshalb gründete er etwa 770 in Hersfeld ein weiteres Kloster, dass er von Mainz aus leitete. 775 übertrug Lull das Hersfelder Kloster Karl dem Großen, der es – wie das in Fulda – zur autonomen Reichsabtei erhob.

Das dritte kirchliche Machtzentrum auf dem Gebiet des heutigen Hessen war das Kloster Lorsch. Anders als in Fulda und Hersfeld engagierten sich hier keine Kirchenmänner, sondern Angehörige des hohen fränkischen Reichsadels. 764 wurde die Abtei von Graf Cancor und seiner Mutter Williswint gegründet. Williswint war die Witwe Ruperts I., der zum Namensgeber des auf ihn zurückgehenden Adelsgeschlechts der Rupertiner werden sollte.

772 wurde das bis dahin quasi private Kloster der Rupertiner-Familie dem fränkischen Königshaus übertragen. Daraufhin stellte Karl der Große auch die Lorscher Abtei unter seinen direkten Schutz und verlieh ihr ebenfalls die Privilegien eines Reichsklosters.

Mit diesem Konzept der »königlichen Klosterherrschaft« verfolgte Karl der Große eine Kirchenpolitik, die seine Reichsabteien als Zentren geistiger und weltlicher Macht zu stabilen Pfeilern karolingischer Innenpolitik formte. Im Laufe des 8. Jahrhunderts wurden an die 20 Klöster im östlichen Frankenreich zu Reichsabteien erklärt. Ihr Sonderstatus war mit der Pflicht zum Dienst für König und Reich, dem so genannten *»servitium regis«*, verbunden. So hatte das Königshaus direkten Einfluss auf die jeweiligen Regionen und konnte bei Problemen mit dem ansässigen Adel über die Klöster intervenieren. Zudem begrenzte der direkte Zugriff auf die Abteien die Macht der kirchlichen Hierarchie und damit auch den Einfluss des Papstes.

Ackerland in Junkerhand

Die Wirtschaftsordnung des Karolinger-Reiches beruhte weitgehend auf Ackerbau und Viehzucht. Der größte Teil der nutzbaren Fläche war im Besitz adliger Grundherrn oder in der Hand des regierenden Königshauses. Daneben gehörten aber auch ausgedehnte Ländereien den Klöstern und der Kirche.

Gut belegt sind die Aktivitäten des königlichen Wirtschaftshofes Florstadt in der Wetterau in der Zeit zwischen 830 und 850. Die Urkunden beschreiben einen »Agrarkomplex« von 1000 Morgen Ackerland, das von mehreren Gutshöfen aus bewirtschaftet wurde. Die dazugehörigen Wiesen lieferten einen Jahresertrag von 240 Fudern Heu (1 Fuder = 1000 Liter = 1 Kubikmeter). In den hofeigenen Hutewäldern gediehen jährlich an die 500 Bio-Schweine bis zur Schlachtreife. Das zweite Standbein des Wetterauer Großbetriebes waren 60 abhängige Bauernfamilien, die ihnen zugewiesene »Hufen« in Eigenregie bewirtschafteten. Dieses Land blieb Eigentum des Grundherrn, und die Bauern mussten als Abgaben Schweine, Schafe, Hühner und Eier liefern und hatten unbezahlte »Hand- und Spanndienste« zu leisten. Die Größe dieser »Hufen«

war so bemessen, dass die Bauernfamilien davon leben und die Abgaben leisten konnten.

Auf dem »Herrenland« der Gutshöfe wurde überwiegend Getreide angebaut. Dort arbeiteten »unfreie« Mägde und Knechte, die ihren Arbeitsplatz nicht wechseln konnten und mit Naturalien entlohnt wurden. Für die anfallenden Arbeiten wurden bei Bedarf auch die Hufen-Bauern in die Pflicht genommen.

»Reiche Grundherrn, der König oder die Klöster besaßen mehrere oder viele derartiger Grundherrschaftskomplexe, die von Verwaltern geleitet wurden. Kleinere Grundherren mögen nur einen Herrenhof besessen haben, auf dem sie selbst wohnten; stets aber dürften auch sie über eine Anzahl abhängiger Bauern verfügt haben. Ob es innerhalb der frühmittelalterlichen Bevölkerung freie Bauern gegeben hat, also Leute, die ihren eigenen Grund und Boden in eigener Arbeit bestellten, und wie groß ihre Zahl war, ist in der Forschung umstritten und lässt sich von unseren Quellen her nicht beantworten. Unbestritten ist jedoch, dass der Anteil der persönlich unfreien Personen an der Bevölkerung sehr viel größer war als der der freien Leute und der Grundherrn.«[42]

Schauplatz Rhein-Main-Gebiet

Mit der Befriedung der Sachsen am Ende des 8. Jahrhunderts und ihrer Einbindung ins Frankenreich verlor der hessische Norden seine politische Bedeutung als umkämpftes Grenzgebiet. Nach und nach wurde die fränkische Militärpräsenz dort ausgedünnt. Die Festungsbauten hatten ihre Funktion verloren. Man gab sie auf.

Nun wurde das Land an Rhein und Main zunehmend zum Schauplatz karolingischer Reichspolitik. Bereits 788 hatte König Karl in Ingelheim eine Reichsversammlung einberufen, bei der Bayern-Herzog Tassilo III. abgesetzt und zum Tode verurteilt wurde. Später wurde er zu lebenslanger Klosterhaft begnadigt, die er bis zu seinem Tode in der Lorscher Abtei verbüßte.

Das Karolinger-Reich hatte keine Hauptstadt. Stattdessen überzog ein Netz von königlichen Residenzen das Land. Diese repräsentativen Regierungssitze wurden »Pfalzen« genannt. So reisten die Herrscher von Pfalz zu Pfalz und regierten ihr Frankenreich quasi »ambulant«.

Neben der Residenz in Ingelheim war auch die Frankfurter Pfalz häufig Schauplatz politischer Ereignisse. So etwa im Mai 794, als Karl der Große zur Frankfurter Reichssynode lud. Die kirchlich geprägte Versammlung hatte europäische Dimensionen: die Erzbischöfe, Bischöfe, Priester und Diakone kamen aus allen Teilen des karolingischen Machtbereiches, der damals nicht nur die

Die Karolinger als Regenten des Frankenreiches

Pippin der Mittlere	687–714 (regierender Hausmeier)
Karl Martell	714–741 (regierender Hausmeier)
Pippin der Jüngere	ab 741 regierender Hausmeier
als Pippin I.	von 751–768 auf dem fränkischen Thron (erster Karolinger-König)
Karl der Große	768–814 (ab 800 auch Kaiser)
Ludwig der Fromme	814–840
Ludwig der Deutsche	840–876 (nur östl. Reich)
Ludwig der Jüngere	876–882 (nur östl. Reich)
Karl der Dicke	882–887 (nur östl. Reich)
Arnulf	887–899 (nur östl. Reich)
Ludwig das Kind	899–911 (nur östl. Reich)
Konrad I.	911–918 (aus dem Geschlecht der Konradiner, wird aber meist noch zu den Karolingern gezählt, da er mit ihnen verwandt war)

Gebiete der heutigen Länder Deutschland, Frankreich und Italien, sondern auch Spanien und Britannien einschloss.

Im Vorfeld dieses Ereignisses wurde am 22. Februar 794 eine Urkunde für die Abtei St. Emmeran in Regensburg ausgefertigt. Neben dem Signum Karls verzeichnet das Schriftstück auch seinen Ausstellungsort »*francono furd*«. Dies ist die erste Erwähnung und damit quasi die Geburtsurkunde Frankfurts. Karls Sohn und Nachfolger Ludwig der Fromme sorgte für den Ausbau des Regierungssitzes am Main. Er starb später auch in Frankfurt, bestattet wurde er aber in Lorsch. Auch in der Pfalz von Trebur (damals Triburg) bei Groß-Gerau wurde Reichspolitik gemacht. 887 verzichtete dort Karl III., genannt »der Dicke«, auf die Krone und überließ den Thron seinem Neffen Arnulf.

Adel und Krone im östlichen Frankenreich

Rupertiner und Konradiner

Zwei hessisch-fränkische Adelsgeschlechter sollten es im Fortgang der Geschichte zu königlichen Würden bringen: Rupertiner und Konradiner.

Die Rupertiner stammten zwar aus dem westlichen Frankenreich, stellten aber die Grafen des damaligen Rheingaus, das sich südlich des Mains befand und das Hessiche Ried und die Bergstraße umfasste. Die Gründung des Klosters Lorsch (764) wurde von dieser Adelsfamilie finanziert. Zahlreiche Schenkungen gräflicher Ländereien an die Klöster Lorsch und Fulda belegen ihre spätere Grundherrschaft im Lahngebiet und in der Wetterau. Als nach dem Tod König Ludwigs des Frommen (840) das Frankenreich auseinanderbrach, schlugen sich die Rupertiner auf die Seite des westfränkischen Adels. Damit stellten sie sich gegen Ludwig den Deutschen und die ihn tragende Aristokratie des östlichen Frankenreiches. In der Folge verloren sie ihre Besitztümer an Lahn und Rhein und kehrten in ihr westfränkisches Stammland zurück. 150 Jahre später sollte mit Hugo Capet ein Rupertiner französischer König werden.

843 besiegelte schließlich der Vertrag von Verdun die Teilung des fränkischen Imperiums in drei selbständige Reiche. Ludwig der Deutsche, Sohn des frommen Ludwig und damit Enkel Karls des Großen, bestieg den Thron des Ostreichs. Sein Bruder Karl II., genannt »der Kahle«, wurde westfränkischer König. Der dritte Bruder, Lothar I., regierte fortan die fränkischen Reichsteile in Italien und das Gebiet zwischen Schelde, Rhein und Rhone. Der Name der heutigen französischen Provinz Lothringen (frz.: Lorraine) geht auf diesen Herrscher zurück.

Das Adelsgeschlecht der Konradiner übernahm nun den geräumten Landbesitz der Rupertiner und steigerte damit seine politische Bedeutung im neu gebildeten Ostreich. Einige Historiker gehen davon aus, dass Konradiner und Rupertiner miteinander verwandt waren. Damit wäre die konradinische Landnahme eine Art legale »Erbfolge« gewesen. Der Name des Adelshauses wird auf einen Grafen Konrad zurückgeführt, der Ende des 8. Jahrhunderts das Grafenamt an der mittleren Lahn innehatte. Der damalige »Niederlahngau« gilt deshalb als das ostfränkische Stammland der Konradiner. Einer von ihnen, Gebhard der Ältere, Graf im Niederlahngau, engagierte sich in der Reichspolitik und unterstützte Ludwig den Frommen im Streit mit seinen zänkischen Söhnen. 845 gründete Gebhard das Stift Kettenbach im Aartal. Auch sein Sohn Berengar spielte offenbar eine wichtige Rolle im Reich, unterzeichnete er doch 860 mit anderen fränkischen Adligen den »Koblenzer Frieden« zwischen Ludwig dem Deutschen und Karl dem Kahlen.

Berengar war offenbar auch Graf des Hessengaus (im Raum Fritzlar). Seine Neffen Konrad (»der Ältere«), Rudolf und Gebhard (»der Jüngere«) zeichneten sich durch steile Politkarrieren aus. Konrad erbte Berengars Ländereien und gehörte zu den einflussreichsten Adligen des Ostreichs. Rudolf wurde Bischof von Würzburg und Gebhard avancierte nicht nur zum Herzog von Lothringen, sondern gebot auch über Rheingau und Wetterau. Urkunden belegen des

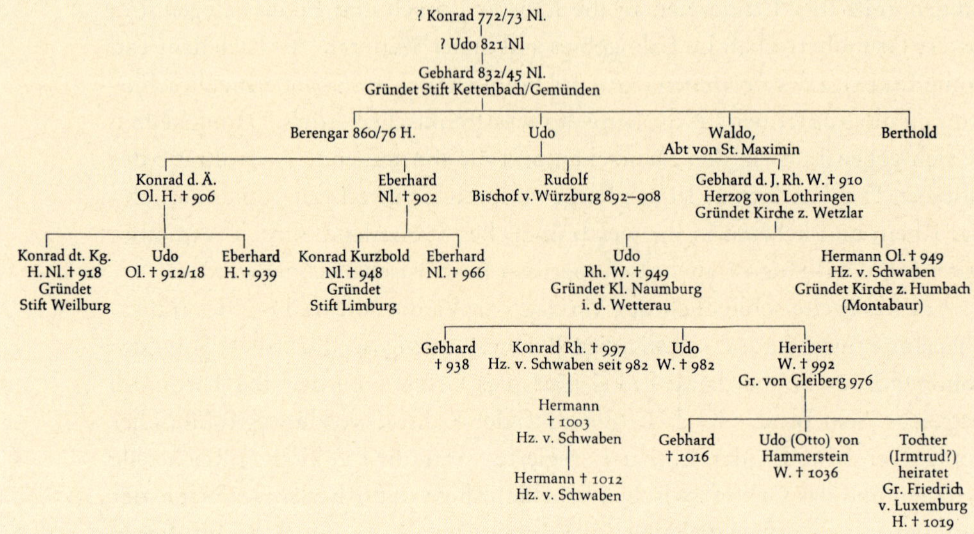

1. STAMMTAFEL DER KONRADINER

Weiteren, dass die Ortschaften Bonames (bei Frankfurt) und Salzschlirf (bei Fulda) in seinen Grafschaften lagen. Es kann daher vermutet werden, dass dieser Konradiner Graf im gesamten südlichen Hessen war. Karolinger-König Arnulf (887–899) heiratete aus machtstrategischen Gründen eine Konradinerin, was als ein weiterer Beleg für die politische Bedeutung der Adelsfamilie im östlichen Reich gelten kann.

Ende des 9. Jahrhunderts hatte das sächsische Adelsgeschlecht der Liudolfinger seinen Machtbereich auf das nördliche Thüringen, das Eichsfeld und Teile des Hersfelder Landes ausgeweitet. Der karolingischen Reichsführung wurden die Sachsen zu mächtig. König Arnulf setzte 892 den liudolfingischen Herzog Poppo ab und übertrug das Herzogtum Thüringen an Konrad den Älteren. Die Konradiner geboten nun über große Teile der heutigen Bundesländer Hessen und Thüringen. Die Stiftgründungen in Wetzlar, Weilburg und Limburg (910) gehen auf Mitglieder der Adelssippe zurück.

Mit dem Tode König Ludwigs IV. (»das Kind«), des Sohnes und Nachfolgers von Arnulf, war 911 die Erbfolge der ostfränkischen Karolinger in direkter Linie erloschen. Eine Versammlung des vormals ostfränkischen, jetzt »deutschen« Adels und des Klerus tagte in Forchheim und wählte einen Sohn Konrads, Konrad den Jüngeren, zum deutschen König. Er regierte das ostfränkischdeutsche Reich als Konrad I. Seinen Aufstieg verdankte er vermutlich den strategischen Plänen des Mainzer Erzbischofs Hatto und anderer Kirchenfürsten, die im Hintergrund die Fäden zogen:

»Die Wahl Konrads begünstigte zunächst sein Erbrecht, denn er war (nach Ausschaltung der westfränkischen Karolinger) durch seine Verwandtschaft mit den Königen Arnulf und Ludwig der nächste karolingische Erbe; zum andern aber hatte Konrad seine herzogliche Machtstellung in Franken errungen, die ihm damit als Führer des herkömmlich zur Vorherrschaft berufenen Stammes den Vorrang sicherte. Entscheidend waren aber wohl Konrads enge Beziehungen zum Episkopat, der praktisch noch die Macht in Händen hielt und die karolingische Reichstradition aus eigenem Anliegen gegen die partikularistischen Bestrebungen der alten Stammesherzogtümer und Herzöge hütete. Ihm mussten die Konradiner als engste Verbündete der letzten Karolinger und im Hinblick auf ihre im Gesamtreich wenig gefestigte Stellung besonders willkommen sein, denn damit stimmten sie nicht nur mit den Interessen dieser mächtigsten politischen Gruppe überein, sondern waren auch weitgehend von ihr abhängig.«[43]

Die Liudolfinger in Hessen

In der Folgezeit erwies sich König Konrad als wenig durchsetzungsfähig. Im Machtkampf mit dem liudolfingischen Sachsenherzog Heinrich kam es schließlich zu kriegerischen Auseinandersetzungen, die 915 mit der Niederlage eines konradinischen Heeres bei der Eresburg endeten. Die Konsequenzen dieser Machtverschiebung führten nach dem Tode Konrads folgerichtig zur Thronübernahme Heinrichs, der 919 in Fritzlar zum König gewählt wurde.

Von dieser Wahlversammlung der mächtigsten fränkischen und sächsischen Adligen gibt es keine zeitgenössischen Berichte. Erst 50 Jahre später fasste der sächsische Chronist Widukind die mündliche Überlieferung zusammen. Nach der Entscheidung des Adels, so berichtet Widukind, habe Graf Eberhard, der Bruder des verstorbenen Königs Konrad, Herzog Heinrich »dem versammelten fränkischen und sächsischen Volke als König vorgestellt. Heinrich habe die angebotene Salbung durch den Mainzer Erzbischof Heriger nicht angenommen und gesagt, dass es genüge, wenn er höher stehe als seine Vorfahren. Salbung und Diadem, so Heinrich, mögen Würdigere empfangen. Daraufhin habe ihn die Menge mit erhobener Rechter begrüßt und durch ›Heil‹-Rufe ihrer Zustimmung Ausdruck verliehen.«[44]

Die Liudolfinger (auch Ottonen genannt) auf dem fränkisch-deutschen Thron

Heinrich I.	919–936
Otto I., »der Große«	936–961
Otto II.	961–983
Otto III.	983–1002
Heinrich II., »der Heilige«	1002–1024

Nach der Thronbesteigung Heinrichs I. arrangierten sich die Konradiner mit den Liudolfingern und blieben zunächst im Besitz ihrer hessischen Grafschaften. Später fielen diese Gebiete jedoch durch geschickte Heiratspolitik an Heinrichs Enkel Liudolf.

»In einer zwischen 949 und 957 angesetzten Urkunde wird Liudolf als Inhaber des comitatus Hassonum, der Grafschaft Hessen, genannt. Hierunter ist auch jetzt noch die unter Einbeziehung der hessisch-sächsischen Grenzmark gebildete Großgrafschaft Hessen zu verstehen, die demzufolge außer Niederhessen auch das nördliche Oberhessen umfasste; denn Liudolfs gräfliche Stellung wird nicht nur für Niederhessen bezeugt, sondern auch durch seinen Besitz in der Grafschaft an der oberen Eder und Lahn und in der Ohm-Lahn-Grafschaft für das nördliche Oberhessen wahrscheinlich gemacht.«[45]

Nach einem Aufstand gegen seinen Vater, König Otto den Großen, wurde Liudolf schließlich entmachtet. Der 954 in Fritzlar einberufene Reichstag unterstellte seinen hessischen Besitz der Krone.

Viele kleine Grafschaften

Nach der Niederwerfung etlicher Adelsaufstände in seinem Machtbereich sorgte König Otto der Große für die Auflösung größerer Herrschaftsgebiete zugunsten einer Vielzahl von kleinen Grafschaften, die eine allzu große Machtfülle einzelner Adelsgeschlechter künftig verhindern sollte. Dieses althergebrachte Prinzip des Teilens und Herrschens etablierte auf dem Gebiet des heutigen Hessen einen komplexen Flickenteppich kleiner und kleinster politischer Einheiten, deren herrschende Geschlechter durch verwandtschaftliche Bande vielfältig miteinander verbunden waren.

Die Herren des Nordens

Den im hessischen Norden gelegenen Ittergau (Edergau) regierte die Adelssippe der Esikonen, die auch den (heute niedersächsischen) Leinegau beherrschte.

Um 980 ist dort ein Graf Esiko nachgewiesen, dessen gleichnamiger Sohn im Jahre 1017 als Landesherr beider Territorien belegt werden kann.

Im Waldeckischen regierten zu dieser Zeit die Haholde, deren Herrscher wahrscheinlich auch für Teile des Ittergaus zuständig waren. 1021 übertrug der König diesen Besitz an das Bistum Paderborn.

Die von Eschwege bis Mühlhausen nach Osten reichende Germaramark regierten die Grafen von Bilstein, deren gleichnamiger Stammsitz im Höllental errichtet wurde. Dummerweise schloss sich Graf Rucker II. von Bilstein 1073 einem Aufstand gegen König Heinrich an. Die Sache ging schief und die Bilsteiner verloren die Germaramark und die Boyneburg.

Im Werragebiet wurden sie nun von den Northeimern in Person Siegfrieds III. beerbt, der fortan von der Boyneburg aus regierte. Auch Heinrich der Fette, der zudem noch Herr des Ringgaus war und 1101 das Zeitliche segnete, gehörte zu diesem Geschlecht. 1122 beerbten die Northeimer auch die Esikonen, die sich mittlerweile Grafen von Reinhausen nannten, und erweiterten so ihren Besitz um das Diemelgebiet und den Leinegau. Als Siegfried IV. von Northeim-Boyneburg im Jahre 1144 starb, hinterließ er seinerseits keinen Erben. Das Reichslehen der Northeimer fiel nun an Hermann von Winzenburg.

Jener Hermann II. errichtete zum Schutz des Reinhardswaldes die Schöneburg, die er 1151 dem Erzbistum Mainz übertrug und nur noch als Lehensmann verwaltete. Nach Hermanns Ermordung besetzte Mainz die Schöneburg mit einem Adeligen, der wahrscheinlich mit den einflussreichen Grafen von Dassel verwandt war. Diese neue Dynastie nannte sich nun »von Schöneberg«.

1152 sprach Kaiser Friedrich Barbarossa die Grafschaften an Leine, Werra und Diemel dem Sachsen-Herzog Heinrich dem Löwen zu. Heinrich übertrug nun die Territorien an Werra und Diemel den Grafen von Everstein, im Ittergau setzte er die Grafen von Schwalenberg als Lehensleute ein. Den Reinhardswald überließ er vermutlich den Grafen von Dassel als Lehen.

Die Vielfalt des Südens

Die Grafen des Maingaus gehörten offenbar den verschiedensten Familien an. Die Erbfolge eines Adelsgeschlechts lässt sich jedenfalls nicht nachweisen. Zwischen 780 und 1069 regierten dort Grafen mit so exotischen Namen wie Warin, Walah und Drogo, gefolgt von Ruocher, Megingoz und Gerlach. Auch Berthold und Siegfried hießen die Landesherrn am Main. Die Namen ihrer Sippen aber bleiben im Dunkel der Geschichte. Offensichtlich wurden hier die Inhaber des Grafenamtes immer wieder neu vom König eingesetzt.

Die Grafschaft Marienfels hatte sich vom Niederlahngau gelöst. Sie umschloss den Einrich, ein gebirgiges Waldgebiet am Unterlauf der Lahn. Um 880 regierte hier der Konradiner Ruodger. Die hundert Jahre später belegten Grafen Ruodbert und Hugo sind dagegen unbekannter Herkunft, ebenso wie der 1034 amtierende Graf Wigger, der sich die Herrschaft mit Arnold von Arnstein teilte.

Der heutige Rheingau hieß damals Königsunderngau (»des Königs Sondergau«). Auch hier lassen sich die Grafen keinen Adelsfamilien zuordnen. Urkunden belegen zwischen 874 und 1040 die Regentschaft von Liutfried, Hatto, Konrad, Gerung, Immat, Thrutwin, Reginhard und Siegfried – allesamt Liebhaber von Riesling und Spätburgunder. Ähnlich unübersichtlich sind auch die Familienbande der Grafen im Niddagau, von denen man nur die Rufnamen Rudolf und Richbert kennt.

Mehr Durchblick haben die Historiker in der Wetterau, wo sich bis 1016 die Konradiner hielten. Deren letzter Sproß hieß Heribert. Ihm folgte Otto von Hammerstein, den schon 1017 Graf Brüning ablöst. Offenbar wurde Otto nur zeitweise kaltgestellt, denn 17 Jahre später gelangte er erneut an die Macht.

Ländereien für die Kirche

Die zweite Königsstrategie zur Verhinderung mächtiger Adelsfamilien war die Übertragung etlicher Grafschaften an die Reichskirche. Diese Gebiete waren damit enger an das regierende Königshaus gebunden als unter der Herrschaft lokaler Dynastien. Allein zwischen 1011 und 1043 wechselten so acht hessische Grafschaften in die Zuständigkeit des Klerus. So erhielt etwa das Bistum Paderborn das Reinhardtswaldgebiet und die Ländereien der Diemelgrafschaft. Das Bistum Würzburg übernahm die Grafschaft Bessungen nahe Darmstadt, und die Reichsabtei Fulda erhielt die Zuständigkeit für die Grafschaften Stockstadt und Netra bei Eschwege.

Die Stauferkönige in Hessen

Mit der Wahl Konrads III. zum deutschen König im Jahre 1138 begann die Ära der staufischen Herrscher, die erst 1250 mit dem Tode Kaiser Friedrichs II. zu Ende gehen sollte. Die Staufer-Zeit war geprägt von der zunehmenden Macht einzelner Adelsfamilien und einflussreicher Kirchenfürsten, deren Interessen häufig gegen das Königshaus gerichtet waren. Die wachsende Unabhängigkeit der einzelnen Landesherrn manifestierte sich im Bau schwer einnehmbarer Burgen und der Gründung von Städten.

Salier und Staufer auf dem deutschen Thron

Salier (Adelsgeschlecht aus der Gegend um Worms und Speyer):

Konrad II.	1024–1028
Heinrich III.	1028–1053
Heinrich IV.	1053–1098
Heinrich V.	1098–1125

Staufer (erbten den salischen Besitz, Stammburg Hohenstaufen bei Göppingen):

Konrad III.	1138–1147
Heinrich	1147–1150
Friedrich I., »Barbarossa«	1152–1190 (ab 1155 auch Kaiser)
Heinrich VI.	1191–1197
Philipp	1198–1208
Friedrich II.	1212–1250

Auf das Erstarken weltlicher und geistiger Fürsten reagierten die Staufer mit dem Aufbau der so genannten »Königsländer«, die direkt dem Thron unterstanden. So sollte ein Gegengewicht geschaffen werden.

Die Ausbildung solcher Territorien bot sich vor allem am Untermain und in der Wetterau an, da die Krone dort auf alte Reichsrechte aus der Karolingerzeit zurückgreifen konnte. In diesem Zusammenhang entschied sich König Konrad III. für den Neubau einer Burganlage in Frankfurt, des so genannten »Saalhofs«, und lud mehrfach zu Reichsversammlungen in die Mainstadt ein. Friedrich I., nach seinem roten Bart in Italien »Barbarossa« genannt, wurde in Frankfurt zum deutschen Kaiser gewählt. Mit dem Ausbau als Regierungsort ging auch die wirtschaftliche Förderung der Stadt einher. Die Staufer betrieben »Standortpolitik«.

Nach dem Ausbau Frankfurts engagierte sich das Königshaus auch in Gelnhausen. 1170 gründete Barbarossa dort eine Stadt und verdrängte damit das Erzbistum Mainz, das im Kinzigtal bereits Fuß gefasst hatte. 1180 wurde in Gelnhausen ein wichtiger Reichstag abgehalten, der Heinrich dem Löwen sein sächsisches Herzogtum entzog.

»Damals waren vier Erzbischöfe, fünf Bischöfe, der Landgraf von Thüringen, drei Herzöge, zwei Markgrafen und eine Anzahl von Grafen, Herren und Ministerialen samt ihrem Gefolge in Gelnhausen anwesend. Außerdem waren zwei päpstliche Legaten zugegen. Es müssen damals mit dem kaiserlichen Hof mehrere tausend Personen anwesend gewesen sein. Derartig

glänzende Versammlungen gab es in Gelnhausen in den beiden folgenden Jahrzehnten noch mehrmals. Die noch heute eindrucksvolle Ruine der Pfalzanlage legt beredtes Zeugnis ab für die Pracht der staufischen Baukunst und kündet von der Bedeutung, die Friedrich Barbarossa und sein Sohn Heinrich VI. dem Ort an der Kinzig für die Ausübung ihrer Herrschaft und die Darstellung ihres Kaisertums beigemessen haben.«[46]

Der Stadtgründung von Friedberg ging der Bau einer staufischen Reichsburg voraus, die die militärische Präsenz des Königs in der Wetterau manifestieren sollte. Auch die Gründung der Stadt Wetzlar durch Kaiser Friedrich Barbarossa diente der Absicherung des königseigenen Wetteraugebietes, die durch die benachbarte Reichsburg Kalsmunt noch verstärkt wurde. Auch das »Wetterauer Tintenfass«, die zweitürmige Burganlage auf dem Basaltrücken von Münzenberg, wurde in königlichem Auftrag von den Reichsministerialen zu Münzenberg errichtet und stand ebenfalls für die staufische Herrschaft über die Wetterau.

Hessen als Teil von Thüringen

Am Anfang des 12. Jahrhunderts übernahm das Adelsgeschlecht der Gisonen die Grafschaft Maden mit der Burg Gudensberg. Ein Gebiet, das in zeitgenössischen Quellen auch als »Grafschaft Hessen« bezeichnet wird. Die Herkunft der Gisonen ist ungeklärt. Man geht aber davon aus, dass sie dem Königshaus nahestanden und die weitläufigen Waldgebiete zwischen Westerwald und Burgwald als Vögte des Königs verwalteten. Dies würde zumindest die abgeschiedene Lage ihrer Stammburg Hollende bei Wetter erklären. Als Burgherr Giso IV. dort im März 1122 starb, fiel ein Teil seines Erbes an seine Tochter Hedwig, die Gattin des Grafen Ludwig I. von Thüringen. Die Grafschaft Maden-Gudensberg blieb jedoch bei Gisos Witwe Kunigunde, die später erneut in den Stand der Ehe trat. Ihr Auserwählter war Heinrich Raspe, zufällig der Bruder von Graf Ludwig I. von Thüringen. So wurde Kunigunde zur Schwägerin ihrer Tochter – ein Umstand ohne historischen Belang, wäre nicht Heinrich Raspe erbenlos verstorben und damit auch noch der andere Teil des hessischen Gisonenerbes an Ludwig I. von Thüringen gefallen. Dieses »Doppelerbe« war Grundlage der Herrschaft der Thüringer Landesherrn in Hessen. Ab 1130 führten sie den Titel »Landgraf«.

Um 1150 gebot Ludwigs Sohn Heinrich Raspe II. nicht mehr nur über die vormals gisonischen Gebiete um Marburg und Maden-Gudensberg und die

Reichslehen im Westerwald, sondern wurde auch Landesherr von Kassel. Zudem war er königlicher Verwalter (Vogt) der Stifte Fritzlar und Wetter sowie der Abtei Hersfeld und der Klöster Hasungen und Breitenau. Hinzu kamen zahlreiche Ländereien an der unteren Lahn, die sich bis Koblenz erstreckten und mit ihren Ausläufern sogar in das Bergische Land und das Siegerland hineinreichten.

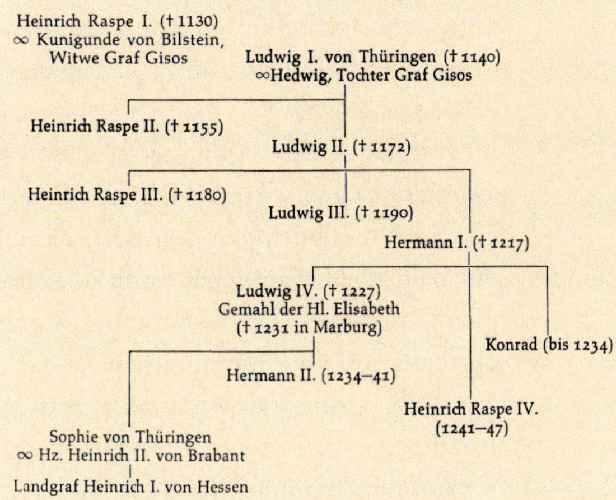

STAMMTAFEL DER LANDGRAFEN VON THÜRINGEN ALS REGENTEN VON HESSEN

Die thüringischen Gebiete waren allerdings weit verstreut. Dazwischen lagen häufig Ländereien des Erzbistums Mainz und seiner Vasallen. Die Mainzer Erzbischöfe geboten über die größte Kirchenprovinz nördlich der Alpen und fungierten als Erzkanzler für Deutschland. Damit waren sie die einflussreichsten Reichsfürsten der damaligen Zeit. Ihr Machtbereich ging weit über das riesige Erzbistum mit seinen 12 untergeordneten »Suffraganbistümern« hinaus und und reichte bis nach Erfurt im heutigen Thüringen. Im 10. und 11. Jahrhundert kamen der heutige Rheingau und das Binger Land hinzu. Des Weiteren erwarben sie auf unterschiedlichen Wegen das Stift Aschaffenburg mit dem Spessart, Höchst am Main, Gebiete um Hanau und im Kinzigtal, die Ländereien des Klosters Seligenstadt, den Sprengel Amöneburg bei Marburg und in Niederhessen das Stift Fritzlar. Hinzu kam die Lehnshoheit über etliche Grafschaften im hessichen Norden.

Die Mainzer Kirchenfürsten dachten ausgesprochen weltlich und strebten nach der Ausweitung ihrer Herrschaft auf dem Gebiet des heutigen Hessen. Damit waren sie die schärfsten Konkurrenten der Thüringer Landgrafen.

Die Schlacht um Fritzlar

Im Jahre 1212 übertrug die Reichsabtei Fulda die Lehnshoheit über die »Westaramark« an die Thüringer Landgrafen. Das neu erworbene Gebiet erstreckte sich entlang der unteren Werra (um Bad Sooden-Allendorf) und hatte damit eine Brückenfunktion zwischen dem Kernland der Thüringer und ihren hessischen Gebieten. Die Konsolidierung der thüringischen Macht in Hessen verschärfte die Spannungen mit dem Erzbistum Mainz.

Nach jahrelangen Querelen stellte Landgraf Konrad schließlich die Machtfrage. 1232 marschierten seine Truppen gegen die Stadt Fritzlar, das »stärkste mainzische Bollwerk und (...) Ausgangspunkt aller mainzischen Unternehmen in Niederhessen.« [47]

Fritzlar wurde völlig zerstört und schließlich von den Thüringern eingenommen. Dabei wurde selbst die Peterskirche nicht verschont, was Landgraf Konrad von Thüringen den Kirchenbann einbrachte. Die Stadt wurde jedoch sehr bald wieder aufgebaut und mit einer noch stärkeren Wehrumbauung versehen. Ihr neuer Landesherr und Kirchenschänder Konrad löste sich jedoch sehr bald von dem Bann, indem er – als wohlkalkuliertes Zeichen der Umkehr und Buße – zum Priester wurde. Später trat er dem deutschen Orden bei und avancierte 1239 zu seinem Hochmeister.

Konrads fromme Wende veränderte das Verhältnis seines Hauses zu Kaiser und Kirche tief greifend. Die Landgrafen wurden zu willigen Vollstreckern päpstlicher Politik in Deutschland und Konrad selbst entwickelte sich zu einem fanatischen Inquisitor, der seine unerbittliche Ketzerverfolgung zur heiligen Mission erklärte.

Elisabeth von Thüringen

Die Kirchengeschichte sieht sie als »Heilige der Gerechtigkeit« und als »eine der zartesten, innigsten und liebenswertesten Heiligengestalten des Mittelalters« [48]: Landgräfin Elisabeth von Thüringen, besser bekannt als die Heilige Elisabeth.

Nachdem ihr Gatte, Landgraf Ludwig IV., bei einem Kreuzzug zu Tode gekommen war, entschloss sich die junge Witwe, die Wartburg bei Eisenach zu verlassen und den Rest ihres Lebens in Marburg zu verbringen. 1228 verlegte sie ihren Witwensitz in die Stadt an der Lahn, die damals zur Landgrafschaft Thüringen gehörte. Die ungarische Königstochter war schon zu Lebzeiten eine legendäre Gestalt und wurde von der Bevölkerung als Heilige verehrt.

Elisabeths Leben war kurz. Als sie 1231 in Marburg starb, war sie erst 24 Jahre alt. Überliefert ist eine Vielzahl von mehr oder weniger frommen Geschichten. Sie erzählen von Menschenliebe und Mildtätigkeit und Elisabeths Nähe zum »einfachen Volk«.

Bereits als Vierjährige hatte man sie an den Eisenacher Hof gebracht. Sie sollte sich frühzeitig auf ein Leben als Landgräfin vorbereiten. Aus politischen

Gründen war sie Heinrich von Thüringen versprochen, dem ältesten Sohn und designierten Thronfolger des regierenden Landgrafen. Man legte das kleine Mädchen in das Bett seines künftigen Gatten. Nach geltender Rechtsauffassung war die Ehe damit vollzogen. »Ihre ungarische Herkunft sah man Elisabeth an. Das Mädchen mit den schwarzen Locken, den braunen Augen und dem dunklen Teint hatte am Hof der Thüringer deswegen manche Schmähung zu erleiden. Diese Erfahrung der Fremdheit mag ihren Sinn für soziale Probleme geschärft haben.«[49]

Heinrich starb bereits wenige Jahre später und Elisabeth heiratete schließlich mit vierzehn Jahren seinen Bruder Ludwig, der damals schon die Landgrafschaft regierte. Die junge Landesmutter ignorierte häufig die höfische Etikette. Berichtet wird, sie habe ihre Dienerinnen aufgefordert, sie nicht als »Herrin«, sondern mit »Du« und »Elisabeth« anzureden. Zudem habe sie sich bei jeder Mahlzeit erkundigt, ob denn die Speisen und Getränke auch aus legalen Einkünften des Hauses stammten.

Andernfalls ließ sie den Tisch abräumen. Als ganz und gar nicht standesgemäß galt auch ihr Engagement für die Kranken. Sie gründete in Eisenach ein Hospital und legte bei der Pflege selbst Hand an. »Eine Frau in ihrer Stellung, die Aussätzige salbte, Bettlägerige zur Latrine führte oder Rotznasen von Kindern putzte, stellte die Ordnung der Adelsgesellschaft auf den Kopf. Der Landgraf aber ließ Elisabeth gewähren und unterstützte ihr soziales Engagement, selbst wenn ihre Sorge für die Armen das fürstliche Einkommen erheblich schmälerte. Die Frömmigkeit seiner Frau, die auch nachts stundenlang zu beten pflegte, respektierte der Landgraf.«[50]

Mit 15 Jahren gebar Elisabeth ihren Sohn Hermann, der später die Landgrafschaft von seinem Onkel Konrad übernehmen sollte. 1224 folgte Sophie, die künftige Herzogin von Brabant, und 1227 kam die jüngste Tochter Gertrud zur Welt. Das war auch das Todesjahr Ludwigs, der zu Beginn eines Kreuzzugs im italienischen Otranto an einer Seuche starb.

Der Verlust ihres Mannes stürzte Elisabeth offenbar in eine tiefe Krise. Stark beeindruckt vom Armutsideal der Franziskaner entschied sie sich für ein Leben in frommer Askese. Folgt man den Schilderungen ihres Beichtvaters Konrad, so gelobte Elisabeth in einer Kapelle den Verzicht »auf Eltern und Kinder und auf den eigenen Willen, auf allen Glanz der Welt und auf alles, was zu verlassen der Heiland im Evangelium rät. Als sie nun auch noch auf ihren Besitz verzichten wollte, riss ich sie vom Altar weg.«[51]

Die junge Witwe zog sich nun allerdings nicht in ein Kloster zurück, sondern ging nach Marburg – in jene Stadt, aus der ihr Beichtvater stammte und die

Elisabeth von Thüringen verteilt Speisen unter den Armen. Holzstich nach einem Gemälde von A. Matignon

ihr Ludwig einst als Hochzeitsgeschenk übereignet hatte. Dort finanzierte sie den Neubau eines Krankenhauses. Sie übernahm dessen Leitung und engagierte sich auch wieder eigenhändig in der Krankenpflege.

Der Kleriker Konrad von Marburg war schon vor dem Tode Ludwigs Beichtvater der Landgräfin geworden. Nach ihrer Übersiedlung nach Marburg nahm sein Einfluss auf Elisabeth zu. Der strenggläubige Kreuzzugs-Prediger war als Vermögensverwalter eingesetzt und überwachte die Ausgaben der Witwe. Dies sollte verhindern, dass sie ihr komplettes Erbe unter den Armen verteilte. Zudem verstand sich Konrad auch als moralischer Zuchtmeister und traktierte Elisabeth mit Einschränkungen und Verboten. Ihre Missachtung wurde mit harten Strafen bis hin zur körperlichen Züchtigung geahndet. Elisabeth sah darin offenbar Prüfungen Gottes, die sie in Demut zu ertragen hatte – eine Haltung, die eine ausgeprägte psychische Abhängigkeit nahelegt. Andererseits soll Elisabeth aber auch immer wieder auf Listen verfallen sein, um Konrads Verbote zu umgehen: »Durfte sie auf seinen Befehl nur noch eine Scheibe Brot für jeden Armen ausgeben, so ließ sie riesig große Brote backen, damit die Stücke größer wurden. Hieß Konrad sie, nur noch einen Pfennig für jeden Armen zu geben, so ließ sie silberne Pfennige prägen.«[52]

Elisabeth von Thüringen starb am 17. November 1231 in Marburg. Sie erlag einer Infektionskrankheit. Vier Tage war ihr Leichnam in der Kapelle ihres Hospitals aufgebahrt. Ihre frommen Verehrer nutzten diese Gelegenheit, sich Teile ihres Körpers anzueignen:

»Als dieser heilige Leib, eingehüllt in ein graues Hemd und das Gesicht mit Tüchern umwickelt, auf der Bahre lag, kamen viele der Anwesenden, wohlwissend um die Heiligkeit des Leibes und entflammt von Verehrung, und schnitten, ja rissen Teile ihrer Tücher ab, einige schnitten die Nägel der Hände und Füße ab; andere schnitten die Spitzen ihrer Brüste und einen Finger von ihrer Hand ab, um sie als Reliquie aufzubewahren.«[53]

Diesem Umgang mit der Toten lag die Vorstellung zugrunde, dass die Heiligen in jedem Teil ihres Leichnams virtuell anwesend seien. Ein winziger Teil des Körpers war also ausreichend, um die ganze Heilige präsent zu haben.[54]

Der schon zu Lebzeiten spürbare Elisabethkult erlebte nun einen derartigen Aufschwung, dass das Marburger Hospitalgelände rasch zur Wallfahrtsstätte ausgebaut werden musste. Man errichtete zunächst ein kleines Gotteshaus. Bereits 1235 erfolgte die offizielle Heiligsprechung durch Papst Gregor IX., der für den Besuch an Elisabeths Grab zu ihrem Todestag oder an den folgenden sieben Tagen einen stattlichen Sünden-Ablass versprach. Im gleichen Jahr übernahm der Deutsche Orden das Management der Heiligenverehrung. Die kleine Kapelle wurde wieder abgerissen und man begann an gleicher Stelle mit dem Bau der monumentalen Elisabethkirche, die den Schrein der Heiligen aufnahm.

Elisabeths Wirkung

In der damaligen Glaubenswelt hatten die Heiligen vor allem eine Mittlerfunktion zwischen den Menschen und ihrem Gott. Man rief sie in einer schwierigen Situation als Fürsprecher an, d.h. man bat sie, doch in dieser Sache bei Gott ein gutes Wort einzulegen. Darüber hinaus nahmen die Heiligen Schutzfunktionen für bestimmte Gegenden und später auch für bestimmte Berufsgruppen wahr.

Nach ihrer Heiligsprechung war Elisabeth zunächst natürlich Schutzpatronin von Marburg, also des Ortes ihrer Grabstätte. Zugleich wirkte ihr Armutsgelübde und ihre geistige Nähe zu den Franziskanern tief auf das Selbstverständnis der Bettelorden ein und sie galt besonders bei den Ordensschwestern als verehrungswürdiges Vorbild. Außerdem gehörte sie ja zwei Adelsfamilien an, dem Königshaus von Ungarn und den Landgrafen von Thüringen. Beide Dynastien nutzten die Popularität der Heiligen. So setzte Elisabeths Tochter, Sophie von Brabant, den Erbanspruch ihres Sohnes auf die hessischen Teile der Landgrafschaft vor allem mit dem Hinweis auf dessen heilige Großmutter durch. Damit entstand Hessen als eigenständige politische Einheit. Unter der Regentschaft von Elisabeths Nachkommen »stieg die hauseigene Heilige zur Landespatronin auf. Ihr Wirkungsort wurde Residenz und ihre Grabkirche die Familiengrablege. Speziell dem Fortbestand der Dynastie diente der ›Elisabethmantel‹, dessen wunderbare Kraft den landgräflichen Frauen Hilfe bei ihren Geburten bot.«[55]

Als Großmutter des ersten hessischen Landgrafen Heinrich I. blieb sie auch später eine Art hessische Ikone, eine verlässliche Gründungsheilige der wenig stabilen Landgrafschaft. Als Heilige der Armen wurde sie vor allem von den

›kleinen‹ Leuten verehrt. An ihrem Grab geschahen Wunder, und in den Erzählungen des gesamten deutschen Sprachraums lebte sie als außergewöhnliche Christin fort.

Eine der vielen Elisabeth-Legenden belegt beispielhaft die gängige Verknüpfung von historischem Geschehen mit moralischer Belehrung:

Wie die heilige Elisabeth nach Marburg kam

Als Landgraf Ludwig auf der Fahrt in das Heilige Land gestorben war, da vergaßen seine Räte und Edlen ihre Treue und Eide, die sie dem frommen Fürsten getan hatten, und rieten dem Landgrafen Heinrich, dass er die Lande behalten solle und seines Bruders Weib, die heilige Elisabeth mit ihren Kindern daraus vertreiben. Der Fürst war jung und ließ sich dazu bereden, und die Edlen verstießen Sankt Elisabeth schmählich aus dem Schloss Wartburg und von allem ihrem Gut. Hernach aber, als des Landgrafen Ludwig Gebeine in das Land gebracht und begraben waren, da gingen die Herren und Ritter, die das Gebein gebracht hatten, zu dem jungen Landgrafen Heinrich. Und Herr Rudolf von Vargula der Schenk führte so scharfe Rede wider das Unrecht, das St. Elisabeth geschehen war, dass Landgraf Heinrich bitterlich weinte und es ihm von Grund seines Herzens leid war; und er nahm Elisabeth gar liebreich wieder zu sich und tat ihr alles Gute, was er nur konnte.

Elisabeth aber entsagte der Welt, Eltern, Kindern und Freunden. Und als Landgraf Heinrich sah, dass sie sich ganz Gott ergab und nicht bei ihm bleiben wollte, da gab er ihr ihre Morgengabe und eine gute Summe Geldes. So zog sie aus Thüringen und folgte dem Meister Konrad, den ihr der Papst zu einem Seelsorger bestellt hatte, nach Marburg in Hessen. Als sie aber nach Marburg kam, konnte sie da keine bequeme Wohnung bekommen, weil etliche Edle, die dort Gewalt hatten, ihr abgünstig waren. Andere erzählen dagegen, es sei ihr in Marburg soviel Ehre erwiesen worden, dass sie es nicht habe vertragen mögen. Darum zog sie auf ein Dorf, nahe bei der Stadt, das hieß Wehrda. Da kam sie in einen wüsten Hof, das Dach und die Wände des Hauses waren zerbrochen. Da musste sie ihre Lagerstätte nehmen unter einer Treppe, und litt viel Ungemach von Rauch, Hitze, Regen und Wind. Derweil wurde ihr zu Marburg eine kleine Wohnung hergerichtet, aus Lehm und Holz, da zog sie mit ihrem Gesinde hinein in großer Geduld und Demut. Nun war dort eine kleine Kirche mit einem Konvent, darin wohnten drei oder vier Barfüßerbrüder. Bei dem Klösterchen baute sie ein Spital für die armen kranken Leute, und empfing von ihrem Beichtvater

Konrad ein graues Kleid, und mit ihr eine ihrer Dienstjungfräulein, genannt Jutta. In dem Spital diente sie den armen Kranken mit Fleiß, badete sie, bettete sie und tat auch an den Aussätzigen, Grinden und Unreinen alle Werke der Barmherzigkeit unverdrossen. Einst, als sie die Kranken speiste und wusch, sprach sie zu ihren Dienstmägden: ›O wie wohl ist uns, dass wir unsern Herrn Jesum waschen, baden, speisen und tränken!‹ Da antwortete eine Frau: ›Frau, Euch ist wohl, aber ob den andern wohl ist, das weiß ich nicht.‹«[56]

Die älteste Darstellung der Heiligen: Fenster der Marburger Elisabeth-Kirche aus dem Jahre 1240

Der kunstvolle Schrein der Heiligen in der Marburger Elisabethkirche ist allerdings heute leer. Einer ihrer Nachfahren, Landgraf Philipp der Großmütige, ließ die Gebeine 1539 entfernen. Er folgte seinem lutherischen Glauben und setzte so dem »Irrweg des Heiligenkults« ein Ende – zumindest in der Landgrafschaft Hessen.

Von der Gründung Hessens bis zum Ende des Alten Reichs

Die Gründung Hessens

Die Stauferherrschaft im Reich neigte sich mit Friedrich II., der von 1215 bis zu seinem Tod im Jahre 1250 regierte, dem Ende zu. 1227 war der thüringische Landgraf Ludwig IV. auf einem Kreuzzug umgekommen, und Friedrich hatte wahrscheinlich im Jahre 1231 Ludwigs beiden jüngeren Brüdern das so genannte Reichslehen zu gesamter Hand verliehen, obwohl es eigentlich den älteren zugestanden hätte. Bereits damit war abzusehen, dass Thüringen und die hessischen Gebiete künftig getrennt regiert würden, denn der ältere der beiden, Heinrich Raspe IV., richtete sein Augenmerk vorwiegend auf Thüringen, während Konrad, der jüngere, in den hessischen Regionen die Herrschaft ausübte. Die Spannungen zwischen den beiden Teilen sollten lange anhalten.

Konrad widmete sich einer schwierigen und schon lange bestehenden Aufgabe, dem Kampf mit dem Erzstift Mainz um die Landeshoheit in Hessen. 1232 eroberte und zerstörte er das zum Erzstift gehörende Fritzlar. Zwei Jahre später trat er in den Deutschen Orden ein, und Hermann II., Sohn eines seiner älteren Brüder und der heiligen Elisabeth, übernahm die Regierung der im hessischen Raum gelegenen ludowingischen Besitzungen. Er blieb dabei allerdings, wie sein Onkel Heinrich Raspe IV., Landgraf von Thüringen und Pfalzgraf von Sachsen und nannte sich jetzt »jüngerer Landgraf von Thüringen, Graf von Hessen, Herr des Landes an der Leine«. Thüringen und Hessen gerieten durch diese Aufteilung zunehmend auseinander.

Sein Onkel Konrad machte inzwischen in Marburg beim traditionsreichen Deutschen Orden Karriere. Von 1234 bis zu seinem Tod im Jahre 1240 war er dort Ordenshochmeister. Das ist deshalb besonders wichtig, weil der Orden im Marburg der heiligen Elisabeth hohes Prestige erworben hatte und später, bei der Regelung der Herrschaft über das hessische Gebiet, eine große Rolle spielen sollte. In diesen Zeiten waren Macht und Herrschaft keine unumstößlichen Konstanten. Sie gingen in den Kämpfen und Kriegen ständig von einem Herrscher zum anderen über, und kaum hatten sich die Untertanen an einen Landgrafen, einen Fürsten, an ein Herrscherhaus gewöhnt, war auch schon wieder ein anderer an der Macht. Unter solchen Umständen kam einer vergleichsweise festen Größe wie dem Deutschen Orden große Bedeutung zu.

Das Mainzer Erzstift war ständig bemüht, die versprengten Besitztümer in Hessen zu einem geschlossenen Gebiet zusammenzufassen und setzte dabei auf Heinrich Raspe IV. Nachdem Hermann II. gestorben war, rief der kriegerische Mainzer Erzbischof Siegfried III. von Eppstein zusammen mit den Grafen aus der Wetterau 1246 den thüringischen Herrscher zum Gegenkönig aus, und es zeigte sich, wie wenig es bedeuten konnte, wenn zwei Herrscher ein und derselben Familie entstammten. Dessen Bruder Konrad nämlich hatte gegen den Mainzer Bischof Partei ergriffen, der sich später, voller Stolz auf seine Bedeutung in dieser Auseinandersetzung, auf seinem Grabstein als ›Königsmacher‹ verewigen lassen sollte.

Aber der Gegenkönig starb schon neun Monate nach seiner Ernennung am 16. Februar 1247, nachdem seine Truppen König Konrad IV., Sohn Kaiser Friedrichs II. und dessen Stellvertreter in Deutschland, im August 1246 an der Nidda bei Frankfurt besiegt hatten. Was zählte es da noch, dass der Kaiser ihm das Reichslehen zuerkannt hatte?

Solche Schlachten, Bündnisse, Frontwechsel und Bruderkriege, gewürzt mit Verrat und Hinterlist, waren damals die Regel in der Politik, und beim Zustandekommen des Landes Hessen im 13. Jahrhundert gab es davon reichlich.

Im Vordergrund stand immer das Interesse, sich möglichst viele Besitztümer zu verschaffen, um aus dem Flickenteppich einer Landgrafschaft, eines Erzbistums, eines Fürstentums oder auch eines Königreichs ein einheitliches Gebilde entstehen zu lassen.

Nach dem Tod Heinrich Raspes IV., des Landgrafen von Thüringen und ›Herren des Landes Hessen‹ – gelegentlich auch unberechtigterweise ›Fürst‹ genannt – war das Geschlecht der Ludowinger »im Mannesstamm erloschen«, denn er hinterließ keinen Sohn. Nach den gestrengen Erbfolgeregelungen hatte es sich damit für diese Familie erst einmal ausregiert.

Nach dem Tod des Stauferkaisers Friedrich II. im Jahr 1250 herrschte ein Machtvakuum im Reich, das so genannte Interregnum.

Wer sollte, wer konnte nun auf der Wartburg und in Marburg regieren, wo nach der Heiligsprechung von Elisabeth ein zweites, immer bedeutenderes Zentrum im Entstehen war? Die größten Chancen rechnete sich der wettinische Markgraf Heinrich der Erleuchtete von Meißen aus. Er war der Neffe von Heinrich Raspe IV. und Sohn einer Ludowingerin. Zudem hatte ihm der Kaiser schon 1243 die Lehnsnachfolge in Thüringen zugesagt. Aber auch dem Mainzer Erzbischof Siegfried III. von Eppstein wäre diese Herrschaft sehr gelegen gekommen.

In dieser gespannten Situation rückt Heinrich von Brabant und Lothringen im Mai 1247 mit bewaffnetem Gefolge in Marburg ein, um das Land für seine Frau, Sophie von Brabant, und den vierjährigen Sohn Heinrich in Besitz zu nehmen – ein Familiendrama, denn Sophie ist die Tochter der heiligen Elisabeth, Schwester des Landgrafen Hermann II. und Cousine des Markgrafen Heinrich von Meißen. Also fühlt sie sich mehrfach berechtigt, auf ihrem Herrschaftsanspruch zu bestehen.

Gleich fügt sie sich geschickt ins diplomatische Gewerbe. Ihrem Vetter, dem Landgrafen Heinrich von Meißen, überlässt sie die ludowingischen Gebiete in Thüringen und Sachsen. Sie selbst, die nun 24 Jahre alt ist, will im Schutz ihres Gemahls und im Namen ihres kleinen Sohnes Heinrich die Herrschaft in Hessen ausüben. Wenn ein Geschlecht ›im Stamm erloschen ist‹, muss man es eben nur schnell, entschieden und skrupellos genug an einem anderen Zweig wieder ›entfachen‹.

Ihr Mann, Herzog Heinrich von Brabant, stirbt überraschend am 1. Februar 1248. Nun hängt alles von Sophie ab. In der Geschichtsschreibung wird sie als »tatkräftig, kühn und ausdauernd« porträtiert.[57] In tiefem Verständnis für symbolische Handlungen präsentiert sie, der Legende nach, öffentlich ihr Kind am Marburger Marktbrunnen den Rittern und Bürgern, den kleinen Heinrich, Enkel der heiligen Elisabeth, die mittlerweile weit über die Grenzen der Stadt hinaus verehrt wird. Gleich nach dem Tod ihres Mannes erhebt sie ihn, den man ›das Kind von Hessen‹ nennen wird, zum künftigen Herrn eines unabhängigen hessischen Herrschaftsbereiches. Auf einem ›gemeinen Landtag‹ einigen sich die Ritter, Grafen, Edel- und Amtsleute mit den Vertretern der Städte des Landes darauf, dass dieser Heinrich »der rechte und wahre Erbe und natürliche Herr des Landes« sein oder doch jedenfalls werden soll.

Ohne den Rückhalt durch den Deutschen Orden, der erfolgreich von der Verehrung der heiligen Elisabeth zehrte, wäre dieser Coup wohl kaum möglich gewesen. Die persönliche Autorität von ›Bruder Konrad‹, Onkel von Hermann II. und mittlerweile legendärer Ordenshochmeister, mag das ihrige beigetragen haben. Es hatte sich aber auch gezeigt, dass der ›gemeine Landtag‹, also die Vertretung von Körperschaften, die nicht den regierenden Familien angehörten, an der politischen Willensbildung durchaus beteiligt war. Ein Landgraf oder Fürst konnte zu dieser Zeit nicht mehr ohne Rücksicht auf die Städte und Stände regieren, sondern er musste seine Herrschaft im Bündnis mit anderen Mächten und möglichst im Konsens mit den einflussreicheren Untertanen legitimieren und absichern.

Anfang 1248 wurde also Heinrich, das ›Kind von Hessen‹, der Enkel der heiligen Elisabeth, zum neuen Herrn Hessens ausgerufen, die reale Herrschaft war dadurch aber noch keineswegs gewonnen, und der hessisch-thüringische Erbfolgekrieg ging erst einmal in die nächste Runde.

Im März 1250 erreichte Sophie von Brabant nach längeren Kämpfen die Zustimmung des Meißner Markgrafen zur Abtrennung Hessens vom thüringischen Erbe. Sie verzichtete dafür auf alle Ansprüche auf die Wartburg. 1263 überließ der Erzbischof von Mainz, Werner von Eppstein, nach der militärischen Niederlage seiner Truppen dem mittlerweile für mündig erklärten Landgrafen Heinrich I. die Verfügungsgewalt über die umstrittenen mainzischen Lehen in Hessen. Ein Jahr später konnte dann schließlich auch mit dem Meißner Markgrafen endgültig Friede geschlossen werden, nachdem er die wichtigen Werrastädte Allendorf, Eschwege, Sontra und Witzenhausen an Hessen abgetreten hatte. Jetzt endlich konnte Sophie die alleinige Regierungsgewalt auf ihren Sohn Heinrich übertragen. Als Heinrich I. wurde er Landgraf des neu begründeten Landgrafenhauses Hessen. Es fehlte nur noch die Fürstenwürde – bis am 11. Mai 1292 der neu gewählte König Adolf von Nassau ihn endlich in den Reichsfürstenstand erhob.

Dieser Adolf soll zwar der schwächste deutsche König gewesen sein, doch wie er Heinrich I. zum Fürsten machte, ist ein starkes Stück. Der Landgraf vermachte nämlich kurzfristig die Stadt Eschwege und die prächtige Boyneburg dem König, der beide sogleich als Reichsfürstenlehen an Heinrich zurückgab – denn nur durch ein solches feierlich übergebenes Lehen konnte ein Landgraf zum Fürsten befördert werden.

Herzogin Sophie von Brabant starb am 29. Mai 1275 mit 51 Jahren in Marburg, ihr Sohn Heinrich I. von Hessen am 12. Dezember 1308.

Das Erzbistum Mainz und sein Verhältnis zu Hessen

Das Verhältnis des Erzbistums Mainz zu Hessen hat das Schicksal des Landes seit seiner Gründung bis zur Reformation wie kaum etwas anderes geprägt. Das lag an seiner Größe und Bedeutung, an seiner unmittelbaren Nähe zu Hessen sowie an seinen über das hessische Territorium versprengten Besitztümern.

Das um 550 n. Chr. zum ersten Mal bezeugte Bistum wurde im 8. Jahrhundert einer großen christlichen Gründergestalt zugewiesen, dem zum Erzbischof erhobenen Missionar Bonifatius. Dadurch gelangten dessen Missionsbistümer Büraberg in Hessen und Erfurt in Thüringen zum Mainzer Kirchensprengel.

Unter seinem ebenfalls zum Erzbischof geweihten Nachfolger Lullus wurde Mainz zum Erzbistum und entwickelte sich im 9. und 10. Jahrhundert zu einer gewaltigen Kirchenprovinz, der größten nach dem römischen Kirchenstaat.

Macht und Einfluss des Mainzer Erzbischofs beschränkten sich dabei keineswegs auf die kirchlichen Belange. Eine dauerhafte Verbindung mit dem Reich wurde schon dadurch hergestellt, dass das Erzkanzleramt mit dem

Mainzer Erzstuhl verbunden war. Im Jahre 975 bekam der Erzbischof vom Papst sogar das Recht der Königsweihe, das dann allerdings 1054 auf Köln überging. Bis dahin aber hatte man sich im Reich einen enormen Einfluss gesichert. Die Erzbischöfe waren jahrhundertelang nicht nur oberste Geistliche und führende Fürsten im Reich, Mainz war auch eine sehr bedeutende Territorialmacht geworden. Geschickt und von christlicher Moral in keiner Weise getrübt, war die geistliche Stellung stets dazu benutzt worden, die weltliche Macht zu mehren. Unter Kaiser Otto I. wurde dem Erzbischof zusätzlich die Stellung eines reichsunmittelbaren Fürsten verliehen.

Leicht begreift man, dass die ausgedehnten Mainzer Besitzungen in Hessen den dortigen Grafenhäusern das Leben schwer machten. Der enorme Druck auf die hessischen Gewalten rührte aber vor allem daher, dass Hessen wie so oft unter seiner Lage als Verbindungsland zu leiden hatte. Allzu gern hätte das Erzbistum die hessischen Gebiete kassiert, um ein zusammenhängendes und geschlossenes Reichsfürstentum zu werden, das von Mainz bis Erfurt in Thüringen gereicht hätte.

Man weiß nicht von allen Mainzer Besitzungen und Rechten in Hessen, wie und wann sie unter den Einfluss des Bistums gelangt sind. Fest steht aber, dass der Rheingau dazugehörte, der Spessart, die Abtei Seligenstadt, die Grafschaft Hessen an der Eder, die Klöster Hasungen bei Wolfhagen, Johannisberg und Eberbach im Rheingau sowie Lippoldsberg an der Weser und das Stift Ilbenstadt in der Wetterau, um nur einige zu nennen.

Entsprechend seiner doppelten, geistlichen und weltlichen Macht hat das Erzbistum in Hessen herausragende Burgen als Stützpunkte gebaut oder erworben. So bekamen die Mainzer 1124 die Hälfte der wichtigen Burg Eppstein im Taunus und sie erwarben die Schlösser Malsburg und Schartenberg in Niederhessen sowie die Schöneburg bei Hofgeismar.

Kaiser Friedrich I. Barbarossa war mit dem Ausbau und der Festigung der Mainzer Besitztümer überhaupt nicht einverstanden. Als Erzbischof Konrad sich gegen die Reichspolitik des Kaisers stellte, verwüstete Barbarossa den Rheingau. Und obwohl der Ort Gelnhausen zur Hälfte zu Mainz gehörte, baute er gerade hier seine Pfalz, um damit das Erzbistum zu provozieren.

Nach solchen Rückschlägen ging es unter Erzbischof Konrad wieder aufwärts. Er kaufte oder verschaffte sich auf andere Weise die meisten verlorengegangenen Besitztümer zurück, und er konnte Macht und Besitz des Erzbistums erheblich ausbauen, als im 13. Jahrhundert das staufische Königshaus um seine Existenz kämpfte und schließlich unterging. Das lag auch daran, dass in diesem Jahrhundert Mainz von einem einzigen Geschlecht dominiert wurde, von den

Herren von Eppstein. Mit ihnen hatten es Sophie von Brabant und Heinrich I. von Hessen zu tun.

1232 gelang Siegfried III. von Eppstein ein großer Coup. Er konnte vom Kaiser die bedeutende Reichsabtei Lorsch gewinnen und dem Erzbistum damit die Vogteien Heppenheim, Bensheim, Fürth und Lorsch sowie die Lehnshoheit über Schauenburg und Bickenbach einverleiben. Dazu gehörte auch die gut ausgebaute Starkenburg über Heppenheim. Damit herrschte Mainz über die Bergstrasse und den vorderen Odenwald. Das führte dann allerdings zu heftigen Kämpfen mit Pfalzgraf Otto, der sich als Vogt von Lorsch unmittelbar bedroht fühlte. Trotz dieser Gewinne gelang es den Mainzern auch später nicht, ein geschlossenes Territorium zu besetzen; denn der Widerstand der Pfalzgrafen, der Herren von Hanau und der Schenken von Erbach war zu stark. Es drängt sich der Eindruck auf, dass die Mainzer Erzbischöfe mehr oder weniger ohne Unterbrechung damit beschäftigt waren, ihr Gebiet zu vereinheitlichen und zu vergrößern.

Der thüringisch-hessische Löwe auf dem Totenschild Landgraf Konrads aus der Elisabeth-Kirche in Marburg

Als 1247 mit dem Tod von Heinrich Raspe IV. die Thüringer Landgrafen – um noch einmal den schönen Ausdruck zu benutzen – ›im Mannesstamme ausstarben‹, hoffte das Mainzer Erzstift, nun in Hessen endgültig Fuß fassen zu können, da die Lehen der Grafschaft Hessen an der Eder (nicht zu verwechseln mit dem gesamten hessischen Herrschaftsgebiet) nun an Mainz zurückfallen würden. Gern hätte der Mainzer Erzbischof es verhindert, dass nach dem Aussterben der Thüringer Ludowinger die Landgrafen aus dem Hause Brabant Hessen übernahmen. Mit aller Macht wollte der Erzbischof die Bildung der Landgrafschaft verhindern. Es war ihm in Sophie von Brabant aber eine starke Gegnerin erwachsen, und so scheiterte die territoriale Ausdehnung erneut.

Es wäre ein wenig ermüdend, all die kleinen hessischen Herren aufzuzählen, die im Verlauf des 13. Jahrhunderts ihre Grafschaften an Mainz abtraten. Insgesamt führte dieser Prozess aber dazu, dass sich die Mainzer ›Stützpunkte‹ schließlich wie ein Riegel durch Hessen zogen. Immerhin gehörten neben Burgen, Schlössern, Klöstern und Stiften auch befestigte Städte wie Amöneburg, Battenberg, Fritzlar oder Hofgeismar dazu.

Immer wieder mussten sich hessische Landgrafen gegen Mainzer Angriffe wehren.

1328 siegte Heinrich II. über Erzbischof Matthias bei Wetzlar, 1347 bei Gudensberg über Erzbischof Heinrich, der nun endgültig den hessischen Besitz der einst Mainzer Lehen anerkennen musste.

Damit allerdings kehrte kein Frieden ein. Bei der dreimaligen Belagerung von Kassel durch Erzbischof Adolf in den Jahren 1385, 1387 und 1388 wäre es um die Landgrafschaft Hessen beinahe geschehen gewesen. Im Frieden von Friedberg von 1405 wurde sie dann zwar wieder gesichert, doch erst durch den hessischen Doppelsieg bei Fritzlar und Fulda im Jahre 1427 über Erzbischof Konrad war dessen militärische Niederlage besiegelt.

In der Folge hatte das Erzstift mit sich selbst genug zu tun. Durch die so genannten Mainzer Schismen (Kirchenspaltungen), von denen es im 14. Jahrhundert gleich drei gab, war der Stuhl des Erzbischofs im Intrigenspiel zwischen König und Papst und den Grafen von Nassau jahrelang doppelt besetzt, und es kam zu inneren Kämpfen im Erzbistum. Auch im 15. Jahrhundert hörten die Doppelbesetzungen unter kräftiger Mitwirkung der Grafen von Nassau nicht auf, und so zerstörte das Erzbistum sich langsam selbst.

Vier Erzbischöfe kamen aus dem Hause Nassau, und alle vier waren durch Habgier, Ungeschick und Schwäche am Niedergang des Erzbistums beteiligt. Am 3. Oktober 1463 kam es so weit, dass ausgerechnet Hessen beim Streit um einen Vertrag zwischen zwei mainzischen Erzbischöfen vermittelte. Und das zahlte sich aus, denn daraufhin fielen die meisten Besitzungen des Erzbistums an Hessen zurück.

Der Mainzer Erzbischof Bertold von Henneberg spielte dann im späten Mittelalter noch einmal eine wichtige Rolle in Hessen, als es ihm gelang, die revolutionären Umtriebe in Fritzlar zu unterdrücken. Jedoch ging dann im Jahrhundert der Reformation der größte Teil des noch verbliebenen Besitzes des Erzbistums Mainz verloren – die neue Religion sorgte dafür, dass Hessen sich nunmehr endgültig von Mainz löste. 1528 musste Erzbischof Albrecht die jahrhundertelang heftig umkämpfte geistliche Gerichtsbarkeit dem hessischen Landgrafen überlassen. Nur im Rheingau gelang es dem Erzbischof, im Bauernkrieg die Aufständischen niederzuwerfen und ihnen alle politischen Sonderrechte zu nehmen, die sich dieses Gebiet im Mittelalter erworben hatte. Wenn auch die Rheingauer etliche Rechte schließlich zurückerobern konnten.

Immer wieder flackerten im 16. und 17. Jahrhundert die Bemühungen der Erzbischöfe auf, stärkeren Einfluss in Hessen zu gewinnen. Ihnen blieben der Rheingau, Teile des unteren Maingebietes mit Hochheim, Flörsheim und

Höchst, der südliche Taunusrand, die Bergstraße mit dem vorderen Odenwald und der Spessart. Der Reichsdeputationshauptschluss von 1803 schließlich besiegelte das Ende des Erzbistums: Hessen-Darmstadt und Nassau teilten sich die Reste.

Die Reichsstädte in der Wetterau

Der 16. Juli 1866 war für die Stadt Frankfurt kein besonders schöner Tag. Preußische Truppen rückten ohne auf Gegenwehr zu stoßen in die bis dahin freie Stadt ein, denn allen Beteiligten war klar, dass Frankfurt künftig im preußischen Staat aufgehen würde. Damit gab es – mit Ausnahme der drei nördlichen Hansestädte – auf dem Gebiet des Deutschen Reiches keine Stadtstaaten mehr.

Schon 1803 waren die drei anderen Reichsstädte, die auf heute hessischem Gebiet liegen und ihre einstige Unabhängigkeit längst verloren hatten, in größere Staaten eingegliedert worden. Wetzlar war an das Territorium des Kurerzkanzlers Karl Theodor von Dalberg, Friedberg an Hessen-Darmstadt und Gelnhausen an Hessen-Kassel gefallen.

Wann und wie aber war es überhaupt zur Gründung dieser einstigen Reichsstädte gekommen?

Bei der Beantwortung dieser Frage muss man sich wiederum von der Vorstellung trennen, die staatlichen Herrschaftsgebiete wie Grafschaften, Fürstentümer, Königreiche oder gar das Heilige Römische Reich seien einheitliche, fest umrissene Größen gewesen, in denen noble Herren uneingeschränkt hätten regieren können. Als etwa 1152 der spätere Kaiser Friedrich I. Barbarossa zum deutschen König gewählt wurde, war ›sein‹ Reich war zwar sehr groß, über direkten Einfluss aber, gesicherte Einnahmen oder eigene Lehensgebiete verfügte er nur in bescheidenem Maß. Also versuchte der Staufer-Kaiser wie auch schon seine Vorgänger, weitere Orte zu schaffen, über die ausschließlich das Reich die Verfügungsgewalt besaß. Zu den alten Pfalzstädten Aachen, Frankfurt, Goslar und Nürnberg sollten als Brennpunkte der Reichspolitik neue hinzukommen.

Zwischen 1165 und 1170 wurden Gelnhausen und Friedberg gegründet. Zur gleichen Zeit pochte das Königtum auf alte Rechte am Reichskirchengut in Wetzlar und brachte die entstehende Stadt an sich. Die staufische Methode der ›Stadtentwicklung‹ war äußerst erfolgreich und lief stets nach demselben Muster ab. Mit der Stadt wurde eine Pfalz (das Wort ist mit Palast, Palais, Palatium verwandt) errichtet, die als Sitz des Königs während seines Besuchs in der

Reichsstadt diente und der Sitz des Burggrafen und anderer, rechtlich unfreier Dienstmannen wie Vögte, Militärs, Schultheiße oder Forstmeister war. Sie hatten sich von ihrem Sitz aus um die Verwaltung, die Rechtsprechung und den militärischen Schutz des Umlandes zu kümmern. Aus ihren Stellungen entstand später der niedere Adel. Zusammen mit den Ratsherren der Stadt, den wohlhabenden Kaufleuten und den Handwerksmeistern bildete sich so im ständigen Verkehr zwischen Burg und Stadt eine selbstbewusste Elite heraus, die nur dem König verantwortlich war.

In Frankfurt hatte schon der erste Stauferkönig Konrad III. am Mainufer eine burgenartige Pfalz, den Saalhof, errichtet. In Friedberg wurden Burg und Stadt zwischen 1165 und 1170 gebaut; 1165 und 1172–1180 entstand Wetzlar mit der Burg Kalsmunt. Gelnhausen entwickelte sich rasch zu einer der glänzendsten Pfalzen im Reich. Auf einer künstlichen Insel der Kinzig-Niederung wurde ein prächtiges Bauwerk errichtet, dessen Reste noch heute Respekt und Bewunderung einflößen. Die Kinzig war damals von ihrer Mündung in den Main in Hanau bis Gelnhausen schiffbar, was den Warenverkehr ebenso begünstigte wie die Straße von Frankfurt über Fulda nach Thüringen, die direkt durch die Stadt führte.

Nach der Stadt- und Pfalzgründung prosperierte Gelnhausen rasch. Nach dem Untermarkt folgte der Obermarkt, um 1180 entstand das Romanische Haus, wahrscheinlich als Amtssitz des Schultheißen, der dort als kaiserlicher Stadtherr residierte. Im hoch- und spätromanischen Stil entstand die alles überragende Marienkirche; am Obermarkt wurde die Peterskirche gebaut, die allerdings zunächst nicht fertiggestellt wurde. Noch heute kann man in Gelnhausen all diese mittelalterlichen Bauten sehen. Auch von der Pfalz sind beeindruckende Reste übrig geblieben.

Am 13. April 1180 trafen in Gelnhausen mehr als 50 Fürsten und andere Regenten mit Friedrich I. Barbarossa zu einem Reichstag zusammen, der Geschichte machen sollte. Vierzehn Tage lang blieb der Kaiser. Mit der so genannten *Gelnhäuser Urkunde* ist ein ausführlicher Prozessbericht erhalten, den Generationen von Historikern studiert haben.

Es ging bei diesem Reichstag vor allem um das Schicksal Herzog Heinrichs des Löwen, dem welfischen Vetter des Kaisers. Der war, nachdem man ihn wegen Landfriedensbruch angeklagt hatte, nicht vor dem kaiserlichen Gericht erschienen und deshalb mit der Reichsacht belegt worden. Auch dem zweiten Verfahren war er ferngeblieben, wofür ihm seine beiden Herzogtümer Bayern und Sachsen aberkannt worden waren. Jetzt sollte in Gelnhausen über die Zukunft Sachsens entschieden werden, und man einigte sich darauf, das Land zu teilen. Wie wichtig dem Kaiser Gelnhausen war, sieht man daran, dass er bis 1188 noch viermal in die Pfalz kam, zweimal um Hoftage abzuhalten.

Die vier Wetterauer Reichsstädte – darunter Frankfurt – bildeten nun mit ihren Reichsgutbezirken ein dichtes Netz, das vom Reichsforst Dreieich südlich von Frankfurt bis nach Wetzlar im Norden reichte. Während dadurch zum einen der kaiserliche Einfluss wuchs, Steuern gezahlt wurden und stabile Lehnsbeziehungen entstanden, blühten zum anderen die Städte auf, ihr Reichtum wuchs, denn mehr als die festgelegten Summen mussten sie nicht abliefern, und das Selbstbewusstsein ihrer Bürger nahm zu.

Die staufischen Herrscher förderten den Handel der Wetterauer Städte, erteilten Markt- und Messeprivilegien und gewährten Zollbefreiungen für die Messebesucher. Berühmt war die Frankfurter Herbstmesse, die 1227 zum ersten Mal urkundlich erwähnt wurde, aber schon davor bestanden hatte. Später kam die Frühjahrsmesse hinzu, nach der Erfindung des Buchdrucks sehr bald die Büchermesse.

Aus dem Jahr 1241 ist ein einzigartiges Dokument erhalten, das Auskunft über den Reichtum der Wetterauer Städte gibt. Konrad IV. hatte eine Liste mit steuerpflichtigen Städten und Judengemeinden anlegen lassen, in der die vier Städte die Ränge eins bis drei und den fünften Platz belegten. Den ersten Platz hielt Frankfurt, das jährlich 250 Mark Feinsilber abzuliefern hatte, also die gewaltige Menge von etwa 60 kg (eine Mark entsprach 235 Gramm). Gelnhausen folgte mit 200 Mark, Wetzlar mit 170 und Friedberg mit 120 Mark. Der Reichtum und die herausragende Bedeutung verbanden die Wetterauer Königsstädte, und die staufischen Herrscher, immer an geschlossenen Gebieten interessiert, unterstützen ihr gemeinsames Auftreten.

Eine der Gefahren, gegen die sie sich gemeinsam zur Wehr setzten, waren Räuber und Raubritter, die mit den Handelswegen ihre Lebensadern bedrohten. Mit unglaublicher Brutalität taten sich vor allem ausrangierte niedere Adlige bei den Raubüberfällen auf reisende Kaufleute hervor. Als Vorwand dienten oft uralte Fehden und undurchsichtige Streitigkeiten. Nicht selten traten aber auch als gedungene Schergen kleine Raubritter auf, die im heimlichen Auftrag größerer Herrschaften raubten, plünderten, brandschatzten und mordeten.

Schon 1254 hatten sich mehr als 100 west- und südwestdeutsche Städte mit Adligen zu einem Städtebund zusammengetan. Die vier Wetterauer Reichsstädte verbanden sich seit 1285 immer wieder aufs Neue und schlossen bis 1364 jeweils befristete Verträge ab, um gemeinsam die reisenden Kaufleute zu schützen und strittige Angelegenheiten einvernehmlich zu klären. Zum Beispiel durften straffällig gewordene Bürger einer Stadt nicht mehr einfach von einer

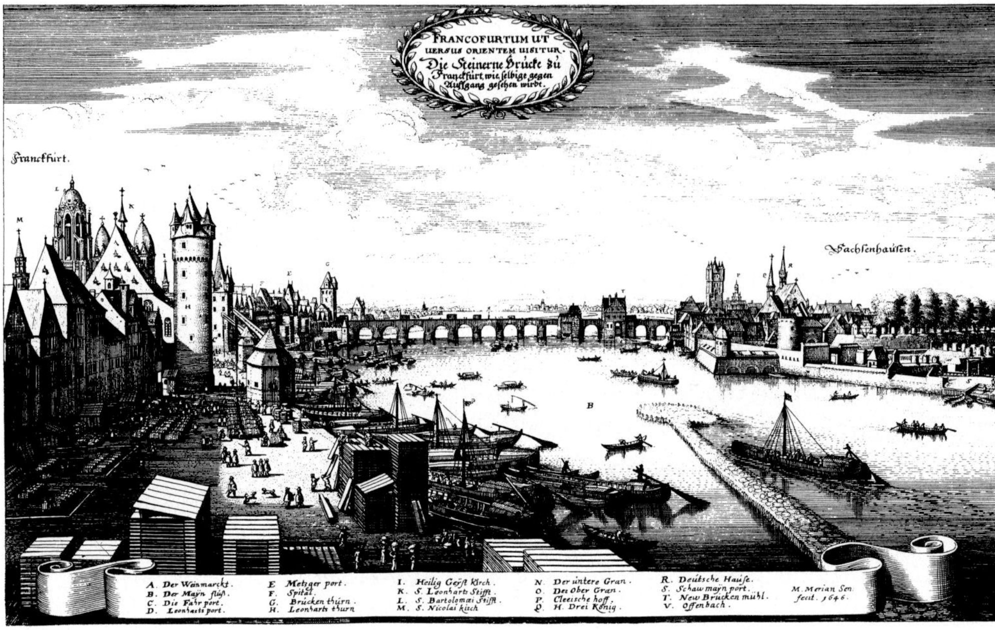

Die Steinerne Brücke zu Frankfurt

Friedberg

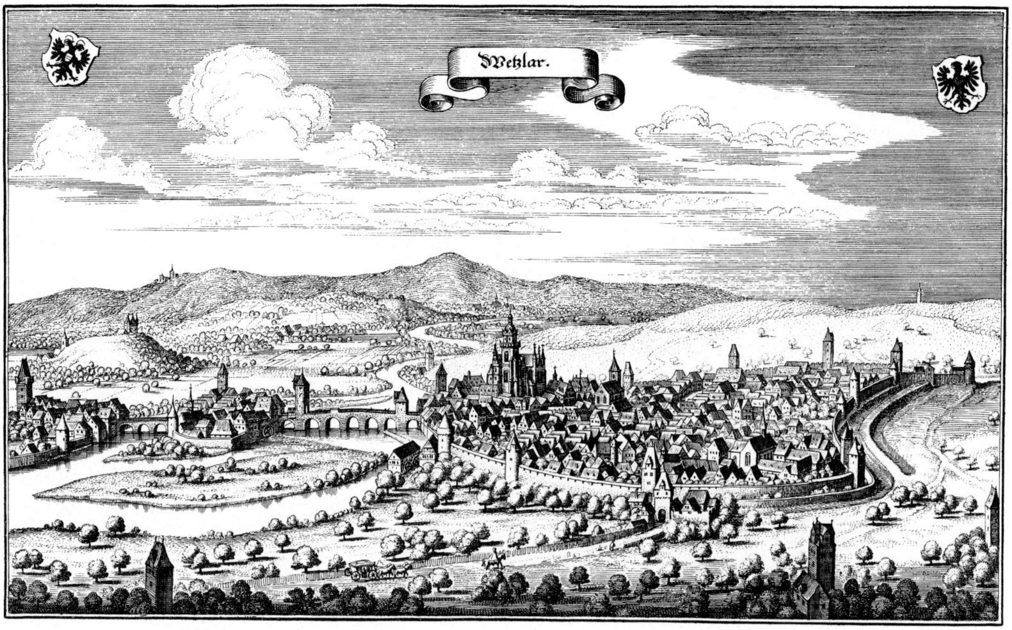

Wetzlar

Gelnhausen

anderen aufgenommen werden. Zwischen 1381 und 1389 schließlich gehörten die vier Städte dem rheinischen Städtebund an. Gemeinsam ging man gegen die Burgen von Raubrittern vor und versuchte, die reisenden Bürger zu schützen – was mehr schlecht als recht gelang.

Kaiser Friedrich Barbarossa hatte aus der Wetterau mit ihrem Netz aus Städten und Burgen eine zusammenhängende Königslandschaft gebildet, die von Kaiser Friedrich II. dann 1220, mitsamt der am Rand gelegenen Städte Frankfurt und Wetzlar, zur Landvogtei Wetterau gemacht wurde. Als königlicher Beamter leitete ein Landvogt die Verwaltung. Der erste war Gerlach von Büdingen. Ab 1241 wurde die Königslandschaft als wirtschaftliche Einheit und geschlossenes Währungsgebiet Reichsland. Als eine Art gewaltiger Wachtposten im Norden der Wetterau ragte eine der schönsten und bedeutendsten hochmittelalterlichen Burgen empor, die Burg Münzenberg.

Die mächtigen Münzenberger gehörten zur großen Gruppe der Ministerialen, der rechtlich unfreien Dienstmannen, und ließen sich nicht zuletzt deswegen in die ›Wetterau-Politik‹ der staufischen Könige einbauen.

Im 14. Jahrhundert hatten sich die Reichsstädte in zwei bedeutenden Bündnissen am Rhein und in Schwaben zusammengeschlossen. Die vier Wetterauer Städte gehörten dem rheinischen Städtebund an, der aber nur zwischen 1381 und 1389 eine wichtige militärische Rolle spielen konnte. Nach entscheidenden Niederlagen löste König Wenzel die Städtebünde auf, und die Blütezeit der meisten Reichsstädte war vorüber, die Territorialstaaten hatten sie an den Rand gedrängt.

Bald hatte Frankfurt den drei anderen Wetterauer Städten den Rang abgelaufen. Begünstigt durch seine Verkehrslage am Schnittpunkt vieler Fernhandelsstraßen hatten die Frankfurter Messen ihre überregionale Position halten können. Nur die beiden Friedberger Jahrmärkte konnten sich daneben noch bis zum Ende des 14. Jahrhunderts behaupten. In Gelnhausen nahm die Zahl der Märkte bis zum 19. Jahrhundert zwar zu, wegen ihrer Spezialisierung auf Schuh- und Schmiedewaren sowie Tuche konnten sie aber nur in der Region bestehen.

Wegen der Nähe zu den Stätten der Metallverhüttung wurden in Wetzlar seit dem 13. Jahrhundert vor allem Eisenwaren gehandelt. Die Bedeutung der Stadt nahm rapide ab, bis sie 1371 ihre Zahlungsunfähigkeit einräumen musste. Erst als im Jahre 1693 das Reichskammergericht von Regensburg nach Wetzlar verlegt wurde, gewann sie wieder an Bedeutung.

Im 15. Jahrhundert stellten die einstigen Wetterauer Konkurrenz-Städte für Frankfurt keine Bedrohung mehr dar, das sich nun mit der seit 1462 wieder erzbischöflichen und ehemals freien Stadt Mainz maß. Frankfurt war aber reicher und hatte engere Beziehungen zum König.

Für Friedberg verlief die Entwicklung eher ungünstig. Seit Mitte des 15. Jahrhunderts teilten sich die Burg Friedberg und die Stadt Frankfurt die Friedberger Stadtsteuer, und schließlich erhob sich der Burggraf über die Stadt, deren Bedeutung so weiter zurückging.

In Gelnhausen gingen die einst königlichen Rechte an die Herren von Hanau und den Grafen von Schwarzburg über und seit Mitte des 15. Jahrhunderts an die Grafen von Hanau und die Kurfürsten von der Pfalz. Im 18. Jahrhundert war die Stadt an Hessen-Kassel verpfändet; der Rat konnte nichts dagegen tun, dass hessisches Militär in Gelnhausen stationiert wurde. Faktisch waren der Freien Reichsstadt kaum noch Rechte und Privilegien geblieben, im Bewusstsein der Bürger und des Adels aber lebte der Glanz der herausragenden Königsstadt weiter.

Weil Frankfurt sich immer mehr zu einer Finanz- und Handelsmetropole entwickelte, ragte es spätestens seit dem 15. Jahrhundert unter den einstigen verbündeten Reichsstädten der Wetterau eindeutig heraus. Mit dieser Stadt wollen wir uns daher etwas gründlicher befassen.

Frankfurt

Wahl- und Krönungsstadt

Am 1. Juni 794 eröffnete Karl der Große eine bedeutende Synode. Aus diesem Anlass wurde der Ort zum ersten Mal in einer Urkunde erwähnt: ›Frankonofurd‹, gelegen in der Erzdiözese Mainz.

Achtzig Jahre später starb dort König Ludwig der Deutsche. Er hatte die Stadt neben dem bayerischen Regensburg zu einer der Hauptstädte des Ostfränkischen Reiches gemacht. Die Pfalz lag sehr günstig im Zentrum des Reichsgutskomplexes am Mittelrhein, der Reichsforst Dreieich diente als Jagdgebiet, die Furt ließ sich bequem überqueren. Die zentrale Lage inmitten wichtiger Verkehrswege sollte für Frankfurt immer von allergrößter Bedeutung bleiben. Daran hat sich bis heute nichts geändert.

Ludwig der Deutsche ließ eine große Basilika bauen, die am 1. September 852 vom Mainzer Erzbischof Hrabanus Maurus geweiht wurde.

856 wurde König Ludwigs Neffe Lothar II. in Frankfurt zum König des nördlichen Teils des Mittelreiches gewählt; 887 wählten hier die Herren der

ostfränkischen Stämme Arnulf von Kärnten zum König und krönten ihn auch in Frankfurt. In der sächsischen und salischen Zeit verlor die Stadt vorübergehend an Bedeutung, bis sie unter den Staufern zum wichtigen Messeplatz, zu einem wirtschaftlichen und politischen Zentrum wurde. Auch die Krönungstradition wurde wieder aufgenommen.

1147 rief Bernhard von Clairvaux in Frankfurt in Anwesenheit von König Konrad III. zum Kreuzzug auf. Noch am selben Tag ließ Konrad seinen zehnjährigen Sohn Heinrich in der Stadt zum König krönen. Fünf Jahre später starb Heinrich und es musste neu gewählt werden, was wiederum in Frankfurt geschah. Die Wahl fiel auf Konrads Neffen Friedrich von Staufen, auf Friedrich I. Barbarossa. So wurde es üblich, den König in Frankfurt zu wählen.

1240 institutionalisierte Friedrich II. die Messe; 1250 wurde die Burggrafschaft in das Amt eines kaiserlichen Stadtschultheißen umgewandelt, das Amt des Vogtes wurde 1257 aufgegeben und die Bürger gewannen an Einfluss durch das Amt des Bürgermeisters, dem die Polizeiverwaltung und die niedere Gerichtsbarkeit unterstand. Nach und nach gerieten die städtischen Ämter in die Hände eines Patriziats, dem mächtige Kaufleute – einstmals freie Bauern – angehörten, die mehr und mehr städtischen wie ländlichen Grundbesitz hinzugewannen.

Keinesfalls sollte man jedoch die Herrschaft der großen Frankfurter Familien wie der Glauburg oder der Holzhausen, nach denen noch heute Straßen benannt sind, mit einer städtischen Demokratie verwechseln. Man war stolz auf die häufige Anwesenheit von Kaisern, hielt sich aus Gebietskämpfen weitgehend heraus und hatte mit der Herrschaft über die Zünfte und die niederen Stände reichlich zu tun. Öfter kam es zu gewalttätigen Aufständen. Von bürgerlicher Gleichheit konnte überhaupt keine Rede sein, denn ›Bürger‹ durfte sich nur nennen, wer durch Besitz, Gewerbe, Einkauf oder Einheirat in die herrschenden Kreise aufstieg. Nur ein Viertel der Einwohner verfügte über die Bürgerrechte, die Voraussetzung für Ämter und Privilegien waren. Die ›Beisassen‹, Gesellen, Diener, Hausgesinde oder kleinere Händler, wurden in politischer Unmündigkeit gehalten. Ganz unten aber standen die Dorfbewohner, der Pöbel, immerhin etwa 6000 Einwohner von Niederrad und Oberrad, Bornheim, Hausen, Bonames oder Niedererlenbach. Sie lebten zum Teil weiter in Leibeigenschaft und hatten unterschiedliche Frondienste zu leisten. Auch die etwa 3000 Juden gehörten nicht zur Gemeinde der Bürger. Mit eigener Verfassung, der so genannten Judenstättigkeit, mussten sie im Ghetto leben, waren vom Handwerk ausgeschlossen und durften Handel nur mit erheblichen Einschränkungen treiben. Ihnen blieben der Trödelmarkt und das

Eine Doppelseite aus der Frankfurter Ausfertigung der Goldenen Bulle

Geldgeschäft, mit dem auch nur ganz wenige – wie die Rothschilds – zu Wohlstand gelangen konnten.

Mit der Goldenen Bulle, dem ›Reichsgrundgesetz‹, schuf Kaiser Karl IV. im Jahre 1356 ein Dokument, das die Stellung von Frankfurt im Heiligen Römischen Reich Deutscher Nation dauerhaft festigte. In der Privilegienkammer des Instituts für Stadtgeschichte wird eines der sieben Originalexemplare sicher aufbewahrt. Für die fünf Kurfürsten wurde das ›keiserliche rechtbuch‹ an Ort und Stelle kopiert, die Exemplare für Frankfurt und Nürnberg wurden später von dem des Kaisers gefertigt. ›Goldene Bulle‹ heißt dieses Buch, weil seine Kapseln mit den kaiserlichen Siegeln aus Goldblech hergestellt sind.

Schon am Ende des 17. Jahrhunderts war die Frankfurter Goldene Bulle eine ganz große Sehenswürdigkeit. Der schlesische Kavalier Georg von Fürst und sein Hofmeister Peter Wienand besuchten zu dieser Zeit die Stadt. Der Hofmeister berichtet:

»Das Rathauß allhier wird der Römer genennt. Auf demselben besahen wir die goldene Bulle, welche Carl IV. unter den Röm. Kaysern gemacht hat. Diese Bulle ist nicht ein Ochse mit goldenen Hörnern, wie jener Engelländer sich eingebildet hat, und auch deswegen hierhergereist ist. Es ist vielmehr das Original von dem berühmten Buche, welches die Grund-Gesetze des Römischen Reichs in sich fasset (...)« [58]

Später musste man sogar zahlen, wollte man einen Blick auf die Goldene Bulle werfen. John Moore, ein Reisender aus England, schrieb im Jahre 1806:

»Alle Fremden sind gleichsam verpflichtet, das Rathaus und das Zimmer, in dem der Kaiser gewählt wird, zu besuchen. Man würde sie der Gleichgültigkeit zeihen, wenn sie sich nicht beeilten, die berühmte Goldene Bulle zu besichtigen, die dort mit der größten Sorgfalt bewahrt wird. Man zeigt sie

für einen Dukaten: und die Erlaubnis, einen Blick auf ein altes Manuskript werfen zu dürfen, das wenige Leute lesen und noch weniger verstehen können, ist damit recht teuer bezahlt.«[59]

Die Goldene Bulle sollte im Reich endlich die Königsfolge in geordnete Bahnen lenken und den Frieden garantieren – nicht gerade bescheidene Ziele.

Vor 1356 hatte es neunmal eine Doppelbesetzung der Königsstelle gegeben; seit 1198 hatten etwa zur Hälfte der Zeit zwei Könige gleichzeitig regiert. Das war ein gefährlicher und unhaltbarer Zustand, der das Reich immer wieder zu spalten drohte.

Nach dem Ende der Stauferherrschaft etwa wurden Alfons von Kastilien und Richard von Cornwall gleichzeitig zu deutschen Königen gewählt. Skurrile Formen nahm 1314 die Wahl von Ludwig dem Bayern an. Nach dem Tod Heinrichs VII. hatte sich die Mehrheit der Kurfürsten für Ludwig entschieden. Auf der anderen Mainseite, in Sachsenhausen, wählten Köln und Pfalz Friedrich den Schönen. Von Frankfurt unterstützt, trug Ludwig die Krone davon; die Stadt erhielt dafür weitere Messeprivilegien. Auf einem Reichstag in Frankfurt, am 4. August 1338, teilte Ludwig den Beschluss der Kurfürsten mit, dass der gewählte König künftig nicht mehr vom Papst bestätigt werden müsse und dem deutschen König nunmehr auch die Kaiserkrone zustünde. Der ›gebührende Ort‹ für die Wahl des Königs sollte Frankfurt sein und in Aachen darauf die Krönung stattfinden. So war es in der Goldenen Bulle festgelegt worden.

Allerdings gab es Lücken in den Bestimmungen. Was sollte geschehen, wenn ein Nachfolger noch zu Lebzeiten eines Königs gewählt werden sollte? Karl IV. nutzte die Unklarheit und ließ seinen Sohn Wenzel noch zu seinen Lebzeiten wählen. Unter den 23 deutschen Königen wurden nach 1356 17 in Frankfurt gewählt. Zu einer letzten Doppelwahl-Posse kam es schließlich 1410. Auf dem Friedhof hinter dem Dom wurde Sigmund von Ungarn gewählt, im Dom wählten die Gegner dieser Lösung elf Tage später Jobst von Mähren zum König. Im Jahr darauf starb Jobst, und die Kurfürsten einigten sich in einer neuen Wahl allesamt auf Sigmund.

Der »Dom« übrigens ist auch ein Frankfurter Kuriosum. Seit dem 18. Jahrhundert wurde die Bartholomäuskirche wegen ihrer herausgehobenen Bedeutung als Krönungsstätte Dom genannt, obwohl in Frankfurt nie ein Bischof residierte, was eigentlich die Voraussetzung für einen Dom ist. Die Kirche ist aus der Kapelle der karolingischen Pfalz hervorgegangen und war bis 1238 dem heiligen Salvator geweiht. Zwischen 1239 und 1350 wurde sie im gotischen

Stil umgebaut. 1415 wurde mit dem Bau des schließlich 96 m hohen Turms begonnen, den man erst 1514 vollendete. Er trug eine runde Kuppelhaube, die sehr viel später, im Jahr 1876, durch die seitdem charakteristische Spitze ersetzt wurde. Vorher hatte man gesagt, dass es sich gut mache in Frankfurt, wenn die Kirche zwar keine Spitze, dafür aber eine Krone trage.

Obwohl Frankfurt sich 1535 dem lutherischen Bekenntnis anschloss, wurde die Kirche auf Anraten der Reformatoren 1548 an die Katholiken zurückgegeben.

In der Reformationszeit geriet auch der Wahlort Frankfurt in Schwierigkeiten. Karl V. ließ seinen Bruder Ferdinand am 5. Januar 1531 in Köln wählen, das schien ihm sicherer. Erst mit dem Augsburger Religionsfrieden von 1555, der das Nebeneinander von römisch-katholischer und lutherisch-augsburgischer Konfession regelte, wurde Frankfurt wieder unbestrittene Wahlmetropole. Nun sollte die Stadt – abermals durch einen kuriosen Zufall – auch Schauplatz der Krönungen werden. Bis dahin hatte sich Kaiser nur nennen dürfen, wer in Rom vom Papst gekrönt worden war. Maximilian I. aber blieb mit seinem Geleitzug auf dem Weg nach Rom in Trient, und seither wurde auf die päpstliche Krönung verzichtet. Der Titel, der immer ein wenig ungenau blieb, lautete seit Maximilian I. »Erwählter Römischer Kaiser«, obwohl ja gerade er nicht in Rom gewesen war. 1562 wurde Maximilian II. nach altem Brauch in Frankfurt gewählt. Weil der Erzbischof von Köln, der Maximilian im Dom zu Aachen hätte krönen sollen, während der Königswahl in Frankfurt

Festbankett im Römer zu ehren von Kaiser Matthias am 24. Juni 1612

starb, wurde die Krönung gleich in Frankfurt vorgenommen, zumal die Kurfürsten nicht die Absicht hatten, mitten im Winter die beschwerliche Reise anzutreten.

Zwar ließ sich Aachen sein Recht als Krönungsstadt noch einmal ausdrücklich verbriefen, künftig aber wurde kein einziger Herrscher mehr dort gekrönt. Zehn Könige bekamen in Frankfurt, vier in Regensburg und Augsburg die Krone.

Einmal kam es im Zuge einer Krönung zu großen Unruhen. Bevor die Wahl- und Krönungshandlungen begannen, mussten die Frankfurter Bürger jedesmal feierlich einen Sicherheitseid leisten und geloben, dass den Kurfürsten und ihrer Begleitung nichts angetan würde. Die Bürger pflegten sich dabei auf dem Römerberg zu versammeln. Hätten sie den Eid verweigert, wären auch ihre kostbaren Privilegien verloren gewesen und die Stadt der Reichsacht verfallen. Am 16. Mai 1612 leisteten die Bürger den Eid, und Wahl und Krönung von Matthias hätten ihren Lauf nehmen können, wenn die Bürger nicht darauf bestanden hätten, mit eigenen Augen die Privilegien zu sehen, die sie hundert Jahre lang nicht zu Gesicht bekommen hatten. Dies wurde ihnen verweigert, und nun kam es zu einem fragwürdigen Aufstand gegen den Rat der Stadt und die herrschenden Familien. Vor allem die Zünfte und die niederen Stände rebellierten nicht nur gegen die Oberen, sondern lenkten ihre Wut auch gegen die Juden. Unter der Führung des Lebkuchenbäckers Vincenz Fettmilch wurde 1614 die Judengasse geplündert, die Bewohner wurden dabei vom Pöbel auf üble Weise verfolgt und verjagt.

Vincenz Fettmilch. Ölgemälde Philipp Offenbach, 1616

Erst 1616 endete der Aufstand mit der Hinrichtung des Rädelsführers Fettmilch. Die Juden erlangten vom Kaiser ein Mandat, zogen unter militärischem Schutz wieder in die Stadt ein und gedachten fortan regelmäßig des Tages der Rückkehr, den sie ›Puri Vinz‹ nannten.

1619 wurde Ferdinand II. in Frankfurt gewählt und gekrönt.

Über den Ablauf der Wahlen und Krönungen im 17. und 18. Jahrhundert informieren die so genannten Diarien, in denen viele Einzelheiten, etwa über Teilnehmer, Vorkommnisse und Quartiere, festgehalten wurden. Im 18. Jahrhundert entstand dann eine kaum zu überblickende Literatur, die das gigantische Wahl- und Krönungsspektakel in Reiseberichten, Memoiren und Abhandlungen beschreibt.

Huldigung der Frankfurter auf dem Römerberg vor Joseph II., 1764. Zeitgenössischer Stich von J. Wisger

In ›Dichtung und Wahrheit‹ zeigt sich Johann Wolfgang Goethe von Wahl und Krönung Josephs II. im Jahre 1764 stark beeindruckt:

»Der Zulauf und das Gedränge war außerordentlich. Ich wußte mich in dem Römer, den ich wie eine Maus den heimischen Kornboden genau kannte, solange herumzuschmiegen, bis ich an den Haupteingang gelangte, vor welchem die Kurfürsten und Gesandten, die zuerst in Prachtkutschen herangefahren und sich oben versammelt hatten, nunmehr zu Pferde steigen sollten. Die stattlichsten, wohlzugerittenen Rosse waren mit reich gestickten Waldrappen überhangen und auf alle Weise geschmückt. Kurfürst Emmerich Joseph, ein schöner behaglicher Mann, nahm sich zu Pferde gut aus. (...) Auch die Botschafter der abwesenden weltlichen Kurfürsten in ihren goldstoffnen, mit Gold überstickten, mit goldnen Spitzen-Tressen reich besetzten spanischen Kleidern taten unsern Augen wohl; besonders wehten die großen Federn von den altertümnlich aufgekrempten Hüten aufs prächtigste. (...) Der Zudrang der Fremden in die Stadt ward nun immer stärker. Alles fuhr und ging in Galakleidern, so dass man zuletzt nur die ganz goldenen Anzüge bemerkenswert fand. Kaiser und König waren schon in Heusenstamm (...) angelangt und wurden dort herkömmlich begrüßt und willkommen geheißen; die Stadt aber feierte diese wichtige Epoche durch geistliche Feste sämtlicher Religionen, durch Hochämter und Predigten, und von weltli-

cher Seite, zu Begleitung des Te-Deum, durch unablässiges Kanonieren. (...) Nun kamen die Reichs-Insignien heran. Damit es aber auch hier nicht an hergebrachten Händeln fehlen möge, so mussten sie auf freiem Felde den halben Tag bis in die späte Nacht zubringen, wegen einer Territorial- und Geleitsstreitigkeit zwischen Kur-Mainz und der Stadt. Die letzte gab nach, die Mainzischen geleiteten die Insignien bis an den Schlagbaum, und somit war die Sache für diesmal abgetan. (...)
Der Krönungstag brach endlich an, den 3 ten April 1764; das Wetter war günstig und alle Menschen in Bewegung. (...) Da war der neuerrichtete Springbrunnen mit zwei großen Kufen rechts und links, in welche der Doppeladler auf dem Ständer, weißen hüben und roten Wein drüben aus seinen zwei Schnäbeln ausgießen sollte.(...) Ältere Personen, welche der Krönung Franz des ersten beigewohnt, erzählten: Maria Theresia, über die Maßen schön, habe jener Feierlichkeit an einem Balkonfenster des Hauses Frauenstein, gleich neben dem Römer, zugesehen. Als nun ihr Gemahl in der seltsamen Verkleidung aus dem Dome zurückgekommen, und sich ihr so zu sagen als ein Gespenst Carls des großen dargestellt, habe er wie zum Scherz beide Hände erhoben und ihr den Reichsapfel, den Szepter und die wundersamen Handschuh hingewiesen, worüber sie in ein unendliches Lachen ausgebrochen; welches dem ganzen zuschauenden Volke zur größten Freude und Erbauung gedient; (...).«

In seinen Erinnerungen schwelgt Goethe ausführlich in ebenso gut informierten wie scharfen Beobachtungen. Die Mischung aus städtischem Volksfest und feierlicher Huldigung der Monarchie ist bei ihm in hervorragender Weise getroffen.

Solange Wahl und Krönung andauerten, herrschte in der Stadt ein feierlicher Ausnahmezustand: Trinkgelage, Essorgien, Straßentheater mit Gauklern und Bärenführern und nicht zuletzt das unvergleichliche Schauspiel des Krönungszuges. Übrigens war es bis zur Reformation guter Brauch, dass die Stadt dem Kaiser und seinem Gefolge Dirnen zur Verfügung stellte und die Kosten übernahm. Im Jahre 1394 sollen während des Reichstages 800 fahrende Frauen in die Stadt gekommen sein, und während der Messen kamen die Bordellwirte der Nachbarstädte mit ihren Dirnen nach Frankfurt, wobei sie sich auf die Messfreiheit beriefen, die den ungehinderten Betrieb eines jeglichen Gewerbes garantierte.

Es kam aber auch zu erheblichen Belastungen der Bevölkerung. So mussten bei der Krönung des Wittelsbachers Karl VII. im Jahre 1741 mehrere zehntausend Gäste in der Stadt untergebracht werden – und das bei nur etwa 25000 einheimischen Frankfurtern. Die Bürger waren – wie die Familie Goethe – verpflichtet, Quartiere zu schaffen. Maximilian I. brauchte für seinen Hofstaat 262 Bürgerhäuser und Stallungen für die 3141 Pferde.

Zu Reibereien kam es 1612, als König Matthias mit 2061 Menschen und 2116 Pferden anrücken wollte, denn in der Goldenen Bulle wurden einem Kurfürsten nur 200 Reiter zugebilligt. Bevor die vornehmen Patrizierhäuser mit so wohlklingenden Namen wie Haus zum Paradies oder Haus Christoffel und Feuerfunken als Quartiere dienten, hatte der König mit seinem Gefolge in der Pfalz, also im Saalhof, residiert. Ende des 18. Jahrhunderts schließlich hatten sich Prunk und Pomp der Krönungen so weit vom ursprünglichen Zeremoniell entfernt, dass der gestrenge Friedrich der Große von Preußen die Krönungsfeierlichkeiten »törichte Erfindungen des Aberglaubens« nannte. 1790 sprach ein Hofsekretär gar von einem Fastnachtsspiel.

Der siebzehnjährige Fürst von Metternich, der spätere österreichische Staatskanzler, war jedoch vollkommen begeistert:

»Die Krönung eines römischen Kaisers zu Frankfurt war gewiß eines der erhabensten und gleichzeitig prachtvollsten Schauspiele, welche die Welt gesehen. Alles bis zu den geringsten Einzelheiten sprach zum Geist und zum Herzen, ebenso durch die Macht der Überlieferung, wie durch die Vereinigung von so viel Herrlichkeit.« [60]

Mit der Macht und Herrlichkeit des Reiches jedoch sollte es kurze Zeit später erst einmal vorbei sein.

Am 2. Juni 1759 besetzten die französischen Truppen Frankfurt. Zum Glück für die Stadt wurden die preußischen Truppen am Karfreitag 1759 in der Schlacht bei Bergen von den Franzosen geschlagen; sonst nämlich wäre die Stadt belagert und beschossen worden. Die Besatzung dauerte bis zum Kriegsende im Februar 1763 und machte zwar einerseits den Bürgern schwer zu schaffen, auf der anderen Seite führte sie aber zu einem zivilisatorischen Entwicklungsschub: Die Straßen wurden nach Pariser Vorbild gepflastert und beleuchtet, die Häuser nummeriert, und die ersten Mietdroschken nahmen den Betrieb auf.

Goethes Mutter Catharina Elisabeth, die ›Frau Rath Goethe‹, berichtet ihrem Sohn am 22. Juli 1796 in einem ihrer ebenso rührenden wie realistischen Briefe von der Besetzung Frankfurts durch die französischen Revolutionstruppen. Wir geben auch hier den Brief in der ursprünglichen Schreibweise wieder, die etwas von der Aufregung dieser Tage ahnen lässt:

»Lieber Sohn!

Aus den Zeitungen wirst du die jetzige Lage deiner Vatterstadt erfahren haben – da aber das Tagebuch von Frau Aja (so nannte man die Frau Rätin, d. Verf.) *zuverlässig nicht darinnen steht, und ich doch mit Zuversicht glaube, dass es dir nicht gleichgültig ist wie ich diese Epoche überstanden habe; so werde ich eine kleine Relation* (Erzählung, d. Verf.) *davon abstatten. Vor denen Frantzosen und ihrem Hereinkommen hatte ich nicht die mindeste Furcht, dass sie nicht Plündern würden war ich fest überzeugt – wozu also einpacken? Ich ließe alles an ort und stelle und war ganz ruhig – auch glaubte kein Mensch, dass die Kayserlichen* (die Koalitionstruppen, d. Verf.) *sich hier halten wollten – es war wie die Folge auch gezeigt hat wahrer Unsinn – da sie es aber doch taten; so fing die Sache an bedencklich zu werden – das Hauß wo ich wohne ist in Zeiten der Ruhe eines der schönsten der Stadt – aber desto fürchterlicher in solchen Tagen wie die vergangenen wahren – der Kayserliche Commandant wohnte gegen mir über, nun sahe ich all den Spektackel – die Frantzosen mit verbundenen Augen – unsern Burgermeister – alles in Furcht was das werden solte usw. den 12ten gegen Abend fing das Bombardement an wir setzten uns alle in die untere Stube unsers Hausherrn wie es etwas nachließ ging ich schlafen – gegen 2 Uhr früh morgens fings wieder an wir wieder aus den Betten – nun fing ich an auszuräumen nicht vor den Frantzosen, aber wohl vor dem Feuer – in ein paar Stunden war alles im Keller biß auf die eißerne Kiste die uns zu schwer war – ich ließ meines Schwager Major Schuler seinen Fourirschütz nebst noch einem starken Mann holen – die brachten sie denn glücklich in Keller. Biß an diesen periodt war ich noch gantz beruhigt – jetzt kamen aber so schreckliche Nachrichten wie der wie jener/: es waren Leute, die ich kante./ der von einer Haupitze Todt geschlagen dem der Arm dem der Fuß vom Leibe weg u. d. g. nun fing mir an Angst zu werden und ich beschloss fortzugehn freylich nicht weit – nur dem Bombardement aus zuweichen – da war aber kein Fuhrwerck ums Geld zu haben – endlich hörte ich, dass in meiner Nachbarschaft eine Familie nach Offenbach führe – ich ließe sie bitten mich mitzunehmen – und es wurde mit vieler Höfflichkeit bewilliget. Ich bin keine von den verzagten Seelen, aber diese schreckliche Nacht, die ich gantz in Offenbach bei Mama la Roche zubrachte, hätte mir in Franckfurth vielleicht Leben oder doch Gesundheit gekostet – den 12ten und 13ten und 14ten bliebe ich also in meiner Freystadt – den 15ten früh kam die Nachricht dass die Capitulation geschlossen und nichts mehr Leib und Leben betreffendt zu befahren sey – nur müßte mann machen den Tag noch zurückkommen weil den 16ten die Frantzosen einrücken würden und als dann die Thore geschlossen seyn würden – nun wäre ich um keinen Preiß in Offenbach geblieben – einmahl weil mann mich vor Emigrirt hätte halten können – zweytens weil meine schöne Zimmer als ganz lehr stehend /: denn meine Mägde hatte ich auch mitgenommen :/ hätten weggenommen werden können. Nun war wieder Holland in Noth! War wieder kein Fuhrwerck zu haben – Da erbarmte unser alter Freund Hans Andre über mich, gab mir sein artiges Küsschgen und rasch war ich wieder im goldenen Brunne danckte Gott von ganzem Hertzen vor meine und vor die Bewahrung meiner Wohnung. Es ist gantz begreiflich dass ein größerer Unglück das kleinere verdrängt – wie die Canonade aufhörte – waren wir wie im Himmel – wir sahen die Frantzosen als Retter unsers Haab und Beschützer unserer Heußer an – denn wenn sie gewolt hätten so stünde kein Hauß mehr – und zum löschen spantten sie ihre Pferde vor die Spitzen die von den Dorfschaffen zum löschen herbey eilten. Gott! Schencke uns den Frieden! Amen! Grüße alles in deinem Hauße, und behalte lieb*

Deine treue Mutter Goethe«[61]

Catharina Elisabeth Goethe. Aquarell von Georg Friedrich Schmoll, 1774

Nach der Kanonade von Valmy am 20. September 1792 und dem Rückzug der Koalitionstruppen eroberten die Franzosen Speyer, Worms und Mainz und besetzten erneut Frankfurt. Kurz vorher war Franz II. zum König gewählt und gekrönt worden, angesichts der Verhältnisse nach der Französischen Revolution ein gigantischer Spuk. Das Heilige Römische Reich Deutscher Nation ging jetzt ganz entschieden seinem Ende entgegen, und um Frankfurts einst glänzende Stellung als Reichsstadt, Wahl- und Krönungsort war es damit geschehen. Am 11./12. Juli 1806 schließlich unterschrieben die meisten deutschen Staaten den Beitritt zum Rheinbund, einer Konstruktion Napoléons.

Messestadt Frankfurt

Schon im 11. Jahrhundert dürfte in Frankfurt eine Erntemesse abgehalten worden sein, bei der vor allem Getreide, Wein, Holz, Wolle, Wachs, Seife und Nutztiere verkauft wurden. Erwähnt wird diese Messe bereits 1160 im Kom-

Außführliche
Beschreibung der weitberühmten
Ansehnlichen
Franckfurter Meß/
Und
Was zween gute Freundt im Durch-
gehen observirt.
Sehr curios und lustig zu lesen.
Auff Begehren
Einiger Liebhaber in den Truck gegeben
Durch
Adrianum Teutonicum.

Gedruckt im Jahr 1694.

Ausführliche Beschreibung der weltberühmten Ansehnlichen Frankfurter Meß. Buchdruck 1694

mentar des Eliser Ben Nathan zum Talmud und 1227 in einem Brief Heinrich VII. an die Stadt Regensburg. Am 11. Juli 1240 machte dann Kaiser Friedrich II. »aller Welt bekannt, dass Wir alle insgesamt und jeden Einzelnen der zu den Messen nach Frankfurt Reisenden unter Unseren und des Reiches Schutz aufnehmen. Wir gebieten, dass niemand sich auf dem Hinweg zu diesen Messen oder auf dem Rückweg in irgendeiner Weise zu belästigen oder zu behindern wagen soll.«[62]

Diesem weltweit ersten kaiserlichen Privileg als offizielle Messestadt ließ Kaiser Ludwig der Bayer am 25. April 1330 die Bestätigung für eine Fasten-, also Frühjahrsmesse folgen. So war der wirtschaftliche Aufstieg Frankfurts gesichert, denn die beiden Urkunden garantierten die Sonderstellung des Messeplatzes am Main im Reich. Frankfurt war zum ›Kaufhaus der Deutschen‹ geworden. Neben den üblichen Gebrauchsgütern kamen Luxuswaren auf den Markt, die als Fenster in ferne Weltgegenden dienten: Gewürze aus dem Orient, kostbare Seidenstoffe aus den Mittelmeerländern, Pelze aus Russland. Aber auch gute Weine aus dem Elsass, aus Franken und vom Mittelrhein sowie gesalzener Fisch aus Lübeck zur Fastenzeit. Mit den Waren kamen von überall her die Kaufleute; so war es Frankfurt seit jeher gewohnt, Fremde willkommen zu heißen. Und so ist es auch nicht verwunderlich, dass die Messen und ihre populären Begleitumstände zu den vielfältigsten Kommentaren und literarischen Zeugnissen Anlass boten.

König Franz I. nannte Frankfurt den »vornehmsten und berühmtesten Handelsplatz nicht allein Deutschlands, sondern beinahe des ganzen Erdkreises«, womit er allerdings dem Rat schmeicheln wollte. Martin Luther hingegen war das Messetreiben zuwider. Er hätte im Zuge der Reformation am liebsten auch gleich die Messe als Ursache vieler Übel abgeschafft:

> *»Rechne Du, wieviel Geldes in einer Messe zu Frankfurt aus deutschen Landen geführt wird, ohne Not und Ursache. Frankfurt ist das Gold- und Silberloch, dadurch aus deutschem Land fleußt, was nur quillt und wächst, gemünzt und geschlagen wird bei uns. Wäre das Loch zugestopft, so dürfte man jetzt die Klage nicht hören, wie allenthalben eitel Schuld und kein Geld, alle Land und Städte mit Zinsen beschwert und ausgewuchert sind.«*[63]

Ulrich von Hutten hingegen war zur selben Zeit einigermaßen angetan von der Messe und schrieb über sie: »Weither suchen die Völker sie auf und wandern die Menschen, denn für die Waren der Welt ist der wimmelnde Markt.«[64]

Die Buchmesse war zunächst nur ein Teil der Warenmesse. Seit 1480 fand sie dann eigenständig mit einem einzigartigen Gepräge statt, das der Rat der Stadt durch eine liberale Handhabung der Zensur noch förderte. Frankfurt wurde nun zum Mekka für Autoren, Drucker, Verleger und Buchkäufer.

Henricus Stephanus, der mit bürgerlichem Namen Henri Estienne hieß und ein Gelehrter aus einer berühmten Pariser Druckerfamilie war, ließ sich 1574 geradezu hymnisch in lateinischer Sprache über die Buchmesse aus. Er glaubte sogar »nicht an dem Ort Deutschlands zu sein, der den Namen Frankfurt trägt, sondern eher in jener Stadt, die einst die blühendste und durch die wissenschaftlichen Studien berühmteste von ganz Griechenland gewesen ist. Man tut vielleicht gut, die dem literarischen Verkehr gewidmete Straße geradezu als das Frankfurter Athen zu bezeichnen.«

Während der Messen herrschte eine Art verkehrte Welt, ein Karneval, in dem die strengen Polizeiordnungen aufgehoben waren. Die Kirchen erlaubten auch an Fastentagen den Verzehr von Fleisch. Den Handwerkern und Kaufleuten wurde erlaubt, auch sonntags Geschäfte zu treiben, die Wirtshäuser durften auch in der Nacht geöffnet haben und es konnten beliebig lange Messer und Schwerter getragen werden. Dabei ging es wild zu. Es kamen nicht nur ehrbare Herrschaften, sondern auch Huren, Vaganten und jede Menge Bettler und Diebe. Bald hatte Frankfurt den Ruf einer ›stinkreichen‹ Stadt, in der man sich Sachen erlauben konnte, von denen Einwohner anderer Städte nur träumen konnten.

Freudenhaus. Anonymer Holzschnitt, 2. Hälfte des 16. Jahrhunderts

Martin Luther wird vor allem dieser unübersichtliche Karneval ein Dorn im Auge gewesen sein, ganz besonders das freie und freche Auftreten der ortsfremden Dirnen, von denen schon die Rede war. Ihnen gefiel es in Frankfurt bei den Messen so gut, dass nachher der Rat der Stadt durch die Bürgerkapitäne die einzelnen Stadtviertel nach ihnen durchsuchen ließ, um sie schleunigst aus der Stadt zu treiben. 1560 wurden die Frauenhäuser abgeschafft, weil sie mit dem Geist und der Moral der Reformation nicht zu vereinbaren waren. Die Huren durften nun in Frankfurt nicht mehr an öffentlichen Festen teilnehmen und wurden mit drakonischen Maßnahmen diskriminiert. Sie wurden auf dem Schindanger beerdigt, wo man auch Menschen mit anderen ›unehrlichen Berufen‹ wie Henker und Scharfrichter beizusetzten pflegte. Ab 1577 war die Prostitution ein kriminelles Delikt, und wer dagegen verstieß, wurde nicht nur mit Verachtung und Spott bestraft: Ab 1629 steckte man die erwischten Dirnen ins so genannte »Narrenhäuslein«. Später mussten sie sich auf einen großen hölzernen Esel setzen, der an der Hauptwache installiert war.[65]

Der Umgang mit den Dirnen wurde hier auch deshalb etwas ausführlicher geschildert, weil die Verfolgungsphantasien der städtischen Behörden angesichts des regen Geschäftsbetriebes der Prostitution bis heute niemals aufgehört haben.

Doch zurück zur bunten, faszinierenden Warenwelt der Messen. Der englische Reisende Thomas Coryat notierte im Jahre 1621: »Die Herbstmesse gesehen zu haben war mein Glück. Dieser Reichtum, den ich hier antraf, war geradezu unermesslich, besonders auf einem Platz, genannt unter dem Römer, wo Goldschmiede ihre Auslagen haben. Sie boten den großartigsten Anblick, den ich je in meinem Leben hatte.«[66]

Und der Obrist Johann Albrecht Jormann schrieb um 1690 ein scherzhaftes Messegedicht, in dem er den demokratischen Effekt des Marktes betont:

Da stunden Groß und Klein,
der Herr, der Fürst, der Graff,
der Edelmann und Probst,
Canonicus und Pfaff,
Münch, Nonnen, Bügersleut,
mit Fantaschen,
Messieurs mit allerhand
farbichten Plümaschen,
der eine kauffte dieß,
der andere kauffte das,
der dritte nichts,
sah über seine Nas
als ein gestochner Bock …

Beginn des 18. Jahrhunderts war Frankfurt einer der wichtigsten Umschlagplätze für die besonders begehrten französischen Luxuswaren, die ebenso wie der Seiden- und Schmuckhandel vor allem den europäischen Hochadel an den Main zogen.

Die Messe. Titelkupfer aus dem Lobgedicht des Obristen Johann Albrecht Jormann, 1696

Ihren zahlenden Gästen gegenüber zeigten sich die Frankfurter liberal und weltoffen, und so hatte es die Stadt wohl ihren Messen zu verdanken, dass sich bei aller Reglementierung des öffentlichen Lebens außerhalb der Messen allmählich ein Klima der Toleranz bildete.

Die Reformierten konnten nun endlich in eigenen städtischen Kirchen ihre Gottesdienste feiern, nachdem sie zuvor nach Bockenheim hatten ausweichen müssen. Auch die bis dahin ausgepressten Dorfbewohner konnten ihre Lage erheblich verbessern. Ihre Frondienste wurden spürbar verringert, und sie konnten sich leichter von der Leibeigenschaft freikaufen. Anders als in der Nachbarstadt Mainz führte dann auch die Französische Revolution nicht zu jakobinischen Aktivitäten. Nur in Sachsenhausen wurde ein Jakobinerclub gegründet, der aber ohne Wirkung blieb.

Gegen Ende des 17. Jahrhunderts begann sich das Bild der Messe zu wandeln. Der Buchhandel verlagerte sich angesichts der immer rigoroser werdenden Zensur nach Leipzig. Die politischen Wirren, in die Frankfurt als eines der Zentren des Reichs hineingezogen wurde, kamen dem Messeplatz Leipzig weiter zugute, bis die Stadt an der Pleiße die Mainmetropole schließlich um 1800 ein- und überholte. Frankfurt konnte nur seine Bedeutung als Banken- und Börsenzentrum wahren, während die Messen zu regionalen Verkaufsschauen mit Jahrmarktscharakter herabsanken. Auch die Gründung der Messe- und Ausstellungsgesellschaft im Jahr 1907 brachte nur einen kurzen Aufschwung (mit der Eröffnung der Festhalle 1909), der bis zur Wirtschaftskrise 1929 andauerte.

Nach dem Zweiten Weltkrieg wiederholte sich die Entwicklung, die zum Niedergang der Frankfurter Messe geführt hatte, mit umgekehrtem Vorzeichen. Nun rückte Leipzig an die Peripherie. Unmittelbar nach der Währungsreform, im Oktober 1948, fand die Herbstmesse wieder in Frankfurt statt. Seit 1949 wird die Buchmesse wieder in Frankfurt veranstaltet, die sich seitdem zur wichtigsten internationalen Buchmesse der Welt entwickelt hat. Der 1991 fertiggestellte Messeturm schließlich ist eines der höchsten Bürogebäude Europas und mittlerweile ein allgemein akzeptiertes Wahrzeichen der Stadt.

Ganz in der Nähe von Frankfurt liegt die schöne kleine Stadt Kronberg, die schon deshalb mit der Metropole verbunden ist, weil sich dort, am Rande des Taunus, etliche Bürger niedergelassen haben, die in der Messestadt ihr Geld verdienen, aber dort nicht wohnen wollen. Am Beispiel von Kronberg soll ein Eindruck vom Alltagsleben in den hessischen Städten im 17. und 18. Jahrhundert vermittelt werden.

Zum Beispiel Kronberg

Die »große Geschichte« mit ihren Kriegen und Herrschern, Krisen und Entwicklungen bestimmt zwar auch das Alltagsleben der Menschen, entscheidet oft genug über Leben und Tod, Hunger oder Wohlstand, ihre Betrachtung führt aber oft auch dazu, dass die unauffälligeren Bereiche der historischen Realität ausgeblendet werden. Das Tempo der politischen Hauptereignisse wie Reformation, Französische Revolution oder Ende des Alten Reichs gehorcht ganz anderen Gesetzen als die Zeit, die vergeht, bis sich die Gewohnheiten der Menschen verändern, ihre Sitten und Anschauungen, Bräuche und Meinungen.

An einem gar nicht spektakulären Beispiel wollen wir die gewöhnlichen Verhaltensweisen der Menschen nachzeichnen. Es geht um die Art, wie in Kronberg im Taunus im 17. und 18. Jahrhundert geheiratet wurde. Wolfgang Ronner hat darüber und über viele andere Aspekte des Alltagslebens in Kronberg ein äußerst informatives Werk geschrieben: »Als Kronberg hinter Mauern lag«.

Dem zweiten Band[67] entnehmen wir die hier zusammengefassten Informationen. Zuerst aber die Beschreibung der Stadt aus einer 1747 in ›Frankfurt am Mayn‹ erschienenen Chronik, dem ›Wetterauischen Geographus‹:

> *»Kronenburg/Cronberg, ein artig wohlgebautes Städtgen und Schloss, vier starke Stunden von Frankfurt, zwey von Höchst, an dem Berg, die Höhe oder der Feldberg genannt, in einer schönen und fruchtbaren Gegend. Mitten auf dem gedachten Berge liegt das Schloss gleichen Namens, so mit sehr starcken und dicken Mauren versehen ist, vor kurtzen Jahren aber von den Catholischen Einwohnern größtentheils abgebrochen, und die Steine zu ihrem neuen Kirchenbau verwendet worden, welche Kirche aber, weil sie*

Blick auf Kronberg. Kupferstich

der Evangelisch-Lutherischen Kirche zu nahe gesetzt worden, nach einem geführten schweren Proces, annoch unausgebauet ist. Das Städtgen ist mit doppelten Mauren umgeben, auf welchen viele Thürme stehen. Diejenige, so die deutschen Städte gern von den Römern herführen, wollen, dass dieser Ort von dem Kaiser Trajano erbauet und solche nach ihm Trajaniburg genennet habe, aus welchem Namen die Nachkommen endlich Kronenburg gemacht. Nebst dem mancherly Obst, das hieherum wächset, giebt es allda auch eine Menge Castanien.«

Man muss schon über viel etymologische Phantasie verfügen, um Kronberg von Kaiser Trajan herzuleiten; die berühmten Kronberger Kastanien jedoch kann man noch heute bewundern. Wie es kam, dass bei der so genannten Kronberger Schlacht am 14. Mai 1389 bei Eschborn 620 Frankfurter Bürger und Söldner in Kronberger Gefangenschaft gerieten, das kann man in dem amüsanten Buch mit dem Titel »Hessen riskant« von Martin Maria Schwarz und Ulrich Sonnenschein nachlesen, in dem es um beachtliche Formen des Scheiterns in Hessen geht.[68]

Heiraten in Kronberg

Das Alltagsleben der Stadtbürger war in einem viel höheren Maß als heute reglementiert. Das betraf auch die ›Privatsphäre‹, die im 17. Jahrhundert kein unantastbarer Rückzugsraum war. So war im Kronberger Rüge-Artikel von 1617 (›Rügen‹ bedeutete so viel wie ›Strafen‹) festgelegt, dass die Hochzeitsfeier nur zwei Tage dauern durfte. Drei und mehr Tage waren zuvor üblich; die Obrigkeit fürchtete aber, dass sich die Bürger in übermäßigen Ess- und Trinkgelagen an ein Dasein ohne Arbeit und Disziplin gewöhnen könnten. Viele

Bücher und Traktate warnten vor den Folgen der Völlerei, des wilden Eros und des ungezügelten Essens. Dahinter stand aber sehr oft die Absicht, die Untertanen im absolutistischen Staat zu tüchtigen Handarbeitern, ordentlich kalkulierenden Kaufleuten oder gehorsamen Dienern zu machen. Das erstarkende Manufakturwesen mit seinen Werkstätten und einer wichtiger werdenden Verwaltung konnte Leute nicht gebrauchen, die nicht in der Lage waren, zwischen Arbeitszeit und Freizeit, zwischen blau machen und »schaffe« zu unterscheiden.

Wer in Kronberg die Hochzeitsfeiern auf drei Tage streckte, hatte mit zehn Gulden Strafe zu rechnen. Es durften nicht mehr als 30 Gäste mitfeiern, und von 5 bis 10 Uhr abends durfte gegessen werden. Wer sich dann nicht zur Ruhe begab, musste zehn Gulden Strafe zahlen. Zwei Stunden lang durfte getanzt werden, allerdings »ohne dolles Juchzen und üppiges Geschrei« und »ohne leichtfertige Worte und Gebärden«. Beim Essen und Trinken sollte »kein sonderliche Pracht oder Übermaß gebraucht werden«. Man muss solche Verordnungen als Beschreibung der herrschenden Zustände lesen. Es wurde also gebrüllt, es wurden wüste Schimpfworte womöglich gegen die Obrigkeit losgelassen, man fasste sich in besoffenem Zustand wer weiß wohin, und man aß und trank bis zum Umfallen – sonst hätte es dieser Verbote kaum bedurft.

Die Gäste ließen wohl auch gern etwas mitgehen, denn es hieß ausdrücklich, sie sollten »die Dische nicht berauben noch alles zu sich und in ihre Säcke geiziglichen stecken.« Die Hochzeitsgeschenke mussten auch im Rahmen bleiben. Gewöhnliche Bürger sollten nicht mehr als einen Reichstaler anlegen, Gerichts- und Ratspersonen sollten es mit einem Goldgulden gut sein lassen.

Nach dem Fest ging es nicht nach Venedig oder in den Vogelsberg, sondern an die Arbeit. Die Hochzeitsreise wurde erst sehr viel später erfunden. Wie sich das Zusammenleben des jung verheirateten Paars zu gestalten hatte, war auch klar geregelt. In einem Ehekontrakt hatten die beiden Sippen vorher die vermögensrechtlichen Belange festgelegt. Die Familie der Frau achtete darauf, dass die Braut nicht zu kurz kam, damit sie nicht mit leeren Händen dastünde, wenn der Mann stürbe oder, warum auch immer, eine zweite Ehe nötig würde. Aus den Gerichtsakten geht hervor, dass es immer wieder zu kleinlichen und schmutzigen Streitereien zwischen den Eheleuten und ihren Sippen kam – warum auch sollten Ehekrisen und Scheidungskriege eine Erfindung unserer Tage sein?

Keineswegs darf man sich die Ehefrauen in dieser Zeit als brave Hausmütterchen vorstellen, die nur auf die Anordnungen des Mannes warteten. Im Gegenteil kannten die Frauen ihre Rechte und wussten sie auch zu verteidigen. Haustyrannen, denen die Hand ausrutschte, wurden nicht geduldet. Solche Fälle konnten schon einmal vor Gericht landen.

So stiftete etwa ein Mann Aufruhr, der seiner Frau ein paar Ohrfeigen verpasste, weil sie sich – neben anderen Verfehlungen – nach seiner Meinung nicht an die häusliche Arbeitsteilung gehalten und das schreiende Kind nicht beruhigt hatte. Die Eltern und Schwiegereltern mischten sich ein und es kam zur Schlägerei. Vor Gericht wurden alle dringlich ermahnt, die Kosten mussten beide Parteien tragen. Von der Unterdrückung der Frau, die nur in der häuslichen Sphäre das Sagen gehabt hätte, kann hier also nicht ohne weiteres die Rede sein: Wenn der Mann zuschlug, brachte er die Ordnung durcheinander und musste die Folgen tragen.

Übrigens war die Hausarbeit einer Frau, zum Beispiel im 17. und 18. Jahrhundert, eine einzige Plackerei. Da mussten Gänse getötet, gerupft, gesengt und ausgenommen werden, Seife gekocht, Kerzen gezogen, Gemüse gepflanzt und zentnerweise Obst gepflückt und geschleppt werden. Holz gab es im Wald, im Stall wurde das Vieh versorgt, das Feuer im Herd zündete man im Morgengrauen an, wenn Knechte und Mägde vorhanden waren, mussten sie angeleitet und wie Kinder im Haushalt ernährt und umsorgt werden. Die Alten waren bis zum Tod zu pflegen, in jedem zweiten Jahr kam ein Kind zur Welt, und der Mann war möglicherweise kein ruhiger, freundlicher Geselle, sondern ein Tunichtgut, dem man seine Grenzen aufzeigen musste.

Scheidungen waren in der lutherischen Kirche zwar möglich, aber sie wurden äußerst ungern ausgesprochen. Die kirchliche wie die weltliche Obrigkeit duldeten zwar Trennungen von Tisch und Bett, sprachen sich offiziell aber dagegen aus. 1618 war die weltliche Obrigkeit katholisch und verschärfte die Scheidungspraxis. In diesem Jahr befahl man zwei getrennt lebenden Paaren wieder zusammenzuziehen, und 1645 wurde einem von seiner Frau verlassenen Mann die Wiederheirat verweigert. Dieser Mann bat dann mit Erfolg den evangelischen Prediger Johann Gereum um die Erlaubnis einer zweiten Ehe.

Ein Fall von tatsächlichem oder nur vermutetem Ehebruch erregte im Jahr 1628 Aufsehen. Johann Grubers Hausfrau hatte den Abraham Volck in seinem Haus aufgesucht. Das Alarmsystem funktionierte, die Leute liefen vor dem Tatort, dem Haus des vermeintlichen Ehebrechers, zusammen und empörten sich lautstark. Frau Gruber entwich durch die Hintertür; sie wurde aber ergriffen und ins Narrenhaus gesteckt. Das war der Ort, an dem man zu dieser Zeit die ertappten Dirnen einsperrte. Abraham Volck kam bis zum Prozess in den Schuldturm, die Gruberin wurde begnadigt, da sich die ›wirkliche Vermischung‹ nicht beweisen ließ und außerdem Herr Gruber seiner Frau verzieh. Volck aber wurde auf vier Jahre und auf zehn Meilen Weges aus Kronberg verbannt. Im Jahr nach dem Prozess musste sich die Frau des Verbannten noch eine »Landhur« schimpfen lassen. Eine Kronberger Bürgerin ging sogar so weit, ihr entgegenzuschleudern, sie solle soviele ›Kötze (Körbe) auf dem Rücken tragen, soviel Schwänz sie im Loch gehabt‹ habe.

Das hört sich übel an. Es lässt sich aber nicht mehr feststellen, wie böse solche herben Sprüche wirklich gemeint waren. Die sexuelle Ordnung der Mitmenschen jedenfalls war demnach auch schon im 17. Jahrhundert ein allgemein interessierendes Thema, das von Tabus, Voyeurismus und spektakulärer Empörung geprägt war.

In den allermeisten Fällen dürften die Frauen in Kronberg wohl keine Gelegenheit und vielleicht auch nicht das Bedürfnis gehabt haben, in fremder Männer Häuser einzudringen, um sich dort zu verlustieren. Hatten sie draußen vor den Stadtmauern einen Acker oder einen Garten, so mussten sie oft genug in der »Kötze« oder »Kotze« den Mist hinaustragen; gehörten sie zum Gesinde, dann hatten sie zum Beispiel das heimische Obst zu Fuß zum Frankfurter Markt zu schleppen mit einer schweren Mahne (einem Korb) voller Äpfel auf dem Kopf.

Doch nun zurück zur ›großen Geschichte‹. Wir nehmen den Faden im 16. Jahrhundert wieder auf und befassen uns mit der Zeit Philipps des Großmütigen.

Philipp der Grossmütige und das Zeitalter der Reformation

Man sollte sich davor hüten, in der Geschichte großzügig Parallelen zu konstruieren, aber es ist doch erstaunlich, dass Philipp von Hessen, den man später freundlich »den Großmütigen« nennen sollte, in einer ähnlichen Konstellation an die Regierung kam wie Landgraf Heinrich I. von Hessen. Wieder war der Vater – Landgraf Wilhelm II. – früh gestorben, wieder musste die Mutter – Landgräfin Anna – sich in aufreibenden Kämpfen, diesmal mit den Ständen und der Ritterschaft, durchsetzen, und abermals gab es einen unmündigen Sohn, der dann bald darauf die Regierung übernahm.

Im Spätsommer 1506 musste der schwer an der Syphilis erkrankte Landgraf Wilhelm II. in Kassel seine Regierungstätigkeit aufgeben. Zunächst übernahmen die Stände unter der Führung des Statthalters Ludwig von Boyneburg die Macht, bis 1508 Landgräfin Anna von Mecklenburg für ihren erst vierjährigen Sohn Philipp die Regierung übernahm. Dabei kam ihr die Verwandtschaft, nämlich die sächsischen Fürsten, zu Hilfe, die sich dadurch einen großen Einfluss versprachen.

Obwohl im 16. Jahrhundert in Hessen allmählich ein vorabsolutistischer Staat mit einer modernen Verwaltung, einer bürgerlichen Beamtenschaft und einem verbesserten Bildungswesen entstand, war die Herrschaft doch weiter von unermüdlichen Gebietskämpfen, Verwandtschaftsintrigen, Auseinandersetzungen mit dem Reich, also dem Kaiser, von immer neuen Bündnissen, Verrat und auch von Willkür geprägt.

Landgraf Philipp, der in Hessen unter enormen Schwierigkeiten und Rückschlägen die Reformation durchsetzte, hatte, so kann man es aus heutiger Sicht beschreiben, zwei Gesichter. Das eine war rückwärts gerichtet, in die überkommenen Verhältnisse mit Kriegen, Krisen, Machtgehabe; das andere schaute in die Zukunft und war der Modernisierung des Staates, der Bildung und der großen Bewegung der Reformation zugewandt.

Mit dreizehn Jahren wurde er von Kaiser Maximilian I. für mündig erklärt, und im März 1518 übernahm er von seiner Mutter die Regierungsgeschäfte. Im September desselben Jahres erklärte ihm der Ritter Franz von Sickingen die Fehde. Schneller kann man kaum vom Kind zum Krieger werden. Franz von Sickingen war als Kriegsunternehmer zu Macht und Reichtum gekommen. Als gewissermaßen ›letzter Ritter‹ wollte er sich nicht damit abfinden, dass der poilitische, militärische und wirtschaftliche Einfluss seines Standes seinem Ende entgegenging. Da kam ihm der junge, noch unerfahrene Philipp gerade recht. Er ging davon aus, von anderen unzufriedenen Rittern und kleinen, übergangenen Herren jeder Couleur unterstützt zu werden und wollte sich wie sein gesamter Stand nicht damit zufrieden geben, dass überall die Macht der Territorialfürsten anwuchs und das ritterliche Fehderecht durch die Einsetzung eines Reichskammergerichts aufgehoben wurde.

Bei seinem Überfall auf Hessen im September 1518 stand ihm sein alter Mitstreiter Gottfried (Götz) von Berlichingen zur Seite. Damit man bei dessen Erwähnung nicht ausschließlich an den immer wieder zitierten Ausspruch denkt, seien zwei kurze Passagen aus Goethes Jugenddrama von 1771 angeführt, in denen erst ein Hofmann am bischöflichen Palast in Bamberg zu Wort kommt, dann Franz von Sickingen, der allerdings, anders als in Goethes Stück, in Wirklichkeit nicht der Schwager des Götz von Berlichingen war.

Der Hofmann heißt Bamberg. Er klärt die Tischgesellschaft über die Hintergründe der Auseinandersetzungen zwischen dem Reich und den Rittern auf:

»Der Kaiser hat nichts angelegners vor als vorerst das Reich zu beruhigen, die Fehden abzuschaffen und das Ansehn der Gerichte zu befestigen, dann, sagt man, wird er persönlich gegen die Feinde des Reichs und der Christen-

heit ziehen. Jetzt machen ihm seine Privat Händel noch zu tun, und das Reich ist trutz ein 40 Landfriedens noch immer einer Mördergrube. Francken Schwaben der Obere Rhein und die angrenzenden Ländern, werden von übermütigen und kühnen Rittern verheert. Franz Sickingen, Hans Selbitz mit dem einen Fuß, Gottfried von Berlichingen mit der eisernen Hand, spotten in diesen Gegenden dem Kaiserlichen Ansehn.«

(Die Schreibweise folgt Goethes Manuskript; der Text von 1771 soll so näher an die damals 250 Jahre zurückliegenden Auseinandersetzungen rücken.)

Franz von Sickingen, von Goethe zu einem Volkshelden gemacht, der sich wie ein edler Räuber für die Entrechteten einsetzt, spricht vor einem ›Unternehmen‹ mit Götz von Berlichingen:

»Der Mut verlernt sich nicht, wie er sich nicht lernt. Sorge für nichts, wenn deine Sachen in der Ordnung sind, geh ich an Hof. Denn mein Unternehmen fängt an reif zu werden. Günstige Aspekten deuten mit brich auf. Es ist mir nichts übrig als die Gesinnungen des Kaisers zu sondieren. Trier und Pfalz vermuten eher des Himmels Einfall, als dass ich ihnen übern Kopf kommen werde. Und ich will kommen wie ein Hagelwetter, und wenn wir unser Schicksal machen können so sollst du bald der Schwager eines Kurfürsten sein. Ich hoff auf Deine Faust bei dieser Unternehmung.«

Doch zurück zu Philipp und der historischen Realität: Franz von Sickingen eroberte mit 10000 Mann Gernsheim und stand Mitte September 1518 vor Darmstadt. Die Stadt war eingeschlossen, und Franz von Sickingen bekam, was er wollte: sehr viel Geld. Mit 85000 Gulden musste Philipp sein Land freikaufen, obwohl der Kaiser später den erpresserischen Vertrag annullierte. Zu diesem Schaden kam dann noch der Spott: »Gebt dem Knaben einen Apfel zum Spielen!«, soll Sickingen vorgeschlagen haben. Diese Niederlage war sozusagen Philipps politisch-militärische Initiation. Nicht glücklich, aber typisch für eine Zeit, in der die alten Ordnungen nicht mehr, die neuen noch nicht bestanden.

Fünf Jahre später, im März 1523, kam Franz von Sickingen bei der Einnahme seiner Burg Landstuhl durch Landgraf Philipp ums Leben, sein Kampfkumpan Gottfried von Berlichingen starb erst 1562 im Alter von 82 Jahren friedlich auf Schloss Hornberg.

Es war wohl klug von Philipp, dass er sich von den Räten, die schon seinem Vater Wilhelm II. ›dem Mittleren‹ und seiner Mutter beigestanden hatten, nicht sofort trennte. Überhaupt scheint er oft die Klugheit bewiesen zu haben, sich gut beraten zu lassen, was ihm später, bei der Einführung und Durchsetzung der Reformation in Hessen, sehr nützlich sein sollte.

An der Spitze seiner Räte stand der Kanzler Johann Feige von Lichtenau, Erfurter Studienfreund von Martin Luther und ein Förderer der Wissenschaften.

Landgraf Philipp der Großmütige. Holzschnitt von Hans Brosamer um 1550

1521 besuchte Philipp den Reichstag zu Worms unter Karl V., der seinem 1519 gestorbenen Vater Kaiser Maximilian I. nachgefolgt war. Über den 17-jährigen Landgrafen äußerte sich der päpstliche Nuntius auf dem Reichstag später zwiespältig. Er sei zwar mit glänzenden Gaben ausgestattet, leider aber von »übelster erzlutherischer Gesinnung«. Der Nuntius führte das auf den Einfluss von Philipps einstigem Vormund zurück, auf den sächsischen Kurfürsten Friedrich den Weisen, der ein Freund und Beschützer Luthers war. Und damit lag der päpstliche Gesandte nicht einmal falsch. Philipp hing zwar Luthers Lehre noch nicht konsequent an, zeigte aber an seinen umstürzlerischen religiösen Auffassungen ein außerordentliches Interesse.

Luther wurde durch seinen Auftritt beim Wormser Reichstag unglaublich populär. Hier hatte er sich vor dem Kaiser, den Fürsten und Städten des Reichs, vor der maßgeblichen Reichsöffentlichkeit also, geweigert, die vom Papst verdammten Äußerungen zurückzunehmen: »Hier stehe ich. Ich kann nicht anders. Gott helfe mir! Amen.«, lautete sein berühmter Ausspruch.

Diese Worte Luthers müssen den jungen Landgrafen sehr beeindruckt haben; denn er suchte ihn in seinem Quartier auf, um ihn höchstselbst zu befragen. Zwar führte die Unterredung noch nicht zum religiösen Übertritt Philipps, aber doch zu weiterer Verunsicherung: »Habt ihr Recht, so helfe euch Gott«, sagte er Luther zum Abschied und setzte sich für die Einhaltung des freien Geleits ein, das man Martin Luther zugesichert hatte.

Immerhin hatte die neue Lehre am Kasseler Hof schon kräftig Fuß gefasst. Ein Kanzleischreiber drückte das in einem Brief an Kollegen aus, die mit dem Landgrafen nach Worms gereist waren:

»Versehet irs und bescheist euch in der Weisheit, dass ir etwas wider Luthern handelt, so kommt nit wieder. Wir schlagen alle für tolle Hunde tot!«[69]
So verwundert es kaum, dass der tief verunsicherte Landgraf drei Jahre später, im Sommer 1524, zum neuen Glauben übertrat. Vorher hatte er sich mit dem sächsischen Reformator Melanchton getroffen, der seine Schrift ›Summe der

Martin Luther. Ölgemälde auf Holz von Lucas Cranach d. Ä., 1526

christlichen Lehre‹ dem Landgrafen widmete. Philipp hatte zunächst nur für sich selbst entschieden, zu Luthers Lehren überzutreten, und das offensichtlich nicht aus Gründen der politischen Räson, sondern aus eigenem Antrieb, in ständigem Gespräch mit prominenten Reformatoren.

Zwei Jahre später führte er die Reformation offiziell im Lande Hessen ein. Am 27. August 1526 hatte der Reichstag zu Speyer dafür die gesetzlichen Voraussetzungen geschaffen. Man nannte solche Beschlüsse »Abschiede«; in ihrer Bedeutung lassen sie sich mit Gesetzen vergleichen, wie sie heute vom Bundestag beschlossen werden. Wenig später, im Oktober 1526, wurde die Gründungsschrift der Reformation von den hessischen Ständen angenommen: die *»Reformatio ecclesiarum Hassiae«* (Reformation der Kirchen Hessens). Sie wurde von dem ehemaligen südfranzösischen Franziskanermönch Franz Lambert von Avignon verfasst, der in engem Kontakt zu den Schweizer und oberdeutschen Reformatoren stand, und von dem führenden hessischen Theologen und Hofprediger Adam Krafft auf Deutsch vorgetragen.

Philipp wendete diese Kirchenordnung jedoch nicht an, nachdem Luther ihm davon abgeraten hatte, dem sie als ein ›Haufen Gesetze‹ zu abstrakt und spitzfindig erschien, denn er bevorzugte das klare Wort, die verständliche und eindeutige Anordnung. Dabei ließ er es an manchmal wüster Polemik – zum Beispiel gegen die Juden – durchaus nicht fehlen.

Die Reformation ist in Hessen dann auch tatsächlich weniger das Ergebnis von Schriften und Verordnungen als die praktische Übernahme der sächsischen Reformation Martin Luthers gewesen. Das kam auch dadurch zum Ausdruck, dass am 27. Februar 1526 in Gotha ein Bündnis mit dem Kurfürsten Johann von Sachsen zur freien Selbstbestimmung in Glaubensdingen abgeschlossen wurde. Damit wurde eine politisch-weltliche Grundlage für die Existenz des neuen Glaubens geschaffen.

Dem Gothaer Bündnis schlossen sich neben anderen die Herzöge von Braunschweig-Lüneburg und der Fürst von Anhalt an. Dies war eindeutig eine Reaktion auf das lutherfeindliche Bündnis von Philipps Schwiegervater Herzog

Georg von Sachsen und den Fürsten von Braunschweig-Wolfenbüttel und Brandenburg mit dem Mainzer Erzbistum.

Die Lager formierten sich. Fortan und für lange Zeit standen sich die ›Altgläubigen‹ und die Anhänger der Reformation – oft unversöhnlich – gegenüber.

Ohne tiefgreifende Veränderungen in der gelebten Religion, der Glaubenspraxis, wäre die Reformation in Hessen keine stabile, lebensfähige Größe geworden. Bahnbrechend war vor allem die neue Lehre, man könne allein durch den Glauben zur Seligkeit zu gelangen. Er allein – die oft zitierte theologische Formel lautete *»sola fide«* –, also das Hören von Schrift und Predigt, sollten entscheiden. Damit wurden die vielfältigen stellvertretenden Vermittlungsinstanzen der Katholiken überflüssig. Nicht die neben der Gemeinde praktizierte Frömmigkeit der Mönche und Nonnen, nicht das Wirken der Priester und die kirchlichen Praktiken der Sündenvergebung und insbesondere nicht die Herrschaft des Papstes ebneten den Weg zu Gott, sondern das unmittelbare Christuszeugnis, wie es in der Bibel festgelegt war. Luthers Gott ließ nicht mit sich handeln. Ob die armen Sünder am Tag des Jüngsten Gerichts verdammt würden oder der ewigen Seligkeit teilhaftig, das sollte nun nicht mehr von ihren Werken, ihren Spenden und Gebeten abhängen, sondern allein von der Gnade Gottes.

1527 wurden etwa 50 Klöster in Hessen aufgehoben. Für jedermann sichtbar verschwand das auf diese Weise eingenommene Geld nicht einfach im Staatssäckel, sondern es wurde für die allgemeine Wohlfahrt verwendet. So wurden vier bedeutende Klöster in Landeshospitäler für Arme, Sieche, Blinde, Epileptiker und Irre umgewandelt: Haina in Oberhessen, Marxhausen in Niederhessen, Gronau in der Niedergrafschaft Katzenelnbogen und Hofheim in der Obergrafschaft. Drei von ihnen bestehen noch heute. Hinzu kamen Stadthospitäler und neue Schulen. Die Besoldung der Pfarrer wurde transparent und einheitlich geregelt, die ›arbeitslos‹ gewordenen Mönche und Nonnen versorgt.

Am wichtigsten aber war die Gründung der ersten evangelischen Landesuniversität in Marburg. Am 30. Mai 1527 schrieben sich die ersten Studenten ein. Acht Wochen später begann der Lehrbetrieb mit zunächst 88 Studenten und Professoren, darunter als Theologen Adam Krafft und Franz Lambert. An der Marburger Universität sollten vor allem Pfarrer ausgebildet werden, die als ›Motoren‹ der Reformation dienen sollten.

1528 trat dann der Erzbischof von Mainz die geistliche Gerichtsbarkeit an Hessen ab. Dadurch war Philipp auch kirchenrechtlich gestärkt.

Die Einführung der Reformation verlief zwar gewiss nicht ohne erhebliche Konflikte. Sie wurden aber durch das besonnene Vorgehen des Landgrafen und eine feste Ordnung des hessischen Staatswesens entschärft, etwa in den Fällen der ›Abendmahlsfrage‹ und der Bewegung der Täufer.

In ersterem traten deutliche Widersprüche zwischen den kursächsischen und den schweizerisch-oberdeutschen Theologen hervor. Philipp neigte eher dem Zürcher Reformator Huldreich Zwingli zu, der weniger dogmatisch und weltoffener dachte als die Sachsen um Luther. Im Religionsgespräch auf dem Marburger Schloss Anfang Oktober 1529 gelang es dem Landgrafen, zwischen den beiden Richtungen zu vermitteln. In 14 Artikeln wurde die neue Glaubensrichtung einvernehmlich formuliert, nur beim Kernpunkt, der umstrittenen Abendmahlslehre, konnte man sich nicht einigen. Es ging dabei um die Frage, wie die Gegenwart Christi im Abendmahl aufzufassen sei. Zwingli und später auch der Schweizer Reformator Johann Calvin verstanden das Abendmahl als Eingedenken, als Gedächtnishandlung der versammelten Gemeinde, um im Glauben stärker zu werden. Luther jedoch bestand weiterhin darauf, dass beim Abendmahl mit Brot und Wein wirklich der Leib und das Blut Christi zu empfangen wären. Die theologische Streitfrage unterschied zwischen *»est«* (ist) und *»significat«*(bedeutet), zwischen der realen Gegenwart Christi und bloß symbolischer Präsenz. Die in den 14 Artikeln formulierte Übereinkunft enthielt zwar keine Lösung des Problems, machte es aber immerhin möglich, mit den unterschiedlichen Überzeugungen zu leben.

Der zweite Konflikt nahm seinen Ausgang von dem Umstand, dass die Reformatoren nicht nur von den ›Altgläubigen‹ bekämpft wurden, sondern auch die so genannten Täufer zu ihren Gegnern zählten, denen die neue Lehre nicht weit genug ging. Sie waren nämlich der Ansicht, nur durch eine im Erwachsenenalter bewusst und entschieden zu vollziehende Taufe könne man als wahrer Christenmensch existieren. Als ›entschiedene Christen‹ wollten sie mit der neuen Kirche ebenso wenig zu tun haben wie mit der katholischen. Im Reich wurden sie als Ketzer mit der Todesstrafe bedroht. Philipp, der nicht nur in dieser Frage toleranter war, lehnte die Vollstreckung der Strafe ab. Durch eine straffe Kirchenordnung, Verhöre und Drohungen wollte man in Hessen der Täufer-Bewegung Herr werden, die sich zunächst im Osten des Landes, dann im Raum Gießen und Marburg ausbreitete. Der Landgraf bat den Straßburger Reformator Martin Bucer um Hilfe, und es gelang ihm schließlich 1538/39, den Konflikt zu lösen. In der ›Ziegenhainer Zuchtordnung‹ von 1538 wurde eine Art zweite Taufe festgelegt, die Konfirmation, auf die ein Katechismus-Unterricht vorbereitete. Die aus diesem Kompromiss mit den Täufern hervorgegangene evangelische Konfirmation besteht im Wesentlichen bis heute.

Dass Landgraf Philipp die hohe Bedeutung symbolischer Handlungen kannte und sie für die Durchsetzung der Reformation zu nutzen wusste, geht aus einer in unterschiedlichen Versionen überlieferten Episode hervor: Am 18. Mai 1539 kam er mit vielen Adligen, Vertretern der städtischen Führung und des Handwerks in die Marburger Elisabethkirche. Die Kirche war an diesem Sonntag voller Gläubiger, die aus der Stadt und dem Umland zum Gottesdienst gekommen waren. Es war wohl bekannt geworden, dass der Landgraf im Hoheitsgebiet des Deutschen Ordens, dem die Kirche unterstand, ein Zeichen setzen wollte. Adam Krafft hielt zunächst die erste evangeliche Predigt in der Elisabethkirche. Anschließend begab sich Philipp an den Zugang zum Elisabethenschrein, wo die Gebeine der heiligen Elisabeth, der Ahnfrau des hessischen Fürstenhauses und Ikone der Volksfrömmigkeit, in einem kunstvoll verzierten Behälter aufbewahrt wurden. Etwa 150 Personen aus Adel, Bürgerschaft und den niederen Schichten drängten nun in die Küsterei der Kirche, wo der Reliquienschrein stand. Philipp verlangte nach dem Schlüssel, der Landkomtur Wolfgang Schutzbar von Milchling, Vorsteher der Marburger Deutschordensballei, verweigerte jedoch die Herausgabe. Die Situation spitzte sich zu. Es wurde verhandelt, gefordert und gedroht, aber der Komtur blieb bei seiner Weigerung. Schließlich ließ Philipp die Schlösser aufbrechen und den Schrein öffnen. Mit den Worten »Kum her, mum Els. Das ist mein elder Mutter *(meine Ahnfrau)*, her cometur« entnahm er die Gebeine und ließ sie zusammen mit dem Schädel, der in einem besonderen Reliquar aufbewahrt wurde, auf das Marburger Schloss bringen.[70]

Die Elisabethkirche in Marburg. Lithographie, 1835

So kühn, tolerant und besonnen Philipp und die evangelischen Theologen in Glaubensfragen agierten, so sehr blieb der Landgraf im politisch-militärischen Handeln andererseits den Mustern seiner Zeit verhaftet.

Zwar unterschied er sich auch hier gelegentlich vom blinden Wüten anderer Herren, etwa nachdem er im Bauernkrieg 1525 den Aufstand der hersfeldischen und fuldaischen Bauern niedergeworfen und kräftig dabei geholfen hatte, den legendären Mühlhäuser Haufen bei Frankenhausen am Kyffhäuser zu besiegen.

Er beteiligte sich anschließend nämlich nicht an der gnadenlosen Vernichtung der geschlagenen Bauern durch seine fürstlichen Kollegen, sondern verbot vielmehr seinen Truppen Ausschreitungen, ging besonders krassen Missständen nach und gewährte einigen flüchtigen Bauernführern sogar Asyl im Lande. Meistens jedoch verhielt er sich, wie es zu seiner Zeit üblich war, wie im Falle der so genannten Packschen Händel, die beinahe zum Krieg Kursachsens und Hessens gegen die katholischen Bundesgenossen geführt hätten.

Am 21. April 1526 hatten sich die wichtigsten Reichsstädte zu einem Geheimbündnis zusammengeschlossen. Der Protestantismus war zu einer politisch-militärischen Größe geworden. Philipp wünschte einen europäisch-protestantischen Bund mit Kursachsen, Hessen und den evangelischen Schweizer Eidgenossen. Doch im Sommer des folgenden Jahres war Kaiser Karl V. in Augsburg das erste Mal nach längerer Zeit wieder persönlich bei einem Reichstag erschienen. Er wähnte sich in seiner Machtfülle in Deutschland und Europa stark und unbesiegbar und sah die Zeit gekommen, mit allen Mitteln gegen die protestantischen Mächte vorzugehen. Der folgende Reichstagsabschied war eine klare Kriegerklärung gegen sie, und die evangelischen Stände verließen den Reichstag. 1528 legte dann der sächsische Vizekanzler Dr. Otto von Pack Papiere vor, die ein Offensivbündnis der Altgläubigen gegen die Lutheraner zu beweisen schienen. Daraufhin bereitete Philipp einen Feldzug gegen die Bistümer Würzburg und Bamberg vor, bekämpfte den Wetterauer Grafenverein und erpresste vom Mainzer Erzbischof den Verzicht auf die geistliche Gerichtsbarkeit. Die »Händel« erwiesen sich zwar als Fälschung, sie schienen Philipp jedoch gerade recht gekommen zu sein.

Auf dem Reichstag in Speyer im Jahre 1529 traten dann die Konflikte mit dem Reich in scharfer Form hervor. Im Abschied wurden sämtliche kirchlichen Veränderungen seit 1526, besonders auch in Hessen, reichsoffiziell verurteilt. Daraufhin protestierten die Fürsten der Reformation und eine Anzahl von Reichsstädten energisch und verbaten sich die Eimischung in religiöse Fragen. Ihr Widerspruch führte zu der Bezeichnung »Protestanten«.

Nach diesen Vorgängen waren sie gewarnt. Am 27. Februar 1531 schlossen sie sich im thüringischen Schmalkalden zum ›Schmalkaldischen Bund‹ zusammen: sechs Fürsten und zehn Städte, allesamt Anhänger der Augsburgischen Konfession, die so genannt wurde, nachdem Philipp Melanchton beim Reichstag die gemäßigte Bekennerschrift ›Confessio Augustana‹ vorgelegt hatte. Zu diesem Bund gehörten auch die vier oberdeutschen Städte Straßburg, Konstanz, Lindau und Memmingen, die sich zur ›Confessio Tetrapolitana‹ (Bekenntnis der vier Städte) zusammengefunden hatten. An der Spitze des Bundes standen

Kurfürst Johann von Sachsen und Landgraf Philipp von Hessen, die zu dieser Zeit die führenden Figuren des Protestantismus in Deutschland waren. Gegen den Kaiser und das Haus Habsburg baute Philipp nun das Bündnis aus, gewann auf europäischer Ebene Frankreich hinzu und nahm Verbindung mit England, Dänemark und Ungarn auf. Unter Philipps Führung betrieb man so eine Art Großmachtpolitik. Selbst das katholische Bayern, das sich dem Kaiser widersetzte, stand dem Schmalkaldischen Bund nahe. In einem ebenso frechen wie kühnen Unternehmen führte Philipp im Frühjahr 1534 Herzog Ulrich von Württemberg, der zuvor, im Jahre 1526 als Flüchtling in Kassel aufgenommen worden war, in dessen von den Habsburgern besetztes Herzogtum zurück, aus dem ihn 1519 der schwäbische Bund vertrieben hatte. Daraufhin trat auch Württemberg dem Schmalkaldischen Bund bei, und Philipp schien bei seinem Versuch, den Protestantismus auch politisch zu organisieren, von Erfolg zu Erfolg zu eilen. 1538 verabredeten jedoch König Ferdinand sowie etliche mittel- und norddeutsche Fürsten in Nürnberg ein katholisches Gegenbündnis, das ebenfalls rasch wuchs. Neben Dänemark, Brandenburg und Mecklenburg traten auch die Herzöge von Sachsen der jüngeren albertinischen Linie diesem Bündnis bei. Zwar handelte es sich in beiden Fällen eigentlich um Defensivbündnisse, man belauerte sich jedoch gegenseitig, trotz wiederholter friedlicher Religionsgespräche und vieler Kontakte, in ständiger Furcht, die anderen könnten zuerst losschlagen.

Kaiser Karl V. hingegen bekämpfte den Schmalkaldischen Bund offensiv. Es mag sein, dass Philipp, der stets auf Ausgleich bedacht war, die kriegerische Absicht des Kaisers verkannte – vielleich sind solche Vermutungen aber auch nur der Versuch der Geschichtsschreibung, die nun folgende Entwicklung zusätzlich zu dramatisieren: Hier der eher gutmütige Landgraf, der auf Argumente und Vernunft setzte, dort der starke, kriegsentschlossene Kaiser. Wie dem auch sei, es geschah etwas Einmaliges, das offenbar den Niedergang des Landgrafen einleitete.

Philipp hatte sich wie sein Vater Wilhelm II. durch ein ungeregeltes Sexualleben die Syphilis in schwerer Form zugezogen. Zudem litt er an einer seltenen geschlechtlichen Anomalie, die im Medizinerjargon ›Triorchie‹ heißt: Er besaß drei Hoden und ein – vielleicht deshalb – kaum zu befriedigendes Sexbedürfnis. Das führte zu Gewissensnöten und erheblichen Selbstzweifeln. Mit anderen Worten: Die Beziehung zu seiner Frau, Christine von Sachsen, mit der er vier Söhne und sechs Töchter hatte und die er auch aus bündnispolitischen Gründen geheiratet hatte, war unglücklich, ja zerstört. In einem seinerzeit einmaligen Akt verfiel er der Bigamie: Er heiratete zusätzlich seine siebzehnjährige Geliebte,

Margarethe von der Sale, ein Hoffräulein seiner Schwester Elisabeth von Sachsen-Rochlitz. Das geschah am 4. Mai 1540 in Rotenburg an der Fulda. Luther und Melanchton hatten ihm, vielleicht unter Druck, Zustimmung signalisiert. Das Ganze hätte eigentlich geheim bleiben sollen, sprach sich im gesamten Reich aber schnell herum und wuchs sich zum Skandal des Jahrhunderts aus. Auf Bigamie stand nach der kaiserlichen Halsgerichtsordnung die Todesstrafe, also war Philipp als Bigamist der Gnade des Kaisers preisgegeben. Der Schmalkaldische Bund wurde dadurch aufs Höchste strapaziert. Der Kaiser konnte sich die evangelischen Lande am Niederrhein ohne Widerstand aneignen, und bald sah er die Stunde gekommen, gegen die Protestanten zu Felde zu ziehen. Er löste 1546 auf dem Reichstag zu Regensburg Bayern aus der antihabsburgischen Politik und verpflichtete das Land zur Neutralität. Zudem schlugen sich mehrere evangelische Fürsten auf Karls Seite, zu Philipps großem Schmerz war auch sein Schwiegersohn Moritz von Sachsen darunter. Der Schmalkaldische Bund hatte 15 Jahre Frieden gebracht, nun war es um ihn geschehen.

Zwar hielten die ›Bundeshauptleute‹ Kurfürst Johann Friedrich von Sachsen und Landgraf Philipp zusammen, die Katastrophe war aber nicht mehr aufzuhalten. Anfang Juli 1546 vereinigten sich die Schmalkaldischen Truppen in Süddeutschland, und es sah zunächst nach einer starken, vereinigten Streitmacht aus. Da griff Philipps Schwiegersohn Herzog Moritz die Kurlande seines Vetters Johann Friedrich an, und der sächsische Kurfürst eilte mit seinen Truppen von der Donau in sein Land zurück. Daraufhin zerstreuten sich die Schmalkaldischen Resttruppen an der Donau, und der Kaiser nahm in Württemberg eine Stadt nach der anderen ein.

Am 24. April 1547 nahm Karl V. auf der Lochauer Heide bei Mühlberg den sächsischen Kurfürsten mit seinen Truppen gefangen. Auch Philipp verlor dabei seine Streitmacht. Nach monatelangen Kapitulationsverhandlungen unterwarf er sich am 19. Juni in Halle mit Kniefall der Gnade des Kaisers. Er wurde zwar nicht hingerichtet, musste aber fünf Jahre in kaiserlicher Gefangenschaft in den Niederlanden verbringen, wobei er in der ständigen Furcht lebte, nach Spanien in des Kaisers Stammland verschleppt zu werden, um für immer von der Bildfläche zu verschwinden.

Schließlich wurde Philipp im Rahmen der großen Fürstenerhebung 1552 aus der Gefangenschaft befreit. An der Spitze des Befreiungsheeres standen sein Sohn Wilhelm und der Kurfürst Moritz von Sachsen. Hessen hatte die Zeit ohne den Herrscher mehr oder weniger unbeschadet überstanden. Der protestantische Staat hatte sich mit seinen Institutionen wie Kirche, Beamtenschaft, Adel und Bürgertum als stabil erwiesen.

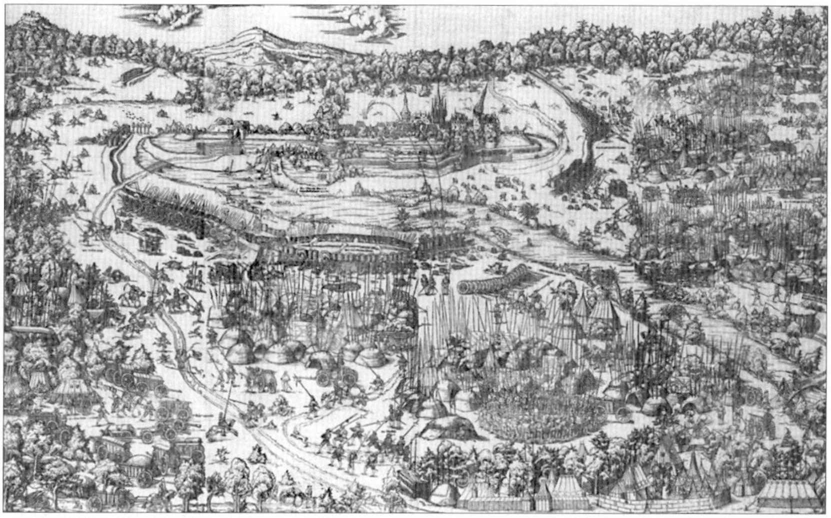

Ansicht einer Stadtbelagerung. Eine Bildzeitung von Lucas Cranach d. Ä. aus dem Jahr 1542

Anders gesagt: Der vormoderne Staat war so gefestigt, dass er sich auch ohne die Gegenwart des Regenten als lebensfähig hatte erweisen können. Im Augsburger Religionsfrieden von 1555 schließlich wurde das Nebeneinander der katholischen Kirche und des Protestantismus im Rahmen der Reichsgesetze festgeschrieben. Bis zu seinem Tod am 31. März 1567 in Kassel blieben Philipp nach der Befreiung aus der Gefangenschaft des Kaisers noch 15 Jahre. Es heißt, er sei in diesen Jahren, geläutert durch Niederlagen, religiöse, politische und familiäre Kämpfe, bestrebt gewesen, zwischen den evangelischen Bekenntnissen zu vermitteln und den Krieg als politisches Mittel hintanzustellen.

Sein Land hatte durch die Kriege, Besetzungen und Reparationskosten stark gelitten, wenn es auch politisch stabil geblieben war. Es heißt, Philipp habe die letzte Lebenszeit auf den mühseligen und geduldigen Wiederaufbau verwandt. Vielleicht nannte man ihn, der sich großer Sünden schuldig gemacht hatte, auch deshalb *»Philippus Magnanimus«*, Philipp den Großmütigen. Er war eine herausragende Gestalt nicht nur der hessischen Geschichte.

Es mag sein, dass die Legendenbildung für eine wahrheitsgetreue Geschichtsschreibung nicht förderlich ist. Das lebendige historische Gedächtnis aber ist auf Legenden, Sagen und Geschichten angewiesen, so fragwürdig das durch sie vermittelte Bild auch immer wieder sein mag. So haben sich das Markante an Phillips Gestalt und seine große Beliebtheit besonders in den Sagen niedergeschlagen, die über ihn geschrieben und erzählt wurden. Eines der ältesten und häufigsten Motive dabei ist die Erkundung der Zustände des Landes durch den anonym auftretenden Herrscher:

»Landgraf Philipp pflegte gern unbekannterweise in seinem Land umherzuziehen und seiner Untertanen Zustand zu erforschen. Einmal ritt er auf die Jagd und begegnete einer Bäuerin, die trug ein Gebund Leinengarn auf dem Kopf. ›Was tragt Ihr, und wohin wollt Ihr?‹, fragte der Landgraf, den sie nicht erkannte, weil er in schlechten Kleidern einherging. Die Frau antwortete: ›Ein Gebund Garn, damit will ich zur Stadt, dass ich es verkaufe, und die Schatzung und Steuer bezahlen kann, die der Landgraf hat lassen ausschreiben; des Garns muß ich selber wohl an zehn Enden entraten‹, und klagte erbärmlich über die böse Zeit. ›Wieviel Steuer trägt es Euch?‹ sprach der Fürst. ›Einen Ortsgulden‹, sagte sie; da nahm er sein Säckel, zog so viel heraus, und gab ihr das Geld, damit sie ihr Garn behalten könnte. ›Ach nun lohn's Euch Gott, lieber Junker‹, rief das Weib, ›ich wollte, der Landgraf hätte das Geld glühend auf seinem Herzen!‹ Der leutselige Fürst ließ die Bäuerin ihres Weges ziehn, kehrte sich gegen sein Gesinde um, und sprach mit lachendem Mund: ›Schauet den wunderlichen Handel! Den bösen Wunsch hab ich mit meinem eigenem Geld gekauft.‹«[71]

Hugenotten in Hessen

Es ist nicht vollkommen geklärt, woher der Begriff ›Hugenotten‹ stammt; man nimmt aber an, dass es sich um eine französische Verballhornung von ›Eidgenossen‹ handelt. Seit der Mitte des 16. Jahrhunderts verbreitete sich der Calvinismus von der Schweiz aus in Frankreich; die französischen Protestanten formulierten 1559 auf ihrer ersten Nationalsynode in Paris ihr Bekenntnis ›Confessio Gallicana‹.

Nach blutigen Konfessionskriegen wurden den Hugenotten von den französischen Königen politische Sonderrechte und Ansätze von Religionsfreiheit gewährt. Aber schon 1685 wurden ihnen im sogenannten Revokationsedikt von Fontainebleau unter Ludwig XIV. die Rechte wieder aberkannt. Die Hugenotten konnten sich nur noch als ›Église du désert‹ (Kirche der Wüste) halten. 200 000 von ihnen wanderten daraufhin aus; sie nannten sich ›Réfugiés‹, Flüchtlinge. Diese Réfugiés sollten für die wirtschaftliche und kulturelle Entwicklung der Gastländer von erheblicher Bedeutung werden.

Zwischen Hessen und Frankreich bestanden schon unter Landgraf Philipp dem Großmütigen enge Beziehungen. Philipp hatte als führende Figur des deutschen Protestantismus die Bedeutung der calvinistischen Bewegung für den Kampf gegen den Universalanspruch der katholischen Monarchie unter Kaiser

Karl V. erkannt. Durch Franz Lambert von Avignon und Martin Bucer aus Straßburg gewannen die calvinistischen Strömungen schließlich großen Einfluss auf die hessischen Protestanten, und Landgraf Moritz der Gelehrte führte mit den ›Verbesserungspunkten‹ 1605 den Calvinismus in Hessen-Kassel ein. Das führte 1615 zur Gründung einer ersten französischen Gemeinde in Kassel. Das gemeinsame Glaubensbekenntnis erleichterte dann die Ansiedlungen von Hugenotten in Hessen. Die Niederhessische Kirche spielte schließlich im 17. Jahrhundert die größte Rolle für den Calvinismus in Deutschland.

Nach 1685 wurden in Kurhessen 21 Orte neu gegründet. Darunter befanden sich die Städte Karlshafen und Kassel-Oberneustadt. Unter allen deutschen Staaten hat Hessen-Kassel im Verhältnis zur Größe und Bevölkerung des eigenen Landes die meisten Réfugiés aufgenommen. Dabei trat ganz besonders Landgraf Karl von Hessen hervor. Mit seiner am 18. April 1685 erlassenen ›Freiheitskonzession und -begnadigung‹ bot er den Hugenotten an, in sein Land zu kommen.

Die bedeutendste Hugenotten- und Waldensersiedlung in Hessen ist zweifellos bis heute Bad Karlshafen; denn dort hat das Deutsche Hugenotten-Zentrum mit Archiv und Museum ebenso seinen Sitz wie die Deutsche Hugenotten-Gesellschaft. (Die Waldenser beriefen sich auf die Lehre des Petrus Waldus, der um 1150 als Kaufmann in Lyon lebte. Als Ketzer wurden sie von der mittelalterlichen Kirche verfolgt. Im 16. Jahrhundert schlossen sie sich der calvinistischen Lehre an, und sie wurden dann wie die Hugenotten bekämpft und verfolgt.)

1699 wurde Sieburg, das erst 1717 nach dem Landgrafen Karlshafen genannt wurde, gegründet. Karl hatte mit dieser markanten Hugenottensiedlung kühne wirtschaftliche Pläne verbunden. Mit einem neu angelegten Hafen an der Weser wollte er ein ›hessisches Tor zur Welt‹ schaffen. Außerdem sollte ein Kanal Kassel mit der Mündung der Diemel in die Weser verbinden. Damit aber hatte sich der Landgraf übernommen. An das überdimensionierte Projekt erinnert noch heute das Hafenbecken in Bad Karlshafen.

Schon 1688 war nach den Plänen des berühmten Architekten Paul du Ry Kassel-Oberneustadt als Planstadt entstanden, und diese Hugenottenkolonie sollte bald zum Mittelpunkt im hessischen ›Refuge‹ werden: so nannten die ›Réfugiés‹ ihre Gebiete; der Ausdruck wird noch heute verwendet.

Die Orte Hombressen, Hümme, Immenhausen, Grebenstein und Frankenhausen nahmen für kürzere oder längere Zeit Hugenotten auf; eigene, ländliche Siedlungen entstanden mit Carlsdorf und Mariendorf (nach der Gemahlin des Landgrafen, Maria Amalia von Kurland). In einer zweiten Besiedlungswelle kamen Hugenotten nach Wolfhagen, Hofgeismar und Helmarshausen, nach Vacha, Hersfeld, Philippsthal und Treysa.

Die meisten Réfugiés siedelten in ländlichen Gebieten. Oft kultivierten sie Wüstungen oder Plätze, die kaum noch bewirtschaftet wurden. Später kam es häufig zu Konflikten mit der alteingesessenen Bevölkerung, die die Nutzungsrechte an Äckern, Weiden und Wäldern einklagte. Als weitere ländliche Kolonien in der nordhessischen Region sind Leckringhausen, Kelze, Schöneberg oder St. Ottilien zu nennen, die in den neunziger Jahren des 17. Jahrhunderts gegründet wurden. Friedrichsdorf bei Hofgeismar verdankt seinen Namen Landgraf Friedrich II. von Hessen-Kassel, der den Ort 1775 gründete, um Platz für die Réfugiés aus Kelze zu schaffen, die dort keinen Platz mehr fanden. Gewissenruh und Gottestreu heißen zwei Dörfer, die 1722 an der Weser zur Aufnahme von Waldenserfamilien geschaffen wurden.

Seit Ende des 17. Jahrhunderts haben Hugenotten in Hessen-Kassel einen festen Platz in Kultur und Geschichte des Landes und der Hauptstadt. Der Physiker Denis Papin aus Blois wirkte in Kassel als Pionier der Dampfkraft und des Luftdrucks; die Architektenfamilie du Ry prägte in drei Generationen die Stadtbilder von Kassel und Karlshafen. Erst im 20. Jahrhundert machte man sich bewusst, dass die berühmte Märchenerzählerin Dorothea Viehmann (die ›Viehmännin‹) hugenottischer Herkunft war. In den deutschen Volksmärchen der Brüder Grimm fand man nun deutliche Spuren der französischen Kunstmärchen.

Zentrum hugenottischer Besiedlungen war gewiss die Landgrafschaft Hessen-Kassel. Aber auch in den südhessischen Gebieten wurde die Ansiedlung der Réfugiés gefördert. Landgraf Friedrich II. von Hessen-Homburg soll gesagt haben: »Lieber will ich mein Silbergerät verkaufen als diesen armen Leuten die Aufnahme versagen.« In der Grafschaft entstanden ab 1685 die Ansiedlung Homburg-Neustadt (›Louisenstadt‹), ab 1687 Friedrichsdorf und 1699 schließlich die Waldensersiedlung Dornholzhausen.

Walldorf (-Mörfelden) und das südlich von Darmstadt gelegene Rohrbach-Wembach-Hahn gehen auf Waldensergründungen in der Landgrafschaft Hessen-Darmstadt zurück. In Nassau-Usingen wies der Fürst im Jahre 1699 30 hugenottischen Handwerker- und Kaufmannsfamilien Bauplätze in der Usinger ›Neustadt‹ zu. Hier assimilierten sich die Flüchtlinge rasch, und schon 1715 kam es zur Vereinigung der Usinger Alt- und Neustadt.

Johann Philipp, Graf zu Isenburg und Büdingen, residierte seit 1687 in Offenbach, wo er 1698/99 hugenottische und waldensische Flüchtlinge aufnahm.

1985 gedachte man der 300-jährigen hugenottischen Tradition in Hessen mit einer großen Ausstellung im Museum Fridericianum in Kassel. Noch heute bildet der dazu erschienene Katalog ein gründliches und spannendes Kompendium der vielfältigen Einflüsse der Réfugiés.

Der Konflikt um das Marburger Erbe

Als Philipp der Großmütige am 10. September 1552, nach seiner Heimkehr aus der Gefangenschaft in den Niederlanden, die Professoren der Marburger Universität feierlich im Schloss empfing, wurde sein Sohn, der junge Landgraf Wilhelm IV., einmütig als Befreier des Vaters gefeiert. Ein Rhetorik-Professor schrieb sogar ein Gedicht auf den bewunderten Held. Zwei Tage darauf kehrte Philipp in die Hauptstadt Kassel zurück. In der Gefangenschaft war ihm genug Zeit geblieben, über den Schrecken des Krieges und die Vorzüge des Friedens nachzudenken.

»Dulce bellum inexpertis« – »Der Krieg ist süß für die, die ihn nicht kennengelernt haben« – so lautete seine schließlich errungene Altersweisheit. Und diese Worte schrieb er als Mahnung für seine Söhne am 25. Februar 1562 in sein Testament. Am 31. März 1567 starb er in Kassel. Sein Tod löste unter den Söhnen erst Unfrieden, später einen grausamen Streit aus, dessen Folgen bis ins Jahr 1650 andauerten. Unter dem Namen »Der Bruderzwist im Hause Hessen« ist er in die Geschichtsbücher eingegangen.

Und wieder zeigte sich, dass zwar die Strukturen des Staates gestärkt waren, dass eine professionelle Beamtenschaft für eine geregelte Verwaltung sorgte und die persönlichen Lehensverhältnisse allmählich durch abstraktere Rechtsbeziehungen abgelöst wurden; noch aber war ein Landesherr, ein Landgraf und Reichsfürst in der Lage, ›sein‹ Land, ›seine‹ Grafschaft zu prägen, sie in Erbstreitigkeiten aufzureiben, in Kriegen zu verwüsten oder mit wissenschaftlichen Projekten zu fördern.

Blickt man heute auf den ›hessischen Bruderzwist‹ zurück, vermag man es kaum zu fassen, wie sehr Hessen durch ihn bestimmt war und zu leiden hatte – obwohl doch im Reich solche Streitigkeiten seinerzeit an der Tagesordnung waren.

Blicken wir einmal auf das hessische Gebiet in der Gestalt, die es 1567, nach dem Tod Philipps des Großmütigen, hatte. Im Norden grenzte die Landgrafschaft Hessen an das Bistum Paderborn und das Herzogtum Braunschweig, im Westen an die geistlichen Kurfürstentümer Köln und Trier und die Grafschaften Hanau und Solms mit ihren Seitenlinien sowie Sayn-Wied. Im Osten stieß Hessen an das Herzogtum Sachsen, die Abtei Fulda und Teile des Erzbistums Mainz. Im Süden schließlich grenzte es an die Grafschaften Isenburg und Erbach und das Bistum Worms.

In diesen Grenzen hatte Philipp mit einigem Erfolg die großen Ideen und Bewegungen seiner Zeit, Renaissance, Humanismus und Reformation, aufgegriffen und in hohem Maße realisiert. Über die Grenzen seiner Herrschaft hinaus mag er mit seinen evangelischen Bundesgenossen für einen etwas liberaleren, toleranteren, etwas aufgeklärteren Staat eingetreten sein. Jedoch konnte der Erfolg nicht dauerhaft bleiben, denn das Reich war – wie sich bald in noch stärkerem Maße zeigen sollte – durch Erbfolgekriege, Religionskämpfe und die Herrschaftsgelüste einiger Potentaten zerstört und zerrissen.

Philipp hätte es gern gesehen, wenn seine vier ehelichen Söhne in der Lage und bereit gewesen wären, die Landgrafschaft Hessen gemeinsam zu regieren. Das waren sie aber keineswegs. In seinem Testament hatte Landgraf Philipp für den befürchteten Fall, dass sich der erstgeborene Wilhelm IV. (1532–1592), Ludwig IV. (1537–1604), Philipp, genannt der Jüngere (1541–1583) und Georg (1547–1596) nicht auf eine – schwierige – gemeinsame Regierung einigen könnten, die Aufteilung Hessens unter ihnen vorgesehen, und dazu kam es schließlich auch.

Was aber würden die sieben Söhne aus seiner umstrittenen, manche sagen, verhängnisvollen Ehe ›linker Hand‹ (ein merkwürdiger Begriff, denn eine solche Ehe war niemals vorgesehen) dazu zu sagen haben? Dazu später mehr.

Die problematische und wohl auch ungerechte Aufteilung der Landgrafschaft barg reichlich Sprengstoff, wie sich bald zeigen sollte. Zwar einigten sich die vier Söhne auf einige wichtige, gemeinsam wahrgenommene Aufgaben, die territoriale Aufspaltung der Landgrafschaft aber wurde nun vollzogen.

Niederhessen (Hessen-Kassel) kam an Landgraf Wilhelm IV., Landgraf Ludwig IV. bekam Oberhessen (Hessen-Marburg), die Niedergrafschaft Katzenelnbogen (Hessen-Darmstadt) ging an Landgraf Philipp den Jüngern und Landgraf Georg I. bekam die Obergrafschaft Katzenelnbogen (ebenfalls Hessen-Darmstadt). Alle trugen den Titel ›Landgraf‹ und führten dasselbe Wappen, und man verstanden sich zunächst auch als eine Art getrennt regierendes Kollektiv. Wilhelm IV. galt auch deshalb, weil er den Vater aus der Gefangenschaft befreit hatte und über die größte Erfahrung im Regierungsgeschäft verfügte, als »Primus inter Pares«, als Erster unter Gleichen.

Hessen-Kassel machte etwa die Hälfte der Landgrafschaft Hessen aus. Damit gebot Landgraf Wilhelm IV. aber auch nur über etwa 175 000 Einwohner auf einer Fläche von 6100 qkm. Von der verbleibenden Hälfte Hessens bekam Landgraf Ludwig IV. wiederum eine Hälfte, nämlich Hessen-Marburg. Die beiden anderen Söhne mussten sich das übriggebliebene Viertel des Landes teilen. Dem so aufgeteilten Gebiet standen am Anfang die noch gemeinsam verwalteten Angelegenheiten gegenüber. Dazu gehörten die kirchliche Verwaltung, die Landeshospitäler, die Universität Marburg und das Rechtswesen. Die hessische Kirchenordnung von 1566 wurde 1574 gestrafft und als verbindlich erlassen. In Teilen blieb sie bis 1806 unverändert. Auch die Generalsynode hatte bis 1582 Bestand, und die Confessio Augustana, das lutherische Bekenntnis von 1530, blieb zunächst für alle verbindlich. 1576 hatten die hessischen Stände auf dem Treysaer Landtag den so genannten Treysaer Anschlag beschlossen – die Regelung der allgemeinen Landsteuer zur Reichshilfe. Dieser ›Anschlag‹ galt in Teilen bis zum Ende des Alten Reichs. Wenn auch gegen diese Regelung immer wieder verstoßen wurde, zeigte sich hier doch der nicht gering zu schätzende Einfluss der Stände, und mit ihnen sollte die Regierung immer wieder in Konflikt geraten. Gegen die Stände, gegen Adel, Städte und Ritterschaft zu regieren, bekam auf Dauer keinem Herrscher. Bei der Betrachtung der damaligen Verhältnisse muss immer daran erinnert werden, dass ein Landgraf oder Fürst bei aller Entscheidungsmacht die Balance mit den Instanzen des Reichs und des eigenen Landes zu suchen hatte.

Was aber geschah mit Philipps sieben Söhnen aus der Nebenehe mit Margarethe von der Sale? Die im Städtchen Spangenberg residierende ›Nebenfrau‹ hatte zäh um Titel und Erbrechte für ihre Söhne gekämpft. Sie starb am 6. Juli 1566, also kurz vor Philipp, im Alter von 43 Jahren. Die Söhne erhielten den Titel ›Grafen von Diez‹ und wurden mit den Ämtern von Bickenbach und Umstadt, mit Homburg vor der Höhe und den althessischen Ämtern Lißberg, Ulrichstein, Schotten und Stornfels abgefunden. Am 20. April 1603 starb der letzte von ihnen, Graf Christoph Ernst von Diez, als Häftling in der Festung Ziegenhain. Zwei seiner Brüder, Albrecht und Philipp Konrad, waren im Frühsommer 1569 als Offiziere im katholischen Heer König Karls IX. von Frankreich und Bourges am Fieber gestorben: ›schrecklicher als das Vieh‹ wie ein Chronist vermerkt, aber seiner Ansicht nach durchaus verdient, weil sie nicht katholisch waren, wie er schreibt. Philipp von Diez, der sich ›Landgraf von Hessen‹ nannte, fiel im Kampf in französischen Diensten ebenfalls 1569. In dänischen Diensten starb Graf Hermann, als Tübinger Student Graf Ernst, Moritz starb 1575. Christoph Ernst hatte sich die Hinterlassenschaften seiner Brüder unter den Nagel gerissen und sich als eine Art Raubritter mit schrecklichen Spießgesellen auf Burg Ulrichstein im Vogelsberg niedergelassen. Die legitimen Halbbrüder und amtierenden Landgrafen waren sich am 6. April 1570 noch einmal einig gewesen und ließen den Bösewicht in einer nächtlichen Aktion festnehmen und in Ziegenhain einkerkern – späte Rache an den Grafen von Diez, die sie immer verachtet und bekämpft hatten. Das Schicksal dieser sieben Söhne aus der ›Ehe linker Hand‹ Philipps des Großmütigen zeigt, wie wenig Familienbande oder die Zugehörigkeit zu einem Herrschaftsgebiet zählten, wenn man in den Diensten irgendeines fremden Herren nur einigermaßen gesichert unterkommen konnte.

Am 28. Mai 1568 unterschrieben die vier Söhne aus Philipps erster Ehe in der Landesfestung Ziegenhain den so genannten erblichen Brüdervergleich, der dann von den Landesständen verbürgt wurde. Damit war die Teilung Hessens festgeschrieben.

Bevor jedoch das weitere Schicksal der nun getrennten hessischen Territorien unter Philipps Söhnen beschrieben wird, werfen wir einen Seitenblick auf die nassauische Residenzstadt Dillenburg, wo zur selben Zeit, am 14. April 1568, Abgesandte der aufständischen niederländischen Provinzen Prinz Wilhelm von Nassau-Oranien die Führung ihres Kampfes gegen König Philipp II. von Spanien übertrugen. Der älteste Sohn Graf Wilhelms des Reichen von Nassau-Dillenburg hatte mit dem niederländischen Besitz seines Vetters René auch das Fürstentum Orange in der Provence geerbt. Daher stammt der Name der Oranier. Wilhelm von Oranien war am Hof Kaiser Karls V. in Brüssel aufgewachsen und später Feldherr in spanischen Diensten geworden. Nun aber wurde er zum Wortführer der niederländischen Opposition, deren Aufstand trotz militärischer Rückschläge letztlich erfolgreich war. Wilhelm von Nassau-Oranien wurde bei der Führung der Erhebung von den deutschen Verwandten, insbesondere von seinem jüngeren Bruder Johann VI. von Nassau-Dillenburg, unterstützt. Auch nach der Ermordung Wilhelms von Oranien im Jahre 1584 blieben die Nassauer weiterhin Erbstatthalter der Niederlande.

In Dillenburg hatte sich ein intellektuelles Klima entwickelt, das für den Widerstand gegen die spanischen Besatzer in den Niederlanden von größter Bedeutung war. Hier wurden Streitschriften und Begründungen für die Auflehnung gegen Herzog Alba verfasst. Die Gegner Oraniens nannten Dillenburg ein »Rattennest« der schlimmsten Sorte.

Und noch eine weitere Entwicklung sollte für die hessische Geschichte große Bedeutung erlangen: Graf Johann VI. von Nassau-Dillenburg trat 1577/78 zum Calvinismus über. 1584 begann an der von ihm neu begründeten Hohen

Einzug Wilhelms von Oranien in die Hafenstadt Antwerpen am 18. September 1577. Aus den »Geschichtsblättern« des Kölner Verlegers Franz Hogenberg.

Schule von Herborn der Vorlesungsbetrieb. An dieser Akademie wirkten nun reformierte Theologen, die den Untertanen den Calvinismus nahezubringen hatten. Der Wetterauer Grafenverein unterstütze diesen ersten Versuch, auf nicht reichsfürstlichem Territorium eine Hochschule zu begründen. Zwar erhielt die Hohe Schule in Herborn nie den vollen Rang einer Universität, für die Stärkung und Ausbreitung der calvinistischen Lehre aber war die Einrichtung außerordentlich wichtig. Hier wurde ein calvinistisches Staatsrecht formuliert, hier lehrten europäische Größen wie der berühmte tschechische Pädagoge und Philosoph Amos Comenius oder der Theologe Johannes Piscator, dessen in Herborn gedruckte Bibelübersetzung weit verbreitet war.

Die unmittelbare Nähe dieser calvinistischen Hochburg zu Hessen sollte für das Land ebenso wichtig werden wie die spätere Ehe von Moritz, dem Sohn Landgraf Wilhelms IV. von Hessen-Kassel, mit Juliane von Nassau. Aber wenden wir uns nach diesem Exkurs wieder den vier Söhnen Philipps des Großmütigen zu.

Landgraf Wilhelm IV. von Hessen. Anonymer Stich um 1637

Als ›Senior‹ unter den Landgrafen galt Wilhelm IV. von Hessen-Kassel. Es heißt, er habe unter der Ehetragödie seiner Eltern sehr gelitten. Er stotterte und lispelte und heiratete selbst sehr spät. Heute würde man seine ›Behinderungen‹ wahrscheinlich auf die Verhältnisse zurückführen, die ihm insbesondere der Vater zugemutet hatte.

Wegen seiner ausgeprägten wissenschaftlichen Interessen nannte man ihn auch Wilhelm den Weisen. Er bildete sich auf ausgedehnten Reisen und machte den Kasseler Hof zu einem internationalen wissenschaftlichen Zentrum. Auf dem Söller des Kasseler Schlosses ließ er die erste Sternwarte in Europa errichten, und der berühmte dänische Gelehrte Tycho Brahe kam eigens nach Kassel, um hier die neuesten Techniken astronomischer Forschung zu studieren. In seinem botanischen Garten ließ er – ebenfalls als erster – Kartoffeln anbauen. Er galt als defensiver Politiker, vielleicht baute er deshalb Kassel zu einer der bedeutendsten Festungen Deutschlands aus. Als einer der ersten Herrscher im Reich war er bereit, den niederländischen Aufständischen zu helfen, gewährte Wilhelm von Oranien Kredite und unterstützte 1568 auch militärisch den Aufstand, womit er sich gegen die strengen Lutheraner stellte, die das Reich von den niederländischen Unruhen um jeden Preis freihalten wollten. Er pflegte enge Kontakte mit führenden Hugenotten, was ihn aber nicht zum Anhänger der Reformierten machte. Vielmehr war er immer bestrebt, zwischen den theologischen Schulen und den sich bekämpfenden konfessionellen Strömungen zu vermitteln. Er pflegte das gute Verhältnis zu Kursachsen und Kurbrandenburg, mit denen Erbeinigung bestand. Besonders wird stets seine Gewissenhaftigkeit betont, die über Hessen-Kassel hinaus als Pedanterie gefürchtet war.

Aber Wilhelm IV. war nicht nur Astronom, Mathematiker und innovativer Botaniker; zusammen mit seinen Räten, von denen viele schon seinem Vater beigestanden hatten, stellte er die Verwaltung auf solide Füße. 1580 wurde das neue Regierungsgebäude in Kassel, der Renthof, seiner Bestimmung übergeben. Hier waren alle wichtigen Behörden der Landgrafschaft unter einem Dach versammelt. In einem ›Dorfbuch‹ waren alle Ortschaften mit Einwohnerzahl, Dienstpflichten, Gerichts- und Herrschaftsrechten verzeichnet. In zwei voluminösen Handbüchern des ›Ökonomischen Staats‹ von 1585 wurden haarklein die herrschaftlichen und adligen Besitzungen der Landgrafschaft erfasst, womit zum ersten Mal eine exakte statistische Grundlage der Verhältnisse im Staate zur Verfügung stand.

Als Feind jeder Form von Verschwendung wollte Wilhelm auch seine Untertanen zur Mäßigung verpflichten.

Bei aller Friedfertigkeit und ökonomischen Rationalität hatte er aber durchaus Sinn für sichtbare Machtentfaltung. Er baute u.a. die Schlösser von Rotenburg an der Fulda, Schmalkalden, Melsungen, Spangenberg und Eschwege im repräsentativen Renaissance-Stil aus und sammelte in der Kasseler Kunstkammer Goldschmiedearbeiten und Naturkuriositäten.

Er korrespondierte mit Gelehrten in aller Welt und gründete 1580 die Kasseler Bibliothek. Dabei vernachlässigte er den – maßvollen – territorialen Ausbau der Landgrafschaft Hessen-Kassel nicht und war bis zu seinem Tod am 25. August 1592 immer bemüht, als ältester Sohn Philipps des Großmütigen bei den Konflikten mit den Brüdern ausgleichend zu wirken.

1576 legte er, um solche Auseinandersetzungen in seiner Nachfolge einen Riegel vorzuschieben, für seinen Sohn Moritz die Primogenitur fest, das Alleinerbe des erstgeborenen Sohnes.

Ludwig IV. von Hessen-Marburg, der zweitälteste Sohn Philipps, wird meistens als mehr oder weniger bedeutender Auslöser des verhängnisvoll genannten Marburger Erbfolgestreits dargestellt. Dabei war sein Hauptproblem die Tatsache, dass er keine Kinder hatte.

Von seinem Vater Philipp, der ihn wegen seines Hangs zu Alkohol, Spiel und Frauengeschichten für sittlich gefährdet hielt, war er als junger Mann an den Stuttgarter Hof nach Württemberg geschickt worden, das als strenges lutherisches Musterländle galt. Als Landesfürst vergrößerte er später sein Territorium geschickt, verbesserte, ähnlich wie sein Bruder, die Rationalität des Staatswesens und residierte im unbestrittenen Zentrum Hessens, in Marburg. Dort befanden sich zwei nach wie vor wichtige gesamthessische Einrichtungen: die Universität und das Samthofgericht.

1558 war der inzwischen zum Marburger Superintendenten aufgestiegene Adam Krafft als konsequenter Lutheraner gestorben. Auf ihn berief sich Ludwig bei der Abwehr reformierter oder philippistischer Tendenzen (benannt nach Philipp Melanchton). Nun traten die Widersprüche zwischen Wilhelms reformierten Neigungen und Ludwigs streng lutherischer Position offen zutage. Treibende Kraft dabei waren die Theologen der Marburger Universität. Die Generalsynode, eine der letzten Klammern zwischen den hessischen Territorien, scheiterte schließlich, und Wilhelm lenkte die Kirche in Hessen-Kassel mit Hilfe einer eigenen Synode. Nur die Landstände waren noch in einem gesamthessischen Landtag vereint. Im Reich, nach außen also, trieb Ludwig IV. von Hessen-Marburg die klar lutherische Politik auf der Grundlage des Augsburger Religionsfriedens von 1555 voran.

Trotz aller außenpolitischen Erfolge vergrößerten sich im Innern des viergeteilten Hessen nun die Zentrifugalkräfte. Ludwig war mit der Württembergerin Hedwig zwar glücklich, aber, wie schon erwähnt, kinderlos verheiratet. Sie starb mit 43 Jahren an der Wassersucht. Auch eine zweite – wie es heißt fragwürdige – Ehe mit der jungen Maria von Mansfeld hatte keinen ›Erfolg‹. Und so löste sein Testament von 1595 den Marburger Erbfolgekrieg aus. In dessen Verlauf sollte es auch mit Moritz, dem ältesten Sohn Wilhelms IV., der inzwischen in Kassel regierte und zunehmend calvinistische Tendenzen pflegte, zu schwerwiegenden Konflikten kommen.

Richten wir unsere Aufmerksamkeit aber zunächst auf die beiden jüngsten Söhne Philipps, Landgraf Georg I. und Philipp, genannt der Jüngere.

Dieser Philipp herrschte in St. Goar über die niedere Grafschaft Katzenelnbogen. In diesem kleinen Land umgab er sich gern mit großen Prunk und spielte die Rolle eines kunstliebenden lutherischen Renaissancefürsten, der glänzende Feste gab und der Musik wie dem Theater verfallen war. Rasch waren die Finanzen zerrüttet, zumal der kleine Fürst viel trank und wenig um die Ökonomie bekümmert war. Er starb früh und war mit einem Achtel des hessischen Territoriums beinahe ein Landgraf ohne Land.

Georg I., dem die obere Grafschaft Katzenelnbogen mit den Städten Darmstadt, Rüsselsheim, Dieburg und anderen zugefallen war, verfügte über ein ebenso kleines reichsgräfliches Territorium. Begabt mit ökonomischen Talenten kümmerte er sich vorrangig um so praktische Probleme wie die Rheinüberschwemmung und die Trockenlegung von Sümpfen und befasste sich professionell mit Kiefernpflanzungen und Seidenzucht. Auch er orientierte sich in Glaubensfragen am strengen Luthertum seines Marburger Bruders. Er soll so viel gearbeitet haben, dass er kaum Schlaf fand und vielleicht deshalb so früh – nämlich mit 49 Jahren – starb. Wenn jedoch so das Bild eines rationalen und äußerst fleißigen Landgrafen entstanden ist, so muss auch dessen dunkle Rückseite beleuchtet werden.

Entgegen der verbreiteten Ansicht nämlich, Hexenverfolgungen und -verbrennungen habe es vor allem im fernen, finsteren Mittelalter gegeben, sollte hier die Tatsache nicht verschwiegen werden, dass gerade auch im Zeitalter der Reformation der Hexenwahn grassierte. Nicht nur in altgläubigen Gebieten wurde den Hexern und Hexen der Prozess gemacht, sondern zum Beispiel auch im aufgeklärt-lutherischen Darmstadt. Am 26. September 1582 berichtete Georg I. seinem Bruder in Kassel, der ihm empfohlen hatte, in diesem Fall gnädig zu sein, er habe, nunmehr »das Recht ergehen lassen« und den jungen Wolf Weber sowie das Mädchen Anne verbrennen lassen. Seit März 1582 waren bereits rund ein Dutzend Jugendliche und Frauen als Hexer und Hexen hingerichtet worden. Wolf, der Sohn der als Hexe verbrannten ›alten Weberin‹, hatte unter der Folter über einen Hexensabbat am Griesheimner Brunnen berichtet, wo er mit der Mutter und den Geschwistern gewesen sei, und wo Anne, die Enkelin der hingerichteten ›Dreieicherin‹, mit dem Teufel getanzt habe.

In Friedberg und Assenheim in der Wetterau war es schon 1574/75 zu Hexenprozessen gekommen; in Darmstadt folgten 1586 weitere Verbrennungen. Insgesamt starben unter Georg I. in Darmstadt und den umliegenden Dörfern 17 der Hexerei beschuldigte Frauen und Kinder auf dem Scheiterhaufen.

Dies alles geschah nach zwar wahnhaftem und grausamen, aber dennoch geltendem Recht.

Die ›Peinliche Gerichtsordnung‹ von 1575, die Landgraf Georg erlassen hatte, bedrohte »die allenthalben unter den Weibspersonen durch Gottes gerechten Zorn und Verhängniß« eingerissene Zauberei mit dem Tod. Im folgenden Jahrhundert sollten während des Dreißigjährigen Krieges noch ganz andere Grausamkeiten geschehen – vorzugsweise auch wieder im Namen Gottes.

Der Streit um die oberhessische Erbschaft

Am 9. Oktober 1604 starb Landgraf Ludwig IV., Landesherr des Oberfürstentums Hessen, in seinem Residenzschloss in Marburg. In seinem Testament hatte er verfügt, dass ›sein‹ Territorium zu gleichen Teilen an die Neffen in Kassel und Darmstadt fallen sollte.

Landgraf Moritz von Hessen. Kupferstich von Crispin van de Passe d. Ä., 1616

Bedingung jedoch sei, dass der lutherische Glaube im Oberfürstentum beibehalten werde. Die Räte entschieden nun, dass Landgraf Moritz mit dem nördlichen Teil inklusive Marburg bedacht werden sollte, mit dem südlichen einschließlich der Festung Gießen der Darmstädter Ludwig V., der Sohn Georgs I.

Damit aber war Ludwig V. nicht einverstanden. Mit einer Anfechtungsklage beim Reichshofrat verlangte er die Teilung nach Köpfen, nach der Zahl Untertanen also. Ein Viertel für Moritz, drei Viertel für sich und seine Brüder Philipp III. von Hessen-Butzbach und Friedrich I. von Hessen-Homburg. Es begann ein jahrzehntelanger erbitterter Streit um das Testament, der ›hessische Brüderzwist‹ spitzte sich gefährlich zu.

Hessen-Kassel und Hessen-Darmstadt mit den Landgrafen Moritz und Ludwig V. hatten sich nicht nur ›auseinandergelebt‹, wie es in Beziehungen vorkommen kann, es waren Konflikte, ja Feindschaften entstanden, die sich in Hass verwandeln und in blutigen Kämpfen entladen sollten.

Moritz war 1592 an die Regierung gelangt, sein Vetter Ludwig V. regierte in Darmstadt als Landesfürst seit 1596. Sicher trug die schrittweise Annäherung von Moritz an das reformierte Bekenntnis mit allen landes- und reichspolitischen Konsequenzen zur tiefen Spaltung Hessens bei, und mit der Konfessionalisierung der Politik lag er eindeutig im Trend der Zeit. Immerhin verstieß er mit seinen calvinistischen Tendenzen aber eindeutig gegen das Testament seines Onkels Ludwig IV.

Moritz war eine durch und durch widersprüchliche Figur. Wie viele seiner ›Kollegen‹ rieb er sich an der Tatsache auf, dass einem universellen Geist und kosmopolitischen Habitus ein sehr kleines Land gegenüberstand, das von konfessionellen, ständischen und regionalen Konflikten im Inneren, und nach außen von kriegerischen Auseinandersetzungen gezeichnet war. In den Künsten und Wissenschaften herrschte ein internationales, weltoffenes Klima, politisch spielten sich auf kleinster Fläche die größten Konflikte ab.

Geradezu schwärmerisch porträtiert der ehemalige Marburger Archivdirektor Hans Philippi den jungen Landgrafen:

»Moritz hatte eine vorzügliche Erziehung erfahren, sein Lehrer war Tobias Homberg. Der Prinz lernte spielend, disputierte zeitig über gelehrte Themen und beherrschte die europäischen Kultursprachen in Wort und Schrift. Körperlich gewandt und mit allen Gaben der Natur ausgerüstet, war er ein schmucker, witziger, geistreicher Herr. Mit theologischen wie militärischen Fragen war er vertraut, in administrativen ließ er sich beraten, mit vielen bedeutenden Gelehrten der Zeit unterhielt er regen, brieflichen Verkehr.«[72]

Unter dem Titel »Moritz der Gelehrte. Ein Renaissancefürst in Europa« wurde 1997/98 eine große Ausstellung in Lemgo und Kassel veranstaltet. Die Beiträge des aufwändig gestalteten Katalogs befassen sich mit Moritz in allen Facetten seines gelehrten Lebens. Da geht es um außenpolitische Belange, zum Beispiel um die Beziehungen des französischen Königs Heinrich IV. zum Landgrafen Moritz, um die kunstvolle Inszenierung höfischer Feste, um die prachtvolle Wunderkammer des Landgrafen, um Malerei und bildende Kunst am Kasseler Hof, die hervorragenden Architekturzeichnungen von Moritz' Hand, um den berühmten Komponisten Heinrich Schütz in seiner Kasseler Zeit, um Theater, Literatur und Tanz am Hof und schließlich um die etwas dunkleren Interessen des gelehrten Landgrafen, die Alchemie und die Rosenkreuzerei. Im Vorwort des Katalogs liest man: »Dass ein Fürst neben seinen umfassenden Aufgaben als Regent auch komponierte und musizierte, dichtete und philosophierte, Theaterstücke schrieb, Architekturzeichnungen verfertigte, sich praktisch als Chirurg und Alchemist betätigte, Schulen errichten ließ und die Naturwissenschaften nach Kräften förderte, geschah selbst in der Renaissance nicht allzu häufig.«

Leider litten die Gaben und Talente des gelehrten Moritz unter gewissen Rahmenbedingungen der Realität. Der aufwändige Lebensstil sprengte die Kassen, die intellektuellen Höhenflüge trafen auf Ärger und Unverständnis in den Niederungen etwa des Adels und der Mitfürsten. Das hohe Tempo seiner brillanten Projekte zerrte deutlich an den langsamen Verhältnissen im Kleinstaat.

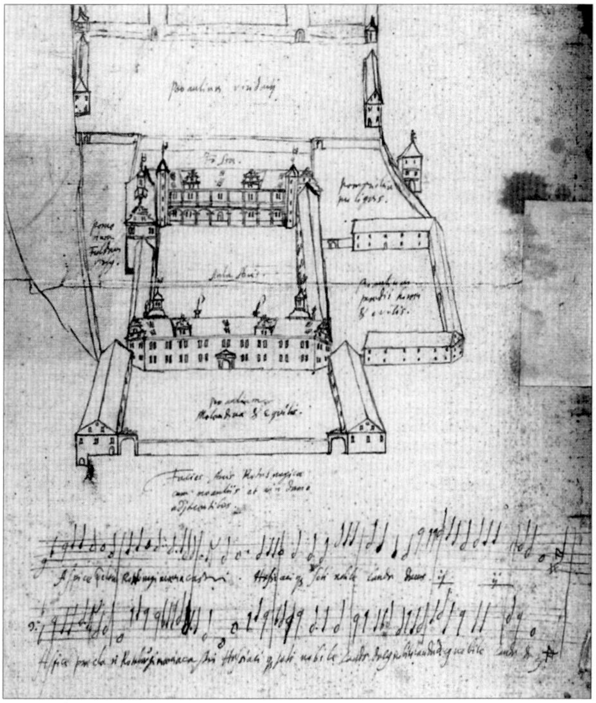

Schloss Rotenburg. Federzeichnung von Moritz von Hessen mit Noten für ein zweistimmiges hymnisches Lied, um 1616

Mit dem im Reich angesehenen reformierten Kurfürsten Friedrich IV. von der Pfalz stand der gelehrte Herrscher auf vertrautem Fuß; gern kamen die hohen Herren an den Kasseler Hof, um gutes Essen und eine gehobene Atmosphäre zu genießen. Lieber noch reiste Moritz zu anderen Fürsten und korrespondierte mit den Größen seiner Zeit. Leidenschaftlich interessiert war er an Ritterspielen, Musik und Theater. Von 1592 bis 1613 unterhielt er in Kassel eine englische Schauspielertruppe. Mit dem Ottoneum ließ er 1604–1607 das erste feste Theater Deutschlands bauen, das dann 1695 zum Kunsthaus umgestaltet wurde, um die Schätze der landgräflichen Kunstkammer aufzunehmen. Vermutlich nach nassauisch-dillenburgischem Vorbild gründete er 1595 eine fürstliche Hochschule, die später zum Collegium Mauritanium ausgebaut wurde.

Seinen Beinamen ›der Gelehrte‹ schien Moritz wie kaum ein anderer verdient zu haben. Wie schon angedeutet war es jedoch um die politischen und militärischen Fähigkeiten des Landgrafen nicht so gut bestellt.

Ende 1598 marschierten im Verlauf des niederländischen Krieges spanische Truppen in Westfalen und am Niederrhein ein. Das Reich war entsetzt und empört. Als die spanischen Truppen im Stift Münster lagerten, waren sie hessischem Gebiet bedrohlich nahe gekommen.

Uhr	Sonntag	Montag	Dienstag	Mittwoch	Donnerstag	Freitag	Samstag
5	Gebete	Gebete	Gebete	Gebete	Gebete	Gebete	Gebete
6	Sonntagsevangelium und -epistel mit verdeutlichender Analyse	Apostelgeschichte	Griechisch mit	griechischer	Gramatik und	griechischer Stilübung	Vorbereitung auf die Disputation und die nachmittäglichen mündlichen Vorträge
7		Dialektik Rhetorik	Dialektik Rhetorik	Dialektik Rhetorik	Dialektik Rhetorik	Dialektik Rhetorik	
8	Gottesdienst	Reiten	Reiten	(Gottesdienst)	Reiten	Reiten	Reiten
9	Wiederholung des Gottesdienstes	Musik	Musik	(Wiederholung des Gottesdienstes) Katechese	Musik	Wiederholung des Gottesdienstes Katechese	Reiten
10	Frühstück	Frühstück	Frühstück	Frühstück	Frühstück	Frühstück	Frühstück
11	Öffentlicher Vortrag des Morgengottesdienstes	Referate	Referate	Referate	Referate	Referate	Referate
12	Katechese	Lektüre:	Somnium Scipionis	Vergil	Somnium Scipionis	Vergil	Vorträge
1	Gottesdienst	Übungen in	(lat.) Prosa	Versübungen mit Nachahmung	Übungen in Prosa	Versübungen an Vergil mit Nachahmung	Disputation
2	Wiederholung des Gottesdienstes	Leibes-	übungen	im	Ball-	haus	
3	Wurf- und Schießübungen	Spiel mit	größeren	und	kleineren	Speeren	Gottesdienst
4	In-	strumen-	tal-	und	Vokal-	musik	Wiederholung des Gottesdienstes
5	Mittagessen	Mittagessen	Mittagessen	Mittagessen	Mittagessen	Mittagessen	Mittagessen
6	Geistliche Musik für den Gottesdienst	Lektüre von Sleidanus: De 4 summis imperiis		Arithmetik	wie Montag	Arithmetik	
7	Zusammenfassende Wiederholung besonderer Fragen des Katechismus und deren breitere Erläuterung	Extemporierte Dialoge beziehungsweise Übungen der griechischen Sprache oder Gedichte		Arithmetik	wie Montag	Arithmetik	Katechetischer Vergleich geistlicher Fragen
8	Gebete	Gebete	Gebete	Gebete	Gebete	Gebete	Gebete

Stundenplan des Collegium Mauritianum nach der Transkription von H. Broszinski

Moritz ließ seine Söldner in den Kampf ziehen, versäumte es aber, seine Strategie mit den Truppen des verbündeten Herzogs von Braunschweig zu koordinieren, und scheiterte auf ganzer Linie. Solche Alleingänge scheinen typisch für ihn gewesen zu sein.

Dennoch begann er mit militärischen Reformen. Nach dem Vorbild des niederländischen Aufstandes gegen die Spanier sollten die militärischen Anstrengungen vor allem der Landesverteidigung dienen. Deshalb sollte die Bevölkerung zum Kriegsdienst herangezogen werden – ein moderner Gedanke, der von den Profis der Kriegskunst, dem Adel und der Ritterschaft, entschieden abgelehnt wurde. Die Nähe von Moritz zu den nassauischen Vorbildern war offenkundig. Militärischen Erfolg errang der Landgraf mit den Reformen jedoch nicht. Er versagte in Auseinandersetungen mit dem Stift Paderborn und der Grafschaft Waldeck und konnte es letztlich nicht verhindern, dass Hessen-Kassel zu Beginn des Dreißigjährigen Krieges militärisch zusammenbrach.

Im Bistum Paderborn hatte sich Moritz 1597 sehr ungünstig mit Bischof Dietrich verglichen, was dazu geführt hatte, dass Hessen aus den einstigen Paderborner Besitzungen gänzlich verdrängt worden war. Daraufhin zwang der Bischof die protestantische Bevölkerung zur Rückkehr zum Katholizismus.

Seinen ältesten Sohn jedoch setzte Moritz 1604 als Administrator des Stiftes Hersfeld durch, das fortan – mit einer Unterbrechung während des Dreißigjährigen Krieges – bei Hessen blieb. 1603 heiratete Moritz in zweiter Ehe Juliane von Nassau-Dillenburg, was seine Beziehungen zu den Nassau-Dillenburger Grafen intensivierte.

1605 nahm er das reformierte Bekenntnis seiner Frau offiziell an. Nun war es mit der konfessionellen Einheit Hessens ganz offenkundig vorbei. Moritz führte in seiner Landgrafschaft die so genannten Verbesserungspunkte ein: ein offener, nicht nur konfessioneller, sondern auch politischer Affront. In den Kirchen sollten nun gemäß der calvinistischen Doktrin die Bilder entfernt werden, im Gottesdienst sollte es nicht mehr um gelehrte Auslegungen, sondern um das reine Wort der Bibel gehen. Nach den Worten Christi sollten beim Abendmahl nicht Hostien, sondern Brot gereicht werden. Moritz konnte diese Neuerungen nur mit Macht gegen die lutherische Geistlichkeit Oberhessens durchsetzen. Nun konnte Landgraf Ludwig von Hessen-Darmstadt, der Herr über ganz Oberhessen werden wollte, aller Welt kundtun, dass Moritz das Marburger Testament verletzt hatte.

Die Universität Marburg verlor in der Folge ihre Funktion als wissenschaftlich-theologische Klammer der hessischen Landgrafschaften. Weil in Marburg nun die Reformierten am Ruder waren, gründete Ludwig 1605 in Gießen ein eigenes Gymnasium, das die lutherischen Professoren aus Marburg aufnahm und vom Kaiser 1607 als Universität anerkannt wurde. Überhaupt war Ludwigs Nähe zum Kaiser unübersehbar. Konfessionelle Gegensätze wogen hier offenbar nicht so schwer wie politische Interessen. Es gab aber Gerüchte,

Landgraf Moritz und Landgräfin Juliane mit den 14 Kindern der zweiten Ehe. Ölbild von August Erich, 1618–1628

Ludwig wolle zum Katholizismus übertreten. Während des Frankfurter Fettmilchaufstandes 1612 setzte ihn der Kaiser zusammen mit dem Mainzer Erzbischof als kaiserlichen Kommissar ein, was bei den Frankfurter Bürgern die Angst schürte, Ludwig könnte versuchen, sich Frankfurt, wie schon zuvor Wetzlar, zu unterwerfen.

Zwar blieb Ludwig evangelisch, aber das calvinistische Hessen-Kassel und das lutherische Hessen-Darmstadt mit deutlicher Nähe zum Kaiser rückten wieder ein Stück weiter auseinander – so weit, dass sie im Dreißigjährigen Krieg verschiedenen Lagern angehören sollten und sich, trotz oder gerade wegen ihrer engen Verwandtschaft, erbittert bekämpften. Historiker wie Karl Demandt malen die nun folgenden innerhessischen Kämpfe und Konflikte ganz zu Recht in den finstersten Farben. Der Nestor der hessischen Geschichtsschreibung soll hier ausführlicher zu Wort kommen:

> *»So beschwor dieser vom Glaubenskrieg zum Bruderkrieg heraufgepeitschte Kampf ein geradezu namenloses Elend und die schwerste Epoche herauf, die Hessen bis dahin und bis zum heutigen Tag jemals erlebt hat. Sie war um so furchtbarer, als ein in allen seinen Gliedern protestantisches Fürstenhaus sich gleichwohl aus machtpolitischen (von kirchlichen Motiven nur schlecht verhüllten) Gründen zerfleischte und sich dazu der Unterstützung auswärtiger Mächte beider Glaubensrichtungen bediente, obwohl diese schließlich doch nur ihren eigenen Vorteil suchten. In welcher unmenschlichen Weise das Land und seine Bewohner in diesen Jahrzehnten unter der Geißel dieses grauenhaften Krieges gelitten haben, ist heute kaum noch zu schildern, denn es gibt nichts Entsetzliches, was den Menschen von damals nicht widerfahren wäre. Not und Gewalt beherrschten das Land, in dem eine Armee der anderen folgte, eine Besatzung die andere ablöste. Damit verbanden sich Plünderungen, Erpressungen und Verwüstungen, die immer schrankenloser und immer furchtbarer wurden. Geld und Gut, Vieh und Habe wurden geraubt, Garten- und Feldfrüchte weggenommen oder vernichtet, Fluren und Siedlungen verheert, ja getilgt, Häuser und Höfe und selbst ganze Orte verbrannt. Noch schlimmer aber waren die damit verbundenen persönlichen Verfolgungen, Misshandlungen, Schändungen und Vergewaltigungen durch marodierende Soldaten und die Gefangennahme, Verschleppung und Ermordung ungezählter, wehrloser Opfer.«*[73]

Man bemerkt bei der Lektüre dieser Zeilen, dass der erfahrene und bedeutende Marburger Historiker angesichts der Schrecken des Dreißigjährigen Krieges mit den Worten ringt und trotz eines historischen Abstands von über 300 Jahren selbst noch erschüttert ist. In der neueren Forschung wird oft betont, dass die Verheerungen durch diesen Krieg doch nicht ganz so drastisch waren wie zum Beispiel bei Demandt geschildert, dass der Anteil der Pest, von Hungerepidemien und anderen Seuchen am Ende des Dreißigjährigen Krieges unterschätzt und die Zahl der Kriegstoten zu hoch angesetzt wird. Wie dem auch sei – den betroffenen Menschen war es wahrscheinlich ziemlich gleichgültig, durch welche Geißel sie zu Schanden kamen. Die Plagen und Katastrophen bedingten einander und verstärkten sich gegenseitig.

Im November und Dezember 1619 nahm Landgraf Moritz am Unionstag der Evangelischen in Nürnberg teil. Landgraf Ludwig stieß im März 1620 zur Versammlung der katholischen Mächte in Mühlhausen. Dort verpflichteten sich Mainz, Köln, Trier und Bayern, dem Kaiser beizustehen. Inzwischen hatten die Kriegshandlungen begonnen. Die ›Kaiserlichen‹ hatten dem Kurfürsten Friedrich von der Pfalz Böhmen abgenommen; der spanische Feldherr Spinola war in die Pfalz eingefallen und marschierte in die Wetterau. Im August 1621 brannten spanische Söldner die Kloster- und Kirchengebäude von Lorsch nieder. Das war ein erster markanter Schreckensakt des Dreißigjährigen Krieges.

Der Pfalz zu Hilfe kam im November 1621 Herzog Christian von Braunschweig, den man den ›tollen Christian‹ nannte. Er eroberte die Mainzer Festung Amöneburg und wütete heftig in den oberhessischen Gebieten von Landgraf Ludwig. Zwar wurde Christian vom kaiserlichen Feldherrn, dem bayerischen General Graf Tilly, aus Hessen abgedrängt, er kehrte aber im März 1622 in die Wetterau zurück. Pfälzische Truppen marschierten nun den Braunschweigern entgegen, eroberten Anfang 1622 Darmstadt und nahmen Landgraf Ludwig und seinen Sohn gefangen. Rasch änderte sich die Lage wieder. Die kaiserlich-bayerische Armee unter Tilly schlug die protestantischen Truppen am 20. Juni 1622 bei der noch unfertigen Brücke über den Main bei Höchst.

Nun zeigte Landgraf Moritz die kümmerliche Kehrseite seines kulturell glänzenden Hoflebens und trug militärisch und politisch entscheidend zum Niedergang Hessens bei. Das fürstliche Vermögen war verbraucht und mit den Landständen, den Rittern vor allem, lag er über Kreuz.

1621 hatte er die Grafschaft Waldeck besetzt, die von der Lehnsabhängigkeit von Hessen hatte loskommen wollen. Im April 1623 verließ Moritz wochenlang sein Land; ohne Widerstand drang General Tilly als Feldherr des Ligaheeres in Hessen-Kassel ein und lehnte die Neutralitätsangebote der Stände ab,

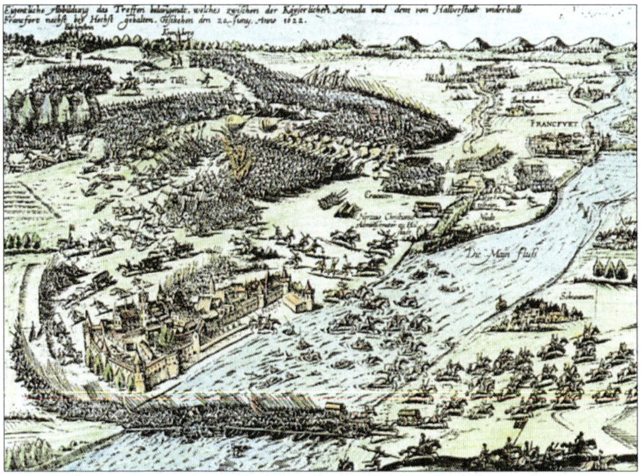

Das »Höchster Treffen« in der Bildzeitung des Kölner Kupferstechers Franz Hogenberg (moderne Kolorierung)

die ihm nicht weit genug gingen. Die hessische Ritterschaft nahm nun an Moritz vorbei direkte Verhandlungen mit Tilly und dem Kaiserhof auf; der Adel drang auf einen Kompromiss. Tilly, der vom Herbst 1623 bis zum Januar 1625 faktisch in Kassel regierte, berief sogar einen hessischen Landtag ein.

Auch im Marburger Erbfolgestreit verlor Landgraf Moritz. Am 1. April 1623 entschied der Reichshofrat, dass Moritz seine Hälfte der Marburger Erbschaft an Hessen-Darmstadt geben müsse und die aus dem Gebiet gewonnenen Einkünfte zurückzuzahlen habe. Moritz verließ erneut das Land, setzte in einer verzweifelten Geste seinen Sohn Wilhelm als Stadthalter ein und konnte doch nichts daran ändern, dass sich die hessischen Ritter Tilly unterwarfen.

Im Herbst 1625 besetzte der kaiserliche Feldherr von Wallenstein die Werragegend, im Winter wüteten Tillys Soldaten in Nordhessen. Moritz besann sich seiner militärischen Reformen und versuchte, die Städte an der Ritterschaft vorbei zum Widerstand zu führen. Auch damit scheiterte er, ebenso verlief ein Entlastungszug Christians von Braunschweig im Mai 1626 ergebnislos. Die hessische Ritterschaft hatte am 12. März 1625 in direkten Verhandlungen mit Tilly einen kaiserlichen Schutzbrief erwirkt, um die Verwüstungen des Landes in Grenzen zu halten.

Tilly zwang Landgraf Moritz zur Kapitulation, der darauf an Landgraf Ludwig Entschädigung zahlen musste und an den Darmstädter Landgrafen auch noch pfandweise die Herrschaften Rheinfels und Schmalkalden verlor.

Am 17. März 1627 dankte Moritz ab, setzte aber noch durch, dass seine Frau Juliane von Nassau mit ihren Söhnen den vierten Teil seines Gebietes, die so genannte Rotenburger Quart, erhielt.

Seinem Land hinterließ Moritz nicht nur prächtige Gebäude wie das Kasseler Ottoneum, sondern auch einen katastrophal hohen Schuldenberg.

Wohl als Vergeltung stürzten 1628 die Ritterschaft und Moritz' Nachfolger, sein Sohn Wilhelm V., den engsten Berater des gescheiterten Landgrafen, Wolfgang Günther, und ließen ihn hinrichten.

Wilhelm V. hatte von seinem Vater eine zerrüttete Landgrafschaft geerbt. Mit Hessen-Darmstadt musste er im September 1627 den so genannten Hauptakkord schließen, in dem er unter anderem auf Oberhessen, die Niedergrafschaft Katzenelnbogen und die Herrschaft Schmalkalden verzichtete, und außerdem die Ranggleichheit beider Landgrafen im Reich anerkennen.

Im Zuge eines ›Versorgungsausgleichs‹ wurden den Kindern aus der zweiten Ehe seines Vaters die Ämter und Städte Rotenburg, Wanfried, Sontra, Eschwege, Witzenhausen und Ludwigstein zum Unterhalt angewiesen. Es zahlte sich eben bei allem Ungemach meistens doch noch aus, von fürstlicher Abstammung zu sein.

Ein Söldnerleben unter Moritz dem Gelehrten: Der hessische Obrist Caspar von Widmarckter

Wer versucht, die militärischen und politischen Bündnisse, die Kriege und Schlachten, Intrigen und Scharmützel zum Beispiel unter Moritz dem Gelehrten nachzuzeichnen, gerät zwangsläufig in Gefahr zu vereinfachen, indem er nachträglich da Klarheit konstruiert, wo in der historischen Wirklichkeit ein fast undurchschaubares Durcheinander herrschte. Rasch konnten Freunde und Bündnispartner zu Feinden werden, oft mischten sich lokale Fehden und große Kriege, verwandtschaftliche Loyalität und gegenläufig Staatsräson. Diese verworrene Lage begreift man am besten, wenn man sich den Biographien einzelner Personen zuwendet und nachvollzieht, wie sie zwischen Loyalitäten schwankten, wie sie zwischen den Fronten die Orientierung verloren oder in lebenserhaltendem Opportunismus die Dienstherren wechselten.

Grimmelshausen hat mit der Figur des Simplicius Simplicissimus einen solchen Wechselbalg zwischen kleinen Vorteilen und großen Katastrophen geschaffen. Auf der Rangleiter des gesellschaftlichen Standes ein paar Sprossen höher finden wir Caspar von Widmarckter, einen hessischen Obristen, der einen Lebenslauf und ein Kriegstagebuch hinterlassen hat.[74]

Caspar von Widmarckter kommt Anfang 1566 in Leipzig zur Welt. Nach dem Besuch des Gymnasiums geht er mit 14 Jahren nach Paris, wo er eine vornehme Akademie besucht. Eine mehrwöchige so genannte Kavaliersreise führt ihn nach Nordfrankreich und England. Nach dem Studium der Philosophie und der Rechte tritt er 1587 in den Dienst eines deutschen Adligen, der als Berater der französischen Könige tätig ist und für sie die Kontakte zu den protestantischen Reichsfürsten pflegt – eine internationale Karriere zwischen Politik und Militär, denn schon im ersten Dienstjahr 1587 nimmt er teil am Feldzug gegen

Grabplatte Caspar von Widmarckters in der Stadtkirche zu Vacha

die pfälzischen Hilfstruppen unter Heinrich von Navarra, dem späteren König Heinrich IV. Für den König reist er in diplomatischer Mission nach London an den Hof von Königin Elisabeth. Wegen seiner hervorragenden Dienste für Heinrich den IV. wird er nach zehn Jahren geadelt.

Nach der Abdankung seines Regiments geht er im August 1596 nach Deutschland. Als gehobener Militär sucht er jetzt Arbeit und findet sie in kaiserlichen Diensten gegen die Türken in Ungarn. Im Juni 1597 lernt er auf der Durchreise nach Ungarn seine spätere Frau kennen. Dort bleibt er allerdings nicht lange, denn in Kassel sucht Landgraf Moritz international erfahrene Beamte, die ihm bei seiner ehrgeizigen Außenpolitik zur Seite stehen sollen.

Im Juli 1597 tritt Caspar von Widmarckter eine Stelle am Kasseler Hof an. Hier kümmert er sich vor allem um gute Kontakte zum französichen Königshof. Ab 1598 hilft er beim Aufbau der landgräflichen Verteidigungstrupppen und gehört ein Jahr später zu den Befehlshabern der oberrheinischen Kreistruppen, die die Spanier aus den besetzten Festungen Rees und Rheinsberg werfen. Als starke, militärisch wie politisch erfahrene Persönlichkeit opponiert der Obrist gelegentlich gegen den Landgrafen. 1600 soll er Kommandant der Festung Kassel werden, lehnt aber ab und geht lieber als Amtmann nach Vacha, wo er als Hauptmann ein eigenes Regiment bekommt. Immer wieder reist er nach Frankreich und begleitet Moritz im Juni 1602 bei dessen Besuch am Hof Heinrichs IV. Dass dieser Besuch bis zum November desselben Jahres dauert, verwundert vor allem deshalb, weil zur selben Zeit zu Hause in Kassel die Lage durch die starke Opposition der Landstände sehr kritisch ist.

Nach dem für Landgraf Moritz äußerst unglücklichen Feldzug an den Niederrhein wirkt Caspar von Widmarckter am Geheimen Rat des Landgrafen mit, einem militärischen Beratergremium. 1610 zieht es ihn dann wieder in die militärische Praxis. Als Oberstleutnant befehligt er zehn Fähnlein Fußknechte und fällt mit ihnen an der Seite der Truppen des Markgrafen von Baden und des Pfälzer Kurfürsten im Stift Straßburg ein, wobei er durch einen Musketenschuss am rechten Arm verletzt wird. 1614 schickt ihn Moritz nach Paris, wo er zusammen mit Otto, dem ältesten Sohn des Landgrafen, für seine Position im Marburger Erbstreit werben soll.

An eine ganz andere Front verschlägt es den adligen Söldner im Jahr 1617: In Oberitalien führt er als Oberstleutnant ein Regiment, das in französischem Sold den Herzog von Savoyen gegen den spanischen Vizekönig von Mailand unterstützen soll, denn der Landgraf hat darauf spekuliert, mit der Ausrüstung dieser Truppe aus dem hessischen Zeughaus einen Gewinn erzielen zu können. Immer wieder rät von Widmarckter seinem Landgrafen, nicht gegen die Landstände zu regieren.

Der Beginn des Dreißigjährigen Krieges führt dann zu hektischen diplomatischen Aktivitäten. So reist von Widmarckter Ende August 1618 zusammen mit der Landgräfin und den Landgrafenkindern zur oranischen Verwandtschaft nach Den Haag, um ein Bündnis zwischen den Niederlanden und Hessen-Kassel zu Stande zu bringen. Der Versuch scheitert; knapp vier Wochen nach seiner Rückkehr bittet der Adlige um seine Entlassung aus den Diensten des Landgrafen. Wegen der kritischen militärischen Lage lässt der Landgraf ihn zunächst nicht gehen. Er muss bis April 1620 an Musterungen des hessischen Landesausschusses mitwirken. Schwer an Rheuma erkrankt, stirbt er am 21. September 1621 in seinem Haus in Vacha.

Obwohl die Eintragungen des Obristen in sein Kriegstagebuch für heutige Leser schwer zu entziffern sind, soll hier doch wenigstens eine kurze Passage folgen, die aus dem »Feldzug des Obristen Caspar von Widmarckter nach Frankreich, Savoyen und Piemont im Jahre 1617« stammt:

> 21. Juni:
> *»Montaults Compagnia so auß Anregung Brearts Soldaten meutinieren wollen. Darzu ich kommen und zum Theill mitt gutten Worten zu Frieden gesprochen. Darauf ihn Brearts und Effern Quartir geritten, die Soldaten fur mich gefordert, ihnen Fehler verwiesen und, nach vorhergangener Demütigung, verzihen und also an dem Ort diese beyden Mutinationen gestillet. Alß ich aber von dannen in mein Quartir nach Andelot (...) reitten wollen, treffe ich hart für Brearts Quartier im freien Földe deß Obristen Fendlein in Schlachtordnung ahn, so gleichfallß meutinieren wollen. Auf welche ich so balde mitt bloßem Degen geeilet, in die Schlachtordnung geritten und manchen gutten Streich fliegen laßen und die Anfänger dieser Meutination begehret, deren sich mihr auch endlich 2 volgen laßen. Hab solche dem Provos gelieffert und befohlen, mitt ihnen nach dem Quartir Andelot zu eylen, dahin ich mich gleichfalß verfüget. Beyde arme Sünder von dem Flecken führen laßen und, weill damals mein Scharfrichter entlauffen, dem*

einen dass Leben geschenkt, wofern er den anderen erwürgete. So er acceptiret, sich an seinen Gesellen gemacht und nach großem Wiederstand sein Meister worden, auf der Erde erwürget und volgents stranguliret. Den toden Cörper hab ich ahn einen Hügell setzen und einen Brieff Meutinirer an die Brust hefften laßen, damit er von den Soldaten und Regiment gesehen wurde.«

Im Dreißigjährigen Krieg

Plünderung und Verbrennung eines Dorfes. Radierung von Jacques Callot, 1635

Landgraf Wilhem V. hatte keine sehr günstige Ausgangslage, als ihm im November 1630 vom Schwedenkönig Gustav Adolf, der wie er selbst ein Urenkel Philipps des Großmütigen war, ein Bündnis angeboten wurde.

Am 20. Februar 1631 schlossen sich die evangelischen Stände im Leipziger Bündnis zusammen, darunter Wilhelm V. mit Hessen-Kassel. Hessen-Darmstadt gehörte nicht dazu.

Wilhelm blieb mit Gustav Adolf in Verbindung und stellte nach dem militärischen Fiasko seines Vaters neue Regimenter auf, von denen aber nur das ›weiße Regiment‹ unter General Geyso den Dreißigjährigen Krieg überdauern sollte.

Nun konnte Wilhelm die kaiserlichen Besatzungstruppen vertreiben und schließlich, am 22. August 1631, in Werben ein Bündnis mit Gustav Adolf schließen. Vorübergehend stellten sich jetzt militärische Erfolge ein. Wilhelm konnte Hersfeld zurückerobern, Fritzlar einnehmen und an der Seite des zunächst siegreichen Schwedenkönigs voranschreiten.

Am 23. Dezember 1631 siegte Gustav Adolf über Mainz und eroberte die von Hessen-Darmstadt besetzten Taunusfestungen Falkenstein, Kronberg und Königstein. Der schwedische König schonte aber Landgraf Georg von Hessen-Darmstadt, der weiter dem Kaiser ergeben blieb. Bis zu Gustav Adolfs Tod in der Schlacht bei Lützen am 6. November 1632 gerieten weite Gebiete in die Hand Wilhelms: Die Abtei Fulda, die Stifte Parderborn und Corvey, das Stift Münster unter der Voraussetzung, dass Wilhelm nunmehr endgültig bereit wäre, zugunsten von Landgraf Georg auf das Marburger Erbe zu verzichten.

Die Plünderung auf einem Bauernhof, Detail. Radierung von Jacques Callot, 1633

Schließlich wurde auch am 28. Juni 1633, nach erheblichem Widerstand und dem Sieg von Oldendorf über die Kaiserlichen, Westfalen erobert und Landgraf Wilhelm zugesprochen.

Im Herbst 1634 verloren die Schweden die Schlacht bei Nördlingen und mussten das gesamte Süddeutschland den kaiserlichen Truppen überlassen. Auf der Flucht vor den Kaiserlichen nach Mitteldeutschland richteten sie vor allem in Hessen-Darmstadt entsetzliche Verwüstungen an. Dazu schreibt Demandt:

> *»Im Winter 1634/35 verwandelte sich die Obergrafschaft in eine Wüste; Raub, Mord und Pest herrschten, so dass schließlich außer den wenigen festen Städten kaum noch ein Ort bewohnt war. Gleichwohl stärkten die wachsenden Erfolge der Kaiserlichen die Stellung Landgraf Georgs II. von Hessen-Darmstadt, während sich die Verhältnisse Landgraf Wilhelms von Hessen-Kassel immer bedrohlicher gestalteten.«*[75]

Zwar intervenierte seit 1634 König Ludwig von Frankreich zugunsten von Wilhelm und griff im folgenden Jahr in den Krieg ein, doch wurde der Kasseler Landgraf zunehmend isoliert. Anders als Hessen-Darmstadt, das Erzbistum Mainz und die Stadt Frankfurt konnte er dem Prager Frieden des Kaisers vom 30. Mai 1635 mit dem Kurfürsten von Sachsen nicht beitreten, denn als Calvinist war er geächtet und durfte den Pakt nicht unterzeichnen.

Georg II., der seinem am 27. Juli 1626 bei der Belagerung von Rheinfels gefallenen Vater Ludwig V. nachgefolgt war, stand erheblich besser da. Er bekam die Grafschaften Isenburg-Büdingen und Erbach sowie das kurpfälzische Amt Kaub am Rhein.

Die Gehenkten, Detail. Radierung von Jacques Callot, 1633

Also führte Wilhelm V. den Krieg wohl oder übel weiter. Am 13. Juni 1636 gelang es seinen Truppen, die inzwischen von Westfalen an den Main marschiert waren, die seit Monaten unter Graf Lamboy von kaiserlichen Kräften belagerte Stadt Hanau zu befreien. In Westfalen jedoch nahmen ihm wenig später die Kaiserlichen wichtige Städte wie Soest, Dortmund und Hamm wieder ab.

Jetzt schloss er ein Bündnis mit dem König von Frankreich, was dazu führte, dass der Kaiser ihn zum Feind des Reiches erklärte und Georg II. von Hessen-Darmstadt mit der Verwaltung von Niederhessen betraute. Der neu gewählte Kaiser Ferdinand III. ließ im Februar 1637 seine gefürchteten Kroatenregimenter in Hessen einfallen, die entsetzliche Verwüstungen anrichteten. Am 27. April plünderten und brandschatzten die Kroaten die Stadt Allendorf. Eschwege wurde eingeäschert, Waldkappel bis auf eine Scheune niedergebrannt, Rotenburg zur Häfte vernichtet. Es brannten Grebenstein, Hessisch Lichtenau, Spangenberg. 18 Städte, 47 Rittersitze und mehrere hundert Dörfer wurden zerstört. In diesem grauenvollen ›Kroatenjahr‹ herrschte – wie die Chronik ›Theatrum Europaeum‹ berichtet – »groß Jammer und Elend im Hessenland«. Landgraf Wilhelm floh mit Heer und Familie nach Friesland, wo er am 1. Oktober 1637 starb.

An dieser Stelle soll der bedeutendste Chronist des Dreißigjährigen Krieges, Hans Jacob Christoffel von Grimmelshausen, zu Wort kommen. Zwar ist die Frage nicht geklärt, inwieweit von einer autobiographischen Identität des Dichters und seiner Figur Simplicius Simplicissimus ausgegangen werden kann – um einen authentischen Eindruck der verheerenden Wirklichkeit des Dreißigjährigen Krieges zu bekommen, muss diese Frage aber nicht beantwortet werden. Grimmelshausen kannte den Krieg. Er ist der einzige Dichter des Barock, dessen Werke heute noch – nicht nur von Spezialisten – gelesen werden. Genauer gesagt handelt es sich dabei um ein einziges Werk, um den ›Abentheuerlichen Simplicissimus Teutsch‹, der 1668, also zwanzig Jahre nach dem Westfälischen Frieden, erschien.

Grimmelshausen wurde 1621 oder 1622 in Gelnhausen geboren. Sein Vater war schon früh gestorben, wahrscheinlich wurde er von seinem Großvater, einem Bäckermeister, erzogen. Als 1634 kaiserliche Truppen die Stadt plünderten, floh er aus Gelnhausen, kam nach Hanau und diente dann landauf, landab in wechselnden Armeen und an vielen Fronten. Als Grimmelshausen 1649 heiratete und wenig später Gastwirt wurde, hatte er den Krieg in all seinen Schrecken erlebt. 1667 übernahm er das Amt eines Schultheißen, also eines Bürgermeisters, in Renchen in der Ortenau. Erst 1666 begann er mit der Publikation seiner Werke. Berühmt wurde er mit den ›Simplicianischen Schriften‹, darunter der ›Simplicissimus‹ von 1668. Er zog es vor, seine Bücher unter komplizierten Pseudonymen zu veröffentlichen, da er wohl um sein einkömmliches und beschauliches Amt fürchtete. Als Autor des bald zum Bestseller gewordenen ›Simplicissimus‹ zeichnet ein gewisser German Schleifheim von Sulsfort – wenn man die Buchstaben anders anordnet, kommt man auf Grimmelshausen. Es dauerte jedoch bis zur Mitte des 19. Jahrhunderts, bis man hinter den Anagrammen – so nennt man diese vertrackten Buchstabenverdrehungen – den Namen Christoffel von Grimmelshausen entdeckte. Bis heute sind noch lange nicht alle Geheimnisse dieses Autors gelüftet, der das Spiel mit Worten und ein weltweises Lachen benutzte, um mit der verkehrten Welt zurecht zu kommen, die er aus eigener Anschauung nur allzu gut kannte.

Titelkupfer des »Abenteuerlichen Simplicissimus Teutsch« von H. J. Ch. v. Grimmelshausen, 1668

Im folgenden Ausschnitt aus dem ersten Buch des ›Abenteuerlichen Simplicissimus Teutsch‹ erzählt der junge Held, der keiner ist, wie er nach Gelnhausen kam und von dort nach Hanau weiterzog:

»Da es taget, füttert ich mich wieder mit Weizen, begab mich zum nächsten auf Gelnhausen, und fande daselbst die Tor offen, welche zum Teil verbrennet, und jedoch noch halber mit Mist verschanzt waren: Ich gieng hinein, konnte aber keines lebendigen Menschen gewahr werden, hingegen lagen die Gassen hin und her mit Toten überstreut, deren etliche ganz, etliche aber bis aufs Hemd ausgezogen waren. Dieser jämmerliche Anblick war mir ein erschröcklich Spektakul, maßen ihm jedermann selbsten wohl einbilden

kann; meine Einfalt konnte nicht ersinnen, was vor ein Unglück das Ort in einen solchen Stand gesetzt haben müßte. Ich erfuhre aber ohnlängst hernach, dass die kaiserliche Völker etliche Weimarische daselbst überrumpelt. Kaum zween Steinwürf kam ich in die Stadt, als ich mich derselben schon satt gesehen hatte, derowegen kehrete ich wieder um, gieng durch die Au nebenhin, und kam auf ein gänge Landstraß, die mich vor die herrliche Festung Hanau trug: Sobald ich deren erste Wacht ersahe, wollte ich durchgehen, aber mir kamen gleich zween Musketier auf den Leib, die mich anpackten, und in ihre Corps de Guarde führten.«

Simplicissimus wird in Hanau zum ›Gubernator‹ (Gouverneur) gebracht, der mit dem äußerst seltsam gekleideten Narren nichts anfangen kann. Man hält ihn erst für einen Verräter, schließlich aber macht ihn der Gouverneur zu seinem Pagen. Aber das ist nur eine von unzähligen Rollen, die Simplicius in den Wirren des Dreißigjährigen Krieges spielt oder spielen muss. Im zweiten Buch erzählt er davon, »wie es den Profosen in der Schlacht bei Wittstock ergangen«:

»Das greuliche Schießen, das Gekläpper der Harnisch, das Krachen der Piken und das Geschrei beides der Verwundten und Angreifenden, machten neben den Trompeten, Trommeln und Pfeifen ein erschröckliche Musik! Da sahe man nichts als einen dicken Rauch und Staub, welcher schiene, als wollte er die Abscheulichkeit der Verwundten und Toten bedecken, in demselbigen hörte man ein jämmerliches Weheklagen der Sterbenden, und ein lustiges Geschrei derjenigen, die noch voller Mut staken; die Pferde selbst hatten das Ansehen, als wenn sie zur Verteidigung ihrer Herrn je länger je frischer würden, so hitzig erzeigten sie sich in dieser Schuldigkeit, welche sie zu leisten genötiget waren, deren sahe man etliche unter ihren Herrn tot darniederfallen, voller Wunden, welche sie unverschuldterweis zu Vergeltung ihrer getreuen Dienste empfangen hatten; andere fielen um gleicher Ursach willen auf ihre Reuter, und hatten also in ihrem Tod die Ehr, dass sie von denjenigen getragen wurden, welche sie in währendem Leben tragen müssen, wiederum andere, nachdem sie ihrer herzhaften Last, die sie kommandiert hatte, entladen worden, verließen die Menschen in ihrer Wut und Raserei, rissen aus und suchten im weiten Feld ihre erste Freiheit: Die Erde, deren Gewohnheit ist, die Toten zu bedecken, war damals an selbigem Ort selbst mit Toten überstreut, welche auf unterschiedliche Manier gezeichnet waren, Köpf lagen dorten, welche ihre natürliche Herren verloren hatten, und hingegen Leiber, die ihrer Köpf mangleten; etliche hatten grausam- und

jämmerlicherweis das Ingeweid heraus, und andern war der Kopf zerschmettert, und das Hirn zerspritzt; da sahe man, wie die entseelten Leiber ihres eignen Geblüts beraubet, und hingegen die lebendige mit fremdem Blut beflossen waren; da lagen abgeschossene Ärm, an welchen sich die Finger noch regten, gleichsam als ob sie wieder mit in das Gedräng wollten, hingegen rissen Kerles aus, die noch keinen Tropfen Blut vergossen hatten; dort lagen abgelöste Schenkel, welche ob sie wohl der Bürde ihres Körpers entladen, dennoch viel schwerer worden waren, als sie zuvor gewesen; da sahe man zerstümmelte Soldaten um Beförderung ihres Tods, hingegen andere um Quartier und Verschonung ihres Lebens bitten.«

Landgräfin Amalie Elisabeth von Hessen-Kassel

Mit Amalie Elisabeth, der Frau des verstorbenen Landgrafen Wilhelm, übernahm dann, nach Sophie von Brabant und Landgräfin Anna, abermals eine Frau in hessischen Landen die Regierung für einen unmündigen Erstgeborenen, und zwar für Prinz Wilhelm VI., der die Regentschaft erst im Jahr 1650 übernahm.

Sie verbündete sich am 22. August 1639 mit Schweden und Frankreich, und ihre Truppen siegten nach Rückschlägen und Erfolgen am 17. Januar 1642 bei Krefeld über die Kaiserlichen. Die Ämter Naumburg und Schwarzenfels gelangten darauf an Hessen-Kassel, und sie erreichte in einem Erbvertrag, dass auch Hanau an Hessen-Kassel fallen würde, wenn einmal männliche Erben ausblieben. 1640 hatte sie bereits einen großen Teil der Grafschaft Schaumburg erworben. Durch solche Erfolge gestärkt, wagte sie sich an die alten hessischen Zankäpfel heran und verlangte nun, unterstützt von den schwedischen und französischen Verbündeten, Oberhessen, die Niedergrafschaft Katzenelnbogen und die Herrschaft Schmalkalden zurück. Amalie Elisabeth, eine der ›starken hessischen Frauen‹, kündigte 1644 den Hauptakkord von 1627 auf und beauftragte Generalmajor Johann Geyso im Herbst 1645 mit der Rückeroberung der Hessen-Kassel verlorengegangenen Gebiete. 1648 schließlich kaufte die erfolgreiche Landgräfin den Herren von Hutten auch noch das Amt Altengronau ab.

Wäre mit diesem Wechsel von Gewinn und Verlust von Ämtern, Städten, Landesteilen nicht stets namenloses Elend verbunden, müssten die Untertanen dieses Hin und Her nicht oft genug mit dem Verlust ihrer Habe oder gar dem Leben bezahlen, könnte man von einem Monopoly sprechen, in dem sich zwar die Besitzverhältnisse änderten, nicht aber die Spielregeln, nach denen das Schachern, Aufteilen, Nehmen und Abgeben funktionierte.

Mit den Rückeroberungen von Geyso war der letzte kleine Krieg im großen Dreißigjährigen eingeleitet und zugleich das vorläufig letzte Stadium der 1567 begonnenen Landesteilung erreicht. Der so genannte Hessenkrieg wurde vom Zaun gebrochen, als ob in Hessen nicht schon genug gekämpft worden wäre.

Johann Geyso überrannte Oberhessen, nahm am 6. November 1645 Butzbach, am 20. die Stadt Marburg ein und ließ sich am 25. Januar 1646 das immer noch hoch bedeutende und symbolisch besetzte Schloss übergeben. In aussichtsloser Lage hatte der Kommandant, der 74-jährige Oberst Christian Willich, kapituliert und wurde deswegen von Georg II. wegen Verrats zum Tode verurteilt und hingerichtet.

Schon im Frühjahr und Sommer 1646 eroberte Landgraf Georg Teile der von Johann Geyso besetzten Gebiete zurück. Am 20. November aber besiegte Geyso die Darmstädter Truppen bei Frankenberg, worauf Georg II. einen Waffenstillstand bis zum 1. April 1647 erreichte.

Damit war aber der ›Hessenkrieg‹ noch nicht zu Ende. Mit Amalie Elisabeth verbündete französische Truppen unter dem Feldherrn Turenne nahmen Darmstadt ein. Die Franzosen drängten Georg II. zum Kompromiss mit der Landgräfin von Hessen-Kassel, der darauf aber nicht einging, sondern in Gießen auf kaiserliche Unterstützung hoffte und die Frist des Waffenstillstands verstreichen ließ. Jetzt eroberten die Kasseler die Niedergrafschaft Katzenelnbogen und am 4. Juli musste die starke Festung Rheinfels aufgeben. Darauf wurde Georg ein sehr unangenehmer Waffenstillstand diktiert.

Inzwischen war es im Reich zu einigen Friedensschlüssen gekommen; im März 1647 zum Beispiel zwischen den Bayern und den Schweden und Franzosen in Ulm. Kurbayern und Kurköln mussten sich daraufhin von Hessen-Darmstadt trennen, Kurmainz musste sich neutral verhalten, Georg II. schien am Ende. Doch in einem letzten Gefecht rückte der kaiserliche Feldmarschall Melander im Herbst 1647 in Niederhessen ein, vertrieb den schwedischen Feldherrn Wrangel und hielt damit beinahe die gesamte Niedergrafschaft. Nun sollte die Landgräfin einem Ausgleich mit dem Kaiser und Georg II. zustimmen, was sie, die sich im gut befestigten Kassel behauptete, aber ablehnte. Dabei blieb sie auch, als Ende 1647 die Stadt Marburg – diesmal mit Ausnahme des Schlosses – zurückerobert wurde.

Vom gehaltenen Schloss aus wurde mit Kanonen das Hauptquartier des kaiserlichen Feldherrn Melander beschossen, der daraufhin am 18. Dezember 1647 abzog. Die Schweden und Franzosen fielen abermals in die Obergrafschaft

Hessen-Darmstadt ein, besetzten die Feste Otzberg und eroberten die Stadt Darmstadt. In sinn- und ziellosem Hin und Her schleppte sich der ebenso absurde wie grausame Hessenkrieg dem Ende entgegen.

Der hessische Generalleutnant Geyso besiegte am 4. Juni 1648 bei Grevenbroich den kaiserlichen General Lamboy in der letzten Feldschlacht des Dreißigjährigen Krieges.

Am 14. April 1648 schloss Landgraf Georg II. mit Hessen-Kassel den Einigkeits- und Friedensvertrag. Damit war der ohnehin schon gebrochene Hauptakkord von 1627 aufgehoben.

Dieser Einigkeitsvertrag wurde im Frieden von Münster und Osnabrück bestätigt. Hessen-Darmstadt musste an Hessen-Kassel die Hälfte des vormals heiß umkämpften Marburger Landes zurückgeben, ebenso die früheren Besitzungen Hessen-Kassels in der Niedergrafschaft Katzenelnbogen, die Herrschaft Schmalkalden und den Anteil an Groß-Umstadt, der schon früher zu Hessen-Kassel gehört hatte. Die Universität Marburg wurde wieder von beiden Landgrafschaften genutzt, und in ganz Oberhessen war das lutherische Bekenntnis wieder zugelassen. Der Landgraf von Hessen-Kassel jedoch durfte überall im Lande reformierte Gemeinden gründen.

Das zum Zeitpunkt der Entstehung durch das Teilungstestament Philipps des Großmütigen ohnehin mit 1300 qkm Fläche und ca. 20000 Einwohnern sehr kleine Hessen-Darmstadt durfte von den Eroberungen zwischen 1623 und 1626 nur das Amt Braubach und in der Niedergrafschaft Katzenelnbogen das Kirchspiel sowie die Herrschaft Eppstein und das so genannte Hinterland mit den Ämtern Biedenkopf, Battenberg und Hatzfeld sowie die halbe Herrschaft Itter behalten. Im Gegenzug musste Georg II. im westfälischen Frieden Gebiete wie die Feste Otzberg, das Amt Kaub und den pfälzischen Anteil an Groß-Umstadt an die Pfalz abtreten, ebenso wie einige Dörfer an Solms-Hohensolms und Solms-Braunfels und die Grafen von Wertheim. Das absurde Resultat des Bruderzwists, des Erbstreits, des Hessenkriegs wie der gesamten Schlachten und Verheerungen des Dreißigjährigen Krieges bestand für Hessen-Darmstadt darin, dass die Landgrafschaft weit schlechter dastand als nach dem Tod Philipps des Großmütigen. Oder, wie es bei Demandt heißt: »Das Unternehmen endete daher im ganzen gesehen mit einem Fehlschlag.«

Im Dreißigjährigen Krieg bildete der nicht enden wollende Bruderzwist mit seinen territorialen Ansprüchen, religiösen Differenzen und familiären Durchstechereien einen gefährlichen Brennpunkt, der alle Fronten im Reich, alle internationalen Konfliktlinien auf hessischem Gebiet unheilvoll bündelte. Wie auch immer die kleinen großmannssüchtigen Dynastien im Jahre 1648 dastanden, wie sehr die Landgrafschaften auch zerstückelt und zerrieben waren – die Zeche zahlten die Untertanen, deren Zahl im Verlauf des Krieges mindestens halbiert worden war.

Hessen-Kassel am Ende des Dreissigjährigen Krieges

Im Westfälischen Frieden von 1648 wurde die für das Heilige Römische Reich kennzeichnende Doppelherrschaft von Kaiser und Reichsständen festgeschrieben. In Hessen war das Reich vor allem in den Reichsstädten gegenwärtig; in Friedberg, das von den Adligen in der Burg beherrscht wurde, in Wetzlar, wohin 1693 das aus Speyer vertriebene Reichskammergericht verlegt wurde, und besonders ausgeprägt in Frankfurt, wo der kaiserliche Wahl- und Krönungskarneval gefeiert wurde.

Die Fürsten drängten nach oben zur Mitsprache und ließen sich vom Kaiser in ihren reichsständischen Rechten nicht beschneiden; nach unten, den eigenen Landesständen gegenüber, hielten sie von Mitbestimmung überhaupt nichts. Damit wurde in beiden hessischen Landgrafschaften eine Entwicklung machtvoll zurückgeschraubt, die besonders während der Brüderkämpfe an Bedeutung gewonnen hatte: Die althessische Ritterschaft, aber auch die übrigen Stände, hatten während des Krieges oft zusammengehalten und in der Not selbstständig agiert. Nun wurden sie wieder auf ihr angestammtes Recht der Steuerbewilligung zurückgeworfen und von der Landesverwaltung, von der sie doch schließlich einiges verstanden, weitgehend ausgeschlossen. Die innenpolitische Macht der Fürsten, die sie durch Kriege und Krisen hindurch noch lange behalten sollten, war die Voraussetzung für den Absolutismus, der sich nun auch und gerade in Hessen zu entfalten begann. Als vorläufig eher intellektuelle Bewegung brachte die Aufklärung neue, auf Humanität und Vernunft gegründete Impulse. Mit der Rolle des Herrschers verbanden sich diese so zur Figur des ›aufgeklärt-absolutistischen Fürsten‹. Dieser konnte eher der prachtvollen Entfaltung von Hof und Staat zuneigen, oder mehr der Philosophie, den Künsten und dem freien Verkehr großer Gedanken. Fritz Wolff fasst die absolutistische Herrschaftsform bündig zusammen:

> *»Absolutismus bedeutet: Zentralisierung der Staatsgewalt in der Person des Fürsten, die Zurückdrängung konkurrierender Kräfte im Staate, nämlich der Kirche, des Adels und vor allem der Landstände, dann die Ausbildung*

eines spezialisierten und effektiven Verwaltungsapparates mit einer disziplinierten und dem Willen des Fürsten unterworfenen Beamtenschaft, die Schaffung eines stehenden Heeres und schließlich die Nutzung und Förderung der wirtschaftlichen Kräfte des Landes: Zentralismus, Bürokratismus, Militarismus, Merkantilismus. Hinzu kamen die äußeren Attribute der Macht: Prunkbauten, eine glanzvolle Hofhaltung, prächtige Feste, Feiern und Paraden.«[76]

In Kassel folgte auf Landgraf Wilhelm VI., der 1658 dem gegen Habsburg gerichteten und von Frankreich dominierten Rheinbund beigetreten war, für nur sehr kurze Zeit sein Sohn Wilhelm VII., der schon 1670 mit 19 Jahren starb. Ihm folgte sein Bruder Karl als Landgraf, und wieder regierte zunächst als Vormund eine Frau, nämlich seine Mutter Hedwig Sophie, die Schwester Friedrich Wilhelms, des Großen Kurfürsten von Brandenburg. Karl, der bis 1730 regierte, tat zunächst alles, um das Reich gegen die Übergriffe des Sonnenkönigs Ludwig XIV. zu verteidigen. Dabei wurde er unterstützt und angeleitet vom Grafen Georg Friedrich von Waldeck, von dem später noch die Rede sein wird.

Das Landgrafenschloss in Kassel. Gemälde von Johann Heinrich Eisenträger

Absolutismus und Soldatenhandel

Im Juli 1688 hatte Karl, der ja ein Neffe des Großen Kurfürsten war, ein »immerwährendes Bündnis« mit Brandenburg geschlossen; später sollten sich die Beziehungen der Grafschaft Hessen-Kassel zum Preußen Friedrichs des Großen besonders eng gestalten. Karl war in fortwährenden Scharmützeln damit beschäftigt, das französische Vordringen am Rhein aufzuhalten, und es gelang ihm, das Mittelrhein- und Moselgebiet – anders als das Elsass – nicht unter französische Oberhoheit geraten zu lassen.

1701/1702 schloss Landgraf Karl mit England und Holland so genannte Subsidienverträge ab. Solche Verträge wurden im gesamten 18. Jahrhundert zu einem Eckpfeiler der hessischen Politik. Sie beinhalteten die Überlassung landeseigener oder anderswo angeworbener Soldaten gegen Bezahlung, also deren ›Verkauf‹ oder doch zumindest ›Verleih‹.

Zum neuen Jahrhundert wurde am 18. Februar 1700 in den protestantischen Gebieten Hessens endlich der Gregorianische Kalender von 1582 eingeführt. Um Mitternacht stellte man den Kalender zwölf Tage vor, also auf den 1. März.

Landgraf Karl starb 1730 und hinterließ seinem Nachfolger ein geordnetes Land mit gesunden Finanzen. Das lag vor allem am florierenden Subsidien-Geschäft. Bis zu 12000 Mann standen dem Landgrafen zur Verfügung, um sie an die zahlenden Großmächte zu ›verleihen‹. Auch außenpolitisch stand Hessen-Kassel gut da. Karls Sohn Friedrich heiratete 1715 die schwedische Thronerbin und hätte glanzvoll König von Schweden werden können, wenn die dortige Monarchie nicht zu völliger Bedeutungslosigkeit hinabgesunken wäre. Friedrich wurde zwar zum König gewählt, regierte aber nicht, sondern ging auf die Jagd und spürte schönen Frauen nach.

Nach Karls Tod übernahm Friedrichs Bruder als Wilhelm VIII. die Regierung. Er verminderte die absolutistische Prachtentfaltung, schaffte die Hofkapelle ab, beendete manch monströses Bauprojekt und widmete sich mit einer neuen Zunftordnung und einer Reihe verwaltungstechnischer Änderungen der Wirtschaftsförderung. Obwohl der Staat in merkantilistischer Manier das Manufakturwesen und die Einrichtung von Fabriken förderte, blieb Hessen doch ein Agrarland. Einzig in der Textilproduktion florierte die Wirtschaft, wobei die Tuchlieferungen an die Armee eine große Rolle spielten.

1736 kam im Erbgang die reiche Grafschaft Hanau an Hessen-Kassel, was aber wenig Wirkung zeitigte. Das Gebiet wurde nämlich faktisch in der nächsten Generation schon wieder von Hessen-Kassel getrennt, als der älteste Sohn des Landgrafen Wilhelm, Erbprinz Friedrich, zur katholischen Kirche übertrat. Das protestantische Bekenntnis war in Hessen-Kassel nämlich gleichsam Vorschrift, und man duldete in wichtigen staatlichen Ämtern keine Katholiken. Daher wurde die Ehe des katholischen Erbprinzen mit der englischen Prinzessin Maria aufgelöst, und sogar die Erziehung seiner Söhne wurde ihm verwehrt. Der älteste von ihnen, der spätere Landgraf Wilhelm IX., bekam die Hanauer Grafschaft schließlich als eigenständigen Besitz zugewiesen.

Wilhelm VIII. hatte, bevor er zunächst als Statthalter seines Bruders Friedrich die Regierung auf sehr sparsame und, wie es heißt, freundlich-patriarchale Art übernahm, als Offizier in den Niederlanden gedient. Dort hatte er die niederländische Malerei schätzen gelernt. Auf ihn geht der Erwerb der großen niederländischen Gemälde, unter anderem Bilder von Rembrandt, für die Kasseler Galerie zurück. Wilhelm berief Johann Heinrich Tischbein zum Hofmaler, der zum Begründer einer hessischen Malerschule wurde. Unter Wilhelm wurde auch wieder mehr gebaut. Schloss Wilhelmsthal besticht in seiner Rokoko-Pracht noch heute.

Die Gelder kamen wiederum vor allem durch die Subsidienverträge nach Kassel. Im österreichischen Erbfolgekrieg wäre es dadurch fast zur Katastrophe gekommen. Hessen-Kassel lieferte Soldaten an seine alten Alliierten England und Preußen. Nun aber unterstützte England die Ansprüche Maria Theresias, während Preußen an der Seite Frankreichs die österreichische Herrscherin bekämpfte und sich auf der Seite des wittelsbachischen Kaisers Karl VII. befand. In beiden Lagern dienten also hessische Söldner; mit Mühe und Not konnte verhindert werden, dass sie in offener Feldschlacht gegeneinander kämpften.

Auch diese unglückliche Konstellation trug dazu bei, dass der Soldatenhandel in Verruf geriet. Allerdings dauerte es noch 30 Jahre, bis es als moralisch anstößig empfunden wurde, dass Fürsten über ihre Soldaten nach eigenem Belieben verfügen konnten. Erst die amerikanische Freiheitsbewegung und eine zugespitzte bürgerliche Aufklärung schufen die Grundlage für die Verachtung dieser Variante des Menschenhandels.

Am Siebenjährigen Krieg von 1756 bis 1763 war Hessen-Kassel nicht mehr nur als Soldaten-Lieferant beteiligt. An der Seite von Preußen und England hatten die Hesssen nun aktiv den Krieg im Westen zu bestreiten. Auf hessischem Gebiet bewegten sich die feindlichen Armeen hin und her. Kassel wurde viermal von den Franzosen besetzt und zweimal belagert. Für das Land wirkte sich dieser Krieg verheerend aus. Ähnlich wie im Dreißigjährigen Krieg wurden Dörfer vernichtet, Städte zerstört, war das Land verwüstet und verarmt.

1760 starb während des Krieges Landgraf Wilhelm VIII. Erst drei Jahre später kehrte sein Sohn und Nachfolger Friedrich II. in das zum Teil zerstörte Kassel zurück. Dennoch gilt seine Regierungszeit als Höhepunkt des ›aufgeklärten Absolutismus‹. Seine Namensgleichheit mit dem preußischen König sollte nicht nebensächlich bleiben. Der preußische Hof mit seiner philosophisch-aufgeklärten Kultur wurde zum unmittelbaren Vorbild für den hessischen Friedrich. Zwar war der ja, wie oben erwähnt, zum katholischen Glauben übergetreten, es schien aber so, als sei in seiner Person das Toleranzdenken eines Lessing verkörpert. Er konnte mit dem Papst ebenso intensiv verkehren wie mit dem preußischen König oder Voltaire, der mit dem hessischen Landgrafen eine Korrespondenz unterhielt.

Nach den gravierenden Folgen des Siebenjährigen Krieges ging es unter Friedrich II. erst einmal darum, das Land zu sanieren, die Wirtschaft anzukurbeln und die Finanzen in Ordnung zu bringen. Und wieder waren es die Subsidiengelder, die dabei halfen. England zahlte noch mehrere Jahre nach dem Krieg weiter, und so konnte der Landgraf in merkantilistischem Eifer Manufakturen und Fabriken errichten lassen, die Landwirtschaft intensivieren, die Schafzucht für die heimische Wollproduktion fördern und insgesamt helfen, einen beachtlichen Wohlstand zu schaffen.

Die Lage der Landbevölkerung hielt mit diesen Verbesserungen allerdings nicht Schritt. Zu den herkömmlichen Abgaben kamen Dienste für den Grundherren hinzu: Spanndienste, Handdienste und Jagddienste. Nur zögerlich wurden die Frondienste durch die Arbeit im Tagelohn ersetzt.

So wie es aus Friedrichs Preußen bekannt ist, entwickelte sich der zugleich strenge und fürsorgliche Staat auch in Hessen-Kassel. Eine nicht enden wollende Fülle von Verordnungen und Reglementierungen presste das Leben der Untertanen in enge Bahnen. Aber während Holz-, Kaffee-, Heirats-, Münz- oder Kleiderordnungen den Untertan in ein straffes Korsett zwängten, hatte dieses System andererseits auch eine großzügige Seite. Denn mit einer Reihe von segensreichen Einrichtungen sorgte der Fürst auch für das Wohl der Untertanen: Spitäler, Findelhäuser und Armenhäuser wurden gebaut, Witwen- und Waisenkassen eingerichtet, Brandversicherungen angeboten. Immer getreu der Devise, dass der fürstliche Staat für seine Landeskinder sorgt, wenn sie sich brav fügen und nicht auf eigene Vorstellungen pochen.

Immerhin war Kassel ein blühendes Zentrum der Künste und Kulturen, besonders der französischen. Es gab französische Schauspiele und Ballettaufführungen, eine italienische Oper, man parlierte französisch und fühlte sich in der Kasseler Residenz den großen Höfen in Europa – fast – ebenbürtig. Am Collegium Carolinum lehrten angesehene Professoren, die landgräfliche Bibliothek wurde vom Weltreisenden Georg Forster geleitet, der berühmte Mediziner Sömmering wirkte hier ebenso wie Christian Dohm, der Mitbegründer der wissenschaftlichen Statistik und Vorkämpfer der Emanzipation der Juden.

Im Jahre 1776 wurde mit England ein neuer Subsidienvertrag geschlossen, ein glänzendes Geschäft für den Landgrafen, aber auch eine moralische Niederlage; denn nun kämpfte nicht ein Heer gegen ein anderes in einem Kabinettskrieg, sondern es handelte sich um den Aufstand der englischen Kolonien in Amerika, und dieser Aufstand berief sich auf allgemeine Menschenrechte und Demokratie. England zahlte für die 12000 hessischen Soldaten jährlich 450000 Taler, so dass Friedrich II. bei Kriegsende einer der reichsten Fürsten des Kon-

Der Herkules und die Kaskaden auf dem Karlsberg in Kassel

tinents war. In ganz Europa waren die Ideen der amerikanischen Revolution populär geworden, nun sprach man von ›Menschenschacher für Blutgeld‹, und Friedrich Schiller geißelte in seinem Drama ›Kabale und Liebe‹, das 1784 in Frankfurt uraufgeführt wurde, den Menschenhandel.

Hessen galt als ›Pflanzschule guter Soldaten‹ und als ein Land, das sich mit guter Politik und geschickter Diplomatie aus den schlimmen Schäden des Siebenjährigen Kriegs emporgearbeitet hatte.

Friedrichs Sohn Wilhelm IX. schloss weitere Subsidienverträge ab und beauftragte das Bankhaus Rothschild in Frankfurt mit der Verwaltung und Anlage der Gewinne. Er residierte in Hanau und hatte den Ruf eines aufgeklärten und modernen Herrschers, in dessen Land das politische Klima von Toleranz und Glaubensfreiheit geprägt sei. In Kassel änderte sich vor allem der Geschmack. Man schaute nun nach England, ersetzte die kunstvoll gestutzten Rokokogärten durch englische Parks, in denen die Natur walten durfte, und ließ die Löwenburg gleich als Ruine bauen, weil die englische Schauerromantik Ruinen von Ritterburgen vorsah. Nach der Französischen Revolution von 1789 sah sich Wilhelm IX. in seiner antifranzösischen Haltung bestätigt. Im Bündnis mit Preußen und England nahm er am Ersten Koalitionskrieg gegen Frankreich teil und schied wie Preußen 1795 aus dem Kampf aus. Am Ende des Alten Reichs, im Jahr 1803, wurde Wilhelm zum Kurfürsten erhoben, seitdem spricht man von Kurhessen. Aber da gab es Hessen-Kassel, das sich seit 1795 bis über die Jahrhundertwende hinaus neutral gehalten hatte, in dieser Form schon beinahe nicht mehr.

Die Landgrafschaft Hessen-Darmstadt bis zum Ende des Alten Reichs

Die Regentschaft Landgraf Georgs II. überdauerte das Ende des Dreißigjährigen Krieges. Die Reichsverfassung garantierte nach wie vor die Existenz der Landgrafschaft. Die Landstände waren bis zu ihrer Aufhebung im Jahre 1806 an der Innenpolitik in hohem Maße beteiligt. Die drei so genannten Kurien waren die Kirche mit drei Prälaten, die von der lutherische Universität Gießen gestellt wurden, 20–30 Vertreter des Adels und 25 Vertreter der Städte. Vor allem wegen der Kriegsfolgen konnte der Landgraf auf die Finanzhilfe der Stände nicht verzichten. Die Finanzverfassung des Landes gliederte sich in die Einnahmen aus landesherrlichem Grundbesitz und Zöllen sowie in direkte Steuern, die von den Ständen bewilligt wurden und für die militärischen Ausgaben bestimmt waren. Wann immer der Fürst wieder zeitlich befristete Steuern verlangte, mussten die Stände im Landtag zusammenkommen und konnten bei dieser Gelegenheit den Landesherrn mit ihren eigenen Forderungen konfrontieren. Und immer wieder ging es in der Landgrafschaft um Geld. Es wurde mehr ausgegeben als vorhanden war, der Hof verschlang entschieden zu viel. 1653 machte man eine Art Inventur und zählte 133 zu besoldende Personen: Haushofmeister, Pagen, Leibarzt, Schreiber, Bäckermeister, Kapellmeister, Seidensticker, Trompeter, Gärtner, Sattel- und Stallknechte, um nur einige zu nennen. Um in der Liga der absolutistischen Staaten mitspielen zu können, musste man in die repräsentative Darstellung der Macht einiges investieren.

Um sich außenpolitisch abzusichern, schloss sich der Landgraf 1659 dem Bund deutscher Fürsten mit Frankreich und Schweden an, der ein Jahr zuvor auf Anraten des Erzbischofs Johann Philipp von Mainz begründet worden war. Es war nach dem Dreißigjährigen Krieg das erste bedeutende Bündnis zwischen evangelischen und katholischen Landständen.

Als 1661 Landgraf Ludwig VI. seinen Vater beerbte, machte er erst einmal einen Kassensturz. Das Minus betrug 220000 Gulden. Zur Vergrößerung des Territoriums waren Güter wie Eberstadt und Gräfenhausen gekauft worden. Für den Erwerb von Kleidern und Silbergeschirr hatte man bei christlichen und jüdischen Geldverleihern in Frankfurt hohe Kredite aufnehmen müssen. Der Fürst versuchte, die Hofhaltungskosten durch seine Abwesenheit zu verringern. Doch die Hoffnung, ein reisender Hofstaat sei billiger, ging ebenso fehl wie der Versuch, Kredite von Frankreich oder Schweden zu bekommen, denen man sich als Bündnispartner anbot. Dabei wurden Mittel für den Wiederaufbau des nach wie vor unter den Zerstörungen des Dreißigjährigen Krieges leidenden

Landes bitter benötigt. Stattdessen hielt auch der Frieden nicht lange. 1673 besetzten französische Soldaten die Wetterau und das untere Maingebiet, 1674 eroberten sie die Bergstraße und zerstörten das Schloss Auerbach, 1689 die Festungen und Burgen Rüsselsheim und Dornberg und 1693 nahmen sie Zwingenberg ein und brandschatzten Darmstadt.

In dieser Situation wurde in Hessen-Darmstadt das stehende Heer eingeführt. 1704 überließ Landgraf Ernst Ludwig gegen Subsidien drei Regimenter des Heeres dem Herzog von Braunschweig-Lüneburg, der dann 1705 und 1706 im spanischen Erbfolgekrieg mit dem kaiserlichen Heer gegen die Franzosen kämpfte. Die bescheidenen Subsidienverträge Hessen-Darmstadts waren aber mit denen in Hessen-Kassel nicht zu vergleichen.

Landgraf Ernst Ludwig hatte sich an einigen Reformen versucht und unter anderem das städtische Zunftwesen neu geordnet. Er verschlimmerte die Lage in der Landgrafschaft aber in hohem Maße dadurch, dass er 1708 trotz Geldnot die französischen Parforcejagden einführte, Hetzjagden zu Pferd, bei denen das Wild durch laut bellende Hunde so lange gejagt wurde, bis es völlig ermattet aufgab. Der jagdsüchtige Landgraf ließ eine ganze Reihe von Jagdschlösschen und -häusern bauen, wie zum Beispiel das Schloss Kranichstein. Angesichts leerer Kassen errichtete er in Darmstadt den Parforcehof, die Orangerie, das Opernhaus und einen neuen Schlossbau. Elisabeth-Dorothea, die ehemalige Regentin, ermahnte ihren Sohn und schrieb ihm, er hinterlasse »ein verschuldetes Land und arme Unterthanen, einen verworrenen Etat und Regiment, da alles widereinander und keine Eingkeit, ein unordentliches, verdorbenes Oeconomie-Wesen«, so dass alles »sozusagen in agone lieget.«[77] Ernst Ludwigs Sohn Ludwig VIII. hielt es ähnlich mit den Finanzen, und nur sein gutes Verhältnis zu Kaiserin Maria Theresia in Wien und ihre Intervention beim Reichshofrat soll es verhindert haben, dass die ständig drohende Exekutionskommission nicht eingesetzt und das Land vor dem Bankrott bewahrt wurde. Die Landstände konnten sich gegenüber dem Fürsten und der Beamtenschaft mit ihren Vorstellungen vom Finanzwesen nicht durchsetzen. Mit dem Frieden von Utrecht und Rastatt war der spanische Erbfolgekrieg beendet, und damit floß auch kein Geld mehr aus Subsidienverträgen. Zu allen Schulden kamen noch 2 Millionen Gulden hinzu, die Ernst Ludwigs geheime Kabinettskasse zu verantworten hatte. Man hatte gehofft, dieses Geld durch alchimistische Zaubereien und Schatzsucherei auftreiben zu können.

Zwischen 1709 und 1722 erlebte Hessen-Darmstadt ungeachtet der katastrophalen Finanzlage eine kurze Periode kulturellen Glanzes. Der berühmte Baumeister Louis Remy de la Fosse aus Hannover errichtete für den nicht weniger berühmten Komponisten Christoph Graupner in Darmstadt ein Opernhaus, eine französische Truppe von Komödianten belebte das Theater, und nach dem Brand des Darmstädter Residenzschlosses bewilligten die Landstände 1715 300000 Gulden für den Neubau nach den Plänen de la Fosses. Doch dieser blieb ebenso wie die Orangerie im Bessunger Forst unvollendet, weil die Baugelder zweckentfremdet wurden. Ernst Ludwig verlor mehr und mehr den Kontakt zu den Verwaltungsgremien, zog sich auf seine Jagdschlösschen zurück und steigerte das abenteuerliche Finanzgebaren ins Groteske. Seit 1733 beteiligte er sich an der Herstellung minderwertiger Goldgulden, die den schönen Namen Ernest d'Or trugen. Der faule Gewinn wurde zur Finanzierung der Hofkapelle unter Graupners Leitung verwendet.

Kaiser und Reich unterbanden schließlich die Goldmünzprägung. 1739 berief Ernst Ludwig den Landtag ein, um neue Steuern bewilligen zu lassen, doch nun kam es zum offenen Konflikt. Die Stände verlangten ultimativ, künftig die vom Landgrafen als Reichsstand in Regensburg oder auf dem Frankfurter Oberrheinischen Kreistag bewilligten Steuern vorher selbst zu genehmigen. Das war eine empfindliche Einbuße an herrschaftlicher Souveränität. Die desolate Lage des Darmstädter Hofs zeigte sich nicht zuletzt auch daran, dass die Stände weitere Mittel zur Vollendung des Schlossbaus verweigerten; so blieb das prächtig geplante Barockschloss als Neubauruine mit zugenagelten Fenstern bis zum Beginn des 19. Jahrhunderts ein Denkmal für die finanziellen Kalamitäten der absolutistischen Landgrafen.

Auch Ludwig VIII., der so genannte Jäger-Landgraf, der Ernst Ludwig nachfolgte, war kein begnadeter Ökonom, der den Haushalt hätte sanieren können. Immerhin kam jetzt aber die im Elsass gelegene Grafschaft Hanau-Lichtenberg zu Hessen-Darmstadt. Dort hatte sich der spätere ›Soldaten-Landgraf‹ Ludwig IX. etabliert, der im ebenfalls zu Hessen-Darmstadt gehörenden Pirmasens ein kleines Potsdam errichten wollte. Nach preußischem Vorbild sollte ein klug und sparsam wirtschaftender Staat geschaffen werden, was in den entlegenen Gebieten der Landgrafschaft sogar in Ansätzen gelang.

In Darmstadt aber grassierte weiter die Jagdleidenschaft und fegte alle guten Vorsätze hinweg. Das Wild wurde zum Fluch für die Bauern und die städtischen Ackerbürger, da sie nichts gegen Rehe, Wildschweine und Hirsche unternehmen durften, die die Saaten und die die Triebe der Bäume fraßen. Als der manische ›Jäger-Landgraf‹ während einer Vorstellung des Hoftheaters starb, soll sich die Trauer der Untertanen in Grenzen gehalten haben.

Nun folgte am Darmstädter Hof eine kulturelle Blütezeit, die jedoch nicht ohne Merkwürdigkeiten blieb. Ludwig IX. weilte meistens in Pirmasens, wo er die Freude an seinen Regimentern auslebte. In Darmstadt residierte ab 1772 seine Frau, die legendäre Landgräfin Karoline Henriette. Zum leitenden Minister und Präsidenten aller Landesbehörden wurde der preußische Staatstheoretiker Friedrich Karl von Moser berufen, der die Spezialaufgabe hatte, die Finanzen in Ordnung zu bringen.

Karoline Henriette, von Goethe die ›große Landgräfin‹ genannt, schuf am Darmstädter Hof ein Zentrum des europäischen Geisteslebens. Friedrich der Große bewunderte sie, berühmte Musiker wie Willibald Gluck und große Dichter wie Goethe, Herder und Wieland verkehrten an ihrem Hof. Goethes Darmstädter Jugendfreund, der Kriegsrat Johann Heinrich Merck, war der Verleger von Klopstocks Oden und Elegien und des ›Götz von Berlichingen‹. Gleichzeitig war der Hof ein Brennpunkt der protestantischen Frauenkultur pietistischer Prägung.

Musenleben im Freien. Darmstädter Idylle im 18. Jahrhundert. Gemälde von Johann Christian Fiedler

Auch Mosers Arbeit als Minister war, solange man ihn gewähren ließ, erfolgreich. Er rettete das Land vor dem Staatsbankrott und schuf eine moderne, effiziente Verwaltung. 1780 trat er zurück, angeblich, weil man sich nicht an seinen Vorschlag hielt, das Lotto abzuschaffen.

Die ›große Landgräfin‹, mit der Voltaire Briefe wechselte und die für die literarische Mode der Empfindsamkeit eine Art Schirmherrin war, starb 1774, nachdem sie aus St. Petersburg, wo ihre Tochter Wilhelmine den russischen Thronfolger geheiratet hatte, schwer krank zurückgekehrt war.

Landgräfin Karoline Henriette. Porträt von Johann Georg Ziesenis

Ihr Mann, Landgraf Ludwig IX., hatte das Militär gestärkt ohne Subsidienverträge abzuschließen. Dieser militärischen Potenz sollte sich der Aufstieg Hessen-Darmstadts zu einer deutschen Mittelmacht verdanken. Erbprinz Ludwig X. residierte, anders als sein Vater, seit 1777 wieder in Darmstadt. Der

Ausbau der Residenzstadt wurde dann allerdings von den Kriegen gegen das revolutionäre Frankreich unterbrochen. Erst zwanzig Jahre später konnte man an die architektonischen Pläne des Landgrafen anknüpfen, der später der erste Großherzog wurde.

Nach dem Frieden von Lunéville kamen die Gebiete aus der Hanauer Erbschaft im Elsass an Frankreich, Hessen-Darmstadt aber wurde reichlich dafür entschädigt. Vor allem mit Gebieten der von Frankreich kassierten geistlichen Fürstentümer wurde es derart großzügig bedacht, dass es schließlich besser dastand als vor den Koalitionskriegen. Als Partner des revolutionären Frankreich hatten sich die Beziehungen zum Heiligen Römischen Reich, das kurz vor der Auflösung stand, auf ein Minimum reduziert.

Johann Wolfgang Goethe

Johann Wolfgang Goethe hat sich nie als Hesse gefühlt, und Frankfurt ist zwar seine Geburtsstadt, nicht aber der Mittelpunkt seines Lebens. Es fing nicht gut an am 28. August 1749. In ›Dichtung und Wahrheit‹ beschreibt Goethe seine Geburt:

Goethes Geburtshaus am Hirschgraben. Gouache von Ernst Metz, 1949

»Am 28. August 1749, Mittags mit dem Glockenschlage zwölf, kam ich in Frankfurt am Main auf die Welt. (...) Durch Ungeschicklichkeit der Hebamme kam ich für tot auf die Welt, und nur durch vielfache Bemühungen brachte man es dahin, dass ich das Licht erblickte.«

Goethes Verhältnis zur Vaterstadt, die ihm das Ehrenbürgerrecht verweigerte, sollte immer zwiespältig bleiben. Nach der Kindheit im Haus im Großen Hirschgraben ging er 1765 zum Studium nach Leipzig. Drei Jahre später kehrte er, auf Leben und Tod erkrankt, in sein Elternhaus zurück. 1770 wechselte er zur Fortsetzung des Studiums nach Straßburg und wurde schon ein Jahr darauf in Frankfurt als Advokat zugelassen. Um seinen juristischen Horizont zu erweitern, ging er als Praktikant an das Reichskammergericht in Wetzlar.

Am 30. Oktober 1775 verließ er Frankfurt in Richtung Weimar, wohin ihn Herzog Karl August berufen hatte. Von da an kam er nach Frankfurt nur noch zu Besuch.

Johann Wolfgang Goethe

Wenn man heute das Haus im Großen Hirschgraben besucht, das nach seiner Zerstörung im Zweiten Weltkrieg wieder originalgetreu errichtet wurde, kann man das Zimmer im Mansardengiebel sehen, in dem Weltliteratur geschrieben wurde: Im November/Dezember 1771 der ›Götz von Berlichingen‹, von Ende Februar bis Anfang April 1774 innerhalb von sechs Wochen ›Die Leiden des jungen Werthers‹, eine Art Urknall der modernen Literatur in Europa. Nach dem ›Clavigo‹ im selben Jahr entstand dort 1775 das Schauspiel ›Stella‹. Dass ein literarischer Text in kürzester Zeit geschrieben wird, sagt nichts über seine Qualität; Goethe schrieb allerdings nicht einfach nieder, was ihm einfiel. In seinem beängstigend guten Gedächtnis hatte er seine Dramen, Prosatexte oder Gedichte fast druckreif gespeichert, bevor er die Meisterwerke zu Papier brachte.

Am 14. Januar 1772 wurde auf dem Platz der Hauptwache die Kindesmörderin Susanna Margaretha Brandt hingerichtet. In seinem Mansardenzimmer mag er den Schock verarbeitet haben, über den er später in ›Dichtung und Wahrheit‹ schrieb. Wichtiger war, dass er die arme Mörderin mit der Gretchen-Figur des ›Faust‹ identifizierte. So parierte Goethe die Schläge, die ihm das Leben versetzte, mit der Feder. Im Schreiben kam er zu sich selbst und eignete sich seine Wirklichkeit an: »Es gewährt mir eine reinere Freude als jemals, wenn ich etwas nach meinem Gedankengut geschrieben habe.« Und in einem Brief an den Frankfurter Freund Johann Jakob von Willemer heißt es, dass »Schriftstellen eine unheilbare Krankheit ist, deswegen man wohltut, sich auch darein zu ergeben.« Wirklich stabil wurden Ansichten und äußere Eindrücke erst, wenn sie im literarischen Werk verankert waren.

Als Kulisse für den ›Faust‹ spielte Frankfurt mit seinen alten Häusern und Gassen eine große Rolle. Einige Gelehrte meinen auch, der ›Osterspaziergang‹ hätte den Main entlang aus der Stadt zur Gerbermühle geführt. Mephisto jedenfalls entwirft mit seiner Wunschstadt ein Panorama von Frankfurt:

Ich suchte mir so eine Hauptstadt aus,
Im Kerne Bürger-Nahrungs-Graus
Krumm-enge Gäßchen, spitze Giebeln,
Beschränkten Markt, Kohl, Rüben, Zwiebeln;
Fleischbänke, wo die Schmeißen hausen,
Die fetten Braten anzuschmausen;
Da findest du zu jeder Zeit
Gewiß Gestank und Tätigkeit.
Dann weite Plätze, breite Straßen,
Vornehmen Schein sich anzumaßen;
Und endlich, wo kein Tor beschränkt,
Vorstädte, grenzenlos verlängt.

Das Bild der Stadt schwankt hier wie Goethes eigene Urteile und Beobachtungen. Die ›engen Gäßchen‹ bedrücken den jungen Schriftsteller: »Frankfurt bleibt das Nest, Nidus wenn Sie wollen. Wohl um Vögel auszubrüteln, sonst auch figürlich spelunca, ein leidig Loch. Gott helf uns aus diesem Elend. Amen«, schrieb er in einem Brief zur Werther-Zeit. »Weite Plätze, breite Straßen« hingegen deuten auf die internationalen Verkehrswege und die Weltoffenheit Frankfurts hin. Und so bemerkte er: »In einer Stadt wie Frankfurt befindet man sich in einer wunderlichen Lage; immer sich kreuzende Fremde deuten nach allen Weltgegenden hin.« Enge und Weite, Respekt und Verachtung, Fluch und Lobgesang sind Ausdruck seiner ambivalenten Ansichten über Frankfurt. Bezieht man die Eltern mit ein, die ›Frohnatur‹ der Mutter Katharina Elisabeth, Strenge und Disziplin des Vaters Johann Caspar, der als Kaiserlicher Rat ehrenhalber in der Stadt eine bedeutende Position hatte, so kommt man zu der Einsicht, dass Goethe eine ganz normale Hassliebe zu seiner Geburtsstadt pflegte. Immerhin konnte er auch geradezu schwärmerisch über Frankfurt reden: »Wenn mich jemand frūge, wo ich mir den Platz meiner Wiege bequemer, meiner bürgerlichen Gesinnung gemäßer, oder meiner poetischen Ansicht entsprechender denke, ich könnte keine liebere Stadt als Frankfurt nennen; sie hat das edelste Verhältnis und das bedeutendste zur Geschichte unserer Tage; sie ist gerade groß genug, dass sie die Ambition eines jungen, regsamen Gemütes befriedige.«

Goethe schrieb aus Weimar öfter an seine Familie in Frankfurt; der Vater hätte wohl gern auf die Post seines Sohnes verzichtet. Es handelte sich nämlich um mehr oder weniger offene Bettelbriefe. Ruhm und Ehre fand er zur Genüge am Hof des Herzogs, Geld zunächst offenbar nicht. Nach dem Tod des Vaters am 27. Mai 1782 – Johann Wolfgang war 33 Jahre alt – flossen dann aus dem Erbe die Mittel für den Sohn spürbar ergiebiger.

Gern führte Goethe seine engsten Freunde und Freundinnen der Mutter in Frankfurt vor, und dabei wollte er nichts dem Zufall überlassen. Im August 1779 instruierte er die Mutter über den rechten Umgang mit Herzog Karl August. Später machte er auf dem Weg nach Frankfurt mit Frau Christiane in Gelnhausen Halt, ließ Frau und Sohn dort warten, um vorauszureisen und die Mutter haarklein auf den richtigen Umgang mit seinen Lieben einzuschwören, über die man sich ja auch in Frankfurt das Maul zerriss.

Die Besuche waren selten, Frankfurt rückte an die Peripherie von Goethes Horizont. Eine enge Freundschaft aber verband ihn mit dem Bankier Johann Jakob von Willemer und seiner Frau Marianne. Der Landsitz der Familie war die Gerbermühle, am Main im Frankurter Stadtteil Oberrad gelegen. Die Liebesbeziehung von Goethe und Marianne Willemer wurde poetisch verrätselt, es ist aber erwiesen, dass Marianne zum Buch Suleika Nameh des ›West-östlichen Divan‹ einige Gedichte beigesteuert hat. Ebenso erwiesen ist, dass Goethe während seines Aufenthalts im Stadthaus der Willemers und in der Gerbermühle vom 8. bis 15. September 1815 einige der Gedichte dieses Buches direkt an Marianne von Willemer gerichtet hat. Das älteste lautet so:

Nicht Gelegenheit macht Diebe,
Sie ist selbst der größte Dieb,
Denn sie stahl den Rest der Liebe
Die mir noch im Herzen blieb.

Dir hat sie ihn übergeben
Meines Lebens Vollgewinn,
Dass ich nun, verarmt, mein Leben,
Nur von Dir gewärtig bin.

Doch ich fühle schon Erbarmen
Im Karfunkel Deines Blicks
Und erfreu' in Deinen Armen
Mich erneuerten Geschicks.

Nach diesem Besuch sah Goethe Marianne nie wieder, er hatte sich, wie von vielen anderen, von ihr ›losgeschrieben‹.

1792 bot ihm die Stadt Frankfurt die Stelle eines Ratsherren an. Er lehnte ab. Am 2. Dezember 1817 ließ er sich aus steuerlichen Gründen aus dem Frankfurter Bürgerbuch streichen, in das er am 3. September 1771 nach geleistetem Advokateneid eingetragen worden war. So scheint es, als habe in Goethes Beziehung zu Frankfurt das Geld eine nicht geringe Rolle gespielt.

Immerhin wurde die Frankfurter Universität nach ihm benannt, und da wird über ihn noch heute geforscht und gelehrt. Auch über sein Verhältnis zu Marianne von Willemer, das immer noch Geheimnisse birgt – und so soll es auch bleiben.

Jüdisches Leben in Hessen[78]

Die Juden lebten zwar in Hessen, wie auch in den anderen Regionen des Reichs, vor allem in den Städten. Die älteste und bedeutendste jüdische Gemeinde des Mittelalters bestand im rheinhessischen Worms, der seinerzeit politisch wichtigsten deutschen Stadt. In Frankfurt befand sich die größte seit Beginn der Neuzeit. Dort findet man den ältesten und größten Judenfriedhof Europas, und während eines aufmerksamen Besuchs kann man von den Grabsteinen die einst herausragende Bedeutung der Frankfurter jüdischen Gemeinde ablesen.

Während aber hier wie anderswo das städtische Judentum kulturell besonders hervortrat, so war doch gerade in Hessen auch die jüdische Landbevölkerung zahlreich.

Seit der Mitte des 19. Jahrhunderts zogen jedoch viele Juden aus den ländlichen Gebieten in die Städte, oder sie wanderten aus, weil sich ihre politischen und ökonomischen Existenzbedingungen rapide verschlechterten. Denn auch die antisemitischen Bewegungen der achtziger und neunziger Jahre des 19. Jahrhunderts waren in Hessen besonders ausgeprägt, und die wirtschaftliche Not auf dem Lande traf die Juden besonders hart.

Nach der Vernichtung der europäischen Juden unter dem Kommando der vom Rassenwahn besessenen Nationalsozialisten sind in Hessen nur wenige neue jüdische Gemeinden entstanden, so in Frankfurt, Offenbach, Wiesbaden, Bad Nauheim und Darmstadt. Die vormaligen ländlichen Gemeinden zwischen Rhein und Weser sind wohl für immer verschwunden.

Schon in karolingischer Zeit lebten Juden in Frankfurt und Mainz, wahrscheinlich waren sie bereits mit den Römern an Rhein und Main gekommen. Aus dem 11. Jahrhundert sind jüdische Gemeinden entlang der wichtigen Handelsstraßen bezeugt: in Trier, Worms, Mainz, Speyer, Frankfurt und Köln. Aber

Darstellung einer Judenverbrennung in der 1493 erschienenen »Weltchronik« von Hartmut Schedel

der Ansiedlung folgten seit dem 12. Jahrhundert Verfolgung, Vernichtung oder Vertreibung. Auf dem Weg ins ›Morgenland‹ ermordeten die Kreuzritter nicht selten Juden, deren Stellung sich im Reich wegen der judenfeindlichen geistlichen Gesetzgebung seit dem Laterankonzil von 1215 weiter verschlechterte. Einen entsetzlichen Höhepunkt brachte die Pestepidemie, die bei ihrer ersten großen Verbreitung 1348/1349 ein Drittel der Bevölkerung West- und Mitteleuropas hinwegraffte. In immer wiederkehrender, dumpfer und böswilliger Unterstellung wurden die Juden als ›Christusmörder‹ für das Wüten der Pest verantwortlich gemacht. Sie hätten, so beschuldigte man sie, die Brunnen vergiftet, die Luft verpestet und so den Tod der Christen herbeigeführt. Etwa 300 jüdische Gemeinden wurden im Zuge dieser Racheorgien ausgerottet. In Gelnhausen trieb man die Juden im Jahr 1349 vor der Stadt zusammen und verbrannte sie auf einem Scheiterhaufen. In Frankenberg waren bereits 1295 die Juden in einer Scheune verbrannt worden. In der Wetterauer Reichsstadt Wetzlar lebten Juden schon um die Mitte des 12. Jahrhunderts. Auch hier überlebten nur wenige die fanatischen Verfolgungen während der Pest. Abgesehen von einigen wenigen geschützten Winkeln teilten die Juden in den hessischen Städten und auf dem Land den Leidenszyklus von immer wieder vorkommenden Pogromen und dem Versuch, sich aufs Neue anzusiedeln und zu überleben. Man sollte bei der aktuellen Diskussion über religiösen Fundamentalismus auch diese Vernichtungsspur des Christentums nicht vergessen.

Auf der Flucht vor den Verfolgern gelangten viele Juden in die östlichen Länder Europas, nach Polen, Galizien und in die Ukraine.. Aber auch nach Oberhessen zogen sich etliche Juden schon seit dem 14. Jahrhundert zurück. Rund um den Vogelsberg, in der Wetterau, im Odenwald und im Gebiet um Fulda, dem ›Fuldaländche‹, entstanden damals jüdische Gemeinden.

In der zweiten Hälfte des 17. Jahrhunderts nahmen oftmals die Gebieter über kleine Patrimonialherrschaften wie Ritter oder Adelsherren Juden auf, die aus den größeren Grafschaften, Städten oder kirchlichen Territorien vertrieben worden oder freiwillig gegangen waren. Gerade die kleinen Herren waren an Flüchtlingen wie Hugenotten, Juden oder Calvinisten interessiert, die die Zahl ihrer Untertanen und Steuerzahler erhöhen sollten. Dabei waren die Junker, Ritter und Adelsherren nicht nur zur Aufnahme der Flüchtlinge bereit, sie verfügten auch über eine unerschöpfliche Phantasie, wenn es um die Erfindung neuer Steuern ging, die man vor allem bei den Juden eintreiben konnte. Sie brachten in der Regel das Vierfache eines christlichen Untertanen.

Zwiespältig war die Judenpolitik Philipps des Großmütigen. Im Jahre 1524 wurden die Juden aus dem Land vertrieben, sechs Jahre später durften sie, versehen mit Schutzbriefen, wieder in die Landgrafschaft zurückkehren. Die Reformation war den Juden nicht gerade gewogen. Luther hatte in seiner schändlichen Schrift »Von den Juden und ihren Lügen« ähnlich wie Martin Bucer dafür plädiert, die Juden wegen ihres falschen Glaubens empfindlich zu bestrafen und sie aus dem Land zu jagen. Die Reformation hatte mit ihrer Judenfeindschaft wie auch in der Hexenverfolgung und dem unbarmherzigen Kampf gegen die aufständischen Bauern große schwarze Flecken der Blindheit und des Wahns.

Zwar setzte sich der auch in dieser Frage ein wenig tolerantere Philipp gegen seine theologischen Ratgeber durch; es blieb aber dabei, dass das Leben der Juden in Hessen durch harte Verordnungen und Verbote reglementiert wurde. Die Juden durften keine neuen Synagogen bauen, und sie mussten sich zu Bekehrungsgottesdiensten und Schuldeingeständnissen melden.

Die meisten Juden verließen schließlich Marburg und Kassel, zumal die gestrenge Landgräfin Amalie Elisabeth auf die strikte Einhaltung der Judenordnungen pochte. Die Zwangspredigten führten zu Tumulten, die Juden verstopften sich die Ohren, wollten aus den Kirchen fliehen und den missionarischen Zumutungen nicht ausgesetzt sein. Erst in der Mitte des 18. Jahrhunderts verschwanden die Zwangspredigten aus der hessischen Judenordnung.

Die Herren von Buseck hatten seit dem Anfang des 18. Jahrhunderts gegen hohe Zahlungen im Busecker Tal bei Gießen besonders viele Juden aufgenommen. Man nannte das Tal das hessische Palästina. In einigen wenigen Orten wie etwa in den nordosthessichen Dörfern Nentershausen, Imshausen und Solz hatten jüdische Familien unter dem Schutz der Freiherren von Trott zu Solz, von Frankenberg und von Baumbach ein besseres Leben gefunden als andernorts in Hessen. Auch in Sontra, Reichensachsen und Hünfeld gab es viele Adlige mit Burgen oder Gehöften, die aus alter Tradition Juden aufnahmen, die dann wie in Rhina, wo ein Drittel der Einwohner Juden waren, oder in Rimbach, wo sie 1885 einen Anteil von zehn Prozent der Bevölkerung stellten, stabile Gemeinden bildeten.

In Michelstadt im Odenwald duldeten die Grafen von Erbach ›ihre Juden‹, darunter der weit über die Region hinaus bekannte Baal-Schem von Michelstadt, ein jüdischer Wundertäter. Im ersten Drittel des 18. Jahrhunderts kamen viele Juden und auch Christen nach Michelstadt, um sich bei Seckel Löb Wormser – so hieß Baal-Schem eigentlich – Trost, Rat und Hilfe zu holen. Es entstanden Wundergeschichten und Heilslegenden. Weil etwa Baal-Schem dem berühmten Räuberhauptmann Schinderhannes einst das Leben gerettet habe, sei dieser fortan den Juden freundlich gesonnen gewesen, und für die fahrenden Bettler und Vaganten, ganz gleich welcher Konfession, sei im Haus des Wunderrabbis immer ein Platz gewesen.

Viele hessische Orte haben ihre eigenen, gewiss nicht immer den Tatsachen entsprechenden ›Juden-Geschichten‹. In Schwalbach im Taunus etwa fanden die Juden während des Dreißigjährigen Krieges in der Burg Hohenstein keinen Schutz, sie mussten sich im Wald verstecken. Dort soll ein Platz noch im 20. Jahrhundert ›beim Judenborn‹ geheißen haben. Von den Grafen von Münzenberg heißt es hingegen, sie sollen schon im 12. Jahrhundert jüdische Flüchtlinge aufgenommen haben, die aus den rheinischen Städten hatten fliehen müssen. In der alten Reichsstadt Friedberg existierte seit dem 13. Jahrhundert eine große jüdische Gemeinde. Die Friedberger Mikwah, ein Bad für die rituelle Reinigung der jüdischen Gläubigen, die um 1260 errichtet wurde, ist bis heute besonders gut erhalten. Im 16. Jahrhundert wohnten die Juden in Friedberg auf engstem Raum in der Judengasse, die zudem abends verschlossen wurde. Nach den Verheerungen des Dreißigjährigen Krieges lebten dann in Friedberg zeitweilig mehr Juden als Christen.

Wie manche in der Nazizeit zerstörte oder zweckentfremdete Synagoge gehört die Friedberger Mikwah zu den Denkmälern der vernichteten jüdischen Kultur und Religion in Hessen, die heute restauriert sind und besucht werden können. In Gelnhausen hat sich in der Synagoge ein prächtiger barocker Thora-Schrein als einziger in Deutschland nur deshalb erhalten, weil er während des Dritten Reichs so ruchlos wie ungewollt konservierend zugemauert worden war.

Besonders in den letzten zwanzig Jahren haben lokalhistorische Forschungen in Hessen Einzelheiten des jüdischen Lebens in den Städten und auf dem Lande sichtbar gemacht, die es als konkrete Daten der Erinnerung erlauben, sich mit dessen Geschichte auseinanderzusetzen.

In seinen Lebenserinnerungen schildert der jüdische Pädagoge Heinemann Stern 1941 als Flüchtling im brasilianischen Exil eine bestürzende Episode aus seiner Kindheit im mittelhessischen Nordeck. 1883, als er fünf Jahre alt war, wurde in einer Nachbargasse ein altes jüdisches Ehepaar erschlagen. Der mut-

Plakat für ein »antisemitisches Volksfest« in Sandbach im Odenwald am 28. Juni 1891 mit dem Marburger Bibliothekar Dr. Otto Boeckel als Festredner

maßliche Mörder wurde in Marburg vom Gericht freigesprochen und darauf im Triumphzug von antisemitischen Bauern durch die Stadt geführt. Das Leben der jüdischen Kinder in Nordeck wurde zu einem Spießrutenlauf zwischen Hetzliedern, schmutzigen Beleidigungen und Pöbeleien. Bei der Lektüre solcher Quellen lernt man schmerzlich, dass der tödliche Antisemitismus während des Dritten Reiches eine lange Vorgeschichte hat, und dass man also die Vernichtung der Juden nicht begreift, wenn man ihn ausschließlich den Nationalsozialisten zuschreibt. Zwar starben die europäischen Juden in den Mordfabriken der Nazischergen; die endlose Vorgeschichte des Holocaust mit etlichen in ihrer Grausamkeit spektakulären Übergriffen und Morden und einer unabsehbaren Zahl von weniger geschichtsträchtigen Verletzungen muss man aber ebenso beachten wie das offensichtliche Fortbestehen des Antisemitismus.

Die wichtigste Erwerbsquelle der Juden in den ländlichen Gebieten Hessens, die bis weit ins 19. Jahrhundert hinein gar keinen anderen Beruf ausüben durften, war der Handel, insbesondere der Viehhandel, für den nahezu ein jüdisches Monopol bestand. Und wieder sollte sich in Krisenzeiten diese Stellung, die doch den Juden aufgezwungen worden war, als verhängnisvoll erweisen. Als es zu Beginn des 19. Jahrhunderts in der Landwirtschaft mit den Agrarreformen, Epidemien, Missernten und Viehseuchen zu existenzbedrohenden Krisen kam, wurden die jüdischen Händler für die Not der Bauern verantwortlich gemacht. Viele Bauern hatten sich bei jüdischen Viehhändlern und Geldverleihern verschuldet, um die Ablösesumme für die herrschaftlichen Fronden und Abgaben zahlen zu können. Wenn die Händler dann statt des Geldes das Vieh nahmen, wurde ihnen das ganze ländliche Elend in die Schuhe geschoben. Es funktionierte immer nach dem gleichen Muster: erst überließ man den Juden den Geldhandel und das Bankgeschäft, weil die christliche Moral Zinsgewinne angeblich verbot (was jedoch niemals konsequent begründet und durchgehalten wurde) und weil die Zünfte und andere Berufsverbände keine Juden zuließen, und dann fiel man über sie her und beschuldigte sie, keiner anständigen Arbeit nachzugehen und sich am sauer verdienten Geld der Bauern und Bürger zu bereichern.

Barbara Suchy zieht am Ende ihres Aufsatzes über jüdisches Leben in hessischen Kleinstädten und Dörfern ein Resümee, das wir hier wiedergeben:

»Die hessischen Juden waren sehr bodenständig; sie waren mit ihrer Heimat verwurzelt trotz ihrer großen Mobilität. Allerdings waren sie in den Kleinstädten und auf dem Lande der oft feindseligen Haltung der christlichen Bevölkerung viel unmittelbarer, viel direkter ausgesetzt als in den Städten. Doch fehlte es auch nie an Beispielen eines sehr guten Auskommens zwischen den Landjuden und ihren Nachbarn. Es gab durchaus auch freundschaftliche Kontakte. So schreibt – im amerikanischen Exil – Johanna Harris, geb. Brandes, in ihren Erinnerungen an ihre Kindheit im Dorf Oberaula von der engen, wenn auch etwas heimlichen Freundschaft zwischen ihrem Vater, dem Lehrer der jüdischen Volksschule, und dem christlichen Dorflehrer: Der Vater suchte – mit Erfolg – dem armen Freund eine tüchtige, liebe Frau; und die Freunde schimpften gemeinsam auf Bismarck und den Dorfpfarrer. Und wie so viele andere auch litt der Vater an dem schlechten Image der Landjuden: Er ›haßte aber diejenigen Juden, denen man nachsagte, sie hätten den und jenen Bauern um Haus und Hof gebracht, mit so glühendem Haß, dass jedes Wort versagte (...) Ja, er vergaß sich soweit, daß er vor ihnen ausspie im Gotteshause.‹ Es gab Juden bei der Feuerwehr, bei den Karnevalsgesellschaften, in der Gemeindevertretung, in den Gesang- und Turnvereinen, im Fußballklub und, vor allem, in den Kriegervereinen. Es gab institutionalisierte Orte der Begegnung: bei Begräbnissen oder patriotischen Feiern wie beispielsweise zum Kaisergeburtstag. Aber deshalb darf der Historiker diese Erscheinungen nicht als harmonisches Einvernehmen bezeichnen, über das dann – gleichsam von oben – die dämonische Macht des Nationalsozialismus hereinbrach. Es war immer eine Kluft geblieben zwischen der Minderheit und der großen Mehrheit, denn die Mehrheit empfand die nie vollständige religiöse und kulturelle Anpassung der Juden immer als Verweigerung und Herausforderung, während sie aber durch den mehr oder weniger ausgeprägten Antisemitismus dafür sorgte, daß die Distanz zwischen ihr und den Juden aufrechterhalten wurde.«[79]

Von Kurfürstentümern, Großherzogtümern, Herzogtümern und Fürstentümern

Hessen am Ende des Alten Reichs

Es war eine kleine Gruppe, die am 24. August 1802 in Regensburg zusammenkam. Aber sie sollte weit reichende Entscheidungen treffen. Viel Spielraum hatte sie dabei allerdings nicht. Den Rahmen gab der Friedensvertrag von Lunéville vor, den der deutsche Kaiser Franz II. und Napoléon im Februar 1801 geschlossen hatten. Alle linksrheinischen Gebiete waren darin Frankreich zugesprochen worden. Nun mussten die Entschädigungen für die deutschen Fürsten festgelegt werden. Damit alles seine Ordnung hatte, war vom Reichstag die Bildung einer achtköpfigen Reichsdeputation beschlossen worden, der auch ein Vertreter des Landgrafen von Hessen-Kassel angehörte. Während sich die kleine Gruppe die Köpfe heiß redete, wurden im Hintergrund von Frankreich und Russland die Fäden gezogen, denn das waren mittlerweile die beiden stärksten Mächte in Europa, nicht mehr Preußen und Österreich.

Eine Schlüsselrolle spielte der französische Außenminister Talleyrand, der von allen Seiten Bestechungsgelder annahm und dann das tat, was seinem Land am meisten nützte. Als am 25. Februar 1803 der »Reichsdeputationshauptschluss« verabschiedet wurde, war das Ende des Heiligen Römischen Reiches Deutscher Nation besiegelt. Zu den Verlierern zählten die katholische Kirche und die Reichsstände. Bistümer, Klöster und Stifte wurden aufgehoben, ihren reichen Besitz übernahmen die Landesfürsten.

Fürstentum Fulda

Auch der Fuldaer Fürstbischof musste abdanken. Seine Nachfolge trat der holländische Erbprinz Wilhelm Friedrich von Nassau-Oranien an, der es gar nicht hatte erwarten können. Schon im Dezember 1802 zog er als Fürst von Oranien-Fulda in seine neue Residenz ein. Die Fuldaer empfingen ihn mit großen Hoffnungen, dichteten sogar die Hymne »Wachse hoch, Oranien«. Sie hatten genug von einer geistlichen Herrschaft, die nur wenige Freiheitsrechte gewährte. Aber dem neuen Fürsten blieb wenig Zeit für Reformen, wenn er sie überhaupt je ernsthaft gewollt hatte. Schon 1806 setzte Napoléon dem Kleinstaat ein Ende und stellte das Gebiet unter seine Verwaltung. Wilhelm Friedrich von Nassau-Oranien musste abtreten und ging nach Berlin. Allerdings nicht, ohne einige Schätze in seinem Gepäck verstaut zu haben: »das mehrhundertteilige schwervergoldete Silberservice mit dem Wappen Busecks, dazu den barocken Bischofsstab, den silbernen Marschallstab, das mit Edelsteinen besetzte Zeremonienschwert und viele andere schöne Dinge, die unauffindbar verloren scheinen.«[80]

Fuldas Geschichte blieb wechselhaft. Auf die Franzosen folgten die Österreicher, die Preußen, der Kasseler Kurfürst und schließlich wieder die Preußen. Das persönliche Schicksal Wilhelm Friedrichs gestaltete sich erfreulicher. Nach dem Ende der napoléonischen Herrschaft hätten ihn einiger Fuldaer wieder gern als ihren Fürsten gesehen. Aber daraus wurde nichts. Denn als Wilhelm I. bestieg er 1815 den niederländischen Thron und regierte bis 1840.

Kurfürstentum Hessen

Ähnlich erging es dem Kasseler Landgrafen Wilhelm IX., der zu den reichsten und zugleich geizigsten Herrschern in Deutschland zählte. Die Bestechungssummen, die er Talleyrand bot, waren so gering, dass er nicht mit größeren Landgewinnen rechnen konnte. Es blieb im Wesentlichen bei Fritzlar und dem Gebiet um Amöneburg. Über die Enttäuschung tröstete ihn die Kurfürstenwürde hinweg, die ihm mit dem Reichsdeputationshauptschluss verliehen wurde. Durch die Auflösung der geistlichen Herrschaften hatten drei Kurhüte nämlich keine Besitzer mehr. So durfte der Kasseler Potentat als Wilhelm I. in den erlauchten Kreis eintreten, der dazu bestimmt war, den deutschen König zu wählen. Dass es allerdings dazu nicht mehr kommen sollte, ahnte noch niemand, als im Mai 1803 in Kassel kräftig gefeiert wurde. In seinen Lebenserinnerungen, die vor allem für seinen Sohn gedacht waren, berichtete Wilhelm:

> »*Am 1. Mai erhielt ich per Stafette die Nachricht von der kaiserlichen Ratifizierung* (des Reichsdeputationshauptschlusses, d. Verf.) *zu Regensburg. Ich nahm alsbald den Titel Kurfürst an und die Komplimente des Hofes und der Garnison entgegen. Ich preise Gott ob der Gnade, welche er mir erwiesen, als erster meines Hauses diese Würde erhalten zu haben (...)*
> *Unterdessen trafen alle Prinzen und Prinzessinnen des Hauses ein, die an den Festlichkeiten, welche zur Feier der Kurwürde anberaumt worden, teilnehmen wollten. Das große Fest, die Prozession zum großen Dom* (die Martinskirche, d. Verf.) *und die Illumination fanden am 15. Mai statt, das Ordenskapitel und ein allegorisches Spektakel am 16., und am 17. wurden Ball, Illumination und Feuerwerk in der Orangerie gegeben. Das Publikum bekundete aufrichtigen Anteil an diesem großartigen Ereignis für Hessen und seinen Herrscher.«* [81]

Aber der frisch gebackene Kurfürst hatte zunächst wenig Freude an seiner Standeserhöhung. Die Festlichkeiten waren kaum zu Ende, da kündigte sich schon neues kriegerisches Unheil an, denn Napoléon war mit seinen bisherigen Eroberungen nicht zufrieden. Wilhelm versuchte zwar offiziell neutral zu bleiben, dass er aber Napoleon hasste und lieber an der Seite Preußens gekämpft hätte, blieb den Franzosen indessen nicht verborgen. Ende Oktober 1806 besetzten sie das Kurfürstentum. Am 1. November, morgens um halb acht, musste er seine Residenz verlassen. Er floh zunächst nach Schleswig und lebte ab 1808 in Prag. Dass er sein gewaltiges Vermögen retten konnte, verdankte er vor allem einem Mann, dem Hessen-Kasselschen Oberhoffaktor Meyer Amschel Rothschild. Der in der Frankfurter Judengasse geborene Gründer des legendären Bankhauses hatte nicht, wie oft erzählt wird, das Geld des Kurfürsten in seinem Kontor versteckt, sondern, ganz im Gegenteil, gewinnbringend angelegt, und zwar vor allem in England, wo sein Sohn Nathan eine Filiale des Familienunternehmens leitete. Damit war alles für eine spätere Rückkehr Wilhelms vorbereitet, die allerdings noch einige Jahre auf sich warten lassen sollte. Denn was in Deutschland geschah, bestimmte immer stärker nur ein Mann: Napoléon.

Grossherzogtum Darmstadt

Das bekam auch der Darmstädter Landgraf Ludwig X. zu spüren, der vor allem ein Ziel verfolgte: auf der Seite der Sieger zu stehen. Das war bei den wechselnden Kriegserfolgen nicht immer ganz einfach, aber da von den unverhältnismäßigen Ausgaben des an notorischer Finanznot leidenden Darmstädter Hofes auch ein beträchtlicher Teil mit einigem Erfolg für Bestechungen aufgewendet wurde, wuchs die Landgrafschaft im Jahre 1803 um das Herzogtum Westfalen und um einige Amtsbezirke an der Bergstraße und im Odenwald. Dafür musste die weit weniger bedeutende pfälzische Grafschaft Hanau-Lichtenberg an Frankreich abgetreten werden.

Typisch für das Lavieren von Ludwig war, dass er einerseits ein freundliches Verhältnis zu Frankreich unterhielt, aber andererseits mit Preußen sympathisierte. Die Nagelprobe kam, als Napoléon 4000 hessische Soldaten für seinen Feldzug gegen Österreich anforderte. Ludwig verweigerte die Hilfe, und nur wenig später, Anfang Januar 1806, wurde die Landgrafschaft von französischen Truppen besetzt. Ludwig hätte nun, wie der Kasseler Kurfürst, ins Exil gehen können, aber dafür fehlte ihm das Geld. Er entschied, sich Frankreich zu unterwerfen, und hatte damit letztlich mehr Erfolg.

Unterzeichnung der Rheinbundakte. Kupferstich von Le Beau nach Naudet

Großherzog Ludewig I. mit seiner Gattin Luise

Am 16. Juli 1806 trat Hessen-Darmstadt zusammen mit fünfzehn anderen deutschen Staaten dem von Napoleon geschaffenen Rheinbund bei und sagte sich wenig später vom Reich los. Daraufhin verzichtete Franz II. auf die deutsche Kaiserkrone. Das Heilige Römische Reich Deutscher Nation hatte aufgehört zu existieren.

Davon profitierten die Rheinbund-Mitglieder. Die Landgrafschaft Hessen-Darmstadt wurde zum Großherzogtum und Landgraf Ludwig X. zum Großherzog Ludewig I. Gleichzeitig entstand das Herzogtum Nassau, und die Isenburger sicherten sich, wenn auch nur bis 1815, ihre Souveränität als Fürstentum. Sie waren damit der Einverleibung zahlreicher kleinerer Herrschaften entgangen. Denn die Rheinbundakte hatte die Landgrafen von Hessen-Homburg, die Fürsten und Grafen von Erbach, Solms, Stolberg und Schlitz, die Freiherrn von Riedesel und andere mehr ihre Selbstständigkeit gekostet. Diese unterstanden nun dem Darmstädter Großherzog, der ihnen nur noch geringe Rechte einräumte. Ludewig nutzte die Gelegenheit, um gleich seinen gesamten Adel und die Geistlichkeit zu entmachten. Den geringfügigen Widerstand, der von diesen Landständen vor allem bei Steuerbewilligungen gekommen war, beseitigte er am 1. Oktober 1806 mit einem Edikt, in dem er seinen »gnädigst gefassten« Beschluss bekannt gab, »die Landstände sämtlicher Unserer Provinzen aus unumschränkter Macht Vollkommenheit, kraft dieses, aufzuheben und aufzulösen, und die von denselben behandelten Geschäfte an Unsere Landes Collegien, denen, nach den ihnen auferlegten Pflichten, das Beste des Landes nicht minder heilig ist als den Ständen, zu überweisen, und hoffen durch diese in die

Verfassung Unserer Lande gebrachte Gleichförmigkeit Uns im Stand zu sehen, thätiger und wirksamer an dem Wohl Unserer geliebten Unterthanen arbeiten zu können.«

Gleichzeitig hob Ludewig alle bis dahin bestehenden Steuerprivilegien auf. Er war nun, wenn auch von Frankreichs Gnaden, der unumschränkte Herrscher über sein Land.

»Rund 175 000 Einwohner hatte Hessen-Darmstadt mit den 1803/06 ›acquirierten‹ Landen dazugewonnen. Doch Napoléons Blut-Preis musste bezahlt werden. Schon in den ersten Oktobertagen 1806 marschierten die hessischen Bataillone als Verbündete Frankreichs gegen Preußen. 1808 ging es nach Spanien, 1809 nach Österreich, und 1812 mussten sich unter dem Kommando des jüngsten Landgrafen-Sohnes Prinz Emil fast 5000 Hessen-Darmstädter dem verhängnisvollen Zug der ›Grande Armee‹ nach Russland anschließen, von dem dann nur ein Zehntel der Teilnehmer zurückkehren sollte.«[82]

Vom Rheinbund hatte sich Ludewig noch mehr erwartet als Gebietsgewinn und Großherzogstitel. Er träumte davon, ein hessisches Königtum zu errichten, was auch die endgültige Entmachtung des Kasseler Kurfürsten bedeutet hätte. Aber Napoléon sah das anders. Der Rheinbund war ihm nur ein Werkzeug, um Deutschland zu spalten und damit seine Macht zu sichern.

Grossherzogtum Frankfurt

Zum Fürstprimas, also zum ersten Mann des Rheinbundes, ernannte Napoléon den letzten Mainzer Kurfürsten Carl Theodor von Dalberg, der durch eine frankreichfreundliche Politik aufgefallen war. Der aus einem mittelrheinischen Adelsgeschlecht stammende Dalberg hatte schon früh Kontakt zu Künstlern und war mit Wieland, Herder und Schiller befreundet. Goethe, den er in Weimar oft besuchte, nannte ihn seinen »Freund und Gönner«, erkannte allerdings schon 1780, dass Dalbergs Pläne »einer nach dem anderen scheitern« müssten. In seinen philosophischen Betrachtungen, die zum Teil stark beachtet wurden, versuchte Dalberg seine tief in der Klassik verwurzelten humanistischen Ideale mit den politischen Ideen des aufgeklärten Absolutismus zu verbinden. Als Regent hatte er erst spät Gelegenheit, seine Ideale in die Praxis umzusetzen. Schon als frisch gebackener Kurfürst verlor er, gerade ein Jahr im Amt, seine

Mainzer Besitzungen, erhielt aber als neues Fürstentum Aschaffenburg, Wetzlar und Regensburg.

1806 kam mit der Rheinbundakte die bis dahin freie Reichsstadt Frankfurt hinzu. Das war für die Frankfurter Patrizier ein harter Schlag. Die Wahl- und Krönungsstätte der deutschen Könige hatte ihre Selbständigkeit verloren und war nun Teil eines Fürstentums, das Napoléon 1810 wieder umgestaltete. An die Stelle von Regensburg traten Hanau und Fulda. Aus dem Fürstentum wurde das Großherzogtum Frankfurt mit Dalberg an der Spitze. Die Frankfurter Bürgerschaft blieb zwar reserviert, dennoch fand der Fürstprimas genug Helfer, um in der gesellschaftlich und politisch verkrusteten Stadt durchgreifende Reformen beginnen zu können.

Seine Leistungen sind heute unbestritten. Er hatte zwar wenig Interesse daran, die erstmals gewählten Bürgerrepräsentanten wirklich mitregieren zu lassen, und auch die Pressefreiheit lag ihm nicht am Herzen. Aber er reformierte das Rechts- und Bildungssystem, garantierte die Religionsfreiheit, hob die Leibeigenschaft auf, richtete eine Handelskammer ein, ließ die Festungswälle schleifen und gewährte den lange in ihrem Ghetto eingesperrten Frankfurter Juden 1811 die vollen Bürgerrechte – gegen die gigantische Ablösesumme von 440000 Gulden.

Wie bis dahin in Frankfurt mit der jüdischen Bevölkerung umgegangen worden war, hat der in der Judengasse geborene Ludwig Börne später satirisch beschrieben. »Die Juden«, so Börne, »erfreuten sich der zärtlichsten Sorgfalt ihrer Regierung. Sonntags durften sie ihre Gasse nicht verlassen, damit sie von Betrunkenen keine Schläge bekämen. Vor dem 25. Jahre durften sie nicht heiraten, damit ihre Kinder stark und gesund würden. An Feiertagen durften sie erst um sechs Uhr abends zum Tore hinausgehen, dass die allzu große Sonnenhitze ihnen nicht schade. Die öffentlichen Spaziergänge außerhalb der Stadt waren ihnen untersagt, man nötigte sie, ins Feld zu wandern, um ihren Sinn für die Landwirtschaft zu erwecken. Ging ein Jude über die Straße, und ein Christ rief ihm zu: ›Mach Mores Jud‹, so musste er seinen Hut abziehen; durch diese höfliche Aufmerksamkeit sollte die Liebe zwischen beiden Religionen befestigt werden.«

Die Freude darüber, endlich als gleichberechtigte Bürger anerkannt zu sein, währte nur gut vier Jahre. Nach der Niederlage der napoléonischen Armeen und dem Ende des Großherzogtums drehten die Frankfurter Stadtoberen das Rad der Geschichte wieder zurück. Die meisten der Dalbergschen Reformen wurden aufgehoben, darunter auch die Judenemanzipation. Dalberg selbst starb nicht lange nach dem Ende seines Großherzogtums als Erzbischof in Regensburg.

Königreich Westphalen

König Jérome Bonaparte

Eine ähnliche Entwicklung wie in dem Ländchen zwischen Frankfurt und Fulda gab es auch in Hessen-Kassel. Das Kurfürstentum wurde mit der Flucht Wilhelms I. aufgelöst, und an seine Stelle trat ein Kunstgebilde, das auch der Versorgung der Familie Bonaparte diente. Nachdem Napoléon dem preußischen König den Frieden von Tilsit diktiert hatte, errichtete er am 18. August 1807 das Königreich Westphalen mit Kassel als Residenz. Der neu geschaffene Staat, der im Norden bis an die Elbe reichte, zählte rund zwei Millionen Einwohner, das waren dreimal so viele wie im alten Kurfürstentum. Die Regentschaft übernahm der jüngste Bruder des französischen Kaisers, Jérome Bonaparte, der sich als König von Westphalen in Schloss Wilhelmshöhe niederließ, das er in »Napoléonshöhe« umbenannte.

Um Jérome, der zu Beginn seiner Herrschaft noch nicht einmal 23 Jahre alt war, ranken sich die seltsamsten Gerüchte. Offenbar hatte er einen sehr entwickelten Sinn für Skurriles und für schöne Frauen. »Morgen wieder luschtik!«, soll sein Wahlspruch gewesen sein. Was er darunter verstand, ging in Kassel von Mund zu Mund und wurde später in verschiedenen Büchern kundgetan. König Jérome befehligte (was damals nicht ungewöhnlich war) ein ganzes Heer von Mätressen, er liebte es, täglich in Rotwein oder Kalbsbouillon zu baden, und er unterhielt ein Gespann aus vier eigens abgerichteten Hirschen, die einen leichten Wagen oder einen Schlitten ziehen konnten. Eduard Vehse berichtet in seiner 1853 erstmals erschienenen Sittengeschichte der hessischen Höfe von Ausschweifungen aller Art, von »Mysterien in der goldvergitterten Theaterloge, die die langen Aktpausen im Schauspiel veranlaßten« und von »Orgien mit den Sängerinnen und Tänzerinnen, die den ›niedlichen König‹ jeweilen so anstrengten, dass er am Morgen darauf nicht im Staatsrat erscheinen, Gesandte nicht empfangen konnte.«

Obwohl er Jacob Grimm als Privatbibliothekar beschäftigte, zeigte er wenig Sinn für Kultur. König Jérome war vor allem an seiner eigenen Machterhaltung interessiert und soll allein 26000 Spitzel beschäftigt haben. Seinem Bruder Napoléon stellte er 25000 Soldaten, von denen viele die Feldzüge in den Osten nicht überlebten. Die Bürger Kassels und des ganzen Königreichs Westfalen stöhnten unter den Steuerlasten und der Misswirtschaft.

Der brave Kommandant

Zwischen 1806 und 1813 kam es in zahlreichen hessischen Orten zu Unruhen, die blutig niedergeschlagen wurden. Einer der frühen Aufstände ist sogar in die Literaturgeschichte eingegangen. Als 1807 in Hersfeld ein französischer Offizier getötet wurde, entstand ein Aufruhr, der zu hohen Strafzahlungen und der Erschießung eines Unschuldigen durch die französischen Truppen führte. Aber damit nicht genug. In seiner berühmten Kalendergeschichte »Der Kommandant und die Jäger von Hersfeld« schilderte Johann Peter Hebel den weiteren Verlauf der Racheaktion:

»Der französische Kaiser befahl, die Stadt Hersfeld zu plündern und alsdann an vier Orten anzuzünden und in die Asche zu legen. Auf Fürbitten der französischen Kommandanten in Kassel und Hersfeld wurde die Strafe so gemildert: Es sollten zwar nur vier Häuser verbrannt werden, und dies war glimpflich; aber bei der Plünderung sollte es bleiben, und das war hart genug. Die unglücklichen Einwohner waren auch, als sie diesen Bescheid hörten, so erschrocken, so allen Muts und aller Besinnung beraubt, dass sie der menschenfreundliche Kommandant selbst ermahnen musste, statt des vergeblichen Klagens und Bittens die kurze Frist zu benutzen und ihr Bestes noch geschwind auf die Seite zu schaffen.
Die fürchterliche Stunde schlug, die Trommel wirbelte ins Klagegeschrei der Unglücklichen. Durch das Getümmel der Flüchtenden und Fliehenden und Verzweifelten eilten die Soldaten auf ihren Sammelplatz. Da trat der brave Kommandant von Hersfeld vor die Reihen seiner Jäger, stellte ihnen zuerst das traurige Schicksal der Einwohner lebhaft vor die Augen und sagte hierauf: ›Soldaten! Die Erlaubnis zu plündern fängt jetzt an. Wer dazu Lust hat, der trete heraus aus dem Glied!‹ Kein Mann trat heraus. Nicht einer! (...) Dies geschah zu Hersfeld im Jahr 1807, und das Städtlein steht noch.«

Andere Aufstände endeten blutiger, so die Erhebungen 1809 in Nieder- und Oberhessen, bei denen es zu regelrechten Schlachten zwischen französischen Truppen und von hessischen Offizieren befehligten Bauern- und Soldatenheeren kam. Die beiden Anführer des Marburger Aufstands, Oberst Andreas Emmerich und Professor Heinrich Sternberg, wurden im Juli 1809 in Kassel hingerichtet. Der Historiker Karl Demandt spricht sogar davon, dass Kurhessen während der französischen Besetzung »ein Zentrum des Widerstands gegen die Fremdherrschaft von europäischer Ausstrahlungskraft« war.

Bei dem Hass auf Napoléon und seine Helfer wurde weitgehend übersehen, dass die französische Verwaltung weitaus moderner als die kurfürstlich-hessische war. Es gab mit dem Code Napoléon ein an den Idealen der Französischen Revolution orientiertes Gesetzbuch und damit nie gekannte Freiheiten.

Trotzdem konnten es die hessischen Untertanen Jéromes gar nicht erwarten, dass ihr alter Kurfürst aus dem Exil zurückkehren würde. Nach der Völkerschlacht bei Leipzig war es so weit. Mit dem Rheinbund wurde auch das Königreich Westphalen aufgelöst. Jérome lebte zunächst als Fürst von Montfort in Österreich, Italien und der Schweiz. 1850 wurde er wieder Marschall von Frankreich, zwei Jahre später sogar Senatspräsident. Der französische Kaiser Napoléon III. ernannte ihn schließlich zum kaiserlichen Prinzen mit dem Recht auf die Thronfolge, zu der es aber nicht mehr kam.

Weitaus erfolgreicher als das Großherzogtum Frankfurt oder das Königreich Westphalen war eine dritte Staatsgründung auf hessischen Gebiet, die sich ebenfalls dem direkten Einfluss Napoléons verdankte.

Herzogtum Nassau

Die Nassauer Grafen, die zu den ältesten und mächtigsten Adelsgeschlechtern in Europa zählten, hatten 1255 ihr Land in Besitzungen nördlich und südlich der Lahn geteilt. Daraus entstand eine Fülle von zum Teil sehr kleinen Grafschaften, die nur so lange existierten, wie es leibliche Erben gab. War das Grafenhaus ausgestorben, wurde das Erbe mit einer der verbliebenen nassauischen Linien vereinigt. 1803 existierten dann noch drei große Herrscherhäuser: Nassau-Oranien, Nassau-Usingen und Nassau-Weilburg. Im Reichsdeputationshauptschluss, bei dem Wilhelm Friedrich von Nassau-Oranien das Fürstentum Fulda erhielt, konnten auch die beiden anderen Nassauer Fürsten geringe Gebietsgewinne erzielen.

Durch die Auflösung des Kurfürstentums Mainz waren sie direkte Nachbarn der siegreichen Franzosen geworden. Nur der Rhein trennte sie von der stärksten militärischen Macht in Europa. Dass Friedrich August von Nassau-Usingen und Friedrich Wilhelm von Nassau-Weilburg zuallererst den Ausgleich mit Frankreich suchten, war nur zu verständlich, und so gehörten sie 1806 zu den Gründern des Rheinbundes, in den sie allerdings nicht ihre getrennten Fürstentümer, sondern das nunmehr durch Vereinigung neu geschaffene Herzogtum Nassau einbrachten, das darüber hinaus noch weitere Landgewinne verbuchen konnte. Damit entstand ein relativ geschlossenes

Gebiet, das von Wiesbaden bis an Lahn und Sieg reichte. An der Spitze des 270000 Einwohner zählenden Staates stand Friedrich August von Nassau-Usingen. Nach seinem Tod im Jahre 1816 ging die Herzogswürde auf die Weilburger Linie über.

Wappen des Herzogtums Nassau, 1806

Wie in anderen Rheinbundstaaten wurden auch im Herzogtum Nassau einschneidende Reformen durchgeführt. Adelsprivilegien und Leibeigenschaft verschwanden, an die Stelle von 991 Einzelsteuern trat eine allgemeine Grund- und Gewerbesteuer. Allerdings achtete der neue Herzog darauf, dass seine Rechte als Gesetzgeber, oberster Gerichtsherr und militärischer Befehlshaber nicht eingeschränkt wurden. Als Souverän, der Frankreich viel zu verdanken hatte, wechselte Herzog Friedrich August erst spät ins preußisch-österreichische Lager, aber noch früh genug, um nach dem Ende der napoléonischen Kriege ungeschoren davonzukommen. Als Europa 1814/15 auf dem Wiener Kongress neu aufgeteilt wurde, blieb das nassauische Staatsgebiet, zwar etwas kleiner, aber dafür noch geschlossener als vorher, erhalten. Es erstreckte sich nun von Höchst bis Dillenburg und von Rüdesheim bis Hachenburg.

Landgrafschaft Hessen-Homburg

Zu den Merkwürdigkeiten des Wiener Kongresses gehörte es, dass eine Landgrafschaft wiedererstand, mit der niemand mehr gerechnet hatte: Hessen-Homburg. Der Zwergstaat, der neben Homburg selbst nur sechs Dörfer umfasste, hatte sich 1622 von Hessen-Darmstadt gelöst. Berühmt wurde vor allem ein Homburger: Landgraf Friedrich II. »mit dem silbernen Bein«. Heinrich von Kleist hat ihm später in seinem Drama »Prinz Friedrich von Homburg« ein literarisches Denkmal gesetzt. Das Stück über den unverwüstlichen Haudegen wird bis heute an den Theatern gespielt. Friedrich II. hatte 1658 im Dienste des Schwedenkönigs vor Kopenhagen ein Bein verloren und sich als Ersatz eine kunstvolle silberne Prothese anfertigen lassen. Als brandenburgischer Statthalter in Pommern erfocht er 1675 den Sieg von Fehrbellin, der Brandenburg (das spätere Preußen) zur europäischen Macht werden ließ. Was ihn unsterblich machte, war eine Befehlsverweigerung in der Schlacht. Denn statt abzuwarten, wie es ihm sein Dienstherr, der Kurfürst, geboten hatte, stürzte er sich ins Getümmel und entschied mit seinen Reitern den Kampf für sich und damit für Brandenburg. Von Kurfürst Friedrich Wilhelm ist der Ausspruch überliefert: »Herr Landgraf, nach den Kriegsgesetzen hättet Ihr das Leben verwirkt, aber bewahre Gott mich, dass ich durch solche Strenge einen so herrlichen Sieg beflecke, indem ich den strafen wollte, dessen Tapferkeit ich ihn größtenteils verdanke.«

Landgraf Friedrich II. war es auch, der das Homburger Schloss errichten ließ, in dem seine Nachfolger auch viele Wissenschaftler und Künstler bewirteten. Vor allem Landgraf Friedrich V., der von 1766 bis 1820 regierte, galt als Schöngeist. Er verfasste selbst Gedichte und philosophische Aufsätze, war mit Klopstock befreundet und hatte mit Isaak von Sinclair einen Schriftsteller zum Leiter der landgräflichen Regierung gemacht. Sinclair war es auch, der Friedrich Hölderlin zweimal nach Homburg holte: 1798 und 1804, als für den Dichter pro forma sogar eine Bibliothekarstelle geschaffen wurde.

Über die Frage, ob Hölderlin im September 1806 geistig umnachtet von Homburg nach Tübingen in das dortige Klinikum gebracht wurde, streiten sich bis heute die Wissenschaftler. Tatsache ist, dass er in Homburg einige seiner wichtigsten Werke vollendete, darunter den zweiten Teil des »Hyperion« und das Trauerspiel »Der Tod des Empedokles«. Und natürlich schrieb er Gedichte. Eines seiner berühmtesten, »Hälfte des Lebens«, soll beim Betrachten des Homburger Schlossparks entstanden sein.

HÄLFTE DES LEBENS

Mit gelben Birnen hänget
Und voll mit wilden Rosen
Das Land in den See,
Ihr holden Schwäne,
Und trunken von Küssen
Tunkt ihr das Haupt
Ins heilignüchterne Wasser.

Weh mir, wo nehm ich, wenn
Es Winter ist, die Blumen, und wo
Den Sonnenschein,
Und Schatten der Erde?
Die Mauern stehn
Sprachlos und kalt, im Winde
Klirren die Fahnen.

Friedrich Hölderlin

Unter den Nachfolgern Friedrichs V. verlagerte sich das künstlerische Leben vom Hof in den Kurbetrieb. Hauptattraktion war die 1841 von den Brüdern Blanc eingerichtete Spielbank, die die Landgrafschaft vor dem endgültigen Bankrott rettete, dafür aber manch andere, wie den Schriftsteller Dostojewski, finanziell ruinierte.

In den napoleonischen Kriegen hatte die kleine Landgrafschaft, die seit 1806 zum Großherzogtum Hessen gehörte, erheblich an Ansehen gewonnen. Friedrich V. gehörte schon früh zu den Gegnern Napoléons, und er blieb es auch. Gegen den Willen des französischen Kaisers ließ er seine sechs Söhne in preußischen und österreichischen Heeren dienen, der Jüngste von ihnen fiel 1813 in der Schlacht bei Lützen. Diese konsequente antifranzösische Haltung verschaffte seinem Land 1816 wieder die Selbständigkeit. Das nur wenige Quadratkilometer große Territorium konnte sogar um das Amt Meisenheim in der Pfalz erweitert werden.

Auch für den Kasseler Kurfürsten und den Darmstädter Großherzog verliefen die Verhandlungen auf dem Wiener Kongress und wenig später mit Preußen erfolgreich. Kurhessen erhielt den größten Teil des ehemaligen Fürstentums Fulda, die Darmstädter tauschten die Provinz Westfalen gegen Rheinhessen, und Ludewig I. nannte sich nun »Großherzog von Hessen und bei Rhein«. Nimmt man noch das Fürstentum Waldeck hinzu (von dem noch ausführlicher die Rede sein wird), so hatte Hessen schon fast seine heutigen Grenzen erreicht. Zu größeren Änderungen kam es erst wieder nach dem Ende des Zweiten Weltkriegs, als Rheinhessen und Teile von Nassau an Rheinland-Pfalz gingen.

Der Deutsche Bund

An die Stelle des Heiligen Römischen Reichs Deutscher Nation mit dem Kaiser an der Spitze trat 1815 der Deutsche Bund, der kein Oberhaupt mehr hatte, aber von Österreich und Preußen dominiert wurde. Ziel des Bundes war die »Erhaltung der äußeren und inneren Sicherheit Deutschlands und der Unabhängigkeit und Unverletzbarkeit der einzelnen deutschen Staaten.« Die deutsche Einigung stand nicht auf dem Programm. Frankfurt wurde Sitz des Bundestags, der im Palais Thurn und Taxis zusammentrat. In ihm saßen die Vertreter von 35 Fürsten und vier Städten.

Mit unserem heutigen, demokratisch gewählten Bundestag ist er jedoch nicht zu vergleichen. Die Fürsten schickten mehr oder weniger einflussreiche Gesandte, die ihre zum Teil sehr persönlichen Interessen wahren sollten. Von einem Nationalstaat war der Deutsche Bund weit entfernt. Dafür hatten nämlich Österreich und Preußen wenig übrig. Sie wollten ihre Einflussbereiche vergrößern und ihr Verhältnis untereinander neu definieren. Ohne die Zustimmung der beiden großen Mächte ging im Deutschen Bund gar nichts. Die kleineren Staaten mussten Einschränkungen ihrer Eigenständigkeit hinnehmen, vor allem in der Bündnispolitik. Mehrheitsbeschlüsse des Bundestages waren bindend, und wem das nicht passte, der durfte nicht einmal austreten. Schwer zu schaffen machte gerade den kleineren Staaten der Artikel 13 der Bundesakte, also der Verfassung des Deutschen Bundes. Darin hieß es: »In allen Bundesstaaten wird eine Landständische Verfassung stattfinden.«

Während sich Preußen und Österreich Zeit ließen, diese Forderung umzusetzen, hatten die um den Bestand ihres Landes fürchtenden Nassauer bereits 1814 in vorauseilendem Gehorsam ihre Verfassung verabschiedet. Was dabei »landständisch« bedeutete, hat der Wiesbadener Historiker Wolf-Arno Kropat anhand der ersten Wahlen im Jahr 1818 erläutert: »Wahlberechtigt war damals von 250 nassauischen Untertanen nur einer, denn nur die vermögendsten Steuerzahler durften wählen. Die Landstände bestanden aus zwei Kammern: Nur die Abgeordneten der Deputiertenkammer wurden gewählt, die meist adligen Mitglieder der Herrenbank vererbten ihren Sitz oder wurden vom Herzog ernannt.«

Der Einfluss der Landstände war von Anfang an gering. An den späteren Reformen im Herzogtum wirkten sie kaum mit.

Eine ähnliche Verfassung erließ auch der Darmstädter Großherzog, allerdings erst 1820 und auf massiven Druck aus der Bevölkerung hin. Juristen, Studenten, Bauern und die gewählten Vertreter von Städten und Dörfern hatten Bittschriften verfasst, Flugblätter entworfen und ›wilde‹ Landtage einberufen. Schließlich wurde die Volksbewegung trotz mehrerer Verhaftungen so massiv, dass der Großherzog einen ersten Verfassungsentwurf verkünden ließ. Darauf mochten allerdings die gewählten Abgeordneten der zweiten Kammer keinen Eid ablegen. Die Verfassung musste überarbeitet werden und galt danach als die beste im Deutschen Bund. Die Landstände waren stärker als in Nassau an der Neuorganisation von Justiz, Verwaltung und Handel beteiligt.

Alte Zöpfe

Ganz anders sah es in Kassel aus. Der zurückgekehrte Kurfürst wollte mit allem, was die französische Besatzung an Modernisierungen gebracht hatte, gründlich aufräumen. Äußeres Zeichen für den gesellschaftlichen und politischen Rückschritt war die Anordnung Wilhelms I., dass seine Soldaten wieder Zöpfe zu tragen hätten. Nun wuchsen aber natürlich nicht jedem Gardisten oder Kürassier zopflange Haare, und es wurde daher befohlen, dass den zopflosen Soldaten künstliche Zöpfe angehängt werden sollten, was zu kuriosen Situationen führte. Hofhistoriker Eduard Vehse schildert einen folgenschweren Zwischenfall:

> *»Der Kurfürst bemerkte einst, als er aus dem Schlosse kam und die Wache schnell ins Gewehr trat, einen Offizier mit zwei Zöpfen. ›Warum hat man zwei Zöpfe?‹ donnerte die alte Hoheit. Der Offizier hatte den Hut eines Kameraden, an dem dessen Zopf festgemacht war, ergriffen; der seinige hing an dem eigenen Haare. Unnachsichtig erhielt dieser Offizier Arrest.«*

Daraufhin wurde eine weitere Anordnung erlassen, nämlich dass die Zöpfe nur noch an den Uniformkragen und keineswegs am Hut zu befestigen seien. Außerdem setzte der Kurfürst eine Prämie für denjenigen aus, der eine Haarwuchssalbe erfinden würde. Offiziere mit Originalzöpfen erhielten zudem eine Zopfgratifikation.

Wappen des Kurfürstentums Hessen, 1818

Mit solchen heute nur noch lächerlich wirkenden Erlassen glaubte Wilhelm I., die spätfeudalen Strukturen der Zeit vor der französischen Besatzung wieder herstellen zu können. Mit über 70 Jahren war er zu alt, zu verbittert und zu starrsinnig, um Veränderungen zu akzeptieren. Selbst die vom Deutschen Bund geforderte landständische Verfassung verhinderte er erfolgreich. Der greise Kurfürst war einer der letzten Vertreter einer untergegangenen Epoche, und er versuchte verzweifelt, den früheren Glanz zu wahren. 1818, mit 75 Jahren, wollte er sogar die Großmächte davon überzeugen, ihm die Königswürde zu verleihen. Aber ebenso wenig wie sein Darmstädter Vetter bei Napoléon Erfolg gehabt hatte, wurde auch seine Bitte erfüllt. Er blieb der reiche Regent eines rückständigen Landes.

Die Industrialisierung Hessens

Der Modernisierungsschub, der von Frankreich ausging, wurde nach dem Wiener Kongress abrupt gestoppt. Für die hessischen Staaten hatte das schwerwiegende Folgen. Während England und sogar das besiegte Frankreich zu industriell führenden Nationen aufstiegen, verhinderten in Kassel und Darmstadt vor allem die veralteten Verwaltungsstrukturen und die nur zögernd eingeführte Gewerbefreiheit eine Entwicklung, die andernorts später als »industrielle Revolution« bezeichnet wurde.

Im Gegensatz zum Ruhrgebiet, zu Sachsen oder zu Berlin ging die Industrialisierung Hessens eher gemächlich vonstatten. Frankfurt widersetzte sich sogar völlig. Fabrikschornsteine sollten nur außerhalb der Stadtgrenzen rauchen. Die Frankfurter Patrizier waren sich dafür zu fein. Sie wollten ihr Geld mit Handel und Bankgeschäften verdienen.

In den hessischen Flächenstaaten blieb unterdessen die Landwirtschaft der wichtigste Erwerbszweig. Rund drei Viertel der Bevölkerung lebten von Ackerbau und Viehzucht. Der schmale Rest verteilte sich auf Handwerk und Industrie, wobei das Handwerk deutlich größeres Gewicht hatte. Was entstand, waren vor allem Spinnereien und Webereien, Glashütten, metallverarbeitende Betriebe und Tabakfabriken. Aber während zum Beispiel in England in einer Baumwollspinnerei Tausende von Menschen oft zu Hungerlöhnen arbeiteten, hatte eine hessische Fabrik selten mehr als einhundert Beschäftigte. Trotzdem sind in dieser Zeit zwei Unternehmen entstanden, die noch heute Weltgeltung besitzen: Buderus und Henschel.

1731 hatte die Familie Buderus die Friedrichshütte bei Laubach von dem Grafen zu Solms-Laubach gepachtet. Nach dem Tod ihres Mannes im Jahr 1753 übernahm Elisabetha Magdalena Buderus die Leitung der kleinen Firma und führte sie sicher durch den Siebenjährigen Krieg. Seit 1762 arbeitete ihr Sohn Johann Wilhelm mit, der in den nächsten 45 Jahren aus der Eisenhütte im Vogelsberg ein kleines Eisen-Imperium machte und damit den Grundstein für die Weltfirma Buderus legte. Ihrem Sohn hatte Elisabetha Magdalena einen umfangreichen Aufgaben- und Verhaltenskatalog mit auf den Lebensweg gegeben, der die enge Schicksalsgemeinschaft von Arbeitern und Unternehmer betonte. Den Arbeitern sollte er »mit gutem Exempel vorangehen«, aber auch »auf die Arbeiter die nöthige Aufsicht halten« und »über die vorfallenden Geschäfte gemeinschaftliche Abrede zunehmen, damit alles in guter Ordnung geführet, eine beständige Eintracht, als die Seele einer guten Haushaltung erhalten und der gemeinschaftliche Nutzen gefördert werden möge.«

Fotografie der Christianshütte bei Schupbach, seit 1822 im Besitz der Firma J. W. Buderus Söhne

Das war weit entfernt vom Manchester-Kapitalismus, der im Arbeiter nicht mehr den Menschen, sondern nur noch einen Kostenfaktor sah, der möglichst gering gehalten werden musste. Was zunächst ein Nachteil für die hessische Wirtschaft war, nämlich die späte Industrialisierung, erweist sich aus heutiger Sicht als Vorteil. Die brutale Ausbeutung von billigen Arbeitskräften einschließlich Kindern setzte in Hessen sehr viel später ein als in den Ländern, die eine industrielle Revolution erlebt hatten. Die verheerenden sozialen Folgen kamen in Hessen in gedämpfter Form an, allerdings immer noch heftig genug, um viele Familien in die Armut zu treiben oder zur Auswanderung zu zwingen. Aber viel gravierender als die frühkapitalistische Ausbeutung der Arbeiter waren die zahllosen Steuern und Zölle, die verheerenden Missernten und die dadurch verursachten Hungersnöte.

Dampfschiffe und Eisenbahnen

Die großen Veränderungen, die schließlich auch das Ende der schon lange überholten Zunftordnung bedeuteten, waren durch die Erfindung der Dampfmaschine ausgelöst worden. Bereits Ende des 18. Jahrhunderts wurden mit Dampfkraft große Textilfabriken in England betrieben. Damit konnte wesentlich schneller und billiger produziert werden als bisher. Auch der über Jahrhunderte auf Pferde angewiesene Waren- und Personentransport wurde revolutioniert. Bis zu dieser Zeit hatten die Schiffe flussaufwärts von Pferden gezogen werden müssen. Seit 1807 baute man nun die ersten Dampfschiffe, die 1827 auf dem Rhein den Verkehr aufnahmen. Die erste Strecke verband Köln mit Mainz. Es folgten die Routen Mainz-Frankfurt und Mainz-Mannheim.

In den von Wind und Treidelpferden unabhängigen Schiffsverkehr setzten alle große Hoffnungen. Vor allem schwere Güter ließen sich jetzt relativ bequem transportieren. Das war zum Beispiel für den zu Preußen gehörenden

Kreis Wetzlar mit seinen Eisenerzgruben von herausragender Bedeutung, denn die Erze mussten, wenn sie nicht vor Ort verhüttet wurden, recht mühsam ins Ruhrgebiet gebracht werden. Die nassauische, die hessen-darmstädtische und die preußische Regierung beschlossen daher 1844 den Ausbau der Lahn. Das groß angelegte Projekt kam aber nicht recht voran und wurde nach dem Ende des Herzogtums Nassau ganz aufgegeben. Das auffälligste, bis heute erhaltene Bauwerk aus dieser Zeit ist der 1847 vollendete Weilburger Schiffahrtstunnel, die einzige durch einen Berg gelegte Wasserstraße in Deutschland. Er führt unter Weilburg hindurch und ist 195 Meter lang. Von Frachtkähnen wurde er nie befahren. Auch wenn sein aufwändiger, in bergmännischer Technik durchgeführter Bau allein die ungeheure Summe von 182 500 Gulden verschlang, ist das ehrgeizige Vorhaben doch nicht an den Kosten gescheitert. Das (Dampf-) Schiff hatte nämlich einen Konkurrenten bekommen, genauso leistungsfähig, aber billiger, schneller und nicht auf Flüsse angewiesen: die Eisenbahn.

Bahnhof der Taunus-Eisenbahn in Frankfurt. Lithographie von Th. Beck, um 1850

Die erste Lokomotive hatte George Stephenson bereits 1814 gebaut, aber der erste Zug verkehrte erst 1830 zwischen den beiden englischen Städten Stockton und Darlington. Da der Erfolg der neuen Verkehrstechnik abzusehen war, fanden sich auch in Deutschland bald Pioniere, die bereit waren, Geld und Nerven auf den Eisenbahnbau zu verwenden. Denn so selbstverständlich war die Begeisterung für das neue Gefährt nicht. Ruß und Rauch, das laute, ratternde Geräusch und die für damalige Verhältnisse atemberaubende Geschwindigkeit machten den Menschen Angst. Noch 1840 warnte ein englischer Parlamentsabgeordneter:

»Weder das auf dem Feld pflügende, noch das auf den Triften weidende Vieh wird dieses Ungeheuer ohne Entsetzen wahrnehmen. Die Eisenpreise werden sich mindestens verdoppeln, wenn die Vorräte an diesem Material, was wahrscheinlich ist, nicht ganz und gar erschöpft werden. Die Eisenbahn wird der größte Unfug sein, sie wird die vollständige Störung der Ruhe und des körperlichen sowohl wie des geistigen Wohlbefindens der Menschen bringen, die jemals der Scharfsinn zu erfinden vermochte.«

So oder so ähnlich dürften es auch die Menschen empfunden haben, die 1835 an der Strecke Nürnberg—Fürth standen und den »Adler« vorbeirattern sahen. In Darmstadt, Wiesbaden und Frankfurt dachte man aber anders. Schon 1836 wurde ein »Taunuseisenbahn-Komitee« gegründet, um die erste hessische Verbindung von Frankfurt nach Wiesbaden zu planen und zu finanzieren. Das Interesse an dem Projekt war gewaltig. Die Zeichnung des Kapitals löste sogar Tumulte unter den Interessenten aus, weil sich viele einen kräftigen Gewinn versprachen – zu Recht, wie sich später herausstellen sollte. Statt der benötigten 500000 Gulden wurden schließlich 21 Millionen gezeichnet.

Taunus-Eisenbahn.

Vom 2. December finden die Fahrten auf der Taunus-Eisenbahn bis auf weitere Anordnungen nach folgenden Bestimmungen statt:

Von Frankfurt nach Castel (Mainz), Biebrich und Wiesbaden:
Täglich 8 Uhr Morgens
" 11 " "
" 2 " Nachmittags
" 4½ " Abends

Von Castel (Mainz) nach Biebrich:
Täglich 9¼ Uhr Morgens
" 12½ " Mittags
" 3¼ " Nachmittags
" 5¼ " Abends

Von Wiesbaden nach Castel (Mainz) und Frankfurt:
Täglich 7½ Uhr Morgens
" 10½ " "
" 1½ " Nachmittags
" 4 " "

und ausserdem von Wiesbaden nach Castel:
Täglich 6½ Uhr Abends

Von Biebrich nach Castel und Frankfurt:
Täglich 7¼ Uhr Morgens
" 10½ " "
" 1½ " Nachmittags
" 4 " "

Von Castel (Mainz) nach Frankfurt:
Täglich 8 Uhr Morgens
" 11 " "
" 2 " Nachmittags
" 4½ " Abends

Von Castel (Mainz) nach Wiesbaden:
Täglich 7 Uhr Morgens
" 9½ " "
" 12½ " Mittags
" 3½ " Nachmittags
" 5½ " Abends

Von Wiesbaden nach Biebrich:
Täglich 7½ Uhr Morgens
" 10½ " "
" 1½ " Nachmittags
" 4 " "

Von Biebrich nach Wiesbaden:
Täglich 9¼ Uhr Morgens
" 12½ " Mittags
" 3¼ " Nachmittags
" 5¼ " Abends

Von Höchst, Hattersheim, Flörsheim und Hochheim nach Ankunft der Wagenzüge.

PREISE der PLÄTZE

Für eine Person nach	Frankfurt I. Cl. fl.	kr.	II. Cl. fl.	kr.	III. Cl. fl.	kr.	IV. Cl. kr.	Castel I. Cl. fl.	kr.	II. Cl. fl.	kr.	III. Cl. fl.	kr.	IV. Cl. kr.	Wiesbaden I. Cl. fl.	kr.	II. Cl. fl.	kr.	III. Cl. fl.	kr.	IV. Cl. kr.
Frankfurt	-	-	-	-	-	-	-	2	6	1	27	1	-	42	2	42	1	48	1	15	54
Höchst	-	36	-	21	-	18	12	1	30	1	3	-	42	30	2	6	1	27	-	57	42
Hattersheim	1	-	-	40	-	27	18	1	9	-	48	-	33	24	1	42	1	12	-	48	33
Flörsheim	1	24	1	-	-	39	27	-	42	-	30	-	21	15	1	15	-	54	-	36	27
Hochheim	1	45	1	15	-	48	33	-	21	-	15	-	12	9	-	54	-	39	-	27	18
Castel	2	6	1	27	1	-	42	-	-	-	-	-	-	-	-	36	-	24	-	18	12
Biebrich-Mosb.	-	-	1	45	1	12	48	-	-	-	18	-	15	9	-	-	-	18	-	15	9
Wiesbaden	2	42	1	48	1	15	54	-	36	-	24	-	18	12	-	-	-	-	-	-	-

Tarif für den Transport von Fuhrwerk etc.

Berlinen, Coupés und mit Coffres bepackte Reisewagen	8	15	10	-
Gewöhnliche viersitzige Chaisen	6	12	7	30
Jedes andere leichte Fuhrwerk	5	30	6	40

Billets sind spätestens eine viertel Stunde vor Abgang der Wagenzüge zu lösen.

Das Gepäck, welches mit dem Namen des Reisenden und des Bestimmungsorts versehen sein muss, ist bis zu 40 Pfund frei; das Uebergewicht wird nach den auf den Stationen befindlichen Tarifen bezahlt. Die Effecten müssen spätestens eine halbe Stunde vor den Abfahrten in den Bahnhof abgeliefert sein. Die Zahlungen geschehen in currenten Silbersorten.

Der Verwaltungsrath der Taunuseisenbahn-Gesellschaft.

Fahrplan der Taunus-Eisenbahn, 1840

Die erste Probefahrt der beiden auf den Namen »Blitz« und »Greif« getauften englischen Lokomotiven verlief allerdings mehr als enttäuschend. Mit erwartungsfrohen Mienen hatten die Ehrengäste am 23. Juni 1839 der Abfahrt des ersten der nagelneuen Züge entgegengesehen.

Und pünktlich verließ er den Frankfurter Taunusbahnhof an der Gallusanlage. Aber die Freude währte nicht lange, denn mitten im Wald von Nied blieb der »Blitz« plötzlich stehen und wollte sich partout nicht mehr in Bewegung setzen. Da half nur noch ›Shareholder Value‹: Die deprimierten Aktionäre, die ihre sicher geglaubten Gewinne in einer anhaltenden Baisse verschwinden sahen, mussten zum Spott der Zuschauer selbst Hand anlegen. Gemeinsam mit eilends beschafften Pferden zogen sie die Lok und die vier Wagen in den Höchster Bahnhof.

Die zweite Probefahrt verlief dagegen erfolgreich, und am 13. April 1840 wurde der fahrplanmäßige Betrieb zwischen Frankfurt und Wiesbaden aufgenommen, der für Reisende eine erhebliche Zeitersparnis gegenüber der Postkutsche bedeutete. Ganz abgesehen davon, dass die Fahrt auf Schienen sehr viel bequemer war als auf den schlecht ausgebauten Landstraßen. Schon im ersten Jahr beförderte die Taunuseisenbahn mehr als 650000 Passagiere. In rascher Folge wurde ganz Hessen mit einem Eisenbahnnetz überzogen, das bis heute Bestand hat.

Carl Henschel und Sohn

Der Siegeszug der Eisenbahnen brachte in vielfacher Hinsicht gravierende Änderungen mit sich. Die großen Verlierer waren die traditionellen Handwerksberufe. Die neuen Transportmöglichkeiten begünstigten die großen Manufakturen, die mit ihren Waren noch mehr Käufer erreichen konnten. Ganz neue Perspektiven eröffneten sich für die eisenverarbeitende Industrie.

Davon profitierte die kurfürstliche Residenz Kassel in besonderem Maß. Bereits 1690 hatte der geniale französische Erfinder Denis Papin in Kassel einen Dampfzylinder gebaut, der heute als wichtigste Vorstufe der Dampfmaschine gilt. In seine Fußstapfen trat der 1759 in Gießen geborene Carl Henschel. Durch Heirat erwarb er in Kassel eine Gießerei, die vor allem Geschütze und Glocken herstellte. 1796 errichtete er das erste deutsche Bleiwalzwerk. Unter seinem 1780 geborenen Sohn Carl Anton nahm die Firma Henschel einen steilen Aufstieg. Produziert wurden die von ihm konstruierten Maschinen und Geräte, von Pumpanlagen über Hochofengebläse bis zu Dampfkesseln und Sicherheitsventilen. Fasziniert war Carl Anton Henschel von dampfgetriebenen Fahrzeugen. Schon früh hatte er sich mit Eisenbahnen beschäftigt, und es war nur konsequent, dass er 1848 mit dem »Drachen« die erste eigene Lokomotive produzierte. Ein richtiger Großbetrieb war das Unternehmen aber damals noch nicht. Es beschäftigte nicht einmal 200 Arbeiter.

Henschel-Lokomotive Nr. 1 »Drache«, 1848

Auf eine besondere Förderung durch den Kurfürsten durfte Henschel nicht rechnen. Von einer Wirtschaftspolitik, die diesen Namen verdient, konnte unter Wilhelm I. und seinem Sohn Wilhelm II., der ab 1821 regierte, keine Rede sein. Kleine Gewerbe, Handel und Landwirtschaft prägten das Bild, noch immer gab es Frondienste und den Zehnten. Durch Abgaben und Zölle waren kurhessische Waren auf den Märkten kaum konkurrenzfähig. Hinzu kam ein politisches Klima, das durch Bespitzelung und Bevormundung geprägt war. Existenzbedrohend, gerade für die Landbevölkerung, wirkte sich der unverhältnismäßig lange Wehrdienst aus, von dem der Adel, Beamte, Akademiker und die Bürgersöhne aus den größeren

Städten befreit waren. Während im Herzogtum Nassau 1821 die Dienstzeit von zehn auf sechs Jahre reduziert wurde, galt im Kurfürstentum weiterhin eine zwölfjährige Wehrpflicht.

Die Restauration schlägt zu

Wer immer Hoffnungen gehegt hatte, mit dem Ende der französischen Besatzung würde etwas mehr Freiheit in Deutschland einziehen, sah sich schon bald bitter getäuscht.

Die Gründung der auf einen Nationalstaat zielenden Deutschen Burschenschaft 1815 in Jena (mit den Reichsfarben Schwarz-Rot-Gold), das gegen den Deutschen Bund gerichtete Wartburgfest 1817 und schließlich die Ermordung des Dichters August Kotzebue 1819 durch einen Burschenschafter lieferten den Anlass für massive staatliche Repressionen. Die Rechtsgrundlage schufen die »Karlsbader Beschlüsse« vom August 1819. Sie waren vor allem das Werk eines Mannes, des österreichischen Außenministers und späteren Staatskanzlers Klemens Wenzel Fürst von Metternich. Zusammen mit Preußen und acht weiteren Staaten setzte er im Deutschen Bund einen ganzen Maßnahmenkatalog durch, der »demagogische Umtriebe« verhindern sollte. Presse und Universitäten wurden streng überwacht. Alle Druckschriften unter 320 Seiten (das waren 20 Bogen) mussten vor der Veröffentlichung einer Vorzensur vorgelegt werden. Die Burschenschaften wurden aufgelöst. Und damit sich nirgends unerkannt eine revolutionäre Bewegung bilden konnte, entstand in Mainz eine »Zentraluntersuchungskommission«, die ein Heer von Spitzeln beschäftigte. Sollte es doch in einem Mitgliedsstaat des Deutschen Bundes zum Aufruhr kommen, konnten die anderen Truppen schicken, um den Aufstand niederzuschlagen. Metternich erhoffte sich von seinem rigorosen Eingreifen eine Beruhigung der Lage, auch wenn es eine Friedhofsruhe sein sollte. Aber die Menschen ließen sich nicht davon abbringen, ihrem Unmut Luft zu machen. Gerade die Einschränkungen der Freiheitsrechte stachelten ihren Widerstand an, hinzu kamen aber auch wirtschaftliche Gründe.

Durch verbesserte hygienische Bedingungen und den Fortschritt der Medizin wuchs die Bevölkerung rasch. Zwischen 1819 und 1850 erhöhte sich die Einwohnerzahl Kurhessens von 576000 auf 760000. Im Großherzogtum stieg sie zwischen 1819 und 1843 von 644000 auf 835000, im gleichen Zeitraum in Nassau von 305000 auf 417000. Der Geburtenüberschuss war gewaltig. Auf eintausend Bewohner kamen zwanzig Sterbefälle und fünfunddreißig Geburten.

Allerdings erreichten nur sechs Prozent der Bevölkerung ein Alter von über sechzig Jahren. Dieser durch die stetig wachsenden Einwohnerzahlen erzeugte Druck wurde noch dadurch verstärkt, dass die Landwirtschaft vor der Einführung der künstlichen Düngung nur in guten Jahren alle Einwohner ausreichend ernähren konnte. Viele hatten auch kein Geld, um hochwertigere Lebensmittel zu kaufen. Durch den Import von sehr viel billigeren ausländischen Waren verloren nicht wenige Handwerker ihre Existenzgrundlage. Zudem erschwerten Handelsbeschränkungen und Zölle den Absatz heimischer Waren im Ausland. Erst mit der Gründung des Deutschen Zollvereins im Jahre 1834 wurden diese überholten Handelsstrukturen beseitigt.

Der Abort führte noch ins Freie

Die Lebensverhältnisse gerade der Landbevölkerung waren erbärmlich. Eine Landarbeiterfamilie verfügte meist nur über zwei kleine Zimmer in einem umgebauten Stallgebäude. Die Küche teilten sich mehrere Familien. Oft war auch nur ein mit Stroh gepolstertes Bett vorhanden, in dem die Eltern und die Kinder gemeinsam schliefen. Zur Wohnungseinrichtung gehörten noch ein Tisch, ein paar Hocker, eine Truhe und in selteneren Fällen ein Schrank. Das Essen war an Eintönigkeit kaum zu überbieten: Brot, Suppe, Kartoffeln, saure Milch, manchmal Haferbrei und Sauerkraut, Gemüse aus dem Garten, wenn der Gutsherr eigenen Landbau erlaubte. Fleisch kam, wenn überhaupt, nur sonntags auf den Tisch und setzte meist eine kleine Hühner- oder Nutzviehzucht voraus. Fiel die Kartoffelernte schlecht aus, oder wurde sie durch die gefürchtete Fäule ganz vernichtet, standen magere Monate bevor. Nicht zuletzt führte die schwierige Ernährungslage zu der stetig anschwellenden Auswanderung aus Hessen.

In der Residenzstadt Kassel waren die Lebensbedingungen zwar besser, aber selbst die kurfürstlichen Beamten wohnten aus heutiger Sicht recht primitiv. Wie es um 1820 in einer Kasseler Küche aussah, hat der aus Fulda stammende Jurist und Reichstagsabgeordnete Otto Bähr sechzig Jahre später sehr anschaulich beschrieben:

»In der Küche wurde in der Regel Holz gebrannt. Der Herd war in den meisten Häusern nichts weiter als ein gemauerter Aufsatz, in welchem als Feuerstelle eine Vertiefung mit Rost sich befand. Die Töpfe umstanden das offen brennende Feuer, welches mit Holzklibbern unterhalten, oft auch

> *noch mit einem hölzernen Blasrohr angeblasen wurde. Über dem Herde öffnete sich in weitem Busen der Rauchfang, aus welchem der Schornstein unmittelbar ins Freie führte. Auch der unentbehrliche Ausguss für das Spülwasser, der Gossenstein, ging unmittelbar ins Freie hinaus. Die Küchen waren deshalb meist zugig und kalt. Unbekannt waren in den Häusern die Bequemlichkeiten, die man heute mit dem Namen Watercloset bezeichnet. Die Aborte führten häufig noch in die zwischen Häusern liegenden offenen Winkel oder in schlecht abfließende Kanäle, was ihren Besuch nicht angenehmer machte.«*

Wie schwierig und zeitraubend selbst kleine Dinge des Alltags waren, schildert Bähr am Beispiel des Feuermachens:

> *»Das gewöhnliche Feuerzeug bestand in Stahl, Stein und Schwamm. Ein Stückchen Feuerschwamm wurde auf den Stein gehalten, und dann wurde mit einem Stahl so lange an der Schärfe des Steines heruntergeschlagen, bis der Schwamm von einem heraussprühenden Funken Feuer gefangen hatte. An den glimmenden Schwamm hielt man ein Schwefelholz, welches nach einiger Zeit in lichter Flamme brannte. War aber eines dieser Ingredienzien schlecht, so konnte man sich lange abmühen, bis man Feuer hatte. Jedenfalls dauerte die Operation eine oder mehrere Minuten.«*

Eine wesentliche Erleichterung brachte ein gutes Jahrzehnt später die Erfindung der Zündhölzer mit Phosphorköpfen. Im Odenwald entstand eine kleine Streichholzindustrie – mit weit reichenden sozialen und gesundheitlichen Folgen. Die Hölzchen mit ihren hochgiftigen Phosphorköpfen wurden entweder in Fabriken oder in Heimarbeit hergestellt. Kinder galten als besonders geeignet, weil sie kleinere Finger hatten als die Erwachsenen. In manchen Fabriken war ein Drittel der Beschäftigten im schulpflichtigen Alter. Den Preis für die frühe Berufstätigkeit mussten die Kinder zahlen. Denn durch die bis zu zwölfstündigen Arbeitstage wurde ihre geistige und körperliche Entwicklung nachhaltig gestört. Außerdem konnten die Phosphordämpfe zur Zersetzung der Kieferknochen und damit zu einem langen Siechtum oder sogar zu baldigem Tod führen. Aber Kinderarbeit galt als normal, und manche Familien hätten ohne das Zubrot, das ihre Kinder lieferten, gar nicht existieren können.

Sylvester Jordan und die Kurhessische Verfassung von 1831

Die Verelendung weiter Teil der Bevölkerung und die enttäuschten politischen Hoffnungen führten in allen Teilen Hessens zu Unruhen. Daran änderten auch die Karlsbader Beschlüsse und die sie begleitenden Unterdrückungsmaßnahmen nichts. Wie ziellos sich Wut und Verzweiflung entladen konnten, machten schon im August 1819 die »Hepp-Hepp«-Krawalle deutlich. Mit dem Ruf »Hepp, Hepp, Jud verreck« zogen in Frankfurt und Darmstadt arbeitslose Handwerker und Tagelöhner randalierend und plündernd durch die jüdischen Viertel. In ihren Augen waren vor allem die jüdischen Kaufleute schuld an der wirtschaftlichen Misere. Die Juden, noch immer nicht im Besitz der vollen bürgerlichen Rechte, waren leichtere Gegner als die Vertreter der Staatsgewalt, die allerdings auch mit Anschlägen rechnen mussten.

Attentat des Idsteiners Apothekers Karl Löning auf den nassauischen Regierungspräsidenten Karl von Ibell am 1. Juli 1819. Zeitgenössische Lithographie

Bereits am 1. Juli 1819 war ein Attentat auf den nassauischen Regierungspräsidenten Ibell fehlgeschlagen. Der Apotheker Karl Löning hatte versucht, ihn während der Kur in Langenschwalbach zu ermorden. Paradoxerweise traf es mit Ibell einen als liberal geltenden Politiker, der den Einfluss der Landstände stärken und die Verwaltung grundlegend reformieren wollte. Auf ihn geht auch die konfessionelle Gemeinschaftsschule zurück, die als nassauische Simultanschule eine Vorreiterrolle in Deutschland übernahm. Aber für Löning war Ibell ein »Napoleonspriester« und damit ein »Unterdrücker seines Vaterlandes«. Der Attentäter nahm sich in der Haft das Leben, indem er Glasscherben verschluckte. Er hatte den Gießener »Schwarzen« nahegestanden, einer 1814 gegründeten burschenschaftlichen Vereinigung um die Brüder Adolf und Karl Follen. Vor allem von Studenten ging der revolutionäre Geist aus, der auf einen politischen Umsturz und einen deutschen Nationalstaat zielte. Da sich die immer noch mit landesherrlicher Machtvollkommenheit regierenden Fürsten vor einem Volksaufstand fürchteten, ließen sie die »Demagogen« mit größter Härte verfolgen.

Als im Juli 1830 das französische Bürgertum die Abdankung seines Königs erzwang und eine Verfassungsreform durchsetzte, kam es auch im Kurfürstentum und in Oberhessen zu sozialen Unruhen. Im Jahr zuvor war die Ernte schlecht ausgefallen. Die Brotpreise stiegen, und sie sanken auch dann nicht, als wieder mehr Getreide zur Verfügung stand. Die, die nichts mehr zu verlieren hatten, plünderten in Kassel die Bäckerläden. In Hanau und Fechenheim stürmten aufgebrachte Menschen die Zollstationen, um die Abschaffung der innerhessischen Zölle zu erreichen.

Die Zerstörung des Hanauer Licentamtes am 24. September 1830

Delegationen aus den größeren Städten Kurhessens wandten sich mit Petitionen an den Landesherrn.

Kurfürst Wilhelm II. zeigte sich davon beeindruckt und ließ endlich eine Verfassung erarbeiten, die er am 5. Januar 1831 in Kraft setzte. Die Kurhessische Verfassung gilt heute als die liberalste ihrer Zeit, weil sie den Einfluss des Adels begrenzte und unter anderem die »Freiheit der Presse und des Buchhandels (...) in ihrem vollen Umfange« einführte – mit der Einschränkung allerdings: »Es soll zuvor gegen Pressvergehen ein besonderes Gesetz alsbald erlassen werden. Die Zensur ist nur in den durch die Bundesgesetze bestimmten Fällen zulässig.« Pressefreiheit wurde zwar im Prinzip gewährt, aber in der Praxis blieben die Grenzen eng gezogen. Denn schon nach kurzer Zeit schränkte der Deutsche Bund sie wieder ein. So halbherzig wie dieser Paragraph war die ganze Verfassung. Sie stellte einen Kompromiß zwischen den Ansprüchen des Adels mit dem Landesherrn an der Spitze auf der einen und dem vermögenden Bürgertum

Die Kasseler Bürgerschaft überreicht Kurfürst Wilhelm II. von Hessen-Kassel ihre Petition am 15. September 1830. Lithographie von Ludwig Emil Grimm

auf der anderen Seite dar. Wer nur über ein geringes Vermögen verfügte, blieb von der politischen Mitbestimmung ausgeschlossen. In nur noch einer Kammer saßen Bürger und Adel gemeinsam, und ohne die Zustimmung dieses Parlaments durfte kein Gesetz verabschiedet werden. Erstmals gab es auch getrennte Kassen. Staatsvermögen und Privatschatulle des Kurfürsten waren nicht mehr eins, und vor dem Griff in die Staatskasse musste erst die Zustimmung des Landtages eingeholt werden. Beamte und Militärs wurden nicht mehr auf den Kurfürsten, sondern auf die Verfassung vereidigt, was später, nach der 48er Revolution, zu einem beispiellosen Akt von Offiziersmut führen sollte; und wenn sich ein Minister über einzelne Paragraphen hinwegsetzen wollte, konnte er sogar öffentlich angeklagt werden.

Der Marburger Staatsrechtler Sylvester Jordan, der wesentlichen Anteil an der Formulierung des Textes hatte, wusste genau, was der tiefere Sinn der Verfassung für ihn war, nämlich Schlimmeres zu verhüten. Und dieses größte Übel wäre in seinen Augen eine Revolution nach französischem Vorbild gewesen. So lassen sich die zahlreichen Kompromisse erklären, die zwar die Stellung des Bürgertums stärkten, aber auch die Macht des Kurfürsten weitgehend unangetastet ließen. Trotzdem kam es zu ständigen Konflikten zwischen der Regierung und Abgeordneten wie Jordan, der der Ständeversammlung bis 1833 angehörte.

Es ist bezeichnend, dass der liberale, keineswegs gegen die Krone eingestellte Staatsrechtler schließlich selbst in die Mühlen der Frankfurter Bundeszentralbehörde geriet. 1839 wurde er sogar »wegen demagogischer und hochverräterischer Umtriebe« verhaftet. Bis 1845 saß er im Gefängnis, ehe ihn das Kasseler Oberappellationsgericht freisprach. Aber rehabilitiert wurde er nicht. 1848 gehörte er zunächst dem Frankfurter Vorparlament als Vizepräsident an, danach war er Abgeordneter. Als der preußische König Friedrich Wilhelm IV. die ihm angebotene Kaiserkrone ablehnte, verließ er die Nationalversammlung. Trotz aller Enttäuschungen blieb er bis zu seinem Tod im Jahr 1861 Anhänger der konstitutionellen Monarchie.

Gräfin Reichenbach und das Wilhelmsbader Fest

Die von Wilhelm II. erhoffte Ruhe war mit der Kurhessischen Verfassung nicht eingekehrt. Die Bürger hatten ihre Position zwar verbessert, aber Missstände gab es noch genug. Ein besonderes Ärgernis war für sie die Gräfin Reichenbach. 1797 hatte Wilhelm die Tochter des preußischen Königs geheiratet – keine

Liebesheirat, sondern eine politische Ehe, wie sie damals üblich war, denn das ersetzte Bündnisverträge. Als Napoléon Kassel besetzt hielt, konnte Wilhelm nach Berlin ins Exil gehen. Dort lernte er die Tochter eines Goldarbeiters kennen, Emilie Ortlöpp. Zur Gräfin Reichenbach-Lessonitz erhoben, wurde sie seine Mätresse und erlangte nach der Rückkehr großen politischen Einfluss. Dass Fürsten Mätressen unterhielten, weil sie ihre angetrauten Frauen nicht liebten, war an sich nichts Besonderes und wurde selbst in einem so puritanischen Staat wie Kurhessen akzeptiert, aber die Gräfin Reichenbach brachte die Bürgerseelen in Wallung. Sie verprasse Geld, hieß es, und habe einen schädlichen Einfluss auf den Kurfürsten. Schließlich wurde der Druck auf sie so groß, dass sie Kassel verließ. Sie ging nach Hanau. Wilhelm II. folgte ihr und übertrug im September 1831 die Regierungsgeschäfte auf seinen Sohn Friedrich Wilhelm. Der Kurfürst selbst kehrte nicht mehr nach Kassel zurück. 1841, nach dem Tod seiner preußischen Gemahlin, heiratete er seine Geliebte.

Obwohl ihre Macht mit der Flucht aus Kassel gebrochen war, diente die von weiten Bevölkerungskreisen gehasste Gräfin noch beim Wilhelmsbader Fest als Zielscheibe von Spott und Hohn.

Ende Mai 1832 hatten sich auf dem Hambacher Schloss 30000 Menschen getroffen und die »vereinigten Freistaaten Deutschlands« in einem »konföderierten republikanischen Europa« gefordert. Dieser Ruf nach einer republikanischen Verfassung, nach wirklicher Pressefreiheit, Abschaffung der Zensur und nationaler Einheit verhallte auch in Hessen nicht ungehört. Am 22. Juni 1832, also nicht einmal vier Wochen nach dem Hambacher Fest, versammelten sich über 8000 Menschen im Park von Wilhelmsbad und warteten bei strömendem Regen auf die Redner. Die Bürger, die das Fest organisiert hatten und einen Kronentaler für das »Mittagsmahl« bezahlen konnten, kamen im Kurhaus zusammen, was für einigen Unmut unter den Wartenden sorgte. Erst als der Burschenschaftler Heinrich Brüggemann eine feurige Rede gegen die Adelsherrschaft und gegen die Macht der Mätressen hielt, womit er die Gräfin Reichenbach meinte, flammte revolutionäre Begeisterung auf. Der Frankfurter Schriftsteller Wilhelm Sauerwein, der schon am Hambacher Fest teilgenommen hatte, verkaufte sein satirisches »ABC-Buch der Freiheit«, das der Hanauer Verleger Friedrich König in einer Auflage von 300 Exemplaren gedruckt hatte. »Ihr Landeskinder!«, hieß es im Vorwort, »Es hat mich oft betrübt, dass ihr so verwahrlost werdet von euern Vätern und Vormündern, und dass ihr gar keine Fortschritte machen wollet in der Lehre von der Freiheit.« Vom »Landesvater« bis zum »Spießbürger« und »Jubelgreis« nahm Sauerwein alle aufs Korn, die seiner Meinung nach eine demokratische Entwicklung in Deutschland behinderten. Die Agitation wurde verstanden. Die zahlreich ausgesandten Spitzel erstatteten genauen Bericht. Das Buch wurde eingezogen. Nur ein paar wenige Exemplare haben sich bis heute erhalten. Sauerwein musste ins Schweizer Exil gehen. Noch härter traf es Heinrich Brüggemann. Als Aufrührer zum Tod verurteilt und dann zu lebenslänglicher Haft begnadigt, kam er erst 1840 wieder frei.

Der Sturm auf die Frankfurter Hauptwache

Auch in anderen Teilen Hessens gärte es, etwa im Großherzogtum. Am 6. April 1830 war Ludewig I. nach vierzig Regierungsjahren gestorben. Sein Sohn Ludwig II. zeigte wenig Geschick, mit den anstehenden Problemen fertig zu werden. Die Landbevökerung war durch katastrophale Missernten verarmt. Aber der neue Großherzog verlangte trotzdem, dass die Stände seine Privatschulden übernehmen und Geld für die Schlosserweiterung bewilligen sollten. Beides wurde nicht genehmigt. Auch eine kostspielige Huldigungsreise durch das Großherzogtum scheiterte. Zum Jubeln war niemand aufgelegt. Dagegen formierte sich gleich an mehreren Orten der Widerstand. Ein Zentrum des Protests war Oberhessen. Als in Kassel über die Kurhessische Verfassung beraten wurde, schickte der Darmstädter Großherzog seinen Bruder mit mehreren tausend Soldaten nach Oberhessen, um Ruhe und Ordnung mit Gewalt wieder herzustellen. Im bald so genannten »Blutbad von Södel« starben zwei, möglicherweise drei Menschen. 79 Aufständische wurden zu Zuchthausstrafen zwischen einem und fünfzehn Jahren verurteilt.

Der Frankfurter Wachensturm. Kolorierter Holzschnitt-Bilderbogen von Georgin aus Epinal

Aber mit Gewalt, von welcher Seite sie auch kam, ließen sich die Konflikte nicht lösen.

Unter der Leitung des Gießeners Paul Follen und des Butzbacher Rektors Friedrich Ludwig Weidig bildete sich eine demokratisch und national ausgerichtete Bewegung, die den revolutionären Umsturz vorbereitete. Auftakt sollte am 3. April 1833 der Frankfurter Wachensturm sein, um den Deutschen Bund dort zu treffen, wo er seinen Sitz hatte. Die nur kleine Gruppe der Revolutionäre rechnete damit, dass sich ihr, wie in Paris, die Massen anschließen würden.

Aber es kam anders. Abends um halb zehn rückten drei Trupps auf die Hauptwache, die Konstablerwache und die Zollstätte Preungesheim vor. Obwohl der Plan verraten worden war, konnten die knapp vierzig Revolutionäre die Gebäude besetzen und sogar Gefangene befreien. Aber dann schnappte die Falle zu. Denn die Frankfurter zeigten überhaupt kein Interesse, den Aufstand zu unterstützen. Nach einer Stunde war der Spuk beendet. Wer nicht fliehen konnte, wurde verhaftet. Die Strafen fielen dieses Mal allerdings geringer aus als bei den anderen Revolten.

Georg Büchner im Polenrock, undatiert. Die Bleistiftzeichnung ist beim Brand Darmstadts am 11. September 1944 vernichtet worden.

Nur wenige Tage nach dem Wachensturm schrieb der 1813 im südhessischen Goddelau geborene Medizinstudent Georg Büchner voller Verbitterung an seine Eltern, die ihm von den Vorgängen in Frankfurt berichtet hatten:

»Wenn in unserer Zeit etwas helfen soll, so ist es Gewalt. Wir wissen, was wir von unseren Fürsten zu erwarten haben. Alles, was sie bewilligten, wurde ihnen durch die Notwendigkeit abgezwungen. Und selbst das Bewilligte wurde uns hingeworfen, wie eine erbettelte Gnade und ein elendes Kinderspielzeug, um dem ewigen Maulaffen Volk seine zu eng geschnürte Wickelschnur vergessen zu machen. (...)
Man wirft den jungen Leuten den Gebrauch der Gewalt vor. Sind wir denn aber nicht in einem ewigen Gewaltzustand? Weil wir im Kerker geboren und großgezogen sind, merken wir nicht mehr, dass wir im Loch stecken mit angeschmiedeten Händen und Füßen und einem Knebel im Munde.«

Weidig, Büchner und ihr »Hessischer Landbote«

Auch Friedrich Ludwig Weidig war in Butzbach arrestiert worden. Aber schon nach wenigen Wochen kam er wieder frei, und sein revolutionärer Elan war ungebrochen. Der 1791 in Obergleen geborene Weidig hatte Theologie studiert und war Rektor einer Knabenschule in Butzbach. Als glühender hessischer Patriot wurde er Revolutionär, weil er seine Heimat und die Menschen liebte. Seit 1814, als er die »Deutsche Gesellschaft« in Butzbach mitgegründet hatte,

Friedrich Ludwig Weidig

war er immer wieder verhört worden. Zunächst glaubte er noch daran, auf friedlichem Weg etwas ändern zu können. Aber nachdem der Deutsche Bund als Reaktion auf das Hambacher Fest die Presse-, Vereins- und Versammlungsfreiheit aufgehoben hatte, radikalisierte sich der als höflich und herzlich beschriebene Weidig. Er wurde zum unbestrittenen Führer der oberhessischen Revolutionäre – und blieb es auch nach dem gescheiterten Frankfurter Wachensturm. Bei ihm liefen die Fäden zusammen, er knüpfte Verbindungen zu Revolutionären in Frankfurt und anderen Städten. Unter dem Pseudonym »Edmund Hesse« brachte er von Januar bis März 1834 vier Ausgaben seines »Leuchters und Beleuchters für Hessen oder der Hessen Nothwehr« heraus. Das konspirativ verteilte Blatt wurde zum Vorläufer des »Hessischen Landboten«, den Büchner verfasste und den Weidig, zum Leidwesen des Autors, in seiner Radikalität gegen die Fürsten und die liberale Opposition abschwächte.

Büchner hatte den Kopf der oberhessischen Verschwörer in Gießen kennengelernt, wo er im März 1834 eine erste Sektion seiner »Gesellschaft der Menschenrechte« gründete. Ende Juli erschien dann der »Hessische Landbote« in einer Auflage von höchstens 1200 Exemplaren. Die achtseitige, in Offenbach bei Preller gedruckte Flugschrift wurde hinter Fensterläden gesteckt, unter Türen durchgeschoben oder in Höfe geworfen. Die Austräger mussten sorgfältig darauf achten, unerkannt zu bleiben, denn Spitzel saßen überall. Und der Inhalt des »Landboten« würde die Behörden alarmieren:

> *»Friede den Hütten! Krieg den Palästen!*
> *Im Jahre 1834 siehet es so aus, als würde die Bibel Lügen gestraft. Es sieht aus, als hätte Gott die Bauern und Handwerker am 5ten Tage, und die Fürsten und Vornehmen am 6ten gemacht, und als hätte der Herr zu diesen gesagt: Herrschet über alles Getier, das auf Erden kriecht, und hätte die Bauern und Bürger zum Gewürm gezählt. Das Leben der Vornehmen ist ein langer Sonntag, sie wohnen in schönen Häusern, sie tragen zierliche Kleider, sie haben feiste Gesichter und reden eine eigne Sprache; das Volk aber liegt ihnen wie Dünger auf dem Acker. Der Bauer geht hinter dem Pflug, der Vornehme aber geht hinter ihm und dem Pflug und treibt ihn mit den Ochsen am Pflug, er nimmt das Korn und lässt ihm die Stoppeln. Das Leben der Bauern ist ein langer Werktag; Fremde verzehren seine Äcker vor*

seinen Augen, sein Leib ist eine Schwiele, sein Schweiß ist das Salz auf dem Tische der Vornehmen. (…)
Ihr bücktet euch lange Jahre in den Dornäckern der Knechtschaft, dann schwitzt ihr einen Sommer im Weinberge der Freiheit, und werdet frei sein bis ins tausendste Glied.
Ihr wühltet ein Leben lang die Erde auf, dann wühlt ihr euren Tyrannen das Grab. Ihr bautet die Zwingburgen, dann stürzt ihr sie, und bauet der Freiheit Haus. Dann könnt ihr eure Kinder frei taufen mit dem Wasser des Lebens.«

Wohl weil er von einem Spitzel denunziert worden war, wurde der Student Karl Minnigerode schon am Abend des 1. August 1834 am Gießener Selterstor verhaftet. Er hatte 139 Hefte in seine Jacke eingenäht und in seinen Stiefeln verborgen. Danach begann geradezu eine Hetzjagd auf verteilte Exemplare und auf die Hintermänner. Wer nicht fliehen konnte, kam ins Gefängnis. Über Jahre zogen sich die Prozesse, die sich gegen die gesamte Oppositionsbewegung richteten. Schließlich verhängte das Gießener Hofgericht Ende 1838 gegen dreißig Angeklagte Haftstrafen bis zu zehn Jahren. Allerdings wurden die Mitglieder der »Landboten«-Verschwörung bereits im Januar 1839 vom Darmstädter Großherzog Ludwig II. begnadigt.

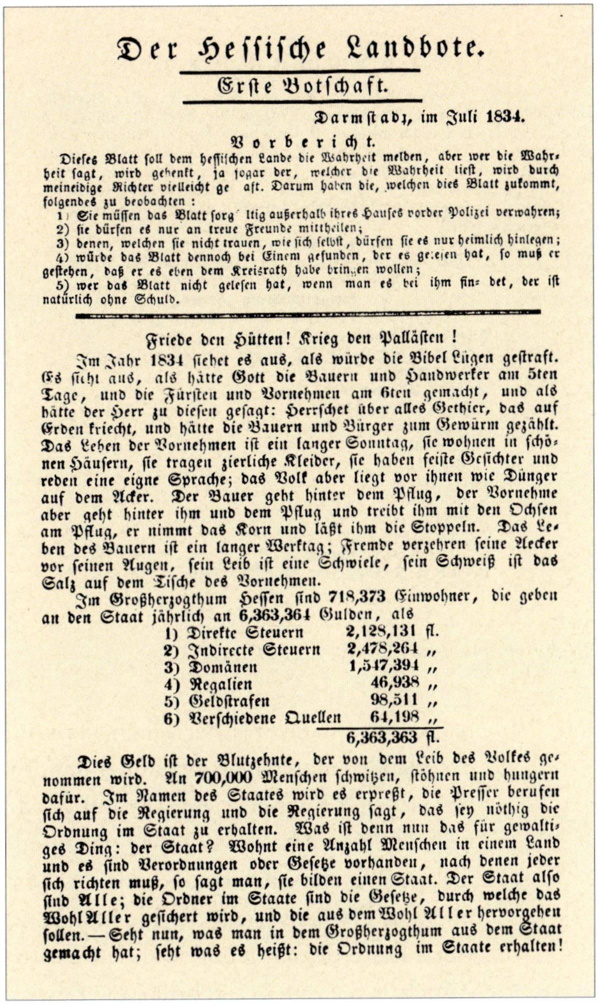

Der Hessische Landbote.

Erste Botschaft.

Darmstadt, im Juli 1834.

Vorbericht.

Dieses Blatt soll dem hessischen Lande die Wahrheit melden, aber wer die Wahrheit sagt, wird gehenkt, ja sogar der, welcher die Wahrheit liest, wird durch meineidige Richter vielleicht gestraft. Darum haben die, welchen dies Blatt zukommt, folgendes zu beobachten:

1) Sie müssen das Blatt sorgfältig außerhalb ihres Hauses vorder Polizei verwahren;
2) sie dürfen es nur an treue Freunde mittheilen;
3) denen, welchen sie nicht trauen, wie sich selbst, dürfen sie es nur heimlich hinlegen;
4) würde das Blatt dennoch bei Einem gefunden, der es gelesen hat, so muß er gestehen, daß er es eben dem Kreisrath habe bringen wollen;
5) wer das Blatt nicht gelesen hat, wenn man es bei ihm findet, der ist natürlich ohne Schuld.

Friede den Hütten! Krieg den Pallästen!

Im Jahr 1834 siehet es aus, als würde die Bibel Lügen gestraft. Es sieht aus, als hätte Gott die Bauern und Handwerker am 5ten Tage, und die Fürsten und Vornehmen am 6ten gemacht, und als hätte der Herr zu diesen gesagt: Herrschet über alles Gethier, das auf Erden kriecht, und hätte die Bauern und Bürger zum Gewürm gezählt. Das Leben der Vornehmen ist ein langer Sonntag, sie wohnen in schönen Häusern, sie tragen zierliche Kleider, sie haben feiste Gesichter und reden eine eigne Sprache; das Volk aber liegt vor ihnen wie Dünger auf dem Acker. Der Bauer geht hinter dem Pflug, der Vornehme aber geht hinter ihm und dem Pflug und treibt ihm mit den Ochsen am Pflug, er nimmt das Korn und läßt ihm die Stoppeln. Das Leben des Bauern ist ein langer Werktag; Fremde verzehren seine Aecker vor seinen Augen, sein Leib ist eine Schwiele, sein Schweiß ist das Salz auf dem Tische des Vornehmen.

Im Großherzogthum Hessen sind 718,373 Einwohner, die geben an den Staat jährlich an 6,363,364 Gulden, als

1) Direkte Steuern	2,128,131	fl.
2) Indirecte Steuern	2,478,264	„
3) Domänen	1,547,394	„
4) Regalien	46,938	„
5) Geldstrafen	98,511	„
6) Verschiedene Quellen	64,198	„
	6,363,363	fl.

Dies Geld ist der Blutzehnte, der von dem Leib des Volkes genommen wird. An 700,000 Menschen schwitzen, stöhnen und hungern dafür. Im Namen des Staates wird es erpreßt, die Presser berufen sich auf die Regierung und die Regierung sagt, das sey nöthig die Ordnung im Staat zu erhalten. Was ist denn nun das für gewaltiges Ding: der Staat? Wohnt eine Anzahl Menschen in einem Land und es sind Verordnungen oder Gesetze vorhanden, nach denen jeder sich richten muß, so sagt man, sie bilden einen Staat. Der Staat also sind **Alle**; die Ordner im Staate sind die Gesetze, durch welche das Wohl **Aller** gesichert wird, und die aus dem Wohl **Aller** hervorgehen sollen. — Seht nun, was man in dem Großherzogthum aus dem Staat gemacht hat; seht was es heißt: die Ordnung im Staate erhalten!

Die erste Ausgabe des »Hessischen Landboten«, 1834

Friedrich Ludwig Weidig erlebte den Urteilspruch nicht mehr. Unterdessen als Pfarrer von Butzbach nach Obergleen versetzt, war er im April 1835 verhaf-

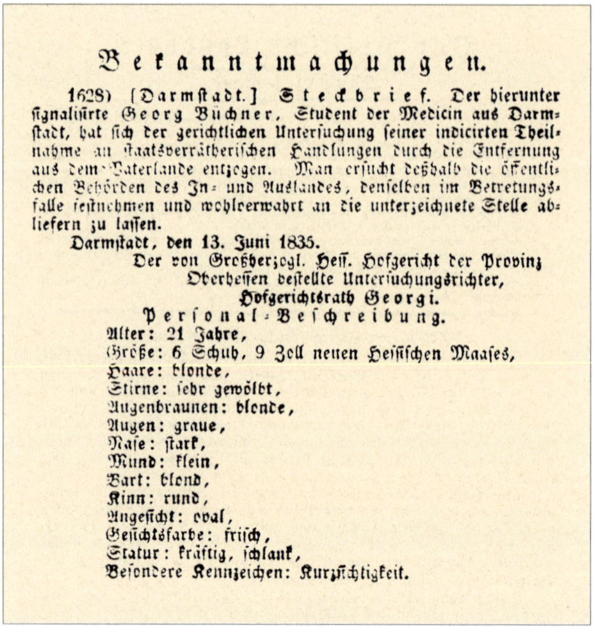
Bekanntmachungen.

1628) [Darmstadt.] Steckbrief. Der hierunter signalisirte Georg Büchner, Student der Medicin aus Darmstadt, hat sich der gerichtlichen Untersuchung seiner indicirten Theilnahme an staatsverrätherischen Handlungen durch die Entfernung aus dem Vaterlande entzogen. Man ersucht deßhalb die öffentlichen Behörden des In- und Auslandes, denselben im Betretungsfalle festnehmen und wohlverwahrt an die unterzeichnete Stelle abliefern zu lassen.

Darmstadt, den 13. Juni 1835.

Der von Großherzogl. Hess. Hofgericht der Provinz Oberhessen bestellte Untersuchungsrichter,
Hofgerichtsrath Georgi.

Personal-Beschreibung.

Alter: 21 Jahre,
Größe: 6 Schuh, 9 Zoll neuen Hessischen Maases,
Haare: blonde,
Stirne: sehr gewölbt,
Augenbraunen: blonde,
Augen: graue,
Nase: stark,
Mund: klein,
Bart: blond,
Kinn: rund,
Angesicht: oval,
Gesichtsfarbe: frisch,
Statur: kräftig, schlank,
Besondere Kennzeichen: Kurzsichtigkeit.

Steckbrief von Georg Büchner, 1835

tet und nach Darmstadt gebracht worden. Im Gefängnis wurde er schwer misshandelt und von einem sadistischen Richter verhört. Am 23. Februar 1837 starb er in seiner Zelle. Mit seinem Blut hatte er an die Wand geschrieben: »Da mir der Feind jede Vertheidigung versagt, so wähle ich einen schimpfl. Tod von freien Stücken.«

Georg Büchner entging der Verhaftung im März 1835 durch die Flucht nach Straßburg. Die großherzogliche Regierung ließ ihn steckbrieflich suchen, weil er sich »der gerichtlichen Untersuchung seiner indicirten Theilnahme an staatsverrätherischen Handlungen durch die Entfernung aus dem Vaterlande entzogen« habe. Unter dem Eindruck der brutalen staatlichen Reaktion schrieb Büchner sein Revolutionsdrama »Dantons Tod«, später die Novelle »Lenz«, das Lustspiel »Leonce und Lena« und die Tragödie »Woyzeck«, die unvollendet blieb. Im Sommer 1836 reichte er in Zürich seine Dissertation über das Nervensystem der Flussbarbe ein. Am 3. September wurde er promoviert. Unterdessen lebte er als Flüchtling der »Sonder-Klasse« schon ganz in Zürich, wo er am 19. Februar 1837, noch nicht einmal 24 Jahre alt, an Typhus starb. Georg Büchner ist, so sein Biograph Jan-Christoph Hauschild, »das Genie der deutschen Literatur, das nicht altert«. Er verbinde »Unversöhnlichkeit und radikale Negation mit einem gerüttelt Maß an Tragik. Das ist nichts, was verjähren könnte.«

Von Hessen in die Neue Welt

Die Gendarmen und Untersuchungsrichter gingen nicht gerade zimperlich mit den hessischen Revolutionären um. Karl Zeuner zum Beispiel, der beim Frankfurter Wachensturm dabei gewesen war, verlor in einer fünfjährigen verschärften Haft weitgehend Gehör und Sprache. Auch andere waren körperlich und seelisch ruiniert. Zeuner gelang es, sich in den Vereinigten Staaten eine neue Existenz aufzubauen. Auch andere Revolutionäre wurden in die Neue Welt abgeschoben. Karl Minnigerode, der 1837 wegen seines zerrütteten Gesundheitszustandes aus der Haft entlassen worden war, wurde in den USA unter seinem »neuen« Namen Charles Frederik Minnigerode sogar ein bekannter Theologe und Freund des amerikanischen »Südstaaten-Präsidenten« Jefferson Davis. Aber nicht alle hatten so viel Glück. Manche kamen auch wieder zurück, aus Heimweh oder weil sie politisch nun anders dachten.

Die gewaltsamen Proteste gegen die staatliche Willkür und die damit verbundenen Gegenmaßnahmen der Regierungen in Hessen hatten eine bis dahin nicht bekannte Fluchtwelle ausgelöst. Erstes Ziel war meistens Straßburg. Wer dort nicht blieb, der zog weiter in die Schweiz, nach England oder in die USA. Vor allem in den Vereinigten Staaten trafen die Flüchtlinge auf Landsleute, die aus ganz unterschiedlichen Gründen ihre Heimat verlassen hatten.

Der Beginn der hessischen Amerika-Auswanderung liegt nämlich schon im 17. Jahrhundert. 1677 war in Frankfurt der Quäker-Führer William Penn aufgetreten und hatte für seinen Glaubensstaat in Amerika (»Pennsylvanien«) geworben, den er sechs Jahre später auch gründete, gerade als das erste Schiff mit deutschen Einwanderern die Neue Welt erreichte.

Die Kolonisten nannten ihre Siedlung bei Philadelphia »Germantown«. Von da an riss der Strom der Einwanderer nicht mehr ab. Zunächst waren es vor allem religiös Verfolgte, die ihren Glauben frei leben wollten. Aber bald verließen immer mehr Menschen Haus und Hof, weil sie in Deutschland kein Auskommen mehr finden konnten oder allzu frei ihre politische Meinung gesagt hatten. Große Kriege und fehlende wirtschaftliche Impulse hatten die Bevölkerung verarmen lassen. Missernten und Pflanzenkrankheiten wie die Kartoffelfäule verursachten Hungersnöte. Und mancher musste sogar auswandern, weil er heiraten wollte, denn ohne den Nachweis eines kleinen Vermögens wurde die Heiratserlaubnis nicht erteilt. Und wer keins hatte, dem blieb nur die Möglichkeit die Heimat zu verlassen. Da in den anderen Teilen der Welt vor allem Bauern und Handwerker fehlten, um Land fruchtbar zu machen, große Schafherden zu hüten oder Siedlungen aufzubauen, saßen in allen großen hessischen Städten Werber, die den Auswanderungswilligen goldene Berge versprachen. Und Tausende von Hessen ließen sich auf den Zug ins Ungewisse ein.

Alle Tag dreimal Fleisch

Bereits 1763 hatte die russische Zarin Katharina II. ihr zweites Einwanderungsmanifest in Deutschland verteilt, worin sie für die Ansiedlung in der südrussischen Steppe an den beiden Ufern der Wolga warb. Die äußeren Bedingungen waren traumhaft: freie Religionsausübung, Steuerbefreiung für Bauern auf zehn bis dreißig Jahre, für Städter auf zehn Jahre, zinslose Darlehen, Befreiung vom Militärdienst, eigene Gemeinde- und Schulverwaltungen und die unentgeltliche Zuweisung eines großen Stückes Land. Das war ein attraktives Angebot, dem sich viele verarmte Hessen nicht verschließen wollten, vor allem aus dem Odenwald, der Rhön, dem Vogelsberg und dem Taunus.

Natürlich war in Russland nicht mehr alles so schön, wie es sich in der Heimat angehört hatte. Aber etwas Besseres als den Tod fanden die meisten Aussiedler dann doch. Wie hoch der Anteil der Hessen an der Zahl der neuen Siedler war, macht die Sprache der später so genannten Wolgadeutschen deutlich. Sie steht noch heute den hessischen Mundarten nahe. Allerdings leben die Wolgadeutschen längst nicht mehr an der Wolga, nachdem Stalin die »Wolgadeutsche Republik« 1941, nach dem Angriff Deutschlands auf die Sowjetunion, aufgelöst und die über eine halbe Million Bewohner nach Sibirien hat verschleppen lassen. Auch die Rehabilitation im Jahre 1964 konnte daran nichts mehr ändern. Als Zeichen der besonderen Verbundenheit übernahm das Land Hessen 1985 die Patenschaft für die Wolgadeutschen.

Hessische Mundarten werden heute auch noch in Ungarn gesprochen. Für das Land, das früher zum österreichischen Herrscherhaus gehörte, hatte die katholische Kaiserin Maria Theresia geworben und besonders im ebenfalls katholischen Fuldaer Land Gehör gefunden. Der Andrang war so groß, dass Ungarn schon 1771 für weiteren Zuzug gesperrt werden musste. Die Bräuche aus ihrer Heimat pflegen die Ungarn-Hessen bis auf den heutigen Tag. Auch die Mundart, die sie in dem Gebiet um das ehemalige Fünfkirchen sprechen, ähnelt dem Dialekt des Fuldaer Landes noch sehr.

Während Ungarn als europäisches Land aus eigener Kraft erreicht werden konnte, waren die Auswanderer mit Ziel Australien, Südamerika oder USA auf Schiffsverbindungen angewiesen. Australien, damals noch britische Kolonie und zunächst mit Strafgefangenen besiedelt, bot sogar die kostenlose Überfahrt an, wenn sich die Einwanderer auf Jahre als Schäfer verpflichteten. Das beliebteste Ausreiseland blieben aber die USA, obwohl die Reisebedingungen alles andere als ideal waren. Zunächst ging es auf Landstraßen nach Münden,

Werbeanzeige aus der »Freien Zeitung«, 1850

dann auf der Weser nach Brake oder Bremen. Das in der Regel schlecht ausgestattete Segelschiff benötigte bis zu 80 Tage, um den amerikanischen Kontinent zu erreichen. Geldgierige Kapitäne, miserable Verpflegung, mangelnde Hygiene, Krankheiten und Todesfälle machten schon die Schiffspassage zu einem kostspieligen und gefährlichen Abenteuer.

Was die neuen Siedler dann am Ziel ihrer Wünsche erwartete, war oft nicht viel besser. Auch im Land der angeblich unbegrenzten Möglichkeiten, der Freiheit und der Toleranz mussten sie ganz von vorne anfangen. Aber nicht wenige lebten schon nach kurzer Zeit in bescheidenem Wohlstand und berichteten davon stolz in die Heimat: »Lieber Bruder«, schrieb um 1832 Katharina Roß ins südhessische Brandau, »ich habe schon oft gewünscht, wenn nur unsere Eltern schon vor 20–30 Jahren hierher gezogen wären, sie hätten manche Armut und Elend nicht brauchen auszuhalten.« Und sie schilderte in den schönsten Farben, wie ihr Leben ein »langer Sonntag« ganz im Sinne des Hessischen Landboten war:

> *»Es gibt all das Vieh wie drauß, aber keinen Kuckuck und Storch, es gibt hier auch Birnen, eine Menge von Äpfel, die ihr euch nicht denken könnt, viel Pfirsich, dass alle Deutschen wo zu uns kommen, sich nicht genug wundern könnten. Drauß haben sie oft gesagt, in Amerika wären die Dächer mit Bratwürst und Pfannkuchen gedeckt, wir können sie doch öfter essen als solche Spötter. Hier brauche nie arme Leut nicht für die Herrn zu schaffen, sondern nur für sich. Wir essen alle Tag dreimal Fleisch und weißes Brot mit Butter und Sirup geschmiert und zweimal Kaffee.«*[83]

Berichte dieser Art heizten die auswanderwillige Stimmung noch weiter an und machten Betrügern die Arbeit leicht. So ließen sich 1824/25 trotz massiver Warnungen der großherzoglichen Regierung rund 10000 Einwohner aus Oberhessen und Starkenburg von Agenten des brasilianischen Kaisers anwerben – als Siedler, wie sie glaubten, aber in Wirklichkeit benötigte der südamerikanische Potentat Fremdenlegionäre, um die Unabhängigkeit seines Landes zu sichern.

Der Texasverein

Die hessischen Regierungen hatten ihren anfänglichen Widerstand gegen die Auswanderung schon lange aufgegeben. Im 18. Jahrhundert, als Arbeitskräfte noch rar gewesen waren, hatte Hessen-Kassel die Auswanderung sogar unter Strafe gestellt. 1768 erließ Kaiser Joseph II. dann ein generelles Verbot, das aber nur bis zum Ende des Alten Reiches Bestand hatte. In den neuen Verfassungen, die nach dem Ende der napoleonischen Herrschaft entstanden, wurde auch das Recht auf Auswanderung festgeschrieben, allerdings mit gewissen Einschränkungen zum Beispiel für Militärdienstpflichtige, und immer an eine staatliche Genehmigung gebunden. Die wurden allerdings von Jahr zu Jahr freizügiger erteilt. Denn auf diese Weise ließen sich in wirtschaftlich und politisch unruhigen Zeiten verarmte Landbewohner und »unsichere Elemente« ohne großen Aufwand loswerden. Manche Gemeinden bezahlten sogar die Überfahrt, um ihre Armenkassen zu entlasten. Aus Groß-Zimmern wurden so im Juli 1846 insgesamt 700 Menschen in die USA »abgeschoben«.

Die mit der Auswanderung betrauten Behörden versuchten alles, um den Massenexodus einigermaßen in den Griff zu bekommen. Ein herausragendes, aber auch besonders trauriges Beispiel für den staatlichen Regulierungswillen war der 1842 im Biebricher Schloss gegründete »Texasverein«, der unter dem Protektorat des nassauischen Herzogs Adolph stand. Im Prinzip war die Idee überzeugend: Die Auswanderer sollten nicht mehr auf gut Glück nach Amerika fahren, sondern dort Siedlungsland und Hilfe vorfinden.

Natürlich war das Unternehmen nicht ganz selbstlos, wie schon das Gründungsstatut deutlich machte, in dem es hieß:

»Hauptzweck des Vereins ist:
1. Verbesserung des Zustandes der arbeitenden Classe ohne Arbeit, hierdurch Verminderung des Pauperismus (also der Armut, d. Verf.).
2. Eröffnung neuer Absatzwege für die Produckte der National-Industrie.
3. Entwickelung des Seehandels.«

Die Vertreter regierender und standesherrlicher Häuser, die 150000 Gulden als Aktienkapital zusammengetragen hatten, erhofften sich also nicht nur eine Entlastung ihrer heimischen Wirtschaft. Sie wollten sich auch neue Absatzmärkte eröffnen und damit ihren Handel stärken. In Texas wurde Siedlungsland gekauft, von dem ein Teil den Auswanderern kostenlos zur Verfügung gestellt werden sollte. Den Rest wollte man später mit Gewinn verkaufen. Der Kaufpreis war niedrig gewesen, aber an eine bestimmte Bedingung geknüpft. Bis März 1846 musste das 12000 Quadratkilometer große Gebiet, das zudem noch die kriegerischen Comanches-Indianer als das Ihre betrachteten, von den ersten 2000 Familien besiedelt sein, sonst würde es an die texanische Regierung zurückfallen. Dieser Zeitdruck war das Unglück des Unternehmens, denn das Siedlungsland lag nicht an der Küste, sondern 300 Kilometer landeinwärts. Und natürlich führte noch keine Straße dorthin. Als 1846 die ersten 5000 Auswanderer in Texas eintrafen, fanden sie nichts so vor, wie sie es erwartet hatten. Zudem gab es sintflutartige Regenfälle, die jedes Fortkommen unmöglich machten, und zu wenige Fuhrwerke, weil inzwischen Mexiko und die Vereinigten Staaten Krieg gegeneinander führten. Seuchen brachen aus, und jederzeit musste mit Indianerüberfällen gerechnet werden. Obwohl Herzog Adolph noch 225000 Gulden zuschoss, scheiterte der kühne Plan. Nur wenige Überlebende fanden schließlich Siedlungsland. Der hoch verschuldete Verein löste sich 1861 auf.

Verein zum Schutze Deutscher Einwanderer in Texas
gegründet im Jahre 1843
Actie No 1.
über Fünf Tausend Gulden des 24½ Gulden Fußes
Herzog von Nassau
Das Comité
N.B. Alle Actien des Vereins lauten auf die Namen der Besitzer, und können nur nach erfolgter Genehmigung der Direction auf andere Namen übertragen werden.
Eingeschrieben im Archiv des Vereins, Wiesbaden, den 1. 1846.

Aktie Nr. 1 des Texasvereins

Der Texasverein hatte Hoffnungen geweckt, aber nicht erfüllt. An der Attraktivität der Vereinigten Staaten und auch der anderen Länder, die um hessische Bauern und Handwerker warben, hatte das Desaster aber nichts geändert. Zwischen 1816 und 1866 verließen allein 34000 Nassauer, also knapp zehn Prozent der Bevölkerung, ihre Heimat in Richtung Übersee. Wie viele Menschen aus den hessischen Staaten insgesamt auswanderten, ist nicht mehr genau zu ermitteln. Aber rund ein Drittel der heutigen Einwohner der USA ist deutscher Abstammung, und davon dürfte ein nicht geringer Teil hessische Vorfahren haben.

Den Ländern, die deutsche Auswanderer aufnahmen, brachte der Zuzug von arbeitswilligen und in der Landwirtschaft erfahrenen Menschen mehr Vorals Nachteile. Aber nicht alle waren gleichermaßen willkommen. Ganz mittellos sollten die Wirtschaftsemigranten nicht sein. Skeptisch war man auch bei politischen Flüchtlingen. An demokratischen Ideen zeigte sich kaum eines der Aufnahmeländer interessiert – mit Ausnahme der Vereinigten Staaten. Schon nach den mißlungenen Umsturzversuchen in den dreißiger Jahren waren nicht wenige Revolutionäre in die USA gegangen. Als 1849 das Paulskirchenparlament endgültig gescheitert war und mit ihm alle Hoffnungen auf einen Politikwechsel in Deutschland, schwoll der Strom der Flüchtlinge erneut an. In den USA wurden die Teilnehmer an der gescheiterten deutschen Revolution respektvoll als »Forty-Eighters« bezeichnet. Sie hatten einen nicht unmaßgeblichen Anteil am demokratischen Aufbau der Vereinigten Staaten. Neben den Badenern waren es vor allem Hessen, die in den USA Zuflucht gesucht hatten und jetzt hofften, ihre politischen Ideen doch noch umsetzen zu können.

Die Freie Stadt Frankfurt

Der zentrale Ort der deutschen Revolution von 1848 war Frankfurt. Das hatte seinen Hauptgrund darin, dass die »Freie Stadt«, wie sie seit dem Wiener Kongress hieß, Sitz des Deutschen Bundes war. Im Palais Thurn und Taxis kam der Bundestag zusammen, der allerdings nur mit beschränkten Rechten ausgestattet war. Die Souveränität der einzelnen Staaten durfte er nicht beschneiden. Weder Preußen noch Österreich als die beiden wichtigsten Mächte hatten ein Interesse, den lockeren Staatenbund zu einem einheitlichen Deutschen Reich werden zu lassen. Ihre eigene starke Position wollten sie nämlich nicht gefährden. So zeigte der Deutsche Bund seine nachhaltigste Wirkung bei der Bekämpfung von »staatsgefährdenden« Aktivitäten. Zwar wurde eine gemeinsame Verteidigungspolitik verabschiedet, aber wie wenig der Beschluss wert war, sollte sich spätestens 1866 zeigen, als Preußen gegen Österreich Krieg führte. Beschwerden allerdings konnte der Bundestag entgegennehmen, etwa wenn die Israelitische Gemeinde in Frankfurt von ihrem Senat die Gleichstellung forderte – mit bescheidenem Erfolg, denn die vollen staatsbürgerlichen Rechte erhielten die Frankfurter Juden erst 1864 und damit viel später als in anderen Städten.

Auch wenn die Frankfurter die Beschlüsse des Bundestags so souverän ignorierten, wie es ihnen nur möglich war, von der Anwesenheit der finanziell prächtig ausgestatteten Gesandten profitierte die Stadt doch auf vielfältige Weise. Die hohen Herren wollten standesgemäß untergebracht sein, fürstlich speisen und sich königlich amüsieren. So blühte neben dem gesellschaftlichen Leben auch das kulturelle. Die Polytechnische und die Senckenbergische Naturforschende Gesellschaft wurden gegründet, der eindrucksvolle Bau der Stadtbibliothek entstand und in den Theatern traten die großen Musiker, Sänger und Schauspieler ihrer Zeit auf. Einen allerdings hätten die Frankfurter am liebsten ganz vergessen: ihren Goethe. Denn der hatte 1817 voller Verärgerung sein Bürgerrecht zurückgegeben, nachdem ihm eine saftige Steuerrechnung ins Haus geflattert war. Schließlich besaß er in Frankfurt ein von seiner 1813 verstorbenen Mutter geerbtes stattliches Vermögen, an dem auch der »hochedle« Senat teilhaben wollte. In einem kurzen Schreiben bat er um Löschung aus dem Bürgerregister. Genauso knapp antwortete der Senat und berechnete 30 Kreuzer Gebühren. Beide Seiten waren verärgert. Als 1819 Verehrer Goethes ein Denkmal für den Dichterfürsten in Frankfurt errichten wollten, fand sich kaum jemand, der Geld dafür geben wollte – schon gar nicht der Senat. Erst fünfundzwanzig Jahre später hatte man dem Steuerflüchtling verziehen und ließ das bis heute erhaltene Denkmal von Ludwig Schwanthaler errichten.

Hauptsynagoge in der Judengasse, um 1860

Die Frankfurter Bürger, die in ihrer Stadt den Ton angaben, konnten ziemlich störrisch sein. Sie waren stolz auf ihre Freiheiten und das, was sie geleistet hatten, auf ihre Messen, ihre Bank- und Handelshäuser, ihre Handwerker und nicht zuletzt auf ihre Geschichte. Als Wahl- und Krönungsstätte der deutschen Könige und jetzt als Sitz des Deutschen Bundes war Frankfurt so etwas wie eine heimliche Hauptstadt. Und das verpflichtete. Wachenstürmer und andere Revolutionäre hatten da keine Chance. Das änderte sich erst 1848 mit der Deutschen Nationalversammlung in der Paulskirche.

Scheinidylle Biedermeier

Die Zeit zwischen 1815 und 1848 wird gemeinhin als das »Biedermeier« bezeichnet. Aber so einleuchtend diese Einteilung auf den ersten Blick erscheint, so willkürlich ist sie letztlich doch gewählt. Denn dieses »Biedermeier«, das

Schattenriss von Hermann Pfeiffer zum »Datterich«

politische Stabilität und familiäre Behaglichkeit symbolisiert, hat es so nicht gegeben. Es war eine Scheinidylle, die der Darmstädter Autor Ernst Elias Niebergall 1841 in seiner Komödie »Der Datterich« mit allen ihren Schattierungen beschrieben hat. Als armseliger Schnorrer entlarvt der »Datterich« das Fassadenhafte des bürgerlichen Gehabes. Über Politik wird nicht geredet, sondern höchstens unverbindlich räsoniert. Wenn Drehermeister Dummbach die Zeitung liest, dann weiß er zwar, wie die Welt sich dreht, aber nicht, was sich in seinem Ländchen abspielt. Und die überaus wichtigen Früchte seiner Lektüre muss er jedem mitteilen, seiner Familie und sogar so einem gesellschaftlichen Außenseiter wie dem Datterich:

»Ich bin werklich gespannt uf die Franzose. Eh mer sich umguckt, hot mer se widda un wird se so bald net los; denn des is so ihr Art, dass se de Krieg in annern Lender spiele. Währenddem des vorgeht, sitzt der Suldan in seinem Diwan un lacht ins Feistche. Der baßt bloß druf, bis sich ganz Eiroba an de Kepp hot: dann kimmt er. Mir erläwe's net, awwer Sie wern sähe, dass ich recht hob: in fufzig Johr sinn mer all Derke!«

Man benahm sich also, als kämen die Gefahren nur von außen, während im Innern selbstverständlich Ruhe und Ordnung herrschten.

Das aber entsprach keineswegs der Wirklichkeit. Zwar hatte es nach 1815 zunächst so ausgesehen, als habe sich die Restauration durchgesetzt, aber die Ideen der Französischen Revolution ließen auch in Deutschland keine Entwicklung mehr zu, die dem Absolutismus des 18. Jahrhunderts zu einer neuen Blüte hätte verhelfen können. So ist die Restauration nicht ohne den unruhigen Vormärz zu denken, ohne das Hambacher Fest, den Frankfurter Wachensturm und den Hessischen Landboten.

Das Bürgertum, das angeblich so zielsicher nach familiärem Glück weitab von der Politik strebte, sah sich in Wirklichkeit vor ganz neue Herausforderungen gestellt. Denn die beginnende Industrialisierung veränderte nicht nur einzelne Arbeitsabläufe, sondern die Arbeit selbst und damit das gesamte soziale Umfeld. Der schlesische Weberaufstand von 1844 ist zum Symbol für diese tief greifenden Veränderungen geworden. Die vom Export lebenden Heimarbeiter waren der englischen, schon großindustriell arbeitenden Konkurrenz nicht mehr gewachsen. Ein englischer Maschinenweber produzierte das Vierfache eines deutschen Handwebers, bald sogar das Dreizehnfache. Der blanke

Hunger löste schließlich den Aufstand aus, der sich gegen die immer noch gut verdienenden Zwischenhändler richtete.

Er fand in Deutschland eine breiten Widerhall und löste die erste große Diskussion über die soziale Frage aus.

Liberale und Demokraten

Es wurde immer deutlicher, dass die von selbstherrlichen Fürsten regierten Staaten den neuen Herausforderungen nicht gewachsen waren. So entstanden erste Zirkel, die die politische Situation in Deutschland diskutierten. Eine einheitliche Linie gab es dabei aber nicht. Die Liberalen wollten nur die Macht der Fürsten beschränken und diese durch ein gewähltes Parlament kontrollieren lassen. Das war auch zunächst das Ziel der Demokraten. Aber je stärker der staatliche Druck gerade gegen die Demokraten wurde, desto radikaler entwickelten sich ihre Forderungen. Schließlich kämpften sie dafür, die Adelsherrschaft ganz abzuschaffen und durch eine parlamentarische Demokratie zu ersetzen. Einig waren sich alle, dass das Ziel auf jeden Fall ein vereinigtes Deutschland sein müsse.

Heinrich von Gagern. Foto von 1848

Die Demokraten um den badischen Abgeordneten Friedrich Hecker hatten sich schon im September 1847 in Offenburg getroffen und einen noch gemäßigten Forderungskatalog verabschiedet, der durch Flugblätter und Maueranschläge weite Verbreitung fand – und für einige Unruhe sorgte.

August Hergenhahn

Die Liberalen, unter ihnen der Darmstädter Oppositionsführer Heinrich von Gagern und der nassauische Kammerpräsident August Hergenhahn, kamen am 10. Oktober 1847 in Heppenheim zusammen, um zumindest für den Südwesten Deutschlands eine gemeinsame Vorgehensweise festzulegen. Die Ergebnisse der Besprechung wurden fünf Tage später in der »Deutschen Zeitung« veröffentlicht. Die Angriffe richteten sich vor allem gegen den Deutschen Bund und sein Beschlussgremium, die Bundesversammlung:

»Was zunächst die Förderung der Nationalanliegen durch gemeinsame Leitung und Vertretung betrifft, so war man darüber einig, dass von der Bundesversammlung, wie sie gegenwärtig besteht, nichts Ersprießliches zu erwarten sei. Dieselbe hat ihre in der Bundesakte vorgezeichnete Aufgabe, soweit sie die Herstellung landständischer Verfassungen, freien Handels und Verkehrs, der Flussschiffahrt, des freien Gebrauchs der Presse usw. betrifft, nicht gelöst; die Bundesmilitärverfassung hat weder eine allgemeine Volksbewaffnung noch ein gleichmäßig organisiertes Bundesheer geliefert. Dagegen ist die Presse unter Zensurzwang gestellt, sind die Verhandlungen der Bundesversammlung in Dunkel gehüllt, aus welchem von Zeit zu Zeit Beschlüsse zutage kommen, welche jeder freien Entwicklung Hindernisse in den Weg legen.«

Die Opposition hatte sich also formiert. Sie wartete nur auf den Funken, der das explosive politische Gemisch entzünden würde. Und der kam wieder aus Frankreich. Ähnlich wie im Juli 1830 brachen im Februar 1848, wieder in Paris, soziale Unruhen aus. Der Bürgerkönig Louis Philippe, dem das Großbürgertum zur Macht verholfen hatte, musste abdanken und damit der Republik Platz machen, die allerdings nur kurze Zeit Bestand haben sollte.

Die Revolution beginnt

Das revolutionäre Signal aus Frankreich erreichte zuerst Mannheim und dann, noch Ende Februar 1848, das Großherzogtum Darmstadt. Aus Petitionen wurden in kürzester Zeit Forderungen, denen Volksversammlungen mit Tausenden von Menschen den nötigen Nachdruck verliehen. Schon am 2. März genehmigte die nassauische Regierung nach einer Versammlung mit 4000 Teilnehmern die Volksbewaffnung und die Pressefreiheit. Als sich zwei Tage später 30000 Demonstranten auf dem Wiesbadener Schlossplatz versammelten, stimmte Herzog Adolph vom Balkon herab allen neuen »Forderungen der Nassauer« zu, die die Liberalen mit Hergenhahn an der Spitze aufgestellt hatten.

In Frankfurt, wo die Bundesversammlung plötzlich keine Einwände mehr gegen die Pressefreiheit hatte, ging am 3. März eine von 2000 Bürgern verabschiedete Petition mit ähnlichen Forderungen wie in Nassau an den Senat. Für besonderen Konfliktstoff sorgte die Forderung nach der völligen Gleichstellung aller Bürger (also auch der Juden). Das war ein direkter Angriff auf die noch immer ungebrochene Herrschaft der wenigen reichen Familien in Frankfurt.

Der Senat hatte es deshalb auch nicht eilig, die vorgetragenen Wünsche in die Tat umzusetzen. Alles sollte »auf gesetzlichem Weg« seine »Erledigung finden«.

In Darmstadt dagegen konnten die Liberalen um Heinrich von Gagern weit reichende politische Zugeständnisse erwirken. Wie in anderen Ländern wurden u.a. Pressefreiheit und Volksbewaffnung gewährt. Aber der Zorn richtete sich auch gegen den Großherzog selbst und seinen verhassten Ministerpräsidenten Karl Freiherr du Bos du Thil. Ludwig II. sah sich schließlich gezwungen, seinen Sohn, Erbgroßherzog Ludwig, später der III., zum Mitregenten zu ernennen und du Thil zu entlassen. Neuer Ministerpräsident und zugleich Innen- und Außenminister wurde Heinrich von Gagern. Sein Mitstreiter August Hergenhahn übernahm das Amt des nassauischen Ministerpräsidenten.

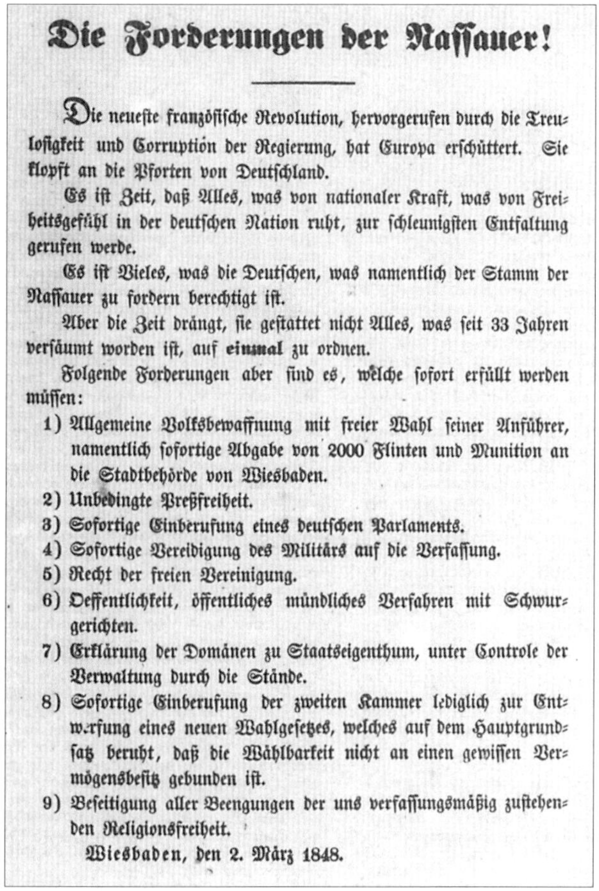

Die Forderungen der Nassauer!

Die neueste französische Revolution, hervorgerufen durch die Treulosigkeit und Corruption der Regierung, hat Europa erschüttert. Sie klopft an die Pforten von Deutschland.

Es ist Zeit, daß Alles, was von nationaler Kraft, was von Freiheitsgefühl in der deutschen Nation ruht, zur schleunigsten Entfaltung gerufen werde.

Es ist Vieles, was die Deutschen, was namentlich der Stamm der Nassauer zu fordern berechtigt ist.

Aber die Zeit drängt, sie gestattet nicht Alles, was seit 33 Jahren versäumt worden ist, auf **einmal** zu ordnen.

Folgende Forderungen aber sind es, welche sofort erfüllt werden müssen:

1) Allgemeine Volksbewaffnung mit freier Wahl seiner Anführer, namentlich sofortige Abgabe von 2000 Flinten und Munition an die Stadtbehörde von Wiesbaden.
2) Unbedingte Preßfreiheit.
3) Sofortige Einberufung eines deutschen Parlaments.
4) Sofortige Vereidigung des Militärs auf die Verfassung.
5) Recht der freien Vereinigung.
6) Oeffentlichkeit, öffentliches mündliches Verfahren mit Schwurgerichten.
7) Erklärung der Domänen zu Staatseigenthum, unter Controle der Verwaltung durch die Stände.
8) Sofortige Einberufung der zweiten Kammer lediglich zur Entwerfung eines neuen Wahlgesetzes, welches auf dem Hauptgrundsatz beruht, daß die Wählbarkeit nicht an einen gewissen Vermögensbesitz gebunden ist.
9) Beseitigung aller Beengungen der uns verfassungsmäßig zustehenden Religionsfreiheit.

Wiesbaden, den 2. März 1848.

Flugblatt mit den Forderungen der Nassauer, 1848

In Kurhessen versuchte Friedrich Wilhelm I. zunächst möglichst wenig zu versprechen. Daraufhin drohte eine Hanauer »Volkskommission« am 9. März damit, ihre Stadt dem Großherzogtum Darmstadt anzuschließen, und forderte den Kurfürsten ultimativ auf, innerhalb von drei Tagen ein weit reichendes Reformprogramm zu verkünden. Der Schriftsteller Ferdinand Freiligrath fasste das »Hanauer Ultimatum« in ein berühmtes Gedicht an die Hessen:

»Denn das ist doch die Freiheit nicht,
Die Deutschland muss begnaden,
Wenn eine Stadt in Waffen spricht
Und hinter Barrikaden:

Kurfürst verleih' sonst hüte Dich
Sonst werden wir – großherzoglich.
Pulver ist schwarz
Blut ist rot
Golden flackert die Flamme.«

Friedrich Wilhelm ließ Truppen vor Hanau zusammenziehen. Aber er musste schon bald einsehen, dass er sich nicht alleine gegen die revolutionäre Entwicklung stemmen konnte, und gab schließlich nach. Alle Forderungen nach Pressefreiheit, Amnestie von politischen Gefangenen und Neuwahl der Ständeversammlung wurden erfüllt. Einer der Aufständischen, der Hanauer Bürgermeister Bernhard Eberhard, rückte sogar zum Ministerpräsidenten auf. Aber damit war keineswegs die Ruhe im Land wiederhergestellt. Zu lange hatten die Menschen unter dem rückständigen Regime des Kurfürsten gelitten. Die Wut entlud sich am 18. März, als Freischärler den Hanauer Prügelbock zerstörten, auf dem bis dahin Verurteilte öffentlich ausgepeitscht worden waren. Auch in anderen Städten, wie in Erbach, kam es immer wieder zu Volksversammlungen und handgreiflichen Auseinandersetzungen.

Die Deutsche Nationalversammlung von 1848

Unterdessen bereiteten sich die oppositionellen Politiker darauf vor, ein gesamtdeutsches Parlament einzuberufen. Bereits am 5. März hatten sie sich in Heidelberg getroffen und die weiteren Schritte beraten. Ein Vorparlament, das nur durch die revolutionäre Aktion und nicht durch ein Votum der Bürger legitimiert war, sollte die Wahlen für die Nationalversammlung vorbereiten. Schon beim ersten Treffen dieses Vorparlaments am 31. März 1848 in Frankfurt brachen die Gegensätze zwischen den radikalen Demokraten und den gemäßigten Liberalen offen aus. Friedrich Hecker, der sich mit seinen Ideen nicht durchsetzen konnte, verließ Frankfurt und rief in Baden die Republik aus. Sein Aufstand scheiterte aber schon nach wenigen Tagen. Hecker musste in die Schweiz fliehen.

Das Vorparlament mit seinen über 500 Abgeordneten sah seine Aufgabe nicht darin, weit reichende politische Entscheidungen zu fällen. Die Revolution beenden, eine Verfassung schaffen und die deutsche Einheit herbeiführen sollte erst die Nationalversammlung. Wie stark die Mitglieder des Vorparlament noch im traditionellen Denken verhaftet waren, machte schon ihr wichtigster

Die National-versammlung in der Paulskirche, 1848

Beschluss deutlich. Wählen durften nämlich nur Männer mit selbstständigen Einkommen. Wer Leistungen von staatlichen Stellen bezog, bekam kein Wahlrecht. Damit war von vornherein ein Viertel der erwachsenen männlichen Bevölkerung von der Wahl ausgeschlossen. Frauen saßen weder im Vorparlament, noch durften sie zur Urne gehen. An die Gleichberechtigung von Männern und Frauen dachte Mitte des 19. Jahrhunderts noch kein Politiker. Und so zogen auch nur Männer am 18. Mai 1848 in die Frankfurter Paulskirche ein. Die 585 Abgeordneten waren Beamte, Richter, Rechtsanwälte, Ärzte, Unternehmer, Pfarrer oder Großgrundbesitzer. Der überwiegende Teil von ihnen hatte ein Universitätsstudium hinter sich. Nur drei Abgeordnete waren Bauern, und nur einer kam aus dem Handwerk. Arbeiter waren gar nicht vertreten. Zu ihrem Präsidenten wählten die Abgeordneten Heinrich von Gagern.

Während das »Professorenparlament« über Reich, Reichsgewalt, Reichsoberhaupt, Reichstag, Reichsgericht und die Grundrechte des deutschen Volks debattierte, setzte sich in Berlin und Wien teilweise in blutigen Kämpfen die Gegenrevolution durch.

Noch waren die Abgeordneten voller Hoffnung, als sich am 12. Juli 1848 der österreichische Erzherzog Johann zum provisorischen Staatsoberhaupt ausrufen ließ, aber der »Reichsverweser«, wie er genannt wurde, war kein wirklich mächtiger Mann. Schon bald zeigte sich, dass die Nationalversammlung nur

Festlicher Einzug des Reichsverwesers Erzherzog Johann in Frankfurt am Main am 11. Juli 1848

Bilderzeitung zum Aufstand am 18. September 1848

einen Teil der Deutschen repräsentierte. Arbeitervereine und Demokraten fühlten sich ausgeschlossen und begannen sich zu organisieren. Am 18. September wollte eine aufgebrachte Menge sogar die Paulskirche stürmen.

Barrikaden wurden errichtet, und es kam zu einer blutigen Schlacht. 80 Aufständische starben im Kugelhagel der Reichstruppen. Zwei Abgeordnete, die sich vor das Friedberger Tor gewagt hatten, wurden von revolutionären Arbeitern und Handwerkern gelyncht.

Der Aufruhr wurde zwar beendet, aber die Nationalversammlung hatte an Ansehen weiter verloren. Ihr Fortbestehen verdankte sie nunmehr österreichischen und preußischen Soldaten, und was der Preußenkönig Friedrich Wilhelm IV. von dem Frankfurter Parlament hielt, machte er im April 1849 deutlich. Die Nationalversammlung hatte sich dafür entschieden, ihm die erbliche Kaiserwürde anzutragen. Aber Friedrich Wilhelm dachte gar nicht daran, die ihm angebotene »Ehre« auch anzunehmen. Eine Krone »aus Dreck und Letten geknetet« könne er weder annehmen noch ablehnen. Und einem Ratgeber gegenüber brachte er sein Verständnis der Paulskirchenversammlung auf den Punkt: »Gegen Demokraten helfen nur Soldaten; Adieu!« Da das erste frei gewählte Parlament keine militärischen Möglichkeiten besaß, seine Beschlüsse und vor allem die Reichsverfassung durchzusetzen, endete der erste Versuch, in Deutschland ein demokratisches Regierungssystem einzuführen, mit blutigen Kämpfen. Die alten Fürstenmächte, die noch einmal gesiegt hatten, wüteten unter den »aufrührerischen Mördern und Bluthunden«, wie Friedrich Wilhelm IV. die Revolutionäre nannte. Todesurteile wurden im Schnellverfahren verkündet, und viele, die an die Zukunft der Demokratie geglaubt hatten, verschwanden für Jahre hinter Gefängnismauern. Besonders hart wurden die Odenwälder bestraft, die sich mit drei Darmstädter

Garde-Kompanien am 24. Mai 1849 eine Schlacht bei Ober-Laudenbach geliefert hatten, bei der 13 Menschen gestorben und zahlreiche verletzt worden waren. Sechzig Freischärler mussten darauf bis zu acht Jahre ins Zuchthaus. Dagegen ließ sich die Hanauer Turnerwehr, die den Revolutionären in Baden zu Hilfe kommen wollte, nicht aufhalten. Sie schlug kurhessische, bayerische und Darmstädter Truppen aus dem Feld, ehe sie in Baden selbst aufgerieben wurde.

Heinrich von Gagern und August Hergenhahn hatten mit keinen Verfolgungen zu rechnen. Hohe politische Ämter konnten sie jedoch erst viel später wieder übernehmen.

Am 30. Mai 1849 stellte die Deutsche Nationalversammlung nach 230 Sitzungstagen ihre Arbeit ein. Ihr wichtigstes Ergebnis war die Reichsverfassung, die zwar keine Gültigkeit erlangte, aber Vorbild für spätere Verfassungen wurde. Vor allem der Teil über die Grundrechte hat das demokratische Denken in Deutschland entscheidend geprägt.

Offiziersmut gegen Straf-Bayern

Mit dem Sieg der Fürsten über die demokratische Bewegung wurden die Uhren in Deutschland zurückgestellt. In Frankfurt trat der Bundestag wieder zusammen. Preußischer Gesandter war jetzt der sechunddreißigjährige Otto von Bismarck, dem eine große politische Zukunft vorausgesagt wurde. Die Paulskirche war damals schon ein Wallfahrtsort für Demokraten, die sich aus den Abgeordnetenplätzen kleine Stücke Holz herausschneiden durften. Bismarck kommentierte das in seinen Briefen zwar mit Hohn und Spott, doch die Einigungsbewegung war keineswegs tot. Zunächst wurde aber in den Residenzen alles unternommen, um die Erinnerung an die Revolution und die Nationalversammlung zu tilgen.

Während in Darmstadt und Wiesbaden die alte Ordnung erst allmählich wieder hergestellt wurde, versuchte der Kasseler Kurfürst Friedrich Wilhelm I. seine wiedergewonnene Macht sofort skrupellos auszuspielen. Er berief den ebenso verhassten wie gefürchteten Ludwig Hassenpflug an die Spitze der Regierung und löste den Landtag auf, der den Haushalt abgelehnt hatte. Ohne rechtliche Grundlage ordnete der Kurfürst trotzdem die Steuererhebung an. Aber da zeigte sich, was die kurfürstlichen Untertanen in der Revolutionszeit gelernt hatten: Sie verklagten ihren Regenten vor Gericht und siegten. Schon das war ungewöhnlich genug. Friedrich Wilhelm verhängte daraufhin das Kriegsrecht und wollte seine Soldaten in Marsch setzen, da geschah etwas in der

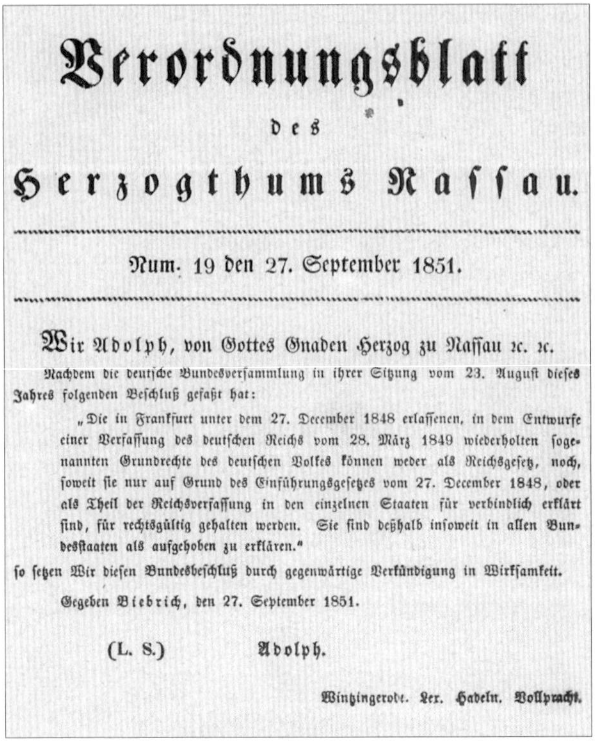

Verordnungsblatt

des

Herzogthums Nassau.

Num. 19 den 27. September 1851.

Wir Adolph, von Gottes Gnaden Herzog zu Nassau rc. rc.

Nachdem die deutsche Bundesversammlung in ihrer Sitzung vom 23. August dieses Jahres folgenden Beschluß gefaßt hat:

„Die in Frankfurt unter dem 27. December 1848 erlassenen, in dem Entwurfe einer Verfassung des deutschen Reichs vom 28. März 1849 wiederholten sogenannten Grundrechte des deutschen Volkes können weder als Reichsgesetz, noch, soweit sie nur auf Grund des Einführungsgesetzes vom 27. December 1848, oder als Theil der Reichsverfassung in den einzelnen Staaten für verbindlich erklärt sind, für rechtsgültig gehalten werden. Sie sind deßhalb insoweit in allen Bundesstaaten als aufgehoben zu erklären."

so setzen Wir diesen Bundesbeschluß durch gegenwärtige Verkündigung in Wirksamkeit.

Gegeben Biebrich, den 27. September 1851.

(L. S.) Adolph.

Wintzingerode. Lex. Hadeln. Vollpracht.

Aufhebung der Grundrechte, 1851

deutschen Geschichte Einmaliges. 241 von 277 kurhessischen Offizieren, die ihren Treueeid ja nicht mehr auf den Kurfürsten, sondern auf die Verfassung geleistet hatten, verweigerten am 10. Oktober 1850 den Dienst und reichten ihren Abschied ein. Die Armee war damit handlungsunfähig. Der Kurfürst floh mit seinen Ministern nach Wilhelmsbad und bat den Deutschen Bund um militärische Unterstützung. Bundestruppen, die so genannten Straf-Bayern, besetzten Hanau, während in Nordhessen, ungerufen und unerwünscht, preußische Soldaten einmarschierten. Fast eineinhalb Jahre blieben die Bundestruppen im Kurfürstentum stationiert, dann hatte Friedrich Wilhelm seine Macht wieder gefestigt.

Sichtbarer Ausdruck seiner tief reaktionären Politik wurde die neue Verfassung von 1852, die alle Zugeständnisse seit 1830 zurücknahm. Das ging selbst den anderen Staaten des Deutschen Bundes zu weit. In einem Beschluss vom Mai 1862 forderten sie die Wiederherstellung der Verfassung von 1831. Aber alle Versuche, den Kurfürsten zum Umdenken zu bewegen, scheiterten. Erst als Preußen seine Truppen an der Grenze zu Kurhessen aufmarschieren ließ, lenkte der halsstarrige Friedrich Wilhelm ein. Nicht wenige Kurhessen hätten es sogar begrüßt, wenn die Preußen gleich eingerückt wären. Denn im Gegensatz zu dem wirtschaftlich und politisch rückständigem Kurfürstentum galt Preußen als fortschrittlich und industriell weit entwickelt. Aber in jener Zeit hielt das noch keiner für möglich. Noch glaubte man, der Deutsche Bund würde die einzelnen Mitgliedsstaaten voreinander schützen. Es sollten allerdings nur vier Jahre vergehen, bis sich das Blatt entscheidend wendete.

Adam Opel, Justus von Liebig und Philipp Reis

Anders als in Kurhessen wurde im Großherzogtum Hessen und im Herzogtum Nassau die Industrialisierung jetzt mit Macht vorangetrieben. Die Zahl der Dampfmaschinen, ein sicheres Zeichen für den wirtschaftlichen Erfolg, stieg sprunghaft an. An der Hohen Mark bei Oberursel entstand 1857/58 die erste moderne Textilfabrik im Rhein-Main-Gebiet. Im ebenfalls zu Nassau gehörenden Höchst gründeten Eugen Lucius, Wilhelm Meister und August Müller 1862 ihre Anilin- und Anilinfarbenfabrik (die späteren Farbwerke Höchst). Nur ein Jahr später nahm die Farbenfabrik von Wilhelm Kalle in Wiesbaden-Biebrich ihren Betrieb auf. Nicht weit davon, in Amöneburg, gründete Wilhelm Dyckerhoff 1864 eine Fabrik für Portland-Zement, die ebenfalls bis heute besteht und zu den größten Firmen in Deutschland zählt.

Historische Aufnahme der ersten Opel-Nähmaschine, 1862

Dagegen ließ eine unscheinbare Anzeige, die ein kleiner Handwerker im April 1863 im »Groß-Gerauer Kreisblatt« aufgegeben hatte, noch nicht ahnen, wohin sein Weg einmal führen sollte. »Adam Opel, Mechaniker in Rüsselsheim«, empfahl darin seine »selbstgefertigten Nähmaschienen aller Art, nach der neuesten Construction, zu festen und billigen Preißen.«

Der 1837 in Rüsselsheim geborene Sohn eines Schlossers hatte auf seiner Wanderschaft in Paris, wo er in einer der großen Nähmaschinenfabriken gearbeitet und die modernen Fertigungstechniken studiert hatte, die in Deutschland noch unbekannt waren, den technischen Fortschritt hautnah erlebt. In seiner Heimatstadt stieß Adam Opel dann mit seinem Plan, eine eigene Nähmaschinenfabrik aufzubauen, auf erhebliche Widerstände, vor allem von Seiten seines Vaters. Er ließ sich davon aber nicht beirren und begann 1862 mit der Produktion. Die Schneidergesellen in Rüsselsheim und Umgebung befürchteten den Verlust ihrer Arbeitsplätze und versuchten sogar, die Auslieferung einer der ersten Maschinen zu verhindern. Zunächst produzierte Adam Opel in der Werkstatt seines Vaters, später dann im Kuhstall seines Onkels. Schon nach sieben Jahren konnte er seine erste eigene Fabrik errichten, in der rund 30 Arbeiter fünf Nähmaschinentypen herstellten.

Plakat der Nähmaschinenfabrik von Adam Opel, 1869

Als 1886 die einhunderttausendste Nähmaschine gefeiert wurde, kam als neuer Zweig die Fahrradproduktion hinzu, die sich ebenfalls glänzend entwickelte.

Adam Opel starb am 8. September 1895 an Typhus. Erst vier Jahre später wurde mit dem Kauf der Anhaltinischen Patent-Motorwagenfabrik Lutzmann die Automobilproduktion aufgenommen. Adam Opel hatte von den pferdelosen Kutschen nichts gehalten. Für ihn waren es »Stinkkarren für Reiche«.

Ohne die Absicht, eine Fabrik zu gründen und viel Geld damit zu verdienen, machte Justus von Liebig seine Erfindungen, die für die Ernährung der Menschheit eine überragende Bedeutung erlangen sollten. 1803 in Darmstadt geboren, hatte er schon früh und zum Schrecken seiner Eltern mit Chemikalien experimentiert. Bereits mit 21 Jahren erhielt er eine Professur in Gießen. 1840 erschien sein Buch, das die Landwirtschaft nachhaltig verändern sollte: »Die organische Chemie in ihrer Anwendung auf Agrikultur und Physiologie«. Hinter dem etwas umständlichen Titel verbarg sich die Erkenntnis, dass auch Pflanzen Nahrung brauchen, und zwar ganz bestimmte Mengen von Nährsalzen. Sind diese dem Boden entzogen, müssen sie künstlich zugeführt werden, sonst kann die Pflanze nicht wachsen. Bis dahin hatte man geglaubt, die Pflanze könnte die Nährsalze selbst erzeugen – durch die von Gott gegebene »Lebenskraft«. Damit hatte Liebig die künstliche Düngung erfunden, die einen wesentlichen Beitrag dazu leistete, dass es in der zweiten Hälfte des 19. Jahrhunderts kaum noch zu katastrophalen Missernten kam. Liebig starb hoch geehrt 1873 in München.

Um den typischen Fall eines verkannten Genies handelt es sich dagegen bei dem 1834 in Gelnhausen geborenen Philipp Reis. Der Lehrer am Garnierschen Institut in Friedrichsdorf hatte lange getüftelt, ehe er sich am 26. Oktober 1861 an die Öffentlichkeit wagte. Im Physikalischen Verein in Frankfurt führte er seinen Apparat vor, den er »Telephon« nannte. Eine 300 Fuß lange Leitung verband zwei Gebäude miteinander, und am anderen Ende der Leitung sagte sein Schwager Philipp Schmidt die zwei berühmten Unsinnsätze: »Die Sonne ist aus Kupfer« und »Das Pferd frisst keinen Gurkensalat«. Reis verstand seine Erfindung eher als Möglichkeit für Musikübertragungen, und deshalb waren auch am Ende der Premiere Gesang und Musik zu hören – ebenfalls »live« übertragen aus dem benachbarten Bürgerhospital. Weitere Vorführungen folgten in Frankfurt und Gießen, die berühmteste davon vor dem österreichischen Kaiser Franz Joseph in Frankfurt. Aber der Monarch konnte sich ebenso wenig einen sinnvollen Einsatz für die Erfindung vorstellen wie die anderen, denen Reis sein Telephon präsentierte. Für die Nachrichtenübermittlung gab es die elektrische Telegraphie, und Samuel Morse hatte bereits seine leicht verständlichen Morsezeichen erfunden. Philipp Reis erlebte den Triumphzug seiner Erfindung nicht mehr – auch nicht, dass der Amerikaner Graham Bell 1876, zwei Jahre nach seinem Tod, eine praktisch verwendbare Version zum Patent anmeldete und sie, Reis zu Ehren, Telephon nannte.

Die Preussen kommen

Dass Philipp Reis seine Erfindung überhaupt dem österreichischen Kaiser hatte vorstellen können, war einem glanzvollen Ereignis zu verdanken, das zu dieser Zeit in Frankfurt stattfand: dem Fürstentag. Im Bundespalais hatten sich die deutschen Staatsoberhäupter versammelt, um über eine Reform der Bundesverfassung zu sprechen. Das Treffen endete aber ergebnislos, weil der fehlte, auf den es in erster Linie angekommen wäre: Der preußische König Wilhelm I. hatte es vorgezogen, erst gar nicht zu erscheinen. Damit waren die Reformpläne Österreichs von Anfang an zum Scheitern verurteilt, denn ohne Preußen ging nichts.

Die beiden Großmächte stritten heftig, allerdings noch hinter den Kulissen, wer in einem künftigen deutschen Nationalstaat die Führung übernehmen sollte, denn dass dieser Nationalstaat kommen würde, daran zweifelten nur noch wenige. Bereits 1859 hatten Liberale und Demokraten den »Deutschen Nationalverein« gegründet. Die Revolution von 1848 war zwar gescheitert, aber ihre Ideen hatten überlebt. Der Nationalverein war den Fürsten zwar ein Dorn im Auge, und sie versuchten, seine Mitglieder einzuschüchtern, aber die Vorstellung eines alle Staaten umfassenden Deutschlands stieß auf große Sympathien in der Bevölkerung. Zur Symbolfigur wurde der Dichter Friedrich Schiller. Sein einhundertster Geburtstag am 10. November 1859 geriet in Frankfurt und anderswo zu einer machtvollen Demonstration für Freiheit und Einheit. Aber so friedlich konnte ein geeintes Deutschland nicht erreicht werden, dafür waren die Gegensätze zwischen Österreich und Preußen zu groß.

Bismarck, jetzt preußischer Ministerpräsident, hatte schon früh prophezeit, die Einheit werde es nur mit »Blut und Eisen« geben. Was er damit meinte, wurde spätestens nach dem deutsch-dänischen Krieg im Jahr 1864 deutlich. Dänemark hatte verloren. Preußen und Österreich teilten sich die Verwaltung von Schleswig und Holstein, die bis dahin zu Dänemark gehört hatten. Angesichts der Konkurrenz der beiden Großmächte konnte das nicht gut gehen. In den Konflikt, der schon bald militärische Formen annahm, wurden auch die anderen deutschen Staaten hineingezogen. Preußen besetzte Holstein und trat aus dem Deutschen Bund aus. Die verbliebenen Bundesstaaten stellten sich auf die Seite Österreichs. Damit war der Krieg nicht mehr zu verhindern.

Am 16. Juni 1866 wurde die Bundesexekution gegen Preußen beschlossen. Die kurhessischen Soldaten marschierten nach Mainz, um dort die Bundesfestung zu schützen. Offenbar hatte niemand damit gerechnet, dass die Preußen auch Kassel angreifen könnten. Ohne auf Widerstand zu stoßen rückten die preußischen Truppen am 19. Juni in der nordhessischen Residenz ein. Kurfürst Friedrich Wilhelm I. wurde auf Schloss Wilhelmshöhe interniert und später als Kriegsgefangener nach Stettin gebracht. Seinen Thron hatte er für immer verloren. Danach ging es Schlag auf Schlag. Die preußischen Truppen besetzten eine hessische Stadt nach der anderen: am 6. Juli Fulda, am 16. Juli Frankfurt, am 18. Juli Wiesbaden und am 31. Juli Darmstadt. Ohne Friedensverhandlungen wurden Kurhessen, Nassau und die Freie Stadt Frankfurt in das Königreich Preußen eingegliedert. Damit waren sie keine selbstständigen Staaten mehr.

Anonyme Guache zum Empfang des Fürstentags im Bethmannschen Museum, 1863

Großherzog Ludwig III.

Besser traf es den Darmstädter Großherzog Ludwig III. Denn seine Familie war sowohl mit der britischen Königin Victoria als auch mit dem russischen Zaren Alexander II. verschwägert, und die legten ein gutes Wort bei den Preußen für ihn ein. Das Großherzogtum durfte selbständig bleiben. Allerdings musste eine nicht zu knappe Kriegsentschädigung gezahlt werden. Auch der Hinterländer Kreis um Biedenkopf und die gerade erst durch Erbfall gewonnene Landgrafschaft Hessen-Homburg gingen an Preußen verloren.

Glück im Unglück hatte Herzog Adolph von Nassau. Er musste nicht ins Exil gehen, sondern erhielt die nicht gerade bescheidene Summe von achteinhalb Millionen Talern als Abfindung und dazu noch die Schlösser Biebrich und Weilburg. Als 1890 der niederländische König ohne direkten Erben starb, lösten die Luxemburger ihre bis dahin bestehende Personalunion mit Holland auf und krönten den Ex-Herzog von Nassau zu ihrem Großherzog. Er regierte bis 1905, sein Sohn Wilhelm IV. bis 1912, und anschließend kamen die Frauen der Familie zum Zuge. Die Verbundenheit des Luxemburger Großherzoghauses zu Wiesbaden und dem ehemaligen Nassau hält bis heute an. Als 1981 in der hessischen Landeshauptstadt der Gründung des Herzogtums vor 175 Jahren gedacht wurde, schrieb Henri, Erbgroßherzog von Luxemburg, in seinem Grußwort:

»Meine Familie hat Land und Leute des früheren Herzogtums Nassau nie vergessen. Als Tochter des letzten Nassauers hat meine Großmutter, Großherzogin Charlotte von Luxemburg, das Andenken an ihre Vorfahren liebevoll gepflegt. Sie spricht oft mit mir darüber, besonders seit ich durch meine Großjährigkeit den Titel ›Erbprinz von Nassau‹ führe.«

Nicht ohne Genugtuung vermerkten die Autoren des Ausstellungskataloges, dass die Nachfahren Herzog Adolphs noch immer in Luxemburg regieren, während der (preußische) deutsche Kaiser schon 1918 ins Exil gehen musste.

Unter den Fittichen des preußischen Adlers

Hessen 1866 bis 1933

Für richtige Frankfurter wie den Journalisten und Schriftsteller Friedrich Stoltze war die Besetzung ihrer geliebten Heimatstadt durch die preußischen Truppen eine Katastrophe. Stoltze hatte nie einen Hehl daraus gemacht, dass er großdeutsch und antipreußisch eingestellt war. Zunächst floh er für kurze Zeit ins Schweizer Exil. Schon bald war er jedoch wieder da, etwas moderater im Ton, aber immer noch einer der schärfsten Kritiker von Bismarck und der preußischen Invasion. Wer sich mit den neuen Machthabern schnell arrangierte, musste mit seinem Spott rechnen:

»Geh' folge jenem Truggestirne
Und freu' dich deines eignen Falls!
Wirf dich, wie eine feile Dirne,
Dem neuen Glücke an den Hals!

Zerfließ in Andacht und in Wonne
Vor einer gold'nen Krone Strahl!
Ist das der stolze Flug zur Sonne,
Du kühner Aar von ehemal?«

So wie Stoltze dachten die meisten Frankfurter. Sie hatten ihre jahrhundertelang bewahrte Souveränität verloren und spürten, dass es für immer sein würde. Frankfurt hatte keine herausgehobene Stellung mehr, noch nicht einmal in der 1868 gebildeten preußischen Provinz Hessen-Nassau. Die Mainmetropole wurde dem Regierungsbezirk Wiesbaden zugeschlagen, der in etwa dem früheren Herzogtum Nassau entsprach. Aus dem früheren Kurfürstentum wurde der Regierungsbezirk Kassel.

So feindselig wie in Frankfurt wurden die Preußen nicht überall empfangen. Ganz im Gegenteil: Nicht wenige Nassauer und Kurhessen begrüßten die Invasionstruppen geradezu mit offenen Armen. In Nassau hatte eine Gruppe von Industriellen schon wenige Tage nach dem Einmarsch ein förmliches Gesuch an den preußischen König gerichtet und feierlich erklärt, »dass Nassau die Gewährleistung seiner Teilnahme an den Rechten und Pflichten der Nation und die Bürgschaften seiner Wohlfahrt in der rückhalt- und bedingungslosen Einverleibung in die preußische Monarchie findet.« Das städtische Bürgertum und die Fabrikbesitzer erhofften sich von dem Anschluss und dem damit verbundenen Fall von Handelsgrenzen einen spürbaren wirtschaftlichen Aufschwung – und darin sollten sie sich nicht täuschen. Die wirtschaftliche Entwicklung des

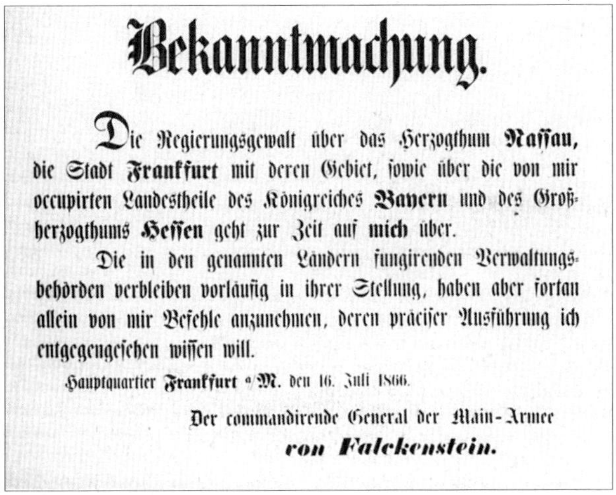

Bekanntmachung.

Die Regierungsgewalt über das Herzogthum **Nassau**, die Stadt **Frankfurt** mit deren Gebiet, sowie über die von mir occupirten Landestheile des Königreiches **Bayern** und des Großherzogthums **Hessen** geht zur Zeit auf **mich** über.

Die in den genannten Ländern fungirenden Verwaltungsbehörden verbleiben vorläufig in ihrer Stellung, haben aber fortan allein von mir Befehle anzunehmen, deren präciser Ausführung ich entgegengesehen wissen will.

Hauptquartier **Frankfurt** a/M. den 16. Juli 1866.

Der commandirende General der Main-Armee
von Falckenstein.

Bekanntmachung des preußischen Generals von Falckenstein am 16. Juli 1866

Rhein-Main-Gebietes wäre ohne die Besetzung sicher ganz anders verlaufen. Zudem genossen die preußische Gesetzgebung und die ausgeklügelten Verwaltungsstrukturen hohes Ansehen. Dass auf dem Land genau so gedacht wurde wie in den Städten, ist eher unwahrscheinlich. Dort saß die Preußenangst noch tief, und der preußische Zivilkommissar musste sogar in Berlin um militärische Verstärkung bitten, um mit Einquartierungen die Ruhe wieder herstellen zu können. Gegen die Hoffnungen auf wirtschaftlichen Fortschritt und nationale Einheit stand die Furcht vor Bismarck und dessen autoritärem politischen Kurs.

Fast schien es, als könnten die Preußen die hessischen Staaten wie reife Früchte pflücken. Denn auch in Kurhessen regte sich kaum Widerstand gegen die Besatzung. Das Land war innerlich zerstritten und spätestens seit 1852 durch heftige Kämpfe um die Verfassung gelähmt. Das Ansehen des Kurfürsten schwand von Tag zu Tag, die Staatsautorität zerfiel. Den Tiefpunkt dieser Entwicklung markierte die Entscheidung Friedrich Wilhelms, der Bundesmobilmachung gegen Preußen zuzustimmen – gegen den erklärten Willen seines Landtags und seiner Minister. Als der Kurfürst in preußische Kriegsgefangenschaft geriet, weinte ihm kaum jemand eine Träne nach. Der Historiker Hellmut Seier schreibt über die letzten Tage des Kurfürstentums, »dass Friedrich Wilhelm wie kein zweiter Regent seiner Tage einer breiten Öffentlichkeit als schlechterdings regierungsunfähig erschien: als Prototyp des antimodernen, rückwärts gewandten, fortschrittshemmenden, eigennützigen und unpopulären Fürsten, der seinem Lande nur noch eine Last war.« Dagegen standen die Leistungen einer Bevölkerung, die sich 1831 eine freiheitlichere Verfassung ertrotzt hatte, die an der Revolution von 1848 aktiv mitgewirkt und 1850 im Konflikt mit dem selbstherrlichen Landesherrn erstaunliche Zivilcourage gezeigt hatte.

Die Hoffnungen ruhten nun auf Preußen, das Kassel zum Zentrum seiner neuen Provinz Hessen-Nassau machte. Die Errichtung neuer Verwaltungsstrukturen ging reibungslos vonstatten. Wer bereit war, die preußische Regierung anzuerkennen, durfte im Amt bleiben. Nicht einmal die Landräte wurden ausgetauscht.

Im Bewusstsein der Bevölkerung konnte es nur noch aufwärts gehen. Und tatsächlich wurde all das beseitigt, was so lange Zeit den wirtschaftlichen Aufschwung behindert hatte. Politisch durften die Kurhessen allerdings nur so viel erwarten, wie Bismarck als preußischer Ministerpräsident und späterer Reichskanzler zuließ. Die Sozialistengesetze und der »Kulturkampf« gegen die katholische Kirche gingen auch an der neuen Provinz nicht spurlos vorüber.

Wie dominant Preußen geworden war, zeigte sich auch im Großherzogtum Hessen, das gerade noch seine Selbstständigkeit gerettet hatte. Aber so selbstständig wie auf dem Papier war das Land, das sich in die drei Provinzen Starkenburg, Rheinhessen und Oberhessen teilte, schon lange nicht mehr. Großherzog Ludwig III. regierte keinen souveränen Staat. Seine Soldaten wurden in die preußische Armee eingegliedert, und wenn Bismarck eine in Darmstadt gefällte Entscheidung nicht passte, dann drohte er unverhohlen mit seinen Regimentern. Nach der Reichsgründung 1871 wurde der Handlungsspielraum für den Großherzog und seine Regierung noch geringer. Jetzt galten auch die preußischen Rechts- und Verwaltungsvorschriften. Zwar unterhielten Großbritannien und Russland trotzdem noch Gesandtschaften in Darmstadt, doch dafür dürfte wohl eher familiäre Verbundenheit den Ausschlag gegeben haben als diplomatische Notwendigkeit.

Profilieren konnten sich die Darmstädter Großherzöge nur noch jenseits der Politik, und das tat zumindest einer von ihnen mit so nachhaltiger Wirkung, dass es bis heute heißt: »In Darmstadt leben die Künste«. Davon wird noch die Rede sein.

Das Fürstentum Waldeck

Im hessischen Staatensystem nahm das Fürstentum Waldeck, dessen Name seit dem 12. Jahrhundert bezeugt ist, schon seit dem Mittelalter eine Sonderstellung ein. Die Grafschaft entstand 1228/29 um die Burgen Waldeck, Korbach und Arolsen. Eingeklemmt zwischen den Erzstiften Köln und Mainz auf der einen Seite und der Landgrafschaft Hessen auf der anderen, zeigten die wendigen Grafen ein erstaunliches Geschick, nicht nur ihre Selbstständigkeit zu wahren, sondern auch noch ihr Territorium in kleinen Schritten zu vergrößern. Während des Dreißigjährigen Kriegs, unter dem das Land wie so viele andere erheblich litt, kam etwa durch einen Erbvertrag die Grafschaft Pyrmont hinzu. Allerdings

Schloss Arolsen. Federzeichnung von Ludwig Waldschmidt, 1853

bedeutete das keine wirkliche Vergrößerung. Die gut 30000 Einwohner konnten das Grafenhaus mit seinen verschiedenen Nebenlinien, den Hofstaat und die Beamtenschaft kaum finanzieren. Selbst der nicht unbedeutende Kupferbergbau änderte daran wenig.

So waren etliche Waldecker Grafen gezwungen, in ausländische Dienste zu treten, wo sie Befehlshaber von Armeen in Portugal, den Niederlanden oder Preußen wurden.

Einer von ihnen, Graf Georg Friedrich, 1620 in Arolsen geboren und in den Niederlanden militärisch ausgebildet, zeichnete sich dabei besonders aus. Er trat 1651 in den Dienst Brandenburgs und wurde als hoher Militär ein enger Berater des Kurfürsten Friedrich Wilhelm I. 1672 kämpfte er als Feldmarschall im niederländischen Heer gegen den Sonnenkönig. 1679 bildete er mit den starken Wetterauer Grafen ein Schutzbündnis gegen Frankreich. Schließlich unterstützte er 1688 gemeinsam mit Landgraf Karl tatkräftig die Wahl Wilhelms III. von Nassau-Oranien zum englischen König. Am 17. Juni 1682 wurde er in Wien von Kaiser Leopold I., vor allem wegen seiner Unterstützung der Reichspolitik gegen das Hegemonialstreben Ludwigs XIV., in den Reichsfürstenstand erhoben. 1712 erwarben die Grafen von Waldeck endgültig die Reichsfürstenwürde, was Graf Friedrich Anton von Waldeck zum Anlass nahm, Arolsen zu einer prächtigen Barock-Residenz auszubauen. 1720 bezog er den noch unfertigen Neubau des Schlosses. 1728 wurde Arolsen zum Regierungssitz.

Zwar hatte Waldeck am Kampf gegen den Sonnenkönig erheblichen Anteil, das änderte aber nichts daran, dass Arolsen im Bann der absolutistischen Staatsauffassung und der Hofhaltung Ludwigs XIV. in Versailles stand. Im Gegenteil sollte das Arolser Schloss sogar eine kleine Kopie des Versailler Vorbildes sein. Beide Staatswesen zahlten, in verschiedenem Maßstab, den gigantischen Pomp mit der vollständigen Zerrüttung der Finanzen. In Waldeck erhoben die Untertanen sogar Klage vor dem Wetzlarer Reichskammergericht gegen ihren Fürsten, weil sie den Belastungen nicht mehr gewachsen waren. Der repräsentative Bau in Arolsen benötigte, obwohl er selbstverständlich sehr viel kleiner ausfiel als das französische Original, fast genau einhundert Jahre bis zur Fertigstellung, denn zwischendurch ging den Fürsten immer wieder das Geld aus. Auch die

Wappen des Fürstentums Waldeck-Pyrmont, 1884

Beteiligung am unseligen Soldatenverkauf an England und die Niederlande brachte dem hochverschuldeten Fürstentum wenig ein. Es gab einfach zu wenige waffenfähige Männer in Waldeck. Fürst Friedrich Carl August soll sogar einen Teil seines Hofstaates mitgeschickt haben, um die vereinbarten Truppenkontingente erfüllen zu können. Als ihn der Universalgelehrte und Politiker Wilhelm von Humboldt 1788 in Arolsen besuchte, war er überrascht, wie prachtvoll und wie bescheiden zugleich der Fürst lebte. Mit Verwunderung notierte er, dass der Schlossherr 24 Reitpferde und 16 Kutschpferde für sich allein unterhielt, deren Futterkrippen aus Marmor gearbeitet waren. Er lernte aber auch einen gebildeten und kunstsinnigen Fürsten kennen, dessen Arbeitszimmer unter anderem eine Büste von Sokrates zierte:

> *»Der Fürst kam von einer Spazierfahrt, ganz unangezogen, nur am Stern etwa kenntlich. Sieht man ihn nicht als Landesherrn, sondern bloß als privatisierenden Fürsten an, so ist er gewiß ein vorzüglich achtungswerter Mann. Er spricht sehr bestimmt, immer mit Sachkenntnis, fragt – was die wenigsten Fürsten verstehn – sehr vernünftig, und läßt nirgends Stolz, nicht einmal Eitelkeit, sondern vielmehr überall Bescheidenheit und eine gewisse Schüchternheit blicken.«*

Aber so zurückhaltend, wie Humboldt ihn beschrieb, war Friedrich Carl August ebenso wenig wie sein Nachfolger. Beide wussten ihr Schifflein sicher durch die Wogen der Zeit zu steuern. Waldeck trat dem Rheinbund bei, konnte aber auf dem Wiener Kongress seine Selbstständigkeit wahren. Für einen hohen Preis allerdings, denn das Fürstentum war im Gefüge des Deutschen Bundes zu klein, um auf Dauer ohne die Hilfe eines größeren Staates überleben zu können. Während der Revolution von 1848 wurde auch in Waldeck viel versprochen, dann jedoch so gut wie nichts gehalten. Zu ernsthaften Konflikten mit der Bevölkerung kam es dadurch aber nicht, denn viel zu sehr waren die Menschen damit beschäftigt, für ihren Lebensunterhalt zu sorgen. Viele mussten sich außerhalb der Landesgrenzen Arbeit suchen, so dass die Einwohnerzahl stetig sank. Um die Zahlungsunfähigkeit abzuwenden, blieb dem Fürstentum schließlich nichts anderes übrig, als sich an Preußen anzulehnen. Im Krieg von 1866 stand es deshalb auf der Seite des Siegers.

Waldeck blieb als Land bestehen – allerdings nur auf dem Papier. Noch nicht einmal seine einhundert Soldaten konnte das Fürstentum bezahlen. Der am 18. Juli 1867 mit Preußen geschlossene »Akzessionsvertrag« war da nur die konsequente Folge. Mit ihm ging die gesamte innere Verwaltung mit Ausnahme der Kirchenangelegenheiten auf Preußen über. Dem Fürsten blieben nur noch geringe Einspruchsmöglichkeiten. In Wirklichkeit lenkte der preußische Landesdirektor die Geschicke Waldecks. Alle Einnahmen flossen nach Preußen, das allerdings auch alle Ausgaben zu tragen hatte. Als schließlich Fürst Friedrich im November 1918 vom Arbeiter- und Soldatenrat zur Abdankung gezwungen wurde, war das Ende des Fürstentum besiegelt. Pyrmont kam 1922 zur Provinz Hannover, Waldeck selbst 1929 zu Hessen-Nassau.

Gründerzeit in Hessen

Die Erwartungen an Preußen wurden zunächst nicht enttäuscht. Die Industrialisierung, die zwar verspätet, dann aber mit Macht einsetzte, bescherte Hessen-Nassau und dem Großherzogtum einen kräftigen wirtschaftlichen Aufschwung. Verstärkt wurde diese Entwicklung noch durch den Sieg im deutsch-französischen Krieg und vor allem die anschließende Reichsgründung 1871. Zwar folgte dem schnellen Boom schon 1873 eine Depression, die bis in die achtziger Jahre anhielt, aber der grundlegende strukturelle Wandel wurde dadurch nicht behindert. Bis in die siebziger Jahre hinein hatten drei Viertel der Erwerbstätigen in Hessen-Nassau und dem Großherzogtum in der Land- und Fortwirtschaft gearbeitet. 1907 waren es gerade noch zehn Prozent. Auch in den anderen Regionen hatten sich, bis auf wenige ländliche Ausnahmen, die Verhältnisse umgekehrt, wobei in Nordhessen die Entwicklung nicht so stürmisch verlief wie im Süden. Nun dominierten das Handwerk und vor allem die Industrie. Überall entstanden Großbetriebe, die chemische Produkte, Maschinen, Apparate und Instrumente, Bekleidung, optische Geräte oder Tabak herstellten. Die Eisenindustrie, die in anderen Gebieten zum Motor des Fortschritts wurde, spielte dagegen in Hessen und Hessen-Nassau keine so bedeutende Rolle. Zwar kam es auch hier zu kräftigen Produktionssteigerungen, aber die Erze aus der Lahn-Dill-Region waren wegen ihres hohen Phosphorgehalts nur eingeschränkt wettbewerbsfähig.

Mit den neuen Arbeitsplätzen wuchs auch der Optimismus in der Bevölkerung. Statt das Glück in der Ferne zu suchen, gründeten die Menschen wieder in der hessischen Heimat Familien. Die Einwohnerzahlen, die über Jahre rückläufig gewesen waren, stiegen zum Teil sprunghaft an. In jedem Jahr nahm die hessische Bevölkerung um über vier Prozent zu. Ein besonderes Wachstum verzeichneten die großen Städte, wo auch die meisten Arbeitsplätze zur Verfügung standen. Frankfurt, das alle Städte und Dörfer in seiner Nähe eingemeindete, legte zwischen 1871 und 1910 von 90000 auf 415000 Einwohner zu, Kassel von 46000 auf 153000, Wiesbaden von 35000 auf 109000 und Darmstadt von knapp 40000 auf 87000. Insgesamt stieg in diesen vierzig Jahren die Zahl der Menschen, die auf dem Gebiet des heutigen Hessen lebten, von 1,8 auf 3 Millionen an. Bevölkerungsschwund hatten lediglich die ländlichen Gebiete zu vermelden. Die Menschen zogen in die Städte, weil sie dort auf Arbeit hofften.

Neues Elend

In den Städten aber fehlte es bald an Wohnungen. Jedes noch so schäbige Loch wurde vermietet. In einem Raum drängte sich manchmal eine ganze Familie. Trotzdem musste im Durchschnitt ein Viertel des Lohns für die Miete ausgegeben werden. Nur wer ganz viel Glück hatte, erwischte eine der wenigen Firmen, die eigene Werkswohnungen unterhielten. Einen Anspruch darauf gab es nicht.

Die Arbeitsgesetzgebung war noch weit hinter unserem heutigen Standard zurück. Erst 1869 wurde in Preußen die regelmäßige Beschäftigung von Kindern unter zwölf Jahren in Fabriken verboten. Es dauerte aber Jahre, bis das Verbot endgültig durchgesetzt war, denn billiger als mit Kindern konnten Fabrikbesitzer nicht produzieren. Staatliche Inspektoren kontrollierten die Firmen und deckten Zustände auf, die fatal an die Sklavenhaltung in den amerikanischen Südstaaten erinnerten. So heißt es in einem Bericht der Kasseler Regierung vom 11. September 1869 an den Hanauer Landrat:

»Der Arbeiterbestand der Gelatinefabrik von Lindenbauer besteht zum größten Teil aus Knaben und Mädchen unter 10 Jahren, die die Gelatinestücke auf die Trockengerüste zu legen und sie wieder abzunehmen haben. Die Arbeit beginnt morgens um 6 Uhr und dauert bis abends 7 Uhr, also bei zwei Stunden Erholungszeit eine Stunde über das gesetzliche Maß. In der Fabrik war die vorschriftsmäßige Liste der jugendlichen Arbeiter nicht vorhanden. Die Mehrzahl ist aus derselben Gegend gebürtig. Um ihnen das Unterkommen zu erleichtern, vielleicht auch, um sie abzuhalten, in den anderen Fabriken Hanaus Arbeit zu suchen, hat der Fabrikinhaber ihnen Schlafstellen in der Fabrik selbst eingerichtet. Die Schlafräume waren zwar

klein, aber hinreichend luftig. Dagegen dürfte es wohl nicht zuzulassen sein, dass Knaben zu 3 und 4 dicht nebeneinander in einer Bettstelle liegen. Es ist dabei eine Gelegenheit zu geschlechtlichen Ausschreitungen gegeben, die in diesem Alter, wo der Körper sich entwickelt, besonders häufig vorkommen und die Gesundheit untergraben können.«[84]

Ihre Eltern und ihre Geschwister dürften diese Kinder kaum gesehen haben. Aber, so jung sie auch waren, sie mussten schon zum Lebensunterhalt ihrer Familien beitragen, denn der Verdienst des Vaters allein genügte meist nicht. Arbeiter gab es schließlich mehr als genug, und entsprechend niedrig konnten die Fabrikbesitzer die Löhne ansetzen. Es fand sich immer jemand, der bereit war, dafür in der Regel zwölf Stunden zu arbeiten – und das an sechs Tagen in der Woche. Erst um die Jahrhundertwende wurden zehn Stunden üblich. Eine seltene Ausnahme war die Frankfurter Degussa, die schon 1884 die tägliche Arbeitszeit auf acht Stunden reduzierte und auch andere vorbildliche Sozialleistungen gewährte. In dieser Zeit konnte eine Frankfurter Arbeiterfamilie pro Kopf und Woche lediglich zwei Mark für Essen ausgeben. Wie gering diese Summe war, zeigt ein Vergleich mit dem städtischen Armenhaus, wo 3,50 Mark pro Nase aufgewendet wurden. Unter diesen Bedingungen hatten es Arbeiterfamilien, die bald den größten Teil der Bevölkerung stellten, alles andere als leicht.

Hinzu kamen weitere Unsicherheiten. So konnte jederzeit der Arbeitsplatz wieder verloren gehen, denn einen nennenswerten Kündigungsschutz gab es noch nicht. Gesetzliche Versicherungen, die die Folgen von Krankheiten, Unfällen und Invalidität (zunächst noch unzureichend) absicherten und eine bescheidene Altersrente gewährten, wurden erst in den achtziger Jahren von Bismarck eingeführt. Die Arbeitslosenversicherung ist sogar erst eine Erfindung der Weimarer Republik. Wer keine Arbeit mehr fand oder nicht mehr arbeiten konnte, der musste sich in die Obhut von städtischen oder privaten Armenkassen begeben, die aber nur für das Allernötigste sorgten.

Die Anfänge der Gewerkschaftsbewegung und der Sozialdemokratie

Um der Macht der Firmenbesitzer und der Handwerksmeister nicht wehrlos ausgeliefert zu sein, gründeten sich schon früh Gesellenverbände und Arbeitervereine, die teilweise selbst Unterstützungskassen einrichteten. In England, das in vielerlei Hinsicht eine Vorreiterrolle übernahm, hatten sich schon 1824 die ersten Gewerkschaften gebildet. In den hessischen Staaten waren es zunächst die Drucker, Schriftsetzer und Zigarrenarbeiter, die sich in Fachvereinen organisierten und während der Revolution von 1848 mit ihren Forderungen auch an die Öffentlichkeit traten. Nach dem Scheitern der Nationalversammlung nutzten die Fürsten jedoch ihre wiedergewonnene Macht und schränkten die Arbeit der Vereine stark ein. Jede politische Betätigung wurde verboten, lediglich die sozialen Aktivitäten waren noch erlaubt. Erst Ende der sechziger Jahre änderte sich das Bild, allerdings nur für kurze Zeit. 1869 wurde den Handwerksgesellen und den Fabrikarbeitern Koalitionsfreiheit gewährt, ausdrücklich um »Verabredungen und Vereinigungen zum Behufe der Erlangung günstiger Lohn- und Arbeitsbedingungen« zu treffen. Die große Zahl der Landarbeiter war damit allerdings nicht erfasst. Unterdessen hatten sich für die Buchdrucker, Zigarrenarbeiter und Schneider Zentralvereine gebildet, so dass schon eine machtvolle Interessenvertretung zumindest dieser Berufsgruppen bestand, zumal die neue Gewerbeordnung ausdrücklich Streiks erlaubte, wenn auch nur unter bestimmten Bedingungen und mit möglicherweise gravierenden Folgen für die Streikenden. Immerhin stand aber nun den Arbeitern ein Kampfmittel zur Verfügung, mit dem sie ihre Forderungen besser durchsetzen konnten.

In der Folge kam es tatsächlich zu Streiks für höhere Löhne und bessere Arbeitsbedingungen. Das Risiko, fristlos gekündigt zu werden, war allerdings hoch, denn mit der einsetzenden Depression nach der euphorischen Gründerzeit standen genügend beschäftigungslose Menschen bereit, um in den bestreikten Betrieben die Arbeit zu übernehmen. Gegen die Gewerkschaften formierten sich schon früh Unternehmerverbände, in denen, wie auf Seiten der Arbeiter, ein gemeinsames Vorgehen abgesprochen werden konnte. Die heute üblichen Tarifverträge gab es damals nur in seltenen Ausnahmefällen, und daran sollte sich auch bis zur Weimarer Republik so gut wie nichts ändern.

Im engen Schulterschluss mit den Gewerkschaften war die Sozialdemokratische Partei entstanden. Während der 48er Revolution waren in zahlreichen Städten Arbeitervereine gegründet worden, die teilweise vom »Bund der Kommunisten« getragen wurden. Bereits im Februar 1848 hatten Karl Marx und Friedrich Engels ihr »Kommunistisches Manifest« veröffentlicht, in dem eine Revolution des Proletariats gefordert wurde, um als Ziel die klassenlose Gesellschaft zu erreichen. Die Radikalität der Kommunisten teilten jedoch nur die wenigsten Arbeiter. Ihnen ging es vor allem um eine Verbesserung ihrer gegenwärtigen Lebens- und Arbeitsbedingungen. Was in der fernen Zukunft lag, interessierte sie kaum oder gar nicht. So wurde auch auf dem Arbeiterkongress im Juli 1848

Mitarbeiter der Opel-Fahrradabteilung, 1887

in Frankfurt weniger über revolutionäre Umwälzungen gesprochen als über die Frage, wie sich die demokratischen Grundrechte durchsetzen ließen oder wie Arbeiter sich gegenseitig helfen könnten. Daraus entstand bei einem weiteren Kongress in Berlin die »Allgemeine Deutsche Arbeiterverbrüderung«, die aber nach dem Scheitern der Nationalversammlung das gleiche Schicksal erlitt wie die ersten gewerkschaftlichen Initiativen. Die lokalen Arbeitervereine wurden in den Untergrund abgedrängt, wo sie, getarnt als Turner-, Bildungs- oder Geselligkeitsvereine politisch aktiv blieben. Die Folgejahre, in denen die Knebel wieder etwas gelockert wurden, waren von Richtungskämpfen geprägt. 1863 entstand in Leipzig unter der Leitung von Ferdinand Lassalle der »Allgemeine Deutsche Arbeiterverein« (ADAV), dem nur zwei Wochen später auf dem Frankfurter Vereinstag der »Verband Deutscher Arbeitervereine« (VDAV) entgegengesetzt wurde. Gegen den ADAV war auch die 1869 in Eisenach konstituierte »Sozialdemokratische Arbeiterpartei« (SDAP) gerichtet. Erst 1875 fanden beide Richtungen in Gotha zusammen – bei der Gründung der »Sozialistischen Arbeiterpartei Deutschlands«, die sich seit 1891 »Sozialdemokratische Partei Deutschlands« (SPD) nennt. Zu den führenden Köpfen der neuen Partei zählten auch zwei in Hessen geborene bzw. aufgewachsene Politiker: der aus Gießen stammende Wilhelm Liebknecht und der früh verwaiste August Bebel, der in Wetzlar die Armenschule besucht hatte. Beiden war es im Wesentlichen zu verdanken, dass die Sozialdemokraten ihre Streitigkeiten untereinander beendeten und zu einer gemeinsamen Organisation fanden.

Bismarck erkannte schnell, dass ihm in den vereinigten Sozialdemokraten ein ernsthafter Gegner erwuchs, und reagierte mit äußerster Härte. Das nur drei Jahre nach der Gründung der SPD in der Folge zweier Attentate auf Kaiser Wilhelm I. 1878 verkündete Sozialistengesetz schränkte ihre Aktivitäten stark ein. Was es aber nicht verhindern konnte, war der steile politische Aufstieg der SPD im Reich.

In den Ländern sah es anders aus. In der preußischen Provinz Hessen-Nassau und im Darmstädter Großherzogtum wurden die Stimmen bei kommunalen und regionalen Wahlen nach Einkommen gewichtet. In Preußen waren die Wähler in drei Klassen eingeteilt. Die beiden ersten, die nur ein Fünftel der Bevölkerung ausmachten, hatten zwei Drittel der Stimmen zu vergeben. Ein Kandidat der SPD, der nur bei der dritten Klasse auf Stimmen hoffen konnte, hatte damit von vornherein keine Chance gewählt zu werden. Im Großherzogtum war die Lage kaum anders. Auch dort musste die SPD jederzeit mit Verboten und polizeilicher Verfolgung rechnen.

Das Sozialistengesetz schränkte zugleich die Arbeit der Gewerkschaften erheblich ein. Es traf in Deutschland 58000 organisierte Arbeiter in 29 Verbänden mit rund 1300 Zweigvereinen und 16 Gewerkschaftszeitungen. An einen gemeinsamen Dachverband war nun nicht mehr zu denken. Erst 1890, nach der Aufhebung des Gesetzes, konnten sich die Einzelorganisationen zur »Generalkommission der Freien Gewerkschaften Deutschlands« zusammenschließen. Damit war eine Massenbewegung geschaffen, die bis heute das Arbeitsleben entscheidend prägt.

Der erste Sozialdemokrat, der es in die hessische Ständekammer schaffte, war 1885 der Offenbacher Carl Ulrich, der seit 1875 fast jedes Jahr ein paar Wochen oder Monate im Gefängnis verbracht hatte. Vor allem mit dem von ihm herausgegebenen Blatt, der »Neuen Offenbacher Zeitung«, provozierte er die großherzogliche Regierung ständig aufs Neue. »Unter Ulrichs Führung«, schreibt der Historiker Gerhard Beier, »wurde Offenbach zum stärksten Zentrum der Arbeiterbewegung in Hessen. Sein Wort galt unter den verfolgten Genossen im ganzen Reich. Mit Wilhelm Liebknecht verband ihn eine persönliche Freundschaft. Zusammen mit August Bebel und Ignaz Auer wurde er im Freiburger Geheimbundprozess wegen der Teilnahme am Kopenhagener Parteitag vom März 1883 zu neun Montane Gefängnis verurteilt. Insgesamt musste er 20 Prozesse über sich ergehen lassen.« 1890 zog Ulrich als Abgeordneter für Offenbach in den Reichstag ein. Dort war er allerdings nicht der erste hessische Sozialdemokrat, denn bereits 1881 hatte Wilhelm Liebknecht das Mandat für Offenbach-Dieburg errungen.

Da bei Reichstagswahlen alle Stimmen gleich zählten, waren sozialdemokratische Abgeordnete keine Seltenheit mehr, obwohl weiterhin aktive SPD-Mitglieder diffamiert, verhaftet, verhört und nicht selten zu Gefängnisstrafen verurteilt wurden. Nach der Aufhebung des Sozialistengesetzes wuchs der Einfluss der SPD sprunghaft, und sie wurde noch vor dem Ersten Weltkrieg zur stärksten parlamentarischen Kraft. Allerdings lag die Macht weiterhin in den Händen anderer. An eine sozialdemokratische Regierung unter Kaiser Wilhelm II. war nicht zu denken.

Antisemitismus als Volksfest

Während sich die aufstrebenden Industriearbeiter in der SPD und den Gewerkschaften formierten, entstanden in den ländlichen Gebieten Hessens neue soziale Brennpunkte. Mit der Ausdehnung von Industrie und Handel verloren die Landwirtschaft und auch die nun immer weniger benötigte Heimarbeit an Bedeutung. Die Verlierer des wirtschaftlichen Fortschritts saßen in Oberhessen, im Odenwald, in der Rhön, im Westerwald und im Hochtaunus. Sie waren besonders anfällig für politische Rattenfänger, die genau zu wissen meinten, woher alles Unglück kommen würde: von den Juden. Unverhohlen wurde der Antisemitismus mit Kongressen, Wahlveranstaltungen, »Volksfesten« und Flugblättern geschürt.

Ein besonders erfolgreicher Agitator war der promovierte Volkskundler Otto Böckel, der 1887 in Marburg seinen »Reformverein« gründete. Noch im selben Jahr gewann er für die »Antisemitische Volkspartei« das Reichstagsmandat im Wahlkreis Marburg-Kirchhain-Frankenberg und behielt es bis 1903. Er war damit der erste sich ausdrücklich als antisemitisch bezeichnende Abgeordnete. Die Judenfeindschaft beschränkte sich zwar nicht auf Hessen-Nassau und das Großherzogtum. Sie übersprang leicht die Grenzen. Aber unter Böckels Führung wurden die beiden hessischen Länder zu Zentren des Antisemitismus in Deutschland. Bei der Reichstagswahl 1893 konnten die Antisemiten in Hessen-Nassau fünf von acht Mandaten und im Großherzogtum drei von neun Mandaten gewinnen. Böckel und seine Gefolgsleute hetzten gegen jüdische Vieh- und Getreidehändler, von denen gerade die ländliche Bevölkerung in hohem Maß abhängig war. Sie nutzten geschickt immer noch vorhandene Ressentiments und wirtschaftliche Notlagen, um ihr Allheilmittel anzupreisen: Allen, also den kleinen Bauern, Handwerkern, Angestellten und Beamten, könnte es besser gehen, gäbe es keinen jüdischen Geschäftsleute mehr: »Schmeißt ihn raus, den Juden Itzig«. Böckel verstand es, in der Sprache der kleinen Leute zu reden und ihnen das Gefühl zu geben, nicht sie selbst seien an

Titelblatt des »Antisemitischen Volkskalenders« von 1894

ihrem Unglück oder ihrer Unzufriedenheit schuld, sondern eine böse Macht, die hinter den Kulissen die Fäden zog. Junker und Juden, Geldverleiher und Großkapitalisten, für Böckel war das alles eins. Und seine Wähler glaubten ihm das nur zu gerne.

Liest man die verschiedenen Publikationen der Antisemiten aus dieser Zeit, dann ist darin schon viel von dem vorweggenommen, was nach 1933 die deutsche Politik bestimmen sollte, bis hin zur Aufforderung, nicht mehr bei jüdischen Händlern zu kaufen. Zu Tätlichkeiten oder gar Pogromen kam es aber noch nicht. Bei der Reichstagswahl von 1912 konnten die Antisemiten in Hessen-Nassau ein Fünftel der Wählerstimmen gewinnen. Absolute Mehrheiten erzielten sie in Kirchhain, Wolfhagen und Homberg; stark vertreten waren sie auch in Ziegenhain, Frankenberg, Fritzlar, Marburg und Rotenburg. Im Deutschen Reich konnten die antisemitischen Parteien zunächst keinen nennenswerten politischen Einfluss erreichen, dafür waren sie schon untereinander zu zerstritten. Ihnen gelang es aber, dass über die Judenfeindschaft und ihre vermeintlichen Hintergründe offen diskutiert wurde. Die deutschen Juden gerieten damit in die Defensive. Der Prozess ihrer politischen und gesellschaftlichen Emanzipation hatte einen empfindlichen Rückschlag erlitten. Der Boden für das, was sich unter Hitler ereignen sollte, war damit bereitet.

Weltoffenes Hessen

Während in Oberhessen und anderen ländlichen Gegenden der dumpfe Antisemitismus Triumphe feierte, zeigten sich die großen Städte und die zahlreichen Kurorte von ihrer weltoffenen Seite. Wiesbaden, das nicht mehr die Hauptstadt eines Herzogtums, sondern nur noch eines preußischen Regierungsbezirks war, wurde zu einem bevorzugten Wohnort für betuchte Pensionäre und Angehörige der Geldaristokratie. Gelegentlich stattete auch der Kaiser dem mondänen Bad einen Besuch ab und ließ sich zu Ehren die Maifestspiele erfinden. Am liebsten aber weilte Wilhelm II. in Homburg, wo er regelmäßig seine Sommer verbrachte, während seine Mutter, Kaiserin Friedrich, Kronberg als ihren Lieblingsort ausgewählt hatte.

Wo der Kaiser sich aufhielt, da durfte auch der deutsche und europäische Hochadel nicht fehlen. Für die Homburger gehörten berühmte Persönlichkeiten bald zum Alltag. Sie schenkten ihnen kaum noch Beachtung. Auch der englische Schriftsteller Oscar Wilde interessierte sich während seines Badeaufenthalts im Juli 1892 herzlich wenig für die gekrönten Häupter. Anscheinend gab es

Die Frankfurter Alte Oper. Luftbild von 1929

sonst nicht viel zu sehen und zu erleben in Homburg, denn er beklagte sich bei einem Freund: »Ich langweile mich hier ungemein.« Vielleicht lag das aber auch daran, dass ihm die Ärzte sein geliebtes Zigarettenrauchen verboten hatten. Sein hochadliger Landsmann, der Prince of Wales und spätere König Edward VII., schätzte Homburg jedenfalls außerordentlich. Er kam regelmäßig, um sich – so wurde gemunkelt – bei amourösen Schubkarrenrennen im dunklen Forst von seinem ausschweifenden Leben zu erholen. Ganz nebenbei erfand er noch den Homburger Hut, dem die Stadt seit 1960 ein eigenes Hutmuseum widmet. Neben dem modebewussten englischen Thronfolger hinterließen noch zwei weitere Angehörige des internationalen Hochadels in Homburg bleibende Erinnerungen: Zar Nikolaus II. weihte 1899 die in historisierenden byzantinischen Formen erbaute russische Kapelle ein und König Chulalongkorn von Siam stiftete 1907 einen in Gold und Scharlachrot gehaltenen Tempel.

Auch in anderen hessischen Kurorten traf sich Sommer für Sommer der Hochadel. Bad Nauheim zum Beispiel nannte sich nach den Besuchen der berühmten »Sissi« von Österreich (1898), der russischen Zarenfamilie (1910) und der deutschen Kaiserin Auguste Viktoria (1912) stolz das »Drei-Kaiserinnen-Bad«.

In der wilhelminischen Zeit erhielten gesellschaftliche Ereignisse erst dann ihren vollen Glanz, wenn der Kaiser persönlich die Festgemeinde mit seiner Anwesenheit beehrte. Auch eine durch und durch bürgerliche Stadt wie Frankfurt machte da keine Ausnahme. Unter preußischer Herrschaft und ohne die

Last, eine deutsche Hauptstadt sein zu müssen, entwickelte sich die Mainmetropole mehr und mehr in Richtung einer modernen und weltoffenen Großstadt. Die jüdischen Mitbürger genossen endlich die gleichen Rechte wie alle Bürger. Der Handel und vor allem das Bankenwesen blühten. Die wichtigste Börse allerdings stand weiterhin in Berlin. Großen Industriebetrieben wurde die Ansiedlung ermöglicht. Das brachte zahlreiche neue Arbeitsplätze und ließ die Einwohnerzahl weiter ansteigen. Die neue wirtschaftliche Macht des Bürgertums zeigte sich nicht nur in den großen Villen, die überall dort entstanden, wo es besonders schön war. Zum ersten Mal in der Frankfurter Geschichte wurden repräsentative Großbauten in Angriff genommen, die den lange eher verdeckt gehaltenen Wohlstand offen nach außen demonstrierten. Zu einem Symbol dieses neuen Selbstbewusstsein avancierte das 2000 Zuschauer fassende Opernhaus am Rand der Innenstadt. Am 20. Oktober 1880 wurde es feierlich von Kaiser Wilhelm I. eröffnet.

Die ursprünglich angesetzten Kosten für den neoklassizistischen Bau hatten sich im Laufe der Jahre verzehnfacht und lagen am Ende bei acht Millionen Mark. Eine für damalige Verhältnisse ungeheure Summe, die aber die Finanz-

Der Frankfurter Hauptbahnhof. Luftbild von 1929

kraft der Stadt bei weitem nicht erschöpfte. Kurz vorher waren das Städel am Schaumainkai und der ebenfalls repräsentative Neubau der Börse entstanden. Geradezu gigantisch in seinen Ausmaßen geriet der neue Hauptbahnhof, der im August 1888 eingeweiht wurde und für lange Zeit der größte Personenbahnhof in Deutschland blieb, ehe ihn Leipzig ablöste.

Drehkreuz Frankfurt

Dass der Hauptbahnhof so riesig ausfiel, hatte nichts mit Frankfurter Größenwahn zu tun. Es war tatsächlich eine verkehrpolitische Notwendigkeit. Denn durch seine zentrale Lage in Deutschland hatte sich Frankfurt zu einem wichtigen Knotenpunkt entwickelt. Und es sah alles danach aus, als ob die wirtschaftliche Bedeutung der Stadt noch weiter wachsen würde.

Einweihung des Flug- und Luftschiffhafens Rhein-Main am 8. Juli 1936

Auch als die ersten Flugzeuge am Himmel auftauchten, hatte Frankfurt die Nase vorn. Das war dem Flugpionier August Euler zu verdanken. Bereits 1908 hatte er auf dem Griesheimer Sand die erste deutsche Flugzeugfabrik eröffnet. Auf seine Initiative hin fand auch von Juli bis Oktober 1909 in Frankfurt die Internationale Luftschiffahrtsausstellung statt, an der neben 400 Ballonfahrern Motorflieger aus Europa und den USA teilnahmen.

August Euler konnte sich mit seinem Aeroplan (wie die Motorflugzeuge damals hießen) fünf Minuten in der Luft halten, ehe er unsanft in einem Rübenacker landete. Das war neuer deutscher Rekord. Belgische und französische Flieger schafften schon eine ganze Stunde. Höhepunkt der Veranstaltung war am 31. Juli die Landung des Zeppelins. Dieses Ereignis hatte weit reichende Folgen. Denn noch am selben Tag verkündete Oberbürgermeister Franz Adickes, dass auf dem Rebstock ein Flughafen entstehen solle. Zunächst war das aber mehr ein provisorischer Start- und Landeplatz, von dem aus Luftschiffe zum Beispiel nach Baden-Baden aufbrechen konnten. Aber schon 1925 erkannte der damalige Frankfurter Oberbürgermeister Ludwig Landmann, dass der Luftverkehr stark zunehmen werde, und forderte den Ausbau des Flugplatzes Rebstock zu einem »Zentral-Flughafen«. Schnell wurde allerdings deutlich, dass der Rebstock keinen ausreichenden Platz für eine solche Einrichtung bot. Die Planungen konzentrierten sich deshalb auf den Frankfurter Stadtwald, und dort auf einen Platz, wo sich einmal die Nord-Süd- mit der West-Ost-Autobahn kreuzen sollte. Weil aber die politischen und wirtschaftlichen Verhältnisse noch nicht danach waren, wurde das ganze Projekt erst einmal verschoben.

Von den Vorarbeiten profitierten die Nationalsozialisten, die aus dem »Flug- und Luftschiffhafen Rhein-Main« ein Prestigeobjekt machten. Am 8. Juli 1936 wurde der Flugverkehr auf dem »Weltluftschiffhafen Rhein-Main« aufgenommen, der sich zunächst mehr als zufriedenstellend entwickelte. Aber schon bald stoppten die Katastrophe um das Luftschiff »Hindenburg« und der Zweite Weltkrieg die zivile Luftfahrt in Frankfurt. Sie begann erst im Mai 1946 wieder, als eine Verkehrsmaschine der American Overseas Airlines landete. Heute ist die »Fraport AG« mit knapp 60000 Beschäftigten die größte Arbeitsstätte in Deutschland. Für das Jahr 2010 wird mit 53 Millionen Passagieren gerechnet, rund zehn Millionen mehr als heute.

Darmstädter Jugendstil

Mit der Entwicklung Frankfurts zum Handels- und Verkehrszentrum konnten andere Städte in Hessen nicht mithalten. Der Darmstädter Großherzog Ernst Ludwig setzte deshalb nicht auf die technische Innovation, sondern auf die Kunst, die ebenfalls wirtschaftliche Erfolge bringen sollte. Der 1892 an die Regierung gelangte Ernst Ludwig war ein musisch interessierter Mensch, der seinen schwindenden politischen Einfluss durch die Förderung der Künste kompensierte. Im wilhelminischen Deutschland hatten der Kaiser und der Reichskanzler das Sagen. Die Gesetze, die in Berlin gemacht wurden, galten für alle Deutschen, und der Spielraum, der einem Fürsten vom Range Ernst Ludwigs blieb, war sehr gering.

So fand der Großherzog Zeit und Muße, seine Träume zu leben. Sein wichtigster und schönster war, auf der Mathildenhöhe eine Künstlerkolonie zu begründen. Bedeutende Künstler und Kunsthandwerker verwirklichten zwischen 1899 und 1914 sein Konzept, das nicht zuletzt auch wirtschaftlich ein Erfolg werden sollte, um nicht als großherzogliche Spinnerei abgetan zu werden. Ernst Ludwig wollte mit neuen Bauformen und der künstlerischen Gestaltung von Gegenständen des täglichen Bedarfs gleichzeitig ästhetische

Bedürfnisse befriedigen und das heimische Handwerk ankurbeln: »Mein Hessenland blühe, und in ihm die Kunst!«, so sein Motto. Zu den Gründungsmitgliedern der Kolonie, die mit einem Grundgehalt ausgestattet wurden, gehörten so bekannte Künstler wie Joseph Maria Olbrich, Peter Behrens und Ludwig Habich. Erster Höhepunkt war die am 15. Mai 1901 eröffnete Ausstellung »Ein Dokument Deutscher Kunst«, die von der Vase bis zu den neu gebauten Häusern der Künstler einen repräsentativen Überblick über den »neuen Stil« gab, der sich so wohltuend vom überladenen Historismus des Kaiserreichs absetzte.

Plakat von Joseph Maria Olbrich für die erste Ausstellung der Darmstädter Künstlerkolonie, 1901

Weitere Ausstellungen folgten, die ebenfalls richtungsweisend wurden. Das »historisch Einmalige in dem Projekt Künstlerkolonie Darmstadt« sieht ihr bester Kenner Klaus Wolbert darin, » dass 1901 auf der Mathildenhöhe ein universales Gesamtkonzept zu einer reformierten Lebensgestaltung für eine spezifische Zielgruppe angeboten wurde, in dem ein neues Lebensgefühl ebenso propagiert worden ist wie die Häuser und Gegenstände, welche zur Gestaltung des versprochenen Daseinsglücks erforderlich waren« [85]

Der Erste Weltkrieg beendete das Experiment, das den erhofften ökonomischen Erfolg nicht erzielen konnte, weil das zahlungskräftige Bürgertum in seinem Geschmack konservativer war als erwartet. In Darmstadt und in anderen Orten des ehemaligen Großherzogtums, vor allem aber auf der Mathildenhöhe erinnern Häuser, Hochzeitsturm und das Museum im Ernst-Ludwig-Haus an eine Idee, die nicht nur die Lebenswelt der Menschen, sondern auch die Menschen selbst verändern wollte.

Das Ende der Monarchie

Für die Gemeinden rund um das Schloss Waldeck sollte es ein ganz großer Tag werden. Kaiser Wilhelm II. hatte sich angesagt, um ein Bauwerk einzuweihen, das in Deutschland keinen Vergleich zu scheuen brauchte. Neun Jahre hatte es gedauert, bis aus kühnen Plänen Wirklichkeit geworden war. Eine 400 Meter lange, 50 Meter hohe und 36 Meter dicke Mauer staute das Flüßchen Eder zu einem gewaltigen See mit zwölf Quadratkilometern Wasseroberfläche. Das riesige Reservoir sollte die Schiffahrt auf Weser und Mittellandkanal auch in den regenarmen Sommermonaten garantieren und ganz nebenbei über Turbinen Strom erzeugen.

Doch am Tag der offiziellen Übergabe, dem 15. August 1914, hatte der Kaiser Wichtigeres zu tun, als einen Staudamm einzuweihen, denn seit genau zwei Wochen war Krieg. Nach dem Mord am österreichischen Thronfolger Franz Ferdinand in Sarajevo hatten sich die Konflikte unter den Großmächten so zugespitzt, dass zunächst Österreich-Ungarn Serbien und dann das Deutsche Reich Russland den Krieg erklärte. Die Begeisterung in der deutschen Bevölkerung war gewaltig. Überall meldeten sich Freiwillige, und der Darmstädter Großherzog sprach in seinem Aufruf davon, dass es jetzt gelte, »die höchsten und heiligsten Güter zu wahren«.

Aber die Euphorie der ersten Monate wich bald der Ernüchterung. Nach dem Einmarsch der deutschen Truppen in Belgien, in Frankreich, in das zu Russland gehörende Polen und schließlich in Russland selbst kam der Krieg schon bald zum Stillstand. Zermürbende Stellungskämpfe, vor allem in Frankreich, mit Hunderdtausenden von Toten vernichteten jede Hoffnung auf ein baldiges siegreiches Ende des Krieges. Allein im Großherzogtum wurden 63 Lazarette in Schulen, Schwimmbädern, Turnhallen und anderen öffentlichen Gebäuden eingerichtet, um verwundete Soldaten zu behandeln. Mit der Dauer des Krieges verschlechterte sich die Versorgungslage dramatisch. Mitte 1916 wurden in Frankfurt und Darmstadt Lebensmittelmarken ausgegeben, um den Mangel besser verwalten zu können. Besonders hart wurde der Winter 1917/18, der als »Steckrübenwinter« in die Geschichte eingegangen ist. Die große Kälte verhinderte den Transport von Lebensmitteln und damit eine halbwegs gesicherte Verteilung.

Viele Menschen hungerten und sehnten den Frieden herbei. Anfang 1918 kam es zu den ersten Streiks. Auch im Kasseler Henschel-Werk traten die Arbeiter in den Ausstand. Zwar keimte im März, nach dem Frieden von Brest-Litowsk, mit dem der Krieg gegen Russland beendet wurde, noch einmal Hoffnung auf. Nachdem dann allerdings die deutsche Frühjahrsoffensive an der Westfront gescheitert war, sah die Oberste Heeresleitung keine Chance mehr für einen deutschen Sieg. Anfang Oktober 1918 ging ein Waffenstillstandsangebot an den amerikanischen Präsidenten Wilson. Am 11. November war der Krieg zu Ende. Aber schon vorher hatte es gewaltige politische Umwälzungen in Deutschland gegeben. Auslöser war die Meuterei der deutschen Hochseeflotte. Überall im Land bildeten sich Arbeiter- und Soldatenräte, die die Macht in den Städten und Gemeinden übernahmen. Am 9. November wurde der Thronverzicht von Kaiser Wilhelm II. bekanntgegeben, der ins holländische Exil ging. Das war das Ende des Kaiserreiches, das der SPD-Politiker Philipp Scheidemann mit dem Ruf »Es lebe die Republik!« vom Balkon des Reichstages verkündete. Der 1865 in Kassel geborene Scheidemann gehörte seit 1895 der SPD an und hatte unter anderem als Zeitungsredakteur gearbeitet. 1903 zog er als Abgeordneter in den Reichstag ein und fiel durch sein Redetalent auf. Noch vor Beginn des Ersten Weltkriegs rückte er in die Fraktionsführung auf und übernahm – als Befürworter von Friedensverhandlungen – im Juli 1918 das Amt des Reichstagsvizepräsidenten. Im Oktober wurde er sogar Kaiserlicher Staatssekretär. Das Machtvakuum am Kriegsende nutzte Scheidemann, um die Republik auszurufen und mit dem »Rat der Volksbeauftragten« eine provisorische Regierung mit Friedrich Ebert an der Spitze zu bilden. In der Weimarer Nationalversammlung wurde er zum Reichskanzler gewählt.

In diesem Amt blieb er aber nur vier Monate. Am 20. Juni 1919 trat er zurück, angeblich aus Protest gegen die Friedensbedingungen von Versailles. In Wirklichkeit war er den Problemen, die sich vor ihm auftürmten, nicht gewachsen. Scheidemann wurde Oberbürgermeister in Kassel. 1933 musste er vor den Nationalsozialisten ins Exil flüchten und starb am 29. November 1939 in Kopenhagen.

Volksstaat Hessen

Die Revolution, die von den deutschen Flottenstandorten ausging, erreichte am 8. November 1918 Darmstadt. Zunächst glaubte der Großherzog, der ja in der Bevölkerung recht beliebt war, dass er nicht abdanken müsse. Aber schon bald wurde er eines Besseren belehrt. Der Arbeiter- und Soldatenrat, der unterdessen die Macht übernommen hatte, bestand auf dem Thronverzicht. Am Nachmittag des 9. November verkündete der Vorsitzende der SPD-Fraktion im Darmstädter Landtag, Carl Ulrich, dass Ernst Ludwig abgesetzt sei. Er fand dabei durchaus freundliche Worte für den Monarchen und hieß ihn als Bürger der Republik Hessen willkommen. Ernst Ludwig erhielt später eine recht großzügige Abfindung und durfte unter anderem die Schlösser Wolfsgarten und Kranichstein behalten.

Die Revolution in Darmstadt verlief nicht wie in anderen Staaten des Deutschen Reichs. Denn Carl Ulrich, der im Auftrag des Arbeiter- und Soldatenrates eine neue Regierung bildete, kehrte rasch zum Parlamentarismus zurück und bot allen Parteien politische Mitverantwortung an. Bei den ersten

November-demonstration in Darmstadt, 1918

Wahlen am 26. Januar 1919 gewann er mit der SPD die absolute Mehrheit und wurde damit erster Ministerpräsident des »Volksstaates Hessen«. Die SPD regierte zusammen mit ihren Koalitionspartnern, dem Zentrum und der Deutschen Demokratischen Partei, bis zur Machtübernahme durch die Nationalsozialisten.

Der Volksstaat Hessen war von Anfang an mit einer Hypothek belastet, die seine Entwicklungsmöglichkeiten erheblich einschränkte. Im Dezember 1918 hatten französische Truppen begonnen, weite Teile des Rheinlands zu besetzen. Die Zwangsmaßnahme, die auf 15 Jahre befristet war, sollte dazu dienen, die Forderungen des Versailler Vertrages besser durchsetzen zu können. Rund ein Viertel des Staatsgebietes und ein Drittel der Einwohner waren als Pfand in den Händen der Alliierten: Rheinhessen, der Kreis Groß-Gerau und Teile der Kreise Offenbach und Darmstadt. Auch die preußische Provinz Hessen-Nassau war davon betroffen. Zum so genannten Mainzer Brückenkopf gehörten Wiesbaden, der Rheingau und große Teile des Taunus.

Ein Kuriosum der Besatzungszeit ist der »Freistaat Flaschenhals«. Durch einen Kartierungsfehler der Alliierten war ein flaschenhalsähnliches Gebilde zwischen dem Koblenzer und dem Mainzer Brückenkopf entstanden. Es reichte von Lorch am Rhein bis nach Limburg und war vier Jahre, von 1919 bis 1923, auf sich gestellt. Erst dann rückten französische Truppen ein. Lange hatten die Alliierten geglaubt, der kleine Freistaat würde sich aus Mangel an Nahrungsmitteln und Kohlen selbst erledigen. Aber die gerade 8000 Bewohner waren findig und frech. Auf ihr Notgeld ließen sie nicht nur stolz

»Nirgends ist es schöner als
in dem ›Freistaat‹ Flaschenhals«

drucken, sondern auch den gegen Frankreich gerichteten Spruch, der an einen großen Steinschlag bei Lorch erinnerte:

»Als der Franzmann zog zum Rhein
ging vom Nolling viel Gestein.«

Die Geduld, die die französischen Kommandanten mit dem Freistaat Flaschenhals zeigten, war aber eher die Ausnahme. Als deutsche Soldaten, um einen kommunistischen Aufstand zu verhindern, in die Neutrale Zone des Ruhrgebiets einmarschiert waren, besetzten französische Truppen im Gegenzug vom 6. April bis zum 17. Mai 1920 Frankfurt, Darmstadt und Offenbach. Allein in Frankfurt starben dabei zehn Menschen. Die französische Verwaltung duldete keinerlei Widerstand. Wer sich, wie während des so genannten passiven Widerstands im Jahr 1923, verweigerte oder nicht bedingungslos den Anordnungen fügte, wurde mit Haft oder Ausweisung bedroht. Allein im Volksstaat Hessen mussten 4000 Bedienstete mit ihren Familien die besetzten Gebiete verlassen. Daneben unterstützten die Franzosen die separatistischen Bestrebungen des Wiesbadener Ex-Staatsanwaltes Hans Adam Dorten, der zweimal, 1919 und 1923, erfolglos seine »Rheinische Republik« ausrief.

Der Freistaat Flaschenhals
Das groteskeste Gebilde der Besatzungszeit

Von F. Pnischeck, Bürgermeister
der Stadt Lorch im Rheingau.

Der Flaschenhals.

Sonder-Abdruck aus den „Frankfurter Nachrichten"

Broschüre des Lorcher Bürgermeisters zum »Freistaat Flaschenhals«, ca. 1929/30

Die Besatzung, die bis zum 30. Juni 1930 andauerte, bedeutete für den Volksstaat eine erhebliche Schwächung von Industrie und Handel. Zentrale Verkehrsadern waren durchschnitten, und Städte wie Mainz, Worms oder Groß-Gerau konnten nur umständlich mit Passierscheinen erreicht werden. In den besetzten Gebieten galt das Kriegsrecht, und Einquartierungen waren an der Tagesordnung. Trotzdem gelang es der Regierung unter Carl Ulrich, in der Bildungs- und Kulturpolitik Zeichen zu setzen. Der 1928 gewählte Nachfolger Ulrichs, Bernhard Adelung, versuchte diesen Weg weiter zu gehen. An seiner Seite hatte er mit Wilhelm Leuschner als Innenminister einen Mann, der aus der Gewerkschaftsbewegung kam und als rückhaltloser Verfechter der Weimarer Demokratie galt. Aber die Möglichkeiten der neuen Regierung waren sehr beschränkt.

Das hing vor allem mit der wirtschaftlichen Entwicklung zusammen. Am 25. Oktober 1929 begann mit dem Schwarzen Freitag an der New Yorker Börse die Weltwirtschaftskrise, die das mit Kriegsreparationen belastete Deutschland besonders hart traf. Die Zahl der Arbeitslosen stieg sprunghaft an. Firmen und Banken brachen zusammen. Auch das zweitgrößte deutsche Geldinstitut, die »Darmstädter und Nationalbank« war von der Pleitewelle betroffen. Am 13. Juli 1931 gab sie ihre Zahlungsunfähigkeit bekannt und löste damit eine Krise der gesamten Geldwirtschaft in Deutschland aus. Die Reichsregierung unter Heinrich Brüning reagierte mit Notverordnungen, die Wirtschaft und Finanzen wieder stabilisieren sollten, aber vor allem die Arbeitslosigkeit weiter erhöhten. Staatspräsident Adelung waren die Hände gebunden. Das Vertrauen in seine Regierung wurde immer geringer. Bei den Landtagswahlen am 15. November 1931 erzielten die Nationalsozialisten einen Erdrutschsieg. Mit 37,1 Prozent der Stimmen wurden sie zur stärksten Fraktion und hatten einen Sitz mehr im Landtag als die Regierungskoalition. Mit Ferdinand Werner wurde zum ersten Mal ein Nationalsozialist Präsident des hessischen Landtags.

Hessen-Nassau in der Weimarer Republik

Ganz so friedlich, wie es zunächst ausgesehen hatte, verlief die Revolution von 1918 in Hessen dann doch nicht. In allen größeren Städten hatten sich zwischen dem 7. und 10. November Arbeiter- und Soldatenräte gebildet und eine noch nicht genau definierte Regierungsgewalt übernommen. Die meisten Menschen freuten sich, dass die Waffen schwiegen, aber sie mussten schon bald erkennen, was dieser Frieden bedeutete. Deutschland hatte den Krieg verloren. Große Teile des Staatsgebiets waren von alliierten Truppen besetzt. Ein Friedensvertrag, der Deutschland gewaltige Reparationslasten auferlegen würde, war zu erwarten. Überall fehlten Lebensmittel, Kleidung, Brennmaterial und Wohnraum. Die Zahl der Arbeitslosen und Kriegsheimkehrer, die keine Arbeit mehr fanden, wuchs von Tag zu Tag. Die Verzweiflung machte sich in Demonstrationen Luft, die wie in Hanau oder Kassel zu Plünderungen und Straßenschlachten führen konnten. In Kassel tötete das Militär am 21. Juni 1919 vier Menschen, 68 wurden schwer verletzt. Zuvor waren beim »Karfreitags-Putsch« im zum Volksstaat gehörenden Offenbach ein Polizist und 16 Demonstranten gestorben.

Wie wenig stabil die politische Situation in dieser Zeit noch war, machte auch der Kapp-Putsch am 13. März 1920 deutlich. Der Generallandschaftsdirektor und frühere Führer der Deutschen Vaterlandspartei, Wolfgang Kapp, war in Berlin einmarschiert und hatte die Reichsregierung für abgesetzt erklärt. Die SPD und die Gewerkschaften riefen daraufhin den Generalstreik aus. Während der Kapp-Putsch selbst nach nur fünf Tagen vorbei war, versuchten die linksgerichteten Unabhängigen Sozialdemokraten, die USPD, und die Kommunisten das scheinbare Machtvakuum für eine zweite Revolution zu nutzen. Bei den Unruhen in Frankfurt starben 14 Menschen, in Kassel waren es 17 Tote.

Weder im Volksstaat Hessen noch in der preußischen Provinz Hessen-Nassau waren die Putschisten unterstützt worden. In beiden Ländern regierte die SPD unangefochten. Da das preußische Drei-Klassen-Wahlrecht abgeschafft war, zählte jetzt die Stimme eines Großindustriellen genauso viel wie die eines Arbeiters. Damit war die Basis für die Sozialdemokraten gesichert. Und niemand dachte daran, dass es so bald anders werden könnte.

Wie der Volksstaat hatte auch Hessen-Nassau unter der französischen Besatzung zu leiden. Wiesbaden und große Teile des ehemaligen Herzogtums Nassau waren de facto Ausland und zeitweise sogar durch eine Zollgrenze abgetrennt. Erst nach dem Ende der Rheinlandbesetzung im Jahr 1930 konnte das unterdessen durch zahlreiche Eingemeindungen stark gewachsene Wiesbaden wieder seine Rolle als Zentrum des nach ihm benannten Regierungsbezirks wahrnehmen.

Hauptstadt der Provinz und Sitz des preußischen Oberpräsidenten blieb Kassel, das daraus aber keinen nachhaltigen Gewinn schlagen konnte. Die größte und wirtschaftlich stärkste Stadt in Hessen-Nassau war weiterhin Frankfurt. Daran änderte auch die Inflation nichts, die 1923 ihren Höhepunkt erreichte. Zwar schmolzen die beträchtlichen Privatvermögen und die Kapitalanlagen der Frankfurter Stiftungen auf kleine Restbeträge zusammen, aber für den städtischen Haushalt brachte die galoppierende Geldentwertung auch Vorteile. Im November 1923 kostete eine einfache Straßenbahnfahrt 90 Milliarden Mark. Weil die Reichsdruckerei nicht mehr in der Lage war, genügend neue Geldscheine mit immer größeren Wertangaben zur Verfügung zu stellen, druckte Frankfurt selbst Notgeld im Wert von sagenhaften 5 Trillionen, 211 Billiarden und 500 Billionen Mark. »Nach der Einführung der Rentenmark«, schreibt der Historiker Dieter Rebentisch, »gelang es der Stadtverwaltung bereits im Frühjahr 1924, einen ausgeglichenen Haushaltsplan vorzulegen. Nun zeigte sich, dass die Stadt ihr Sachvermögen sowie den Grund- und Häuserbesitz im Wesentlichen ungeschmälert durch die Inflationszeit hindurch gerettet hatte. Auf der anderen Seite waren auch die Anleihen und Schulden der Stadt mit der allgemeinen Geldentwertung praktisch verschwunden.«[86]

Der neue Oberbürgermeister Ludwig Landmann konnte daran gehen, die Stadt nach seinen Vorstellungen umzugestalten. Für die städtische Siedlungspolitik, einen der Kernpunkte seiner Arbeit, fand er in dem Architekten Ernst May einen kongenialen Mitstreiter. Der 1886 in Frankfurt geborene May war einer der ganz großen Architekten der Moderne. In nur fünf Jahren baute er das »Neue Frankfurt«: 15 500 Sozialwohnungen, eine Leistung, die noch bei heutigen Stadtplanern wie Albert Speer Jr. Bewunderung hervorruft:

»Der ungeheuer schnelle Bau dieser Siedlungen würde aber nicht ausreichen, sie als bedeutend zu klassifizieren. Es ist die revolutionär moderne städtebauliche, architektonische und farbliche Gestaltung, die soziale Komponente und die durch neuartige Baumethoden erreichte Kostenreduktion. Normung von Türen und Fenstern, Vorfertigung von Wandteilen in Fabrikhallen (also unabhängig von der Witterung), Typisierung der Hausformen, Spargrundrisse sind Bestandteile des Konzepts. Mittels der vorgefertigten Platten gelang es zum Beispiel, ein Haus mit Keller, Erdgeschoß und

Die Frankfurter Innenstadt mit Börse, Hauptwache und Katharinenkirche. Luftbild von 1929

Verwaltungsgebäude der I. G. Farben, 1932/33

Obergeschoß mit 18 Bauarbeitern in eineinhalb Arbeitstagen im Rohbau fertigzustellen. Das Experimentierfeld fortschrittlicher Bautechnik war riesig. Die Römerstadt z. B. ist die erste vollelektrische Großsiedlung in Deutschland« [87]

Neben der Römerstadt und weiteren Großsiedlungen entstanden in Frankfurt auch repräsentative Großbauten, die noch heute das Stadtbild prägen. Der Berliner Architekt Peter Behrens, ehemals Mitglied der Darmstädter Künstlerkolonie, entwarf den neuen Verwaltungsbau der Farbwerke Hoechst, der mit seinem imposanten Lichthof zu den bedeutendsten Industriebauten der Weimarer Republik zählt. Für die Zentrale der I.G. Farbenindustrie schuf Hans Poelzig ein kreisbogenförmiges Hochhaus mit sechs Querflügeln, das heute von der Frankfurter Universität genutzt wird. Der damals größte Betonbau der Welt war die 1928 eingeweihte Großmarkthalle von Martin Elsaesser, die immer noch im täglichen Betrieb ist.
So sehr sich Frankfurt als weltoffene und wohlhabende Großstadt darzustellen versuchte, die Weltwirtschaftskrise hinterließ auch in der Mainmetropole ihre Spuren. Deutliches Zeichen war 1929 das Ende der Frankfurter Frühjahrs- und Herbstmessen, die seit 1919 wieder regelmäßig stattgefunden hatten. Die Verunsicherung wuchs, und sie wurde durch fast tägliche Hiobsbotschaften noch verstärkt. Auch in Hessen-Nassau verstanden es die Nationalsozialisten, vor dem Hintergrund der wirtschaftlichen Verelendung erdrutschartige Wahlsiege zu erzielen.

Der Aufstieg der NSDAP

Die Gründe für den Erfolg der NSDAP am Ende der Weimarer Republik sind vielfältig. Sicherlich spielten die Weltwirtschaftskrise mit ihren Firmenzusammenbrüchen und der hohen Arbeitslosigkeit eine entscheidende Rolle. Auch die, die noch Arbeit hatten oder gar ein kleines Vermögen besaßen, fürchteten den sozialen Abstieg. Sicher ist auch, dass sich die Begeisterung für die erste Republik auf deutschem Boden in engen Grenzen hielt. Eine Demokratie ohne Demokraten war die Weimarer Republik zwar nicht, aber die häufigen Regierungswechsel und die Agitation von rechts und links ließen viele Menschen am parlamentarischen System zweifeln. Den diffusen Wunsch nach einer »Volksgemeinschaft«, die ein neues und mächtiges Deutschland schaffen sollte, und die in der Bevölkerung weit verbreiteten Vorurteile verstanden die Nationalsozialisten konsequent zu nutzen.

Obwohl die Partei in sich zerstritten war und in den beiden hessischen Ländern noch keinen gut funktionierenden Apparat besaß, konnte die NSDAP bei der Reichstagswahl von 1928 mit Werten um drei Prozent auf sich aufmerksam machen. Erst danach begann der systematische Aufbau von Ortsgruppen in Hessen. Die dramatische Verschlechterung der wirtschaftlichen Lage führte schon zwei Jahre später zu Wahlergebnissen, die auf die anderen Parteien wie ein Schock wirkten: In den zu einem Verband zusammengeführten beiden hessischen Wahlkreisen ereichte die Partei Adolf Hitlers genau 20 Prozent. Das Ergebnis lag ein ganzes Stück über dem Reichsdurchschnitt, und so blieb es auch bei den folgenden Wahlen. In Hessen gaben mehr Menschen der NSDAP ihre Stimme als in anderen Regionen Deutschlands. Bei den beiden Reichstagswahlen im Juli und im November 1932 erzielten die Nationalsozialisten 43,4 bzw. 40,8 Prozent, während die Sozialdemokraten von über 30 Prozent auf 21,3 Prozent absanken. Ähnlich sah es bei den Landtagswahlen aus.

Daran konnten auch Skandale wie der um die so genannten Boxheimer Dokumente nichts ändern. Am 5. August 1931 hatten sich auf dem Boxheimer Hof bei Lampertheim führende Nationalsozialisten aus dem Gau Hessen-Darmstadt getroffen. Dabei verteilte der Jurist Werner Best den Entwurf einer nationalsozialistischen Notstandsproklamation. Sie war für den Fall gedacht, dass Kommunisten die Herrschaft in Deutschland übernehmen würden. Die Nationalsozialisten wollten dann mit einem Gegenputsch reagieren und eine Diktatur mit weit reichenden Vollmachten errichten. Das von Best verfasste Papier sah u. a. vor, dass »Widerstand (...) *grundsätzlich mit dem Tode* bestraft« werden sollte. Und der Begriff »Widerstand« wurde dabei außerordentlich weit

Plakat zur Reichstagswahl 1932

gefasst. Es sollte schon genügen, seine Waffen nicht binnen 24 Stunden abzuliefern oder der Sabotage verdächtigt zu werden. Ordentliche Gerichte und Gerichtsverfahren waren nicht vorgesehen.

Die Veröffentlichung der Boxheimer Dokumente durch einen abtrünnigen Nationalsozialisten löste eine reichsweite Empörung aus. Untersuchungen wurden eingeleitet, die sich aber letztlich im Sand verliefen. Obwohl führende NS-Funktionäre beteuerten, nur legal an die Macht gelangen zu wollen, hatte die NSDAP zum ersten Mal ihr wahres Gesicht gezeigt. Und das war vielen Wählern nicht unsympathisch – vor allem in den ländlichen Gebieten, wo schon früher die Antisemiten ihre Erfolge gefeiert hatten. Trotz massiver Gegenpropaganda von SPD und KPD, trotz Massenkundgebungen und Appellen von Intellektuellen konnte die NSDAP von Wahl zu Wahl ihren Stimmenanteil steigern. Spätestens seit den beiden Reichstagswahlen im Jahr 1932 war vielen klar, dass kein Weg mehr an den Nationalsozialisten vorbei führte.

Hessen unterm Hakenkreuz

Am Abend des 30. Januar 1933 zogen Hunderttausende an den Fenstern der Reichskanzlei vorbei. Alle Sender übertrugen den Fackelzug, der zum ersten großen propagandistischen Erfolg von Joseph Goebbels wurde. Vormittags um elf Uhr hatte Reichspräsident Paul von Hindenburg den Führer der NSDAP, Adolf Hitler, zum Reichskanzler ernannt. Er sollte das 24. Kabinett seit Bestehen der Weimarer Republik leiten. Der neuen Regierung gehörten neben Hitler selbst nur zwei Nationalsozialisten an: Wilhelm Frick als Innenminister und Hermann Göring als Reichskommissar für den Luftverkehr und kommissarischer Innenminister von Preußen. Wie sich schon bald herausstellte, waren die Innenministerien im Reich und in Preußen die Schlüsselpositionen, um die nationalsozialistische Machtübernahme in Deutschland durchzusetzen.

Die Sozialdemokraten und Kommunisten waren von der Ernennung Hitlers schockiert und organisierten Massenproteste, die allerdings kaum darüber hinwegtäuschen konnten, dass auch viele Arbeiter die NSDAP gewählt hatten. Zwar hatten die Nationalsozialisten in Gebieten und Städten mit hohem Arbeiteranteil, etwa in Offenbach oder im Landkreis Kassel, nur unterdurchschnittliche Stimmengewinne erzielt, aber es war dennoch nicht zu übersehen, dass auch langjährige Wähler der SPD ihre Hoffnungen auf Hitler und seine »Bewegung« setzten. Anfang 1933 waren über sechs Millionen Menschen arbeitslos, und die Zahl stieg täglich weiter. Die Nationalsozialisten hatten deshalb nicht zuletzt mit einem gigantischen Arbeitsbeschaffungsprogramm geworben, das jeden wieder in Lohn und Brot setzen sollte. Derartige Versprechungen zeigten an den Wahlurnen ihre Wirkung.

Und es war keineswegs nur eine bestimmte Bevölkerungsgruppe, die der NSDAP ihre Stimme gab. Die Nationalsozialisten konnten sich bei ihrer Machtübernahme auf eine breite Basis stützen, die von der traditionell rechten Landbevölkerung über die von der Weimarer Republik enttäuschten Frontkämpfer des Ersten Weltkriegs bis zum kleinen Beamten oder Angestellten reichte. Jugendliche, die keine Perspektive für sich sahen, sympathisierten ebenso mit der NSDAP wie die aus (groß-)bürgerlichen Elternhäusern stammenden Studenten, die sich vom Versprechen einer »nationalen Revolution« blenden ließen. Schon 1931 hatte der »Nationalsozialistische Studentenbund« alle Wahlen an hessischen Hochschulen gewonnen.

Als besonders resistent gegen die nationalsozialistische Ideologie erwiesen sich stark katholisch geprägte Gegenden. Dort hatte die Zentrumspartei mit dem Prälaten Kaas an der Spitze ihre Hochburgen. So konnte der Historiker Klaus Schönekäs, als er 1983 die Rolle der Nationalsozialisten im Raum Fulda untersuchte, zu einem überraschenden Ergebnis kommen: »Die NSDAP konnte ihren Stimmenanteil bei Wahlen nicht über 20% steigern.« Damit lag sie weit hinter dem Zentrum, das immer die absolute Mehrheit errang. Auch nach der NS-Machtübernahme und dem Verbot des Zentrums regte sich in Fulda Widerstand, indem zum Beispiel kirchliche Veranstaltungen besonders rege besucht wurden. Die »Fuldaer Zeitung«, die sich nicht so einfach wie von den Nationalsozialisten gedacht ›gleichschalten‹ ließ, wurde mehrfach eingeschüchtert. Im Mai 1933 musste der Chefredakteur gehen, und am 10. Dezember konnten SS-Männer ungestraft das Druckereigebäude verwüsten. »Als zwei von Hausbewohnern alarmierte Fuldaer Polizeibeamte erschienen«, erinnerte sich ein Redakteur der »Fuldaer Zeitung« später, »war die Aktion bereits beendet. Obgleich der SS-Führer Hübner die Polizeibeamten durch Drohungen an der Ausübung ihrer Pflicht zu hindern versucht hatte, konnte aber noch eine der an dem Zerstörungswerk beteiligten Personen festgenommen werden. Er musste jedoch kurz darauf auf der Polizeiwache, auf Intervention von Kreisleiter Ehser, der damals schon Fuldaer Polizeidezernent war, von der Polizei einem Kommando der Partei übergeben werden. Dieses setzte den Mann, dessen Personalien die Polizei nicht hatte feststellen können, außerhalb der Polizeiwache sofort wieder ›auf freien Fuß.‹«

Der Führer kommt

Im Gegensatz zu Fulda konnte die NSDAP in anderen hessischen Städten auf eine große Anhängerschaft vertrauen und entsprechend skrupellos auftreten. In Kassel zum Beispiel gab es am Abend des 31. Januar 1933, allerdings mit nur rund tausend Teilnehmern, einen Fackelzug nach Berliner Vorbild und eine »Siegesfeier« in der Stadthalle. Direkt danach begann die Jagd auf politische Gegner, bei der SA- und SS-Leute auch Hilfe von Polizisten erhielten. Die rechtliche Grundlage, wenn man davon überhaupt sprechen kann, lieferte die am 4. Februar erlassene »Verordnung des Reichspräsidenten zum Schutze des deutschen Volkes«, die Versammlungen unter freiem Himmel genehmigungspflichtig machte und das Verbot von Zeitungen ermöglichte. In Kassel war davon das linke »Volksblatt« betroffen, das zunächst eine Woche lang nicht erscheinen durfte, in Frankfurt wurde die »Volksstimme« verboten. Massendemonstrationen von SPD und KPD waren durch die Verordnung fast unmöglich geworden.

Adolf Hitler dagegen konnte selbstverständlich weiter öffentlich auftreten. Am 11. Februar besuchte er Kassel, um den nach ihm benannten Sitz der Gauleitung einzuweihen. 80000 Menschen waren bei der Kundgebung, auf der

Hitler verkündete, dass an die Stelle der internationalen Solidarität »die nationale Solidarität des deutschen Volkes« treten werde. Etwa zur gleichen Zeit beurlaubte Göring als preußischer Innenminister den Kasseler und den Wiesbadener Regierungspräsidenten sowie die örtlichen Polizeichefs.

Da sich die Nationalsozialisten über die Innenministerien die Polizeigewalt gesichert hatten, konnten sie im Vorfeld der Reichstagswahl fast nach Belieben Terror gegen Andersdenkende und politische Gegner ausüben. Spätestens nach dem Brand des Berliner Reichstags am 27. Februar und der vom Reichspräsidenten einen Tag später erlassenen Verordnung »Zum Schutz von Volk und Staat« hatten die braunen Horden freie Hand, Kommunisten und Sozialdemokraten zu verhaften, Druckschriften zu beschlagnahmen und Versammlungen zu verbieten.

Etwas anders stellte sich die Situation im Volksstaat Hessen dar, wo Staatspräsident Adelung zunächst im Amt geblieben war und nun versuchte, trotz des Terrors von rechts seine Regierungsarbeit fortzusetzen. Obwohl die Bedrohung des Rechtsstaates durch die NSDAP mehr als deutlich geworden war, lehnte die SPD jede Einheitsfront mit der KPD ab und glaubte weiterhin, aus eigener Kraft eine absolute Mehrheit der Nationalsozialisten verhindern zu können. Die Verfolgung insbesondere der Kommunisten nach dem Reichstagsbrand konnte indessen auch Adelung nicht verhindern. Seine Macht als Staatspräsident war durch die Verordnungen aus Berlin eng begrenzt. Dennoch konnten die politischen Parteien, anders als in Kassel oder Wiesbaden, wo der preußische Innenminister Göring das Sagen hatte, noch immer öffentliche Veranstaltungen durchführen und gegen die Nationalsozialisten demonstrieren.

Die Versuche der Regierung Adelung, den demokratischen Rechtsstaat zu wahren, wurden von einem Großteil der Bevölkerung nicht honoriert. Bei der Reichstagswahl am 5. März 1933 entfiel die Hälfte der Stimmen auf die NSDAP, während SPD und KPD zusammen nur knapp über 30 Prozent erreichten. Im gesamten Volksstaat erreichte die NSDAP 47,4 Prozent der Stimmen, im Regierungsbezirk Wiesbaden 46,7 Prozent und in Kurhessen sogar 53,1 Prozent. Obwohl es den Nationalsozialisten nicht gelang, die absolute Mehrheit im Berliner Reichstag zu erringen, hatten sie keine Bedenken mehr, die Macht in Deutschland nun ganz zu übernehmen. Und sie wussten, dass auch viele von denen, die sie nicht gewählt hatten, mit ihnen sympathisierten. Die Enttäuschung über die erste Demokratie auf deutschem Boden war groß. Dass an die Stelle der Weimarer Republik nun das »Dritte Reich« mit einem autoritären Führer an der Spitze treten würde, löste nicht die von den Sozialdemokraten oder Kommunisten beschworenen Ängste aus. Selbst der offensichtliche

Terror gegen Oppositionelle oder Juden wurde hingenommen. »Wo gehobelt wird, fallen eben Späne«, hieß es entschuldigend. Und die meisten Deutschen schienen schon zufrieden zu sein, dass überhaupt gehobelt wurde. Sie wollten eine Regierung, die wieder einmal Macht demonstrierte, egal wie sie das tat. Nur so lässt sich erklären, wie schnell und reibungslos die ›Gleichschaltung‹ der politischen, gesellschaftlichen und kulturellen Institutionen vor sich ging. Schon am 6. März und in den Tagen danach wurden alle führenden Positionen mit Nationalsozialisten oder ihren Gesinnungsgenossen besetzt. Protest rührte sich kaum.

»Die in Straßenkämpfen und Saalschlachten erprobte Bürgerkriegsarmee der NSDAP setzte das Land unter Berufung auf die ›nationale Erhebung‹ gleichsam unter Belagerungszustand«, beschreibt der Historiker Dieter Rebentisch die Situation in Hessen nach der Reichstagswahl. »Im Zeichen der lokalen Terrorherrschaft begann die blutige Abrechnung mit den politischen Gegnern, die SA-Schläger ließen ihrem Hass auf Kommunisten und Sozialdemokraten freien Lauf. Es verdient festgehalten zu werden, dass an vielen Orten die Usurpation der öffentlichen Gewalt und der putschistische Zugriff auf den Polizeiapparat ohne jeden Anschein formaler Legalität, sondern allein unter Berufung auf die ›nationale Erhebung‹ erfolgte.«

Ende des Volksstaats

Die ›Machtübernahme‹ durch die Nationalsozialisten im Volksstaat Hessen, wo zunächst noch die Regierung Adelung amtierte, vollzog sich putschartig, und am frühen Morgen des 6. März 1933 wehten die Hakenkreuzfahnen auch über dem Darmstädter Landtagsgebäude. Ohne wirkliche Legitimation, nur unter Berufung auf die »Verordnung zum Schutze von Volk und Staat«, übertrug Reichsinnenminister Frick einem ›Reichskommissar‹ die Regierungsgewalt. Es handelte sich um den Fraktionssprecher der NSDAP im Landtag, Heinrich Müller, der allerdings nur ein Übergangskandidat war. Die Entmachtung Adelungs und seiner Minister wurde von Terror gegen Sozialdemokraten, Minister und Gewerkschafter begleitet. Werner Best, unterdessen zum »Sonderkommissar für das hessische Polizeiwesen« aufgestiegen, hatte dazu aus SA-Truppen eine »Hilfspolizei« zusammengestellt, die sich an keine Gesetze mehr gebunden fühlte. Es wurde durchsucht, beschlagnahmt, geprügelt und verhaftet, ohne dass die Betroffenen nur die geringste Chance gehabt hätten, sich zu wehren. Zur reinen Formsache wurde die Neuwahl des hessischen Staatspräsidenten am

SA-Wachen vor dem Innenministerium in Darmstadt am 7. März 1933

13. März. Gegen die Stimmen der SPD kürten NSDAP und Zentrum den nationalsozialistischen Landtagspräsidenten Ferdinand Werner zum Regierungschef.

So viel Geschlossenheit die Nationalsozialisten nach Außen demonstrierten, so zerstritten waren sie im Innern. Bisher hatten ausschließlich Gauleiter die Partei auf regionaler Ebene repräsentiert. Hessen war dabei in drei Partei-Gaue eingeteilt gewesen: Hessen-Nassau-Nord (später: Kurhessen), Hessen-Nassau-Süd mit Wiesbaden und Frankfurt und Hessen-Darmstadt. Hessen-Nassau-Süd und Hessen-Darmstadt wurden Anfang 1933 zu dem neuen Großgau Hessen-Nassau zusammengeführt. Die Leitung übernahm der Postoberinspektor Jakob Sprenger, der schon 1922 in die Partei eingetreten war und seit 1927 dem Gau Hessen-Nassau-Süd vorgestanden hatte. Er galt als fähiger Kopf und guter Organisator, aber auch als ehrgeiziger Machtmensch. Nachdem Hitler ihn am 5. Mai 1933 zum »Reichsstatthalter für Hessen« ernannt hatte, brach der Konflikt mit der neu »gewählten« Darmstädter Landesregierung offen aus. Wer hatte nun wirklich das Sagen in Südhessen? Der von der Partei ernannte Gauleiter und Reichsstatthalter oder der vom Staatspräsidenten zum Ministerpräsidenten herabgestufte Werner? Diesen für die NS-Zeit typischen Konflikt zwischen der Partei und der von ihr eingesetzten Regierung entschied Sprenger für sich. Am 18. September 1933 wurden Werner und sein Polizeipräsident Best entlassen, die Regierungsgeschäfte übernahm der bisherige Staatssekretär Philipp Jung. In Wirklichkeit aber hatte Sprenger alle Fäden in der Hand, und im März 1935 ließ er sich dann ganz mit der Führung der Landesregierung beauftragen.

Roland Freisler und die Kasseler NSDAP

Kaum anders als im Süden Hessens gestaltete sich die Situation im Norden. Die NSDAP war in sich zerstritten, aber sie hatte die Reichstagswahl gewonnen und setzte nun rücksichtslos ihren Machtanspruch durch. Für besonderen Konfliktstoff innerhalb der Partei sorgte die Einteilung der Gaue, die nicht identisch mit den Ländergrenzen war. Zum Gau Kurhessen gehörte nur der nördliche Teil der preußischen Provinz Hessen-Nassau, während die Gebiete südlich von Marburg und Fulda zum Gau Hessen-Nassau gehörten.

An der Spitze des Gaus Kurhessen stand Karl Weinrich, der sich 1906 freiwillig zur kaiserlichen Armee gemeldet hatte und immer dann aufblühte, wenn es um die militärische Traditionspflege ging, wenn Gefallenendenkmäler eingeweiht wurden oder Aufmärsche zu veranstalten waren. Wie Sprenger zählte er zu den ›alten Kämpfern‹, das heißt zu den frühen NSDAP-Mitgliedern, denen sich Hitler besonders verbunden fühlte. Aber im Gegensatz zu Sprenger galt Weinrich als in jeder Hinsicht beschränkt. Sprenger hätte gern sein Amt mit übernommen und die beiden hessischen Gaue zusammengeführt, aber das war nicht im Sinn der Parteiführung, die einzelnen Gauleitern nicht zu viel Macht zugestehen wollte. Um die Konflikte zwischen Weinrich und Sprenger möglichst klein zu halten, wurde im Juni 1933 Philipp Landgraf und Prinz von Hessen als preußischer Oberpräsident für die Provinz Hessen-Nassau eingesetzt. Das Engagement Philipps von Hessen für die NSDAP und auch das des Erbprinzen Josias von Waldeck-Pyrmont als SS-Gruppenführer verschafften den Nationalsozialisten Anerkennung in Kreisen, die Hitler bisher als ›kleinen Gefreiten‹ oder ›Anstreicher‹ abgetan hatten. Philipp von Hessen, der mit einer Tochter des italienischen Königs verheiratet war, hatte sich schon 1930 für die NSDAP entschieden und fortan Hitler wertvolle außenpolitische Dienste erwiesen. Denn das faschistische Italien unter Mussolini sollte der wichtigste Verbündete des ›Dritten Reichs‹ werden.

Während der neue preußische Oberpräsident fleißig internationale Kontakte knüpfte, machte in Kassel ein Stadtverordneter auf sich aufmerksam, der später zu schrecklicher Berühmtheit gelangen sollte: Roland Freisler.

Roland Freisler (als Präsident des »Volksgerichtshofs«)

Der gebürtige Celler hatte schon ein bewegtes Leben hinter sich, als er sich 1924 in Kassel als Anwalt niederließ. Er war während des Ersten Weltkriegs in russische Gefangenschaft geraten und hatte nach der Oktoberrevolution als sowjetischer Kommissar gearbeitet. Damals war er überzeugter Kommunist gewesen, was ihm Hitler später nie endgültig verzieh. In Kassel schien er diesen ›Makel‹ aus seiner Vergangenheit tilgen zu wollen, indem er sich als besonders eifriger und rücksichtsloser Agitator für die NSDAP betätigte. Er schreckte weder vor Beleidigungen noch vor Einschüchterungen zurück. Schon vor der nationalsozialistischen Machtübernahme drohte er SPD-Politikern, dass sie nach dem Sieg seiner Partei mit dem Galgen rechnen müssten. In der NSDAP waren brutale Kämpfer wie er geschätzt. 1932 zog Freisler in den preußischen Landtag ein, ein Jahr später sogar in den Reichstag. Am 7. März 1933 war er es, der den »Siegesmarsch« der Nationalsozialisten durch Kassel anführte und vom Balkon des illegal besetzten Gewerkschaftshauses eine Rede hielt. Kurz darauf wechselte er als Leiter der Personalabteilung nach Berlin, allerdings nicht ohne noch vorher den Kasseler Oberbürgermeister für abgesetzt zu erklären. Das war am 24. März, dem Tag, an dem der Reichstag gegen die Stimmen der SPD das »Ermächtigungsgesetz« verabschiedete und damit den Rechtsstaat gänzlich aufhob. Von da an konnte die Reichsregierung Gesetze nach ihrem Gutdünken erlassen und aufheben. Eine Mitwirkung oder gar Kontrolle durch das Parlament fand nicht mehr statt. Damit öffneten sich der staatlichen Willkür Tür und Tor, und die bisher weitgehend illegalen Terroraktionen wurden legalisiert. Eine neue Verhaftungswelle rollte über das Land, der auch der frühere hessische Innenminister Wilhelm Leuschner und sein ehemaliger Pressechef Carlo Mierendorff zum Opfer fielen. Ohne Prozess und damit auch ohne eine Möglichkeit der Verteidigung blieb Leuschner bis Mitte 1934 in KZ-Haft, Mierendorff sogar bis 1938. Beide gehörten später zum Widerstand.

Die Konzentrationslager Breitenau und Osthofen

Im Juni 1933 wurde auf dem Gelände des alten Benediktinerklosters Breitenau im nordhessischen Guxhagen das erste Konzentrationslager in der Provinz Hessen-Nassau eingerichtet. Die Gebäude hatten schon vor der NS-Zeit als Arbeitshaus und Besserungsanstalt gedient. Vielleicht akzeptierten es die Bewohner von Guxhagen deshalb so bereitwillig, dass plötzlich im Mittelschiff der ehemaligen Klosterkirche ein Lager für politische Gefangene eingerichtet wurde, während sie weiter sonntags den Ostteil für den Gottesdienst nutzten. Die Geschichte des Konzentrationslagers ist erst 1979 nach ausführlichen Forschungen von Kasseler Wissenschaftlern aufgedeckt worden. Danach existierte es bis März 1934. Es diente vor allem dazu, politische Gegner der Nationalsozialisten als »Schutzhäftlinge« auszuschalten oder einzuschüchtern. Insgesamt 470 Gefangene, darunter 139 aus hessischen Gemeinden, waren in dieser Zeit interniert.

Die Existenz dieses Lagers wurde keineswegs geheim gehalten, im Gegenteil: Die nordhessischen Zeitungen berichteten ausführlich darüber und erläu-

Konzentrationslager Osthofen

terten ihren Lesern, warum die Einrichtung solcher Lager eine zwingende Notwendigkeit sei. Denn gerade bei Funktionären der SPD und KPD würde es nicht darum gehen, sie zu bestrafen, sondern sie im Sinn des ›neuen‹ Staates umzuerziehen. Aus Sozialdemokraten sollten im KZ Nationalsozialisten werden. Immer wieder wurde dabei betont, wie angenehm es die Gefangenen hätten. Die Verpflegung sei »reichlich und gut«, in den Unterkünften herrsche »peinliche Ordnung und Sauberkeit« und niemandem werde eine Arbeit zugemutet, die er nicht ausführen könne.

Nachdem sich die Machtstrukturen gefestigt hatten, wurde das Konzentrationslager aufgelöst. Mit dem Beginn des Zweiten Weltkriegs und dem Einsatz von ausländischen Zwangsarbeitern erhielt das weitläufige Gelände in Breitenau eine neue Funktion. Im Sommer 1940 richtete die Kasseler Gestapo dort ein »Arbeitserziehungslager« ein. Bis zum Kriegsende waren dort insgesamt 8500 Menschen inhaftiert, zumeist Zwangsarbeiter, die aus irgendeinem Grund besonders bestraft werden sollten, darunter auch viele Kinder. Wer die Demütigungen und Misshandlungen nicht ertrug und sich dagegen wehrte, wurde mit Isolationshaft bestraft, was besonders menschenunwürdig war. Während der Haftzeit wurde darüber entschieden, ob ein Gefangener wieder entlassen oder deportiert werden sollte. Jeder fünfte musste den Weg in ein Konzentrations- oder Vernichtungslager antreten. Von vielen dieser Menschen verlieren sich die Spuren. Für die Bevölkerung von Guxhagen, die täglich die zerlumpten und ausgehungerten Gefangenen durch den Ort marschieren sah, schien das alles so selbstverständlich gewesen zu sein, dass man sich nach Kriegsende gar nicht mehr daran erinnern konnte – oder wollte.

Für den Volksstaat Hessen wurde in einer ehemaligen Papierfabrik in Osthofen bei Worms bereits im März 1933 ein ›wildes‹ Lager eingerichtet, das Werner Best am 1. Mai zum »staatlichen Konzentrationslager Osthofen« erklärte. Es bestand bis Mitte 1934. Die genaue Zahl der dort eingelieferten Gefangenen ist heute nicht mehr zu ermitteln, die Schätzungen schwanken zwischen zwei- und dreitausend Männern, vor allem Funktionäre von SPD und KPD, aber auch

›Bibelforscher‹, deren Vereinigung Ende 1933 verboten worden war, und jüdische Deutsche. Im Gedächtnis ist Osthofen durch den Roman »Das siebte Kreuz« von Anna Seghers geblieben, der zuerst 1942 in Mexiko erschien. Die 1933 emigrierte Schriftstellerin schildert darin auch, wie sich die Menschen in der Umgebung mit dem KZ arrangierten:

> *»Einmal waren zwei Dutzend Häftlinge durch Liebach gebracht worden, die waren schon vor der Einlieferung so zugerichtet, dass es den Menschen graute und eine Frau im Dorf offen weinte. Aber am Abend hatte der neue junge Bürgermeister des Dorfs die Frau, die seine Tante war, zu sich bestellt und ihr klargemacht, dass sie mit der Flennerei nicht nur sich selbst, sondern auch ihren Söhnen, die zugleich seine Vettern waren, und ein Vetter war zugleich auch sein Schwager, für ihr Leben lang Schaden zufügte. Überhaupt hatten die jüngeren Leute im Dorf, Burschen und Mädchen, ihren Eltern genau erklären können, warum das Lager da sei und für wen, junge Leute, die immer alles besser wissen wollen – nur dass die Jungen in früheren Zeiten das Gute besser wissen wollten, jetzt aber wussten sie das Böse besser. Da man dann doch nichts gegen das Lager tun konnte, waren allerlei Aufträge auf Gemüse und Gurken gekommen und allerlei nützlicher Verkehr, wie es Ansammlung und Verpflegung vieler Menschen mit sich bringt.«*

Auch in Rheinhessen war das Konzentrationslager ein öffentliches Ereignis. Die Lokalpresse berichtete über Verhaftungen und Überführungen nach Osthofen, wobei es selbstverständlich war, die Namen und früheren Positionen der Gefangenen zu nennen. So wurde auch Ende Juni 1933 in einer kurzen Notiz gemeldet, dass Carlo Mierendorff in das Konzentrationslager eingeliefert worden sei. Offenbar fanden Verhaftungen sogar unter reger Anteilnahme der Bevölkerung statt. Das jedenfalls lässt ein Artikel aus der Zeitung »Landskrone. Oppenheimer Kreisblatt« vom 14. August 1933 vermuten:

> *»Nachdem bereits vor einigen Tagen der berüchtigte Exbürgermeister und Landfriedensbrecher Karlo Neff aus Michelstadt durch Beamte des Hessischen Staatspolizeiamts festgenommen und ins Konzentrationslager gebracht worden war, fand gestern in Michelstadt erneut eine Reihe von Festnahmen statt. Auf Anordnungen des Hess. Staatspolizeiamtes wurden insgesamt 11 Angehörige der SPD durch die Gendarmerie verhaftet und durch ein Sonderkommando sofort nach Osthofen gebracht. Auf dem*

Marktplatz vor dem Rathaus hatte sich eine riesige Menschenmenge angesammelt, die durch lebhafte Beifallskundgebungen ihrer Genugtuung über den Abtransport der Marxisten Ausdruck gab.«[88]

Beide Konzentrationslager, Breitenau und Osthofen, sind heute Gedenkstätten.

Widerstand formiert sich

Auch die Einrichtung von Konzentrationslagern konnte den Widerstand gegen das NS-Regime nicht ersticken. Er kam vor allem aus den Kreisen der Gewerkschaften, die am 2. Mai 1933 gewaltsam ›gleichgeschaltet‹ worden waren, aus der SPD und aus der KPD.

Das besetzte Darmstädter Gewerkschaftshaus am 7. März 1933

In der Regel waren es Arbeiter, die in ihren Betrieben illegale Flugblätter und Zeitungen verteilten. Sie wussten, wie gefährlich das war, und mussten jederzeit damit rechnen, von den Kollegen denunziert zu werden. Kaum einer von ihnen entging den Spitzeln der Gestapo. Lange Haftzeiten, Arbeitslosigkeit, die Diskriminierung als politisch unzuverlässig und im schlimmsten Fall die Todesstrafe waren die Folge. Besonders die kommunistischen Betriebszellen ließen sich davon nicht entmutigen. Sie glaubten mit Propagandaschriften und Aufrufen zum Streik einen Umsturz in Deutschland vorbereiten zu können. Daneben sammelten sie heimlich Geld für die Familien von verhafteten Kollegen und für ihre illegale Arbeit, wie z.B. aus einer Anklageschrift gegen Arbeiter der Wiesbadener Druckerei Ritter hervorgeht. Zwar konnte den Angeklagten in dem Prozess am 19. Juni 1935 vor dem Oberlandesgericht Kassel nicht nachgewiesen werden, dass ihnen bekannt war, »welchem Zweck die eingesammelten Gelder in Wahrheit dienten«, aber sie hätten es, so die Richter, spätestens dann wissen müssen, als der die Spenden erbittende Hans Pulkowski auch »mit den Schriften« an sie herantrat. »Auch sie selbst«, folgerte das Gericht, »waren marxistisch eingestellt, wie bei einigen ihre Zugehörigkeit zur SPD, bei allen ihr Austritt aus der Kirche erhellt. Spätestens als sie die Schriften erhielten, haben sie also gemerkt, dass Pulkowski unterirdische Beziehungen zu illegalen Kreisen unterhielt. Spätestens dann ist ihnen auch klar geworden, dass die regelmäßigen Zahlungen nur kommunistischen Zwecken dienen konnten. (...) Die Schriften hat Pulkowski den Angeklagten immer dann zugesteckt, wenn er und einer der Angeklagten allein im Raum anwesend waren; er sagte dabei regelmäßig, er hätte etwas Interessantes zu lesen.«[89]

Die sechs Angeklagten erhielten Haftstrafen zwischen einem Jahr und 15 Monaten. Hans Pulkowski war bereits Ende 1934 in einem Prozess gegen vierzig Wiesbadener Kommunisten zu drei Jahren Zuchthaus verurteilt worden. Bis Ende 1936 fanden Dutzende solcher Prozesse vor Sondergerichten in Kassel und Darmstadt statt. So wurden am 12. Januar 1935 in Darmstadt gegen 16 kommunistische Gewerkschafter Zuchthausstrafen bis zu vier Jahren verhängt. Sogar Gefängnis bis zu acht Jahren war keine Seltenheit. Je länger sich Hitler an der Macht hielt, desto perfekter arbeitete das Spitzelsystem, das bis in kleine Betriebe und Wohnblocks reichte. 1935/36 wurde die illegale Parteiorganisation der SPD im Rhein-Main-Gebiet zerschlagen, nachdem ein Kurier die Adressenliste mit den Namen der Mitglieder und Sympathisanten verloren hatte. Die Folge waren mehrere Prozesse, bei denen der Kopf der geheimen SPD Hessen-Süd, Paul Apel, zu einer achtjährigen Zuchthausstrafe verurteilt wurde. Später kam er ins KZ.

Für die Widerstandsgruppen wurde es immer schwieriger, unerkannt zu operieren. So war es der Gestapo seit 1933 gelungen, allein »im Gebiet des Unterbezirks Darmstadt ungefähr 200 Mitglieder und Funktionäre der kommunistischen Partei und ihrer Nebenorganisationen aufgrund illegaler Aktivitäten zu verhaften und den Gerichten zur Aburteilung zuzuführen. Damit war der überwiegende Teil des organisierten kommunistischen Widerstands zeitweilig ausgeschaltet worden.«[90]

Ab 1936 mussten sich die Widerstandsgruppen also neu formieren. Die illegale Arbeit wurde noch konspirativer. Sie zielte jetzt weniger auf offene Agitation und Umsturz, dafür wurde der Aufbau weitverzweigter Strukturen wichtiger, um für den Machtwechsel gerüstet zu sein.

Der »kleine« Widerstand, der mit einem hohen persönlichen Einsatz verbunden war, ist erst in den letzten zwei Jahrzehnten systematischer erforscht worden. Dabei sind die Wissenschaftler auf erstaunlich viele Menschen gestoßen, die oft jahrelang im Gefängnis gesessenen hatten und nach 1945 einfach vergessen worden waren, ganz zu schweigen von finanziellen Entschädigungen oder gar Rentenansprüchen.

Auch in den Kirchen gab es Männer und Frauen, die sich nicht wie die evangelischen »Deutschen Christen« zum Nationalsozialismus und zu Hitler bekannten. Im Herbst 1933 hatten sich die hessischen, die nassauischen und die Frankfurter Kirchen zur evangelischen Landeskirche Nassau-Hessen zusammenschließen müssen. Da der neue Landesbischof den »Deutschen Christen« angehörte, formierte sich ein massiver innerkirchlicher Widerstand, der zu zahlreichen Amtsenthebungen, Strafversetzungen und schließlich sogar zu Verhaftungen führte. Gegen die »Deutschen Christen« stand die »Bekennende Kirche«, die für die Unabhängigkeit vom Staat eintrat und gegen den Antisemitismus protestierte. Einer ihrer wichtigsten Vertreter wurde Pastor Martin Niemöller, der im Ersten Weltkrieg als U-Boot-Kommandant gedient hatte. Er hielt am 29. Juni 1937 in Wiesbaden einen Vortrag, in dem er das NS-Regime hart attackierte. Zwei Tage später wurde er festgenommen und bis Kriegsende in den Konzentrationslagern Sachsenhausen und Dachau inhaftiert. Die »Bekennende Kirche« ließ sich davon nicht einschüchtern, ebenso wenig wie mutige Katholiken, die sogar, wie der Frankfurter Pfarrer Aloys Eckert und seine »Rhein-Main-Klerus-Front«, die nationalsozialistische Judenverfolgung anprangerten und – allerdings vergeblich – eine öffentliche Stellungnahme der Bischofskonferenz zu erreichen versuchten.

Beginn der Judenverfolgung in Hessen

Nach der Machtübernahme durch die Nationalsozialisten waren die alten antisemitischen Ressentiments zur Staatsdoktrin geworden. Fast schutzlos sahen sich die deutschen Juden dem Terror ausgesetzt, der zunächst das Ziel hatte, sie zu Staatsbürgern zweiter Klasse zu machen. Die Nazionalsozialisten hatten zu keiner Zeit ein Geheimnis daraus gemacht, wen sie für ihre Feinde hielten: ihre politischen Gegner und die deutschen Juden. Schon im ersten Parteiprogramm der NSDAP von 1920 waren die Juden zu »Gästen« unter Fremdenrecht erklärt worden, für die der Schutz des Staates nur eingeschränkt gelten sollte. Für Hitler wurde der Antisemitismus zum konstituierenden Element seiner Ideologie, die er seit 1933 weitgehend ungehindert umsetzen konnte. Nachdem es schon vorher zu einzelnen Übergriffen gekommen war, machte die NS-Regierung am 1. April 1933 mit dem ohne größeren Widerstand durchgeführten Boykott jüdischer Geschäfte, Anwaltsbüros und Arztpraxen unmissverständlich deutlich, dass sie es nicht bei den verbalen Attacken belassen würde. In allen größeren Städten Hessens wurden Juden misshandelt und verhaftet, wurden

Schaufenster beschmiert und Menschen, die sich nicht vom Einkauf oder dem Gang zum Arzt abhalten lassen wollten, beschimpft und bedroht. Auf dem Kasseler Opernplatz legte die SA sogar ein symbolisches Konzentrationslager an für »Staatsbürger, die ihre Einkäufe bei Juden tätigen«. In Kassel und Darmstadt waren schon vorher Kaufhäuser mit jüdischen Besitzern boykottiert worden. Das am 7. April 1933 verabschiedete »Gesetz zur Widerherstellung des Berufsbeamtentums« war ein weiterer Schritt auf dem Weg, die deutschen Juden zu isolieren und ihnen ihre Lebensgrundlagen zu entziehen. »Beamte«, heißt es darin, »die nichtarischer Abstammung sind, sind in den Ruhestand zu versetzen.« Damit war die gesetzliche Grundlage für die umfangreichen »Säuberungsaktionen« in der öffentlichen Verwaltung geschaffen. Viele geachtete Persönlichkeiten, die über Jahre oder gar Jahrzehnte das Leben in Hessen mitgeprägt hatten, verloren von heute auf morgen jede Möglichkeit, ihre Berufe weiter auszuüben. Besonders gravierend waren die Entlassungen an den Hochschulen in Frankfurt, Gießen, Marburg und Darmstadt. Allein in Frankfurt wurden bis Ende 1933 fünfzig Professoren und Dozenten zwangspensioniert, darunter der Begründer der »Frankfurter Schule«, der Soziologe Max Horkheimer, der in die USA emigrierte.

Mit dem Erlass der »Nürnberger Gesetze« am 15. September 1935 wurden Juden in Deutschland zu ›Staatsangehörigen‹ ohne politische Rechte herabgestuft. Ausnahmeregelungen für Kriegsveteranen und Beamte, die vor 1914 ihren Dienst begonnen hatten, galten nicht mehr. Nur wer keine jüdischen Vorfahren hatte, konnte ›Reichsbürger‹ werden. Jüdische und nicht-jüdische Deutsche durften nicht mehr heiraten. Bereits bestehende Ehen blieben davon zwar unberührt, Scheidungen waren jedoch erwünscht.

Die jüdische Bevölkerung der beiden hessischen Länder reagierte unterschiedlich auf die staatlichen Drangsalierungen. Ihre Verbandsfunktionäre suchten den Kontakt mit den nationalsozialistischen Regierungsstellen, weil sie noch Schlimmeres verhüten wollten, aber der Erfolg blieb aus. Viele hofften, dass die Nationalsozialisten noch zur Vernunft kommen würden, und harrten in Deutschland aus. Andere besaßen nicht genügend Geld um zu emigrieren oder wussten gar nicht wohin. Schließlich waren sie ja Frankfurter, Offenbacher, Darmstädter oder Kasseläner.

Ein bewegendes Zeugnis ist der Aufruf des Vorstands der Frankfurter Israelitischen Gemeinde an seine Mitglieder vom 30. März 1933, in dem es heißt:

»Nichts kann uns die tausendjährige Verbundenheit mit unsrer deutschen Heimat rauben, keine Not und Gefahr kann uns dem von unseren Vätern

„Jugend und Gemeinde" am Schluss der Nummer

FRANKFURTER ISRAELITISCHES
GEMEINDEBLATT
Amtliches Organ der Israelitischen Gemeinde

Das Gemeindeblatt erscheint monatl. und wird den Gemeindemitgliedern unentgeltl. durch die Post zugestellt. — Preis der Einzelnummer 50 Pfg. — Schriftleitung: Gemeindehaus, Fahrg. 146. Fernspr.: Sammel-Nr. H. 27544. — Postscheckk.: Frankfurt a. M. 33521. — Anzeigenverwaltung: M. Isaac & Co., Hölderlinstr. 3, Fernspr. 44868 u. 44888. — Anzeigen n. Tarif. — Anzeigenschluß f. d. nächste Nr.: 30. April. Die Schriftleitung übernimmt für den Inhalt des Gemeindeblattes nur die preßgesetzl. Verantwortung. Nachdr. nur mit Erlaubnis gest.

11. Jahrgang — Frankfurt a. M., April 1933 — Nr. 8

An die Gemeindemitglieder

In dieser schweren Zeit ist es uns ein tiefes Bedürfnis, ein Wort an unsere Gemeinde zu richten. Jeder darf überzeugt sein, dass wir mit unserer ganzen Kraft bemüht sind, in Verbindung mit den anderen Gemeinden Deutschlands für die staatsbürgerliche Gleichberechtigung der deutschen Juden einzutreten, den in Not Geratenen beizustehen und den Fortbestand unserer Gemeinde zu sichern.

Nichts kann uns die tausendjährige Verbundenheit mit unserer deutschen Heimat rauben, keine Not und Gefahr kann uns dem von unseren Vätern ererbten Glauben abspenstig machen. In Besonnenheit und Würde wollen wir für unsere Sache einstehen.

Wenn keine Stimme sich für uns erhebt, so mögen die Steine dieser Stadt für uns zeugen, die ihren Aufschwung zu einem guten Teil jüdischer Leistung verdankt, in der so viele Einrichtungen vom Gemeinsinn der Juden künden, in der aber auch das Verhältnis zwischen jüdischen und nichtjüdischen Bürgern stets besonders eng gewesen ist.

Verzagt nicht! Schliesst die Reihen! Kein ehrenhafter Jude darf in dieser Zeit fahnenflüchtig werden. Helft uns, das Vätererbe zu bewahren, und wenn die Not der Zeit den Einzelnen hart anfasst, so gedenkt der Worte, die wir am bevorstehenden Pessachfest, dem Fest der Befreiung, von altersher sprechen: „Von Geschlecht zu Geschlecht sind sie gegen uns aufgestanden, uns zu vernichten. Aber der Heilige, gelobt sei Er, hat uns aus ihrer Hand errettet."

Frankfurt a. M., 30. März 1933

Vorstand der Israelitischen Gemeinde

Aufruf der Frankfurter Israelitischen Gemeinde vom März 1933

ererbten Glauben abspenstig machen. In Besonnenheit und Würde wollen wir für unsere Sache einstehen.
Wenn keine Stimme sich für uns erhebt, so mögen die Steine dieser Stadt für uns zeugen, die ihren Aufschwung zu einem guten Teil jüdischer Leistung verdankt, in der so viele Einrichtungen vom Gemeinsinn der Juden künden, in der aber auch das Verhältnis zwischen jüdischen und nichtjüdischen Bürgern stets besonders eng gewesen ist.
Verzagt nicht! Schliesst die Reihen! Kein ehrenhafter Jude darf in dieser Zeit fahnenflüchtig werden.«

Wer die Zeichen der Zeit richtig deutete, floh trotzdem ins Ausland. Der Frankfurter Maler und Kunstprofessor Max Beckmann zum Beispiel, der nach Amsterdam übersiedelte, oder der Generalintendant des Darmstädter Landestheaters, Gustav Hartung, der in der Schweiz eine neue Heimat fand. Zu den prominenten Emigranten zählten auch der Philosoph Theodor W. Adorno, der Theologe Paul Tillich, der Religionswissenschaftler Martin Buber, der Verleger der renommierten »Frankfurter Zeitung«, Heinrich Simon, und ein gerade vier

Jahre altes Mädchen, das später durch ihr Tagebuch weltberühmt werden sollte: Anne Frank.

Die Kaufmannsfamilie Frank hatte seit 1881 in Frankfurt gelebt. Spätestens seit den Boykottaktionen gegen jüdische Geschäfte, Kanzleien und Arztpraxen ahnte Annes Vater Otto Frank, was sich in Deutschland noch ereignen würde. Im Sommer 1933 zog die Familie zunächst nach Aachen und von dort nach Amsterdam, wo Otto Frank einen Absatzmarkt für die Opekta-Werke aufbauen sollte. Nachdem die deutschen Truppen in die Niederlande einmarschiert waren und sich die Situation für die jüdischen Bürger immer weiter verschlechterte, versteckte sich die Familie im Juli 1942 im Hinterhaus Prinsengracht 263. Vom 12. Juni 1942 bis zum 1. August 1944 führte Anne Frank ihr Tagebuch, das zu einem erschütternden Dokument des nationalsozialistischen Rassenwahns wurde. Als Kind erlebte sie Terror und Verfolgung, aber sie resignierte nicht. In der Enge des Verstecks wuchs eine Persönlichkeit heran, deren Gedanken und Gefühle ein beeindruckendes Zeugnis geblieben sind. Am 4. August 1944 wurde Anne Frank, nachdem das Versteck der Familie verraten worden war, verhaftet und über das Sammellager Westerbork nach Auschwitz-Birkenau deportiert. Im Oktober 1944 kam sie nach Bergen-Belsen, wo sie als Fünfzehnjährige an Typhus starb.

Arbeitsbeschaffung als Propaganda

Gauleiter Sprenger auf dem Weg zur Autobahnbaustelle am 23. September 1933

In Hessen konnte jeder sehen, mit welcher Brutalität das Hitler-Regime gegen die jüdischen Mitbürger und seine politischen Gegner vorging. Der Terror fand öffentlich statt und wurde von Tausenden bejubelt. Allein 30000 Menschen versammelten sich am 19. Mai 1933 in Kassel, um die symbolische Bücherverbrennung zu verfolgen. Auch in Frankfurt, Marburg und Gießen gingen die bis dahin viel gelesenen Schriften von Kurt Tucholsky, Heinrich Mann oder Erich Kästner in Flammen auf. Beliebte Politiker wie der Frankfurter Oberbürgermeister Ludwig Landmann wurden aus ihren Ämtern gejagt, und Pfarrer, die sich kritisch zum Nationalsozialismus äußerten, mussten mit Amtsenthebung rechnen. Schon nach wenigen Wochen saß die neue Regierung so fest im Amt, dass an einen baldigen Sturz nicht mehr

Wahlpropaganda mit der neu eröffneten Autobahn, 1936

zu denken war. Die nationalsozialistische Propaganda mit Joseph Goebbels an der Spitze hatte den meisten Menschen in Deutschland das Gefühl vermittelt, es gehe nun bald radikal aufwärts. Dafür wurde, wenn auch manchmal vielleicht nur zähneknirschend, einiges akzeptiert, was in anderen Zeiten auf heftigen Protest gestoßen wäre. Vor allem die hohe Arbeitslosigkeit bedrückte die Menschen. Und gerade da versprachen Hitler und seine Partei wahre Wunder. Nur zu gern wurde ihnen geglaubt. Gauleiter Sprenger richtete schon im Juni 1933 ein »Kontrollamt für Arbeitsbeschaffung« ein.

Das erste große propagandistische Projekt war der Bau der Reichsautobahn von Frankfurt nach Heidelberg. Zwar existierten die Pläne schon lange, aber dessen ungeachtet ließen die Nationalsozialisten das Projekt als ihre Idee und ihren Erfolg feiern. Sprenger nutzte den ersten Spatenstich für Propaganda in eigener Sache. An der Spitze von 700 mit Schaufeln bewaffneten Arbeitslosen marschierte er am 23. September 1933 von der Frankfurter Innenstadt zur Baustelle nach Schwanheim und demonstrierte damit, wie ernst es die Nationalsozialisten mit ihrem Arbeitsbeschaffungsprogramm nähmen. In seiner Rede, die er an der Baustelle hielt, kündigte Hitler das »größte Straßennetz der Welt« an. 6400 Kilometer Autobahn sollten in den nächsten Jahren entstehen. Offiziell wurde der positive Effekt auf die Beschäftigtenzahlen herausgestellt, aber dem NS-Regime ging es auch darum, optimale Aufmarschwege für die Armee zu schaffen, denn schon 1933 wurde an einen Krieg gegen Polen und Frankreich gedacht. Die Eröffnung des ersten Teilstücks zwischen Frankfurt und Darmstadt am 19. Mai 1935 wurde zu einer weiteren großen Propagandaaktion, die vor allem dazu diente, die Wochenschauen in den Kinos mit eindrucksvollem Bildmaterial zu versorgen. Der ›Führer‹, im offenen Mercedes stehend, nahm das schier endlose Spalier der dorthin beorderten Menschen ab, die ihm selbstverständlich zujubelten. Hinter ihm fuhren zweihundert Lastwagen mit den Bauarbeitern. Diese Bilder prägten sich auch denen ein, die sich ihre Skepsis gegenüber dem NS-Regime bewahrt hatten. Überall wurde gebaut und saniert. Die Zahl der Arbeitslosen ging kontinuierlich zurück.

Hitler trägt sich in das Goldene Buch der Stadt Frankfurt ein, neben ihm Oberbürgermeister Krebs, 1938

Der Preis dafür war hoch, aber er wurde von immer mehr Menschen in Deutschland akzeptiert. Spätestens mit der Wiedereinführung der Wehrpflicht im März 1935 und dem Einmarsch deutscher Truppen in das entmilitarisierte Rheinland fast genau ein Jahr später wurde offensichtlich, dass sich die nationalsozialistischen Machthaber für einen Krieg rüsteten. In gleich mehreren hessischen Orten entstanden neue Kasernen oder wurden bereits bestehende Anlagen erweitert. Großmanöver gehörten plötzlich zur Tagesordnung, und Städte wie Kassel, Fritzlar oder Darmstadt waren wieder stolz darauf, eine Garnison zu beherbergen.

Auch Frankfurt hätte da gern mitgehalten, aber die – auch jüdische – Geschichte der Stadt machte dem ehrgeizigen Oberbürgermeister Friedrich Krebs einen Strich durch die Rechnung. Der versuchte einiges, um Frankfurt zum nationalsozialistischen Vorzeigemodell zu machen. Schon kurz nach der Amtsübernahme hatte er erklärt, er werde alles daransetzen, aus der »Stadt der Frankfurter Zeitung und Mayer Amschel Rothschilds wieder die deutsche Stadt und die Stadt Goethes« zu machen. Aber die NS-Führung schätzte die als jüdisch geprägt geltende Mainmetropole nicht besonders. Hitler trug sich erst im März 1938 in das Goldene Buch der Stadt ein.

Als es darum ging, Frankfurt einen klingenden Beinamen zu verleihen, und weder ›Handel‹ noch ›Banken‹ als Begriffe auftauchen sollten, kamen die Verantwortlichen auf eine absurde Idee. Anläßlich des ›Reichshandwerkertages‹ am 16. Juni 1935 wurde Frankfurt zur »Stadt des deutschen Handwerks« erklärt. Das zielte weit an der Realität vorbei und blieb eine leere Formel. Was zählte war, dass niemand den Beinamen mit den jüdischen Leistungen für die Stadt in Verbindung bringen konnte.

Der 9. November 1938

Auf dem Gebiet des heutigen Hessen lebten 1933 58000 Menschen, die sich zum jüdischen Glauben bekannten, 1945 waren es noch 600. Die Vertreibung der jüdischen Mitbürger stieß in Hessen – wie überall – auf wenig Widerstand. Ganz im Gegenteil: Nicht wenige waren stolz darauf, wenn sie ihr Dorf oder ihre Stadt als »judenfrei« melden konnten. Zum Beispiel Gelnhausen: Den Abzug der letzten jüdischen Familie kommentierte dort die nationalsozialistische »Kinzig-Wacht« mit Hohn und Spott:

> *»Mit besonderer Freude und Genugtuung vermelden wir, dass heute, am 1. November 1938, der Siegfried Weiß und seine Frau Selma geborene Scheuer als letzte Juden ihre polizeiliche Abmeldung vollzogen haben. Damit ist Gelnhausen endlich judenfrei geworden. In welchem Grade dem Judenpack der Gelnhäuser Boden während der letzten Jahre immer heißer geworden ist – nicht zuletzt durch die ablehnende Haltung und den gesunden Instinkt unserer Einwohnerschaft –, das zeigen folgende Zahlen: Bei der Machtübernahme gab es in Gelnhausen 218 Juden, deren Zahl sich stetig wie folgt verringerte: Mai 1933 162, März 1934 132, März 1935 131, März 1936 130, März 1937 55, März 1938 40, Juli 1938 23, 1. November 1938 0. Nunmehr hat auch, Gott sei Dank, der hartnäckigste Vertreter dieses üblen Gelichters das Weite gesucht. Dieser Tag, an dem wir endgültig von der jüdischen Pest in unseren Mauern befreit worden sind, dürfte als bemerkenswert in die Geschichte unserer Stadt eingehen.«*

Wenige Tage später, in der Nacht vom 9. auf den 10. November, brannten überall in Hessen die Synagogen – allerdings nicht in Gelnhausen, denn dort lebten keine Juden mehr, und die Synagoge blieb erhalten. Sie ist inzwischen sorgfältig renoviert worden und dient als besinnlicher Ort für Konzerte und Ausstellungen. Andere jüdische Gotteshäuser wurden fast vollständig zerstört.

An den Brand der Frankfurter Börneplatz-Synagoge erinnert sich der Schriftsteller Valentin Senger in seinem autobiographische Roman »Kaiserhofstraße 12«. Für den Sohn russisch-jüdischer Eltern waren die Jahre zwischen 1933 und 1945 eine Zeit der tiefsten Erniedrigung. Unerkannt und mit falschen Papieren versehen, führte er ein möglichst unauffälliges Leben und musste ohnmächtig mit ansehen, wie die Nationalsozialisten gegen Juden und jüdische Einrichtungen vorgingen. Als er am 9. November hörte, dass die Synagoge am

Börneplatz brannte, hielt es den Lehrling der Eisen- und Stahlbaufirma Fried Sohn nicht mehr an seinem Arbeitsplatz:

> *»Und dann stand ich in der Menschenmenge auf dem Platz und sah die Flammen, die aus dem großen Kuppelbau des Gotteshauses schlugen. Etwa hundert Meter von der brennenden Synagoge entfernt bildeten SA-Leute und Hilfspolizisten einen Kordon, so dass niemand näher an die Brandstelle herankonnte. Ganz vorne, noch vor der Absperrung, stand eine Gruppe Hitlerjungen, feixte und machte eine Gaudi aus dem schrecklichen Geschehen.*
> *Die Menschen hinter der Absperrung waren eher betreten, ich hörte kein Wort der Zustimmung. Neben mir erzählte eine alte Frau, sie habe gesehen, wie man am Zoologischen Garten Juden mit Lastwagen abtransportiert habe. Ein Mann sagte, er komme gerade von der Friedberger Anlage, die dortige Synagoge brenne ebenfalls und auch die Alte Synagoge an der Allerheiligenstraße.*
> *Ich sah nichts als die Flammen und den Rauch, obwohl viele hundert neugierige Menschen um mich herumstanden, und in meinen Ohren klang, als stünde er dicht neben mir, Papas leise, traurige Stimme: ›Hulet, hulet, bejse Windn.‹ Ich hätte mich nur umdrehen müssen, um ihn zu sehen, so nahe war er mir. Und in meinem Kopf zitterte der Refrain mit: ›Lang wet doieren der Winter, Summer is noch wait.‹ Ich weinte, die Tränen rannen mir die Backen hinunter, und es war mir gleichgültig, ob mich jemand beobachtete.«*

Den Vorwand für die Pogrome hatte das Attentat des jungen Juden Herschel Grünspan auf den deutschen Diplomaten Ernst von Rath in Paris geliefert. Aber der ›spontane Volkszorn‹ war genau geplant. Systematisch wurden Synagogen angezündet, jüdische Einrichtungen demoliert, jüdische Deutsche misshandelt und verhaftet. Dass die nicht betroffenen Deutschen die Terroraktionen »eher betreten« wie in Frankfurt oder auch in Darmstadt verfolgten, war die Ausnahme. Gerade in kleineren Orten konnten die SA- und SS-Trupps auf die aktive Mithilfe aus der Bevölkerung zählen. Die Pogromnacht sollte die über Jahrhunderte gewachsene Lebensgemeinschaft zwischen jüdischen und nichtjüdischen Deutschen endgültig beseitigen. Sie markiert den Beginn des Holocaust, der nur wenige Jahre später und wieder ohne nennenswerten Protest in die Tat umgesetzt wurde.

Nach einer Statistik von Thea Altaras sind von den 363 Synagogen in Hessen vierzig Prozent völlig zerstört worden, die meisten anderen wurden zum

Die brennende Synagoge am Frankfurter Börneplatz, 10. November 1938

Teil erheblich beschädigt. Aber nicht überall gelang die Vernichtung der jüdischen Gotteshäuser. Zwei Gebäude hat das Freilichtmuseum Hessenpark bei Neu-Anspach übernommen: eine steinerne Synagoge aus Groß-Umstadt und eine Fachwerksynagoge aus Nentershausen. Der Hessenpark ist damit das einzige Freilichtmuseum in Deutschland, das Synagogen ausstellt. Und das stößt nicht nur auf Begeisterung. Der Leiter Joachim Renz berichtet von anonymen Drohbriefen und Beschimpfungen, die er allerdings nicht allzu ernst nimmt.

Mit den Zeugnissen der jüdischen Kultur wurde auch nach dem Krieg in Hessen jahrzehntelang äußerst sorglos umgegangen. Ehemalige Synagogen dienten, wenn sie nicht auf Abbruch standen, als Rumpelkammern oder Garagen. Zwischen 1945 und 1993 sind 66 von ihnen abgerissen worden, nur einige wenige wurden renoviert.

Deportation und Vernichtung

Wer als Jude auch nach der Pogromnacht noch in Deutschland geblieben war, etwa weil er gar keine Möglichkeit zur Emigration hatte, der musste täglich mit neuen Drangsalierungen rechnen. Ein auch nur halbwegs ›normales‹ Leben war den Juden versagt. Die wenigen Freiheiten, die sie noch besaßen, wurden immer weiter eingeschränkt. Am öffentlichen Leben konnten sie schon lange nicht mehr teilnehmen. Mit der nur wenige Tage nach der Pogromnacht erlassenen »Verordnung über die Ausschließung der Juden aus dem deutschen Wirtschaftsleben« war der so genannten Arisierung Tür und Tor geöffnet. Jüdischer Besitz musste zu Schleuderpreisen verkauft werden. Nicht wenige Symbolgestalten des späteren ›Wirtschaftswunders‹, wie zum Beispiel Josef Neckermann, legten damals mit »arisierten« Unternehmen den Grundstein für ihre eigenen Firmenimperien. Zu keiner Zeit waren jüdische Menschen in Deutschland rechtloser als nach den November-Pogromen. Seit dem 19. September 1941 war das Tragen des gelben »Judensterns« Pflicht, auch das ein Relikt aus dem Mittelalter.

Genau einen Monat später begannen die Deportationen aus hessischen Städten. Frankfurt machte den Anfang. 1200 Bürger wurden zum angeblichen Arbeitseinsatz in das Ghetto Litzmannstadt gebracht, bald darauf 1000 Menschen von Kassel in das Ghetto Riga. Bis zum Sommer 1943 fuhren die Züge aus Frankfurt, Kassel und Darmstadt. Insgesamt 15 000 Menschen, darunter allein 9500 aus Frankfurt, wurden bei diesen Transporten in den Osten verschleppt. Kaum einer von ihnen überlebte. Auch von den Sinti und Roma, die seit Mai 1940 über das »Zigeunerlager« in Frankfurt-Riederwald zunächst in polnische Ghettos und schließlich nach Auschwitz-Birkenau gebracht wurden, sind nur wenige zurückgekehrt. 25 000 der etwa 40 000 von den NS-Stellen erfassten Sinti und Roma aus Deutschland und Österreich wurden ermordet. Obwohl die Transporte in aller Öffentlichkeit, in Frankfurt zum Beispiel vor der Festhalle, zusammengestellt wurden, behaupteten viele nach dem Zweiten Weltkrieg, sie hätten davon nichts gewußt.

Deportation Hanauer Juden

Dabei hielten die Nationalsozialisten selbst die Ermordung von Menschen nicht geheim. Ein Beispiel dafür ist die Landesheil- und Pflegeanstalt in Hadamar. Im Rahmen ihres verbrecherischen »Erbgesundheitsprogramms«, der so genannten »Aktion T4«, wurden dort ab Januar 1941 geistig und körperlich behinderte Menschen vom Säugling bis zum Greis ermordet. Das geschah am helllichten Tag und fast unter den Augen der Hadamarer Bürger. Dafür war im Keller, der heute zur Gedenkstätte gehört, eine Anlage zur fabrikmäßigen Tötung gebaut worden. Die ermordeten Menschen wurden entweder in einen Sezierraum gebracht, wo sie der nationalsozialistischen Pseudowissenschaft dienen sollten, oder direkt zur Einäscherung.

Schon nach wenigen Monaten waren 10 000 Menschen in den Kellerräumen der T4-Anstalt in Hadamar ermordet worden. Die Anstaltsleitung nahm dies zum Anlaß für eine Feier, die, wie berichtet wurde, in einem Saufgelage endete. Die Bürger von Hadamar sahen die Schornsteine des Krematoriums täglich rauchen, und sie wussten, woher der Gestank kam, der dauerhaft über der Stadt lag. Unternommen haben sie nichts. Die Angst war zu groß, selbst verhaftet zu werden. Dennoch regte sich Protest: Am 13. August 1941 schrieb der Bischof von Limburg, Antonius Hilfrich, an den Reichsminister der Justiz:

> *»Alle gottesfürchtigen Menschen empfinden diese Vernichtung hilfloser Wesen als himmelschreiendes Unrecht. Beamte der Geheimen Staatspolizei suchen, wie man hört, das Reden über die Hadamarer Vorgänge mit strengen Drohungen zu unterdrücken. Es mag im Interesse der öffentlichen Ruhe gute Absicht sein. Das Wissen und die Überzeugung und die Entrüstung der Bevölkerung werden damit nicht geändert; die Überzeugung wird um die bittere Erkenntnis vermehrt, dass das Reden mit Drohungen verboten wird, die Handlungen aber nicht strafrechtlich verfolgt werden.«*

Hilfrichs Brief blieb nicht der einzige. Schließlich führte der kirchliche Protest, vor allem die mutigen Predigten des Bischofs Galen in Münster, im August 1941 zur vorläufigen Einstellung der Euthanasiemorde. Das Töten hatte damit aber kein Ende. In einer zweiten Phase, vom August 1942 bis Ende März 1945, wurden noch einmal über 4000 Menschen in Hadamar mit Giftspritzen und Tabletten ermordet, darunter auch viele Zwangsarbeiter, die als nicht mehr einsatzfähig galten.

Zwangsarbeiter aus der Sowjetunion, Polen, Frankreich oder anderen besetzten Ländern waren fast überall in Hessen anzutreffen, selbst in kleinen Ortschaften, wo eine Ziegelei stand oder wo ein Bauer eine Hilfskraft benötigte. Aber in besonders großer Zahl wurden sie in Rüstungs- und Munitionsbetrieben eingesetzt, wie etwa in den beiden Sprengstoffwerken von Stadtallendorf. Über 8000 Kriegsgefangene, Strafgefangene und KZ-Häftlinge aus zwanzig Nationen produzierten dort unter unmenschlichen Bedingungen TNT und andere Chemikalien, die den so genannten Wunderwaffen V1 und V2 die Durchschlagskraft sichern sollten. Diese Zwangsarbeiter genossen keinerlei Schutz. Sie konnten nach Gutdünken misshandelt und schon bei kleinen Verstößen deportiert oder ermordet werden. Allein im Bereich der Wehrwirtschaftsinspektion Kassel waren 1942 25 000 Zwangsarbeiter registriert.

Hessen im Zweiten Weltkrieg

Doch die Anzettelung des Zweiten Weltkriegs, die Ermordung von Millionen Menschen und die dauernde Misshandlung von Zwangsarbeitern konnten nicht ungestraft bleiben. Nach ›Blitzsiegen‹ im Osten und Westen wendete sich langsam das Blatt. Immer mehr Familien hatten Opfer zu beklagen, die Versorgungslage wurde schwieriger, und schließlich begann im Sommer 1942 die systematische Bombardierung deutscher Städte, großer Industrieanlagen und wichtiger Versorgungseinrichtungen.

Am 17. Mai 1943 zerstörten britische Bomber die Staumauer des Edersees. In der Flutwelle, die bis nach Kassel reichte, starben mindestens 70 Menschen. 6000 Opfer forderte der Luftangriff auf Kassel in der Nacht vom 22. auf den 23. Oktober 1943. Die gotische Altstadt von Frankfurt ging am 18. und 22. März 1944 in Flammen auf. Die Schriftstellerin Marie Luise Kaschnitz erinnerte sich später in ihren Buch »Orte«:

»Als wir in die Stadt Frankfurt zogen, waren gerade die ersten Bomben gefallen. Die Altstadt stand noch, der Laden mit den Zinnsoldaten, Zinnbäumchen, vierspännigen Zinnkutschen, auch die Fahrgasse und das geschwungene Dächlein, unter dem Würste verkauft wurden und das ›Die Schirn‹ hieß. Vor meinen Augen sozusagen ist das alles zu Asche und Staub zerrieben worden. In der höchsten Loge des Opernhauses bin ich noch gesessen und habe neben den gipsernen Engelbeinen auf die Bühne gesehen und den traurigen König in der Oper Don Carlos singen hören: Du hast mich nie geliebt. Ein paar Tage darauf war die Oper eine Ruine, das Flügelpferd vom Giebel verschwunden, an die Widmung der Bürger ›Dem Wahren, Schönen, Guten‹ erinnerte man sich später mit Spott. Goethes Geburtshaus ist beizeiten aufgenommen worden, Millimeter um Millimeter, mit Stoffproben, Tapetenproben, es konnte verschwinden und verschwand. Man hat nicht getrauert, hat das alles gewissermaßen zum Opfer gebracht in der Meinung, je mehr Städte zerstört würden, desto eher seien Krieg und Gewaltherrschaft vorbei.«

Bei den beiden Angriffen auf Frankfurt starben über 4800 Menschen. Darmstadt verwandelte sich in der Nacht vom 11. auf den 12. September 1944 in eine Trümmerwüste mit über 8400 Toten. Am 6. Dezember 1944 versank Gießen in Schutt und Asche. Die meisten hessischen Städte waren bis Kriegsende Ziel der alliierten Bombardements – mit mehr oder weniger großen Schäden. Nur acht Tage vor dem Einmarsch der Amerikaner, am 19. März 1945, wurde Hanau dem Erdboden gleichgemacht. Von den 450 Häusern der Altstadt standen nur noch sieben.

Der verheerende Angriff auf Kassel hatte noch ein politisches Nachspiel. Gauleiter Weinrich war nämlich in der Nacht vom 22. auf den 23. Oktober

Brennende Häuser beim alliierten Luftangriff auf Kassel am 22. Oktober 1943

1943 nicht in der Stadt gewesen, sondern hatte in Bad Wildungen bei einem Kameradschaftsabend gefeiert. Goebbels selbst begab sich nach Kassel und beschuldigte Weinrich in seinem Bericht, als Reichsverteidigungskommissar für Kurhessen keine ausreichenden Schutzvorrichtungen geschaffen zu haben. Der Gauleiter wurde seines Postens enthoben und durch den SS-Mann Karl Gerland ersetzt, der auch das Amt des preußischen Oberpräsidenten übernahm. Denn der mit dem italienischen Königshaus eng verbundene Prinz Philipp von Hessen war nach der Kapitulation Italiens in Ungnade gefallen und in das Konzentrationslager Flossenbürg eingeliefert worden. Seine Frau Mafalda, die Tochter des italienischen Königs Viktor Emanuel, starb im August 1944 bei einem Luftangriff auf das KZ Buchenwald, wo sie seit dem Sturz ihres Mannes einsaß.

Der in Frankfurt residierende Gauleiter Jakob Sprenger nutzte die Gunst der Stunde und erreichte mit einem Führererlass die Teilung der preußischen Provinz Hessen-Nassau in die zwei neuen Provinzen Kurhessen und Nassau. Er selbst wurde am 1. Juli 1944 Oberpräsident von Nassau und musste sich mit keinem Konkurrenten in Kassel mehr auseinandersetzen. Er hatte damit die völlige politische Kontrolle über das Gebiet, das sowohl den NSDAP-Gau Hessen-Nassau als auch die neu geschaffene preußische Provinz Nassau umfasste. Die Grenzen der beiden preußischen Provinzen Kurhessen und Nassau entsprachen nun denen der NSDAP-Gaue. Die Trennung zwischen Partei und Staat war damit in Hessen endgültig aufgehoben.

Während in Deutschland die Städte im Feuersturm verglühten, versuchten mutige Politiker und Widerstandskämpfer, das Steuer herumzureißen, Hitler zu beseitigen und zu einem Frieden mit den Alliierten zu kommen. Eine der wichtigsten Gruppierungen war der ›Kreisauer Kreis‹, benannt nach dem Gut der Grafen Moltke in Niederschlesien. Dort trafen sich Vertreter verschiedener weltanschaulicher Richtungen, um über einen Umsturz in Deutschland nachzudenken. Zu ihnen gehörte auch der ehemalige Innenminister des Volksstaats Hessen und Gewerkschaftsfunktionär Wilhelm Leuschner. Er sollte nach der Ermordung Hitlers Vizekanzler werden. Und für wenige Stunden hatte es nach dem Attentat am 20. Juli 1944 tatsächlich so ausgesehen, als ob Hitler die Bombenexplosion in seinem Hauptquartier »Wolfsschanze« nicht überleben würde. Der Umsturz schien geglückt, und in Berlin wurde der Machtwechsel militärisch vorbereitet. In Kassel gaben daraufhin der Studienrat Hermann Kaiser und der Stabsoffizier Claus-Henning von Plate den Befehl, Gauleiter Gerland und den SS-Obergruppenführer Erbprinz Josias von Waldeck-Pyrmont zu verhaften. Für den Wehrkreis Wiesbaden war der Rechtsanwalt Ludwig Schwamb als Politischer Bevollmächtigter vorgesehen.

Aber schon bald wurde deutlich, dass das Attentat gescheitert war. Noch am selben Tag nahm sich in Berlin einer der führenden Köpfe des Umsturzversuchs, der aus Wiesbaden stammende Generaloberst Ludwig Beck, das Leben. Kaiser und Schwamb wurden in den folgenden Tagen verhaftet und am 23. Januar 1945 zusammen mit dem ehemaligen Reichsbanner-Führer Theodor Haubach in Berlin-Plötzensee hingerichtet. Dieser hatte engen Kontakt zu Wilhelm Leuschner, Adolf Reichwein und Franz Leuninger gehabt, die im Widerstand die sozialdemokratisch-gewerkschaftlichen Ideen vertraten. Leuschner wurde am 8. September 1944 vom Volksgerichtshof unter dem Vorsitz des früheren Kasseler NSDAP-Funktionärs Roland Freisler zum Tod verurteilt. In der mit wüsten Beschimpfungen durchsetzten Urteilsbegründung hieß es über Leuschner und seine Mitangeklagten, sie seien »ehrgeizzerfressene, ehrlose, feige Verräter«, die sich verschworen hätten, um »als Minister einer feindhörigen Verräterregierung unser Volk in dunkler Reaktion zu knechten und unseren Feinden auf Gnade und Ungnade auszuliefern.« Leuschner wurde am 29. September 1944 hingerichtet, Adolf Reichwein am 20. Oktober 1944.

Wilhelm Leuschner als Angeklagter vor dem Volksgerichtshof am 8. September 1944

Die zerstörte Frankfurter Altstadt im März 1945. Luftbild der U.S. Air Force

Der ebenfalls zu den Verschwörern zählende Adam Trott zu Solz, der aus einem alten hessischen Rittergeschlecht stammte, war bereits am 25. August 1944 ermordet worden. Pater Alfred Delp, der den katholischen Widerstand verkörperte und der seine Kindheit in Lampertheim und Dieburg verbracht hatte, wurde am 2. Februar 1945 ebenfalls in Berlin-Plötzensee gehängt.

Diese Namen stehen stellvertretend für die vielen, Kommunisten, Sozialdemokraten, Gewerkschafter, Theologen, Soldaten und andere, die im Widerstand ihr Leben ließen. Selbst als die alliierten Truppen schon auf deutschem Boden standen, verhängte der Volksgerichtshof noch Todesurteile und ließ sie vollstrecken.

Gegen Ende des Krieges rückte Hessen noch einmal in den Mittelpunkt des militärischen Geschehens, und zwar mit dem »Führerhauptquartier Adlerhorst« bei Ziegenberg in der Wetterau. Das Kommandozentrum war bereits 1938 von der Organisation Todt angelegt worden, militärische Bedeutung erlangte es aber erst Ende 1944. Hitler leitete von dort aus zwischen dem 11. Dezember 1944 und dem 15. Januar 1945 die so genannte Ardennen-Offensive, die den Krieg im Westen »für Deutschland entscheiden« sollte, aber schon bald scheiterte. Hitler kehrte darauf nach Berlin in die Reichskanzlei zurück.

Die Besetzung Hessens Ende März 1945 durch amerikanische Truppen ging rasch voran. Das letzte Aufgebot, der Volkssturm, war den alliierten Soldaten in jeder Hinsicht unterlegen. Trotzdem starben auch noch in aussichtsloser Situation Menschen, die nicht aufhören wollten an Hitler, die Wunderwaffe und den Endsieg zu glauben.

Der Neuaufbau nach der Kapitulation am 8. Mai 1945 begann im Wesentlichen mit Menschen, die das andere Deutschland verkörperten, die im Konzentrationslager gesessen hatten oder im Exil gewesen waren.

Der Neubeginn nach 1945

Schon mehr als drei Wochen vor der offiziellen Kapitulation des Deutschen Reichs war Hessen fest in amerikanischer Hand. Was die siegreichen Truppen vorfanden, war ein weitgehend zerstörtes Land. Nichts funktionierte mehr. Strom- und Wasserleitungen waren unterbrochen, die Brücken gesprengt. Auf den mit Trümmern übersäten Straßen kamen die Fahrzeuge nur mühsam voran. An eine auch nur halbwegs geregelte Lebensmittelversorgung war nicht zu denken, denn die zivile und militärische Verwaltung funktionierte nicht mehr. Aus Angst vor den Amerikanern hatten sich die meisten NS-Funktionäre aus dem Staub gemacht. Frankfurt, Kassel, Darmstadt, Offenbach, Hanau oder Gießen wirkten wie Geisterstädte. Unvorstellbar, dass dort einmal Menschen gewohnt hatten.

Als der Schweizer Schriftsteller Max Frisch kurz nach Kriegsende Frankfurt besuchte, traute er seinen Augen nicht und notierte in sein Tagebuch:

»Wenn man in Frankfurt steht, zumal in der alten Innenstadt, und wenn man an München zurückdenkt: München kann man sich vorstellen, Frankfurt nicht mehr. Eine Tafel zeigt, wo das Goethehaus stand. Dass man nicht mehr auf dem alten Straßenboden geht, entscheidet den Eindruck: die Ruinen stehen nicht, sondern versinken in ihrem eigenen Schutt, und oft

erinnert es mich an die heimatlichen Berge, schmale Ziegenwege führen über die Hügel von Geröll, und was noch steht, sind die bizarren Türme eines verwitterten Grates; einmal eine Abortröhre, die in den blauen Himmel ragt, drei Anschlüsse zeigen, wo die Stockwerke waren. So stapft man umher, die Hände in den Hosentaschen, weiß eigentlich nicht, wohin man schauen soll.«

Amerikanische Soldaten besetzen Bensheim am 27. März 1945.

Hungernde Hanauer plündern einen Güterwagen am 27. März 1945.

Auch der Rheinhesse Carl Zuckmayer, der 1933 emigriert war, hatte ähnliche Empfindungen, als er Frankfurt 1946 wiedersah. Er kam als Zivilbeauftragter der amerikanischen Regierung für Kulturfragen nach Deutschland, ging durch die zerstörte Altstadt, stand auf den Trümmern des Römerbergs und glaubte schließlich, »in einem Alptraum« zu sein, »aus dem man nicht erwachen kann«. Dreizehn Millionen Kubikmeter Schutt mussten allein in Frankfurt beseitigt werden. Das dauerte bis 1965. Was sich nicht zu Bausteinen wiederverwerten ließ, wurde auf dem »Monte Scherbelino« im Frankfurter Stadtwald abgelagert. Mit seinen 36 Metern Höhe ist er ein monumentales Denkmal für die Zerstörung Frankfurts im Zweiten Weltkrieg geworden. Von den 550000 Einwohnern im Jahr 1939 lebten 1945 noch 269000 in der Mainmetropole, also nicht einmal mehr die Hälfte. In Kassel waren es 71000 statt über 216000, in Darmstadt 40000 von vorher 115000. Und in den anderen großen hessischen Städten sah es ähnlich aus – mit Ausnahme von Wiesbaden, das verhältnismäßig wenig zerstört war und deshalb gute Voraussetzung bot, die amerikanische Militärverwaltung und später die Regierung des Landes Hessen aufzunehmen.

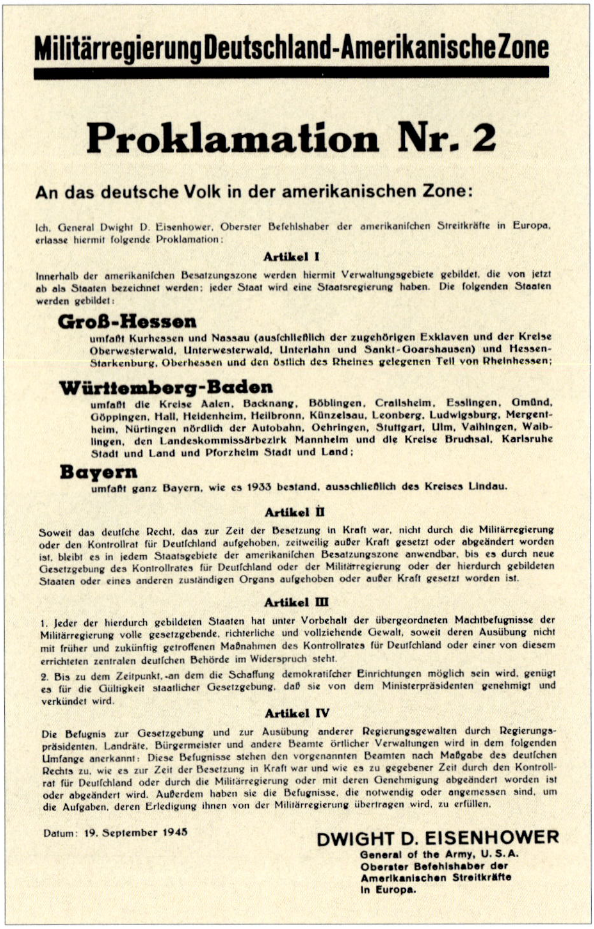

Militärregierung Deutschland-Amerikanische Zone

Proklamation Nr. 2

An das deutsche Volk in der amerikanischen Zone:

Ich, General Dwight D. Eisenhower, Oberster Befehlshaber der amerikanischen Streitkräfte in Europa, erlasse hiermit folgende Proklamation:

Artikel I

Innerhalb der amerikanischen Besatzungszone werden hiermit Verwaltungsgebiete gebildet, die von jetzt ab als Staaten bezeichnet werden; jeder Staat wird eine Staatsregierung haben. Die folgenden Staaten werden gebildet:

Groß-Hessen
umfaßt Kurhessen und Nassau (ausschließlich der zugehörigen Exklaven und der Kreise Oberwesterwald, Unterwesterwald, Unterlahn und Sankt-Goarshausen) und Hessen-Starkenburg, Oberhessen und den östlich des Rheines gelegenen Teil von Rheinhessen;

Württemberg-Baden
umfaßt die Kreise Aalen, Backnang, Böblingen, Crailsheim, Esslingen, Gmünd, Göppingen, Hall, Heidenheim, Heilbronn, Künzelsau, Leonberg, Ludwigsburg, Mergentheim, Nürtingen nördlich der Autobahn, Oehringen, Stuttgart, Ulm, Vaihingen, Waiblingen, den Landeskommissärbezirk Mannheim und die Kreise Bruchsal, Karlsruhe Stadt und Land und Pforzheim Stadt und Land;

Bayern
umfaßt ganz Bayern, wie es 1933 bestand, ausschließlich des Kreises Lindau.

Artikel II

Soweit das deutsche Recht, das zur Zeit der Besetzung in Kraft war, nicht durch die Militärregierung oder den Kontrollrat für Deutschland aufgehoben, zeitweilig außer Kraft gesetzt oder abgeändert worden ist, bleibt es in jedem Staatsgebiete der amerikanischen Besatzungszone anwendbar, bis es durch neue Gesetzgebung des Kontrollrates für Deutschland oder der Militärregierung oder der hierdurch gebildeten Staaten oder eines anderen zuständigen Organs aufgehoben oder außer Kraft gesetzt worden ist.

Artikel III

1. Jeder der hierdurch gebildeten Staaten hat unter Vorbehalt der übergeordneten Machtbefugnisse der Militärregierung volle gesetzgebende, richterliche und vollziehende Gewalt, soweit deren Ausübung nicht mit früher und zukünftig getroffenen Maßnahmen des Kontrollrates für Deutschland oder einer von diesem errichteten zentralen deutschen Behörde im Widerspruch steht.

2. Bis zu dem Zeitpunkt, an dem die Schaffung demokratischer Einrichtungen möglich sein wird, genügt es für die Gültigkeit staatlicher Gesetzgebung, daß sie von dem Ministerpräsidenten genehmigt und verkündet wird.

Artikel IV

Die Befugnis zur Gesetzgebung und zur Ausübung anderer Regierungsgewalten durch Regierungspräsidenten, Landräte, Bürgermeister und andere Beamte örtlicher Verwaltungen wird in dem folgenden Umfange anerkannt: Diese Befugnisse stehen den vorgenannten Beamten nach Maßgabe des deutschen Rechts zu, wie es zur Zeit der Besetzung in Kraft war und wie es zu gegebener Zeit durch den Kontrollrat für Deutschland oder durch die Militärregierung oder mit deren Genehmigung abgeändert worden ist oder abgeändert wird. Außerdem haben sie die Befugnisse, die notwendig oder angemessen sind, um die Aufgaben, deren Erledigung ihnen von der Militärregierung übertragen wird, zu erfüllen.

Datum: 19. September 1945

DWIGHT D. EISENHOWER
General of the Army, U. S. A.
Oberster Befehlshaber der
Amerikanischen Streitkräfte
in Europa.

Proklamation Nr. 2 des Obersten Befehlshabers der Amerikanischen Streitkräfte in Europa, Dwight D. Eisenhower

Die Besatzungsmacht stand vor gewaltigen Problemen, die sie mit Entschlossenheit anpackte. Aus Deutschland sollte wieder, wie zu Weimarer Zeiten, eine parlamentarische Demokratie werden, jedoch mit einem stärkeren politischen Gewicht der einzelnen Länder. Zunächst stand die Frage an, wie viele hessische Länder es überhaupt geben solle: nur eins oder gleich zwei oder vielleicht sogar gar keins? Drei Möglichkeiten schälten sich für die amerikanische Besatzungszone heraus: ein großer ›Weststaat‹ mit Württemberg, Baden, Hessen (-Darmstadt) und Hessen-Nassau; zwei selbständige Staaten Württemberg-Baden und Groß-Hessen oder die drei Länder Württemberg-Baden, Hessen (-Darmstadt) und Hessen-Nassau. Die Amerikaner mit Lucius D. Clay als stellvertretendem Militärgouverneur an der Spitze favorisierten zunächst die dritte Möglichkeit. Darmstadt und Marburg wären dann die Hauptstädte der beiden hessischen Länder geworden.

Dagegen regte sich Widerstand von verschiedenen Seiten. Gerade die deutschen Politiker sahen die historische Chance, die seit fast 400 Jahren bestehende Teilung Hessens aufzuheben. Clay ließ sich schließlich überzeugen. Am 19. September 1945 erließ der Oberste Befehlshaber der Amerikanischen Streitkräfte in Europa, Dwight D. Eisenhower, die »Proklamation Nr. 2«, in der er die Bildung von Bayern, Württemberg-Baden und Groß-Hessen bekanntgab. Dieses Groß-Hessen, das bald nur noch Hessen hieß, setzte sich aus der ehemaligen preußischen Provinz Hessen-Nassau und dem früheren Volksstaat Hessen zusammen, während Rheinhessen und die Kreise Oberwesterwald, Unterwesterwald,

Unterlahn und Sankt-Goarshausen abgetrennt wurden. Sie fielen zunächst der französischen Besatzungsmacht zu und wurden dann Teil von Rheinland-Pfalz.

Kurz nach der Proklamation setzten die Amerikaner eine hessische Landesregierung ein. Erster Ministerpräsident wurde am 16. Oktober 1945 in Wiesbaden der parteilose Wirtschaftsprofessor Karl Geiler. Bei der Rekrutierung ihrer deutschen Mitarbeiter legte die Militärregierung besonderen Wert darauf, ›unbelastete‹ Personen zu finden. Sie selbst hatte dafür ›Weiße Listen‹ angelegt, die Namen von Nazigegnern enthielten, und sie verließen sich auf Empfehlungen von Vertrauenspersonen. Als Regierungspräsidenten in Kassel, Darmstadt und Wiesbaden bestellten sie mit Fritz Hoch, Ludwig Bergsträsser und Hans Bredow bzw. Martin Nischalke Politiker, die von den Nationalsozialisten verfolgt worden waren. Schon nach wenigen Monaten hatte die Militärregierung die wichtigsten Positionen auf allen politischen Entscheidungsebenen besetzt.

Auch der Aufbau der Parteien kam rasch voran. Neben die jeweils schon in der Weimarer Republik aktive SPD und KPD traten die Liberaldemokratische Partei (LDP, die 1948 in der neu gegründeten FDP aufging) und die von Christen beider Konfessionen getragene Christlich-Demokratische Union (CDU). Sie sollten die zukünftigen Geschicke des Landes Hessen bestimmen. Allerdings schwand der Einfluss der KPD in dem Maß, wie sich in der Sowjetischen Besatzungszone eine stalinistische Diktatur herausbildete.

Außer den Liberaldemokraten waren sich die Parteien darin einig, dass die Schlüsselindustrien, also Bergbau, Stahlerzeugung, Verkehr, Energiewirtschaft, Banken und Versicherungen, verstaatlicht werden sollten. In der hessischen CDU hatten die beiden Publizisten Walter Dirks und Eugen Kogon die »Frankfurter Leitsätze« formuliert, die einen »christlichen Sozialismus« forderten. Doch das war nur eine Richtung in der gerade gegründeten CDU. Die andere strebte eine konservative Volkspartei an, die sich mehr am ehemaligen Zentrum orientierte.

Walter Dirks hatte von 1923 bis 1934 als Redakteur bei der linkskatholischen »Rhein-Mainischen Volkszeitung« gearbeitet und war von den Nationalsozialisten erst verhaftet und später mit Schreibverbot belegt worden. Eugen Kogon, der 1927 in Wien mit einer Arbeit über den Faschismus promoviert hatte, war nach der Annektierung Österreichs in das Konzentrationslager Buchenwald eingeliefert worden, wo er der illegalen Lagerleitung angehört hatte. Unmittelbar nach seiner Befreiung am 12. April 1945 schrieb er für die amerikanische »Psychological Warfare Division« und in Zusammenarbeit mit anderen ehemaligen Häftlingen einen Bericht über das Konzentrationslager Buchenwald, der die Grundlage für sein bis heute immer wieder aufgelegtes

Buch »Der SS-Staat« bildet. Dirks und Kogon gründeten im April 1946 die »Frankfurter Hefte«, die zu einer der einflussreichsten politischen Zeitschriften in Deutschland wurden und zeitweilig eine Auflage von bis zu 60000 Exemplare erreichten. Die konsequente Aufarbeitung des Nationalsozialismus war das wichtigste Ziel dieser Publikation. Dazu gehörte auch, nicht nur für Dirks und Kogon, die Verstaatlichung ganzer Wirtschaftszweige, denn ohne die Unterstützung der Industriebarone, so dachte man damals, hätte Hitler nie an die Macht kommen können. Und das sollte sich nicht wiederholen. Deshalb nahmen die hessischen Politiker in ihren Entwurf einer neuen Landesverfassung auch einen Artikel auf, der die Verstaatlichung legitimieren sollte. Aber gerade dieser Passus stieß bei der Militärregierung auf wenig Gegenliebe. General Clay war ein vom amerikanischen Kapitalismus überzeugter Offizier. Und warum sollte das, was in den USA so hervorragend funktionierte, nicht auch gut für Hessen sein? Er verzichtete aber auf ein Veto und ließ den Entwurf ohne Änderung passieren. Allerdings verlangte er, dass über den Verstaatlichungsartikel separat abgestimmt werden sollte. Am 1. Dezember 1946 votierten 76,8 Prozent der Hessen für ihre neue Verfassung. Der Verstaatlichungsartikel fand bei 72 Prozent Zustimmung. Praktische Konsequenzen hatte das allerdings nicht. Der Artikel kam nicht zur Anwendung. Denn unterdessen war der revolutionäre Elan der ersten Stunde etwas erlahmt. Für den zügigen Neuaufbau der Wirtschaft schienen die kapitalistischen Strukturen besser geeignet. So blieb die Sozialisierung wichtiger Betriebe aus. Und 1954, als das Wirtschaftswunder mit Macht einsetzte, hob der Hessische Landtag den Artikel schließlich ganz auf.

1946 war in Hessen das Jahr der Wahlen. Zwölf Jahre lang hatten die Bürger die Politik Hitlers in so genannten ›Volksabstimmungen‹ nur bestätigen dürfen; jetzt waren sie aufgerufen, in insgesamt fünf Urnengängen ihre Gemeindeparlamente, Kreistage und Stadtverordnetenversammlungen, die Verfassungsberatende Landesversammlung und schließlich, am 1. Dezember 1946, mit der Abstimmung über die Verfassung, den ersten hessischen Landtag zu wählen. Die SPD wurde dabei die stärkste Partei in Hessen, gefolgt von der CDU. Beide bildeten eine große Koalition, die der SPD-Politiker und bisherige Präsident der Landesversicherungsanstalt Christian Stock anführte. In seinem Kabinett saß als Justizminister ein Mann, der später für lange Zeit die Geschicke Hessens bestimmen sollte: Georg August Zinn.

Die Probleme, vor die sich die neue hessische Regierung gestellt sah, schienen zunächst kaum lösbar. Da war zunächst die katastrophale Versorgungslage, die sich im harten Winter 1945/46 noch weiter verschlechterte. Schon die offiziellen

Das Kabinett Stock, 1947

Rationen, die es auf Lebensmittelmarken gab, lagen unter dem Existenzminimum. Aber nicht immer waren genügend Brot, Fett, Fleisch oder Kartoffeln vorhanden, um diese geringen Zuteilungen überhaupt leisten zu können. In der Not appellierten die Politiker an die Bauern, auch das »letzte verfügbare Brotgetreide und die letzten verfügbaren Kartoffeln« abzugeben, so der Fuldaer Landrat am 1. Juni 1946:

> *»Laßt unsere Mitmenschen nicht verhungern!*
> *Die jetzigen Rationen reichen schon zu einer vollen Arbeitsleistung nicht mehr hin. Den Kindern in den Städten schaut der Hunger aus den Augen. Jedes Pfund Kartoffeln oder Brotgetreide hilft einen Menschen sättigen. Gebt nicht dem Vieh, was Menschen dringend benötigen. Tuet gegenwärtig mehr, als Eure Pflicht ist. Wie wohl noch nie in der deutschen Geschichte hat das Übel ›Hunger‹ so das Volk überfallen wie gegenwärtig«*[91]

Die Bauern gaben ihr letztes Saatgetreide und ihre letzten Kartoffeln. Die Folge war, dass es im Jahr darauf, im Sommer 1947, zu einer verheerenden Missernte kam. Der Schwarzmarkt blühte, auch wenn deutsche und amerikanische Behörden mit Razzien versuchten, die Hamsterfahrten aufs Land oder die ›Tauschbörsen‹ in den Städten mit ihren irrwitzigen Preisen zu unterbinden. Die Not machte erfinderisch, und es fehlte nicht nur an Lebensmitteln. Um nicht zu erfrieren und Kochen zu können, waren Kohlen bitter nötig. Aber auch die gab es nur in stark begrenzten Rationen. Langsam fahrende oder haltende Kohlenzüge wurden deshalb überfallen und geplündert. Eltern schickten ihre (noch strafunmündigen) Kinder aus, um Kohlen an den Bahndämmen oder auf zentralen Lagerplätzen zu ›sammeln‹. Nur weil Millionen von Care-Paketen aus den USA kamen und die Militärverwaltung dafür sorgte, dass über 300000 Kinder eine Schulspeisung erhielten, kam es Ende 1947 nicht zu einer katastrophalen Hungersnot. Denn obwohl die Versorgungsbetriebe wieder arbeiteten, die Fabriken wieder produzierten und die Bauern ihr Bestes gaben, um die Grundversorgung zu sichern, stand keine kurzfristige Besserung in Aussicht.

Das lag auch an den sprunghaft wachsenden Bevölkerungszahlen. Direkt nach Kriegsende wirkten die großen Städte in Hessen wie entvölkert. Aber schon bald kehrten die Menschen zurück, die sich vor den Bomben der Alliierten aufs Land geflüchtet hatten. Ehemalige Soldaten kamen aus der Kriegsgefangenschaft und suchten ihre Familien. Befreite KZ-Häftlinge und die aus vielen Ländern stammenden ehemaligen Zwangsarbeiter, die bei den Amerikanern »displaced persons« hießen, warteten in speziellen Lagern auf ihr weiteres Schicksal. Die meisten kehrten schließlich in ihre Heimatländer zurück. Etwa 30000 »DPs«, vor allem aus Osteuropa, blieben in Hessen.

Die größte Herausforderung für die Verwaltung, die Nahrungsmittelversorgung und die gesamte Infrastruktur waren aber die Vertriebenen, die sich vor allem aus den abgetrennten deutschen Ostgebieten, aus der Tschechoslowakei, Ungarn und Rumänien in die Westzonen geflüchtet hatten. Allein bis Mitte 1949 stieg ihre Gesamtzahl auf über 650000. Sie machten damit gut fünfzehn Prozent der hessischen Bevölkerung aus. Hinzu kamen über 200000 evakuierte Menschen aus anderen deutschen Ländern und 48000 Zuwanderer aus der sowjetischen Besatzungszone, denn Hessen lag ja direkt am Eisernen Vorhang, der den kapitalistischen Westen vom kommunistischen Osten trennte. Der Flüchtlingsstrom aus der sowjetischen Besatzungszone bzw. aus der DDR sollte auch später nicht abreißen. Ende 1949 wurden in Hessen fast eine Million neue Einwohner gezählt, die essen mussten, nicht frieren sollten, Kleidung benötigten und ein Dach über dem Kopf beanspruchten. Im Durchschnitt lebten zwei Menschen in einem Raum. Familien, die über genügend Platz verfügten, mussten zusammenrücken und Flüchtlinge aufnehmen, was auch für böses Blut sorgte. Niemand wollte freiwillig etwas abgeben. Die Solidarität stieß da an ihre Grenzen, wo es kaum für die eigene Familie reichte.

Trotzdem ging die Integration der Vertriebenen erstaunlich reibungslos vonstatten. Der Historiker Rolf Messerschmidt führt das gerade auf die Unterbringung in den privaten Haushalten zurück:

»Über diese Form der Unterbringung wuchs letztlich das Verständnis der einheimischen Bevölkerung für die Situation der Neubürger, auch wenn man sie nicht auf Dauer im eigenen Haus oder in der eigenen Wohnung haben wollte. Ferner wurde jedem Einheimischen gerade durch die Flüchtlingseinquartierungen und die klaren gesetzlichen Vorgaben nach gleichberechtigter Behandlung der Neubürger unmißverständlich deutlich gemacht, dass Weigerungen und Böswilligkeiten gegen die Flüchtlinge als Delikt geahndet wurden« [92]

Neben der Versorgung der Bevölkerung mit dem Lebensnotwenigen und der Integration der Flüchtlinge musste als dritte große Aufgabe die Entnazifizierung bewältigt werden. Die Militärregierung hatte zunächst einen harten Kurs gefahren. Keinem amerikanischen Soldaten war es erlaubt, einem Deutschen auch nur die Hand zu geben. Eine vertrauensvolle Zusammenarbeit konnte sich so nicht entwickeln, weshalb die Praxis bald anders aussah. Auch setzte sich bei den Amerikanern schnell die Erkenntnis durch, dass nicht alle Deutschen Nazis gewesen waren. Zunächst mussten endlose Fragebögen ausgefüllt werden. Im März 1946 wurden dann die Spruchkammern gebildet, die bis zum Ende der gesetzlichen Entnazifizierung im Oktober 1951 allein in Hessen fast eine Million Verfahren durchführten. Als Hauptschuldige, Schuldige, Minderbelastete und Mitläufer wurden letztlich rund 160000 Hessen eingestuft. Sie erhielten Haftstrafen, Berufsverbot und Geldbußen. Dieses Verfahren der Vergangenheitsbewältigung mit Fragebögen und Spruchkammern war sicher nicht die beste Lösung. Eugen Kogon hat sie sogar als »Geburtsfehler der Demokratie« bezeichnet:

»Eine erkleckliche Anzahl von ›Ehemaligen‹ ist als angeblich nichtbetroffen oder als lediglich Mitläufer in maßgebliche gesellschaftliche und staatliche Positionen zurückgekehrt; und peinlich war, dass die demokratischen Parteien von Anfang an bei den Wahlen auf die Stimmen derer mitangewiesen waren, die soeben von den Spruchkammern belangt worden waren und belangt wurden. Trotz allem ist in Hessen das Abenteuer der politischen ›Säuberung‹ weniger schädlich verlaufen als in einigen anderen westdeutschen Bezirken.«[93]

Als der hessische Landtag nach vier Jahren seine erste Legislaturperiode beendete, hatte sich die Situation im Vergleich zu 1946 grundlegend geändert. Durch die Währungsreform im Juni 1948 war das Geld wieder etwas Wert. Fast über Nacht hatten sich die Schaufenster mit Gebrauchsgütern und Luxusartikeln gefüllt. Niemand musste mehr hungern. Die Industrieproduktion wuchs von Jahr zu Jahr. In den Städten gingen die Aufräumarbeiten voran, und neue Wohnungen entstanden in rasender Eile. Zeitungen erschienen wieder, darunter die »Frankfurter Rundschau«, das »Darmstädter Echo«, die »Frankfurter Allgemeine Zeitung«, die sich auf die Tradition der von den Nationalsozialisten verbotenen »Frankfurter Zeitung« berief, und die »Hessischen Nachrichten« in Kassel. Theater und Kinos spielten wieder. Bedeutende Verlage wie Suhrkamp, Fischer, Insel und Brockhaus ließen sich in Hessen nieder, und die traditionsreiche Frankfurter Buchmesse öffnete wieder ihre Pforten. In Frankfurt wurde das bis auf die Grundmauern zerstörte Geburtshaus Goethes rekonstruiert, und in der wieder aufgebauten Paulskirche nahm Thomas Mann am 25. Juli 1949 den Goethepreis entgegen.

Kurz vorher, am 23. Mai 1949, war das Grundgesetz verabschiedet und damit die Bundesrepublik Deutschland gegründet worden. Ebenso knapp wie überraschend hatte der Parlamentarische Rat für Bonn und nicht für Frankfurt als vorläufige Hauptstadt gestimmt. Im Archiv des Hessischen Rundfunks liegt noch die bereits produzierte Aufnahme der Dankesrede von Frankfurts Oberbürgermeister Walter Kolb, die natürlich nie gesendet wurde.

Mit der Vereidigung des Kabinetts von Ministerpräsident Georg August Zinn am 10. Januar 1951 begann eine neue Ära, die Hessen zu einem wirtschaftlich und kulturell prosperierenden Bundesland machte. Für Eugen Kogon war es vor allem der Regierungsstil Zinns, der fast zwanzig Jahre lang die hessische Politik prägte. Er nennt ihn

> *»durch und durch modern: systematische Beobachtung, wissenschaftliche Analyse, ständige Beratung durch die Beteiligten und Betroffenen, Rationalisierung des Verwaltungsapparates, Rahmenplanung mit Dringlichkeitsstufen, Schwerpunktbildungen. Mit den jeweils zu Beginn der Regierungsperioden bekanntgegebenen ›Hessen-Plänen‹ erreichte er eine langfristige Vorausschau in der Erneuerung, Festigung und Weiterentwicklung. Er nannte das Verfahren nicht zu Unrecht ›einen neuen Weg in die Zukunft‹.«*

Diese Zukunft ist unterdessen Wirklichkeit geworden. Und seit der Maueröffnung im Jahr 1989 liegt Hessen wieder in der Mitte Deutschlands.

Anhang

ANMERKUNGEN

1 Lutz Fiedler, Alt- und mittelsteinzeitliche Funde in Hessen, Führer zur hess. Vor- und Frühgeschichte 2, Stuttgart 1994, S. 126

2 Lutz Fiedler, Alt- und Mittelsteinzeit, in: Herrmann/Jockenhövel, Die Vorgeschichte Hessens, Stuttgart 1990, S. 81

3 Christoph Schlott, Lange Zeit der Jäger und Sammlerinnen, in: Andreas Pfeiffer (Hrsg.), Vom Mammutfleisch bis zur Kartoffel, Begleitschrift zur gleichnamigen Ausstellung, Heilbronner Museumsheft Nr. 15, Terra incognita/Frankfurt/Main 1992, S. 55

4 Herrmann/Jockenhövel, Die Vorgeschichte Hessens, S. 110

5 Lutz Fiedler, Die Alt- und Mittelsteinzeit, in: Herrmann / Jockenhövel, Die Vorgeschichte Hessens, S. 118

6 Herrmann/Jockenhövel, Die Vorgeschichte Hessens, S. 121

7 Christoph Schlott/ Christoph Willms, Nach der Vertreibung aus dem Paradies, in: Andreas Pfeiffer (Hrsg.), Vom Mammutfleisch bis zur Kartoffel, Begleitschrift zur gleichnamigen Ausstellung, Heilbronner Museumsheft Nr.15, Terra incognita/Frankfurt/Main 1992, S. 82

8 Herrmann/Jockenhövel, Die Vorgeschichte Hessens, S. 127

9 Schlott/Willms, Nach der Vertreibung aus dem Paradies, S. 92

10 Peter H. Blänkle, Kannibalismus in der Wetterau?, FAZ, 13.7.1988, S. 25

11 vgl. Claudia u. Peter Zimmermann, Münzenberger haben »links« gewählt – vor über 6000 Jahren, in: Petra u. Uwe Müller (Hrsg.), Münzenberg. Heimat im Schatten der Burg, Sonderdruck, Münzenberg, o.J., S. 471–475

12 Schlott/Willms, Nach der Vertreibung aus dem Paradies, S. 108

13 Manfred Menke, Megalithgrab mit Menhir in Muschenheim, in: Spiegel der Forschung, Wissenschaftsmagazin der Universität Giessen 2/1993, S. 5

14 K.Wurm, Die westeuropäische Steinkiste von Niedertiefenbach, Oberlahnkreis, in: Fundberichte aus Hessen, Bonn 1963, S. 64

15 Herrmann/Jockenhövel, Die Vorgeschichte Hessens, S. 195

16 Schlott/Willms, Nach der Vertreibung aus dem Paradies, S. 126

17 Herrmann/Jockenhövel, Die Vorgeschichte Hessens, S. 226 f.

18 Herrmann/Jockenhövel, Die Vorgeschichte Hessens, S. 242

19 Herrmann/Jockenhövel, Die Vorgeschichte Hessens, S.260

20 Fritz-Rudolf Herrmann, Keltische Fürsten in der Wetterau, in: 25 Jahre Denkmalpflege in Hessen, Wiesbaden 1999, S. 33

21 Herrmann, ebenda.

22 Herrmann, ebenda.

23 Herrmann, ebenda

24 Herrmann, ebenda.

25 Herrmann/Jockenhövel, Die Vorgeschichte Hessens, S. 276

26 Herrmann/Jockenhövel, Die Vorgeschichte Hessens, S. 279

27 Schlott/Willms, Nach der Vertreibung aus dem Paradies, S. 140

28 Poseidonius, Athenaios IV, 36–40, zit. nach: Schlott/ Willms, Nach der Vertreibung aus dem Paradies, S. 150 f.

29 Herrmann/Jockenhövel, Die Vorgeschichte Hessens, S. 295

30 Herrmann/Jockenhövel, Die Vorgeschichte Hessens, S.296

31 Tacitus, Germania, Kapitel 31

32 Johannes Haller/Heinrich Dannenbauer, Der Eintritt der Germanen in die Geschichte, Berlin 1970, S. 30

33 Becker/Köhler/Rasbach, Der römische Stützpunkt von Waldgirmes, Archäolog. Denkmäler in Hessen 148, Wiesbaden 1999

34 Armin Becker/Gabriele Rasbach, Der spätaugusteische Stützpunkt Lahnau-Waldgirmes, in: Germania 76, 1998, 2. Halbband, S. 690

35 Tacitus, Annalen II, 83

36 Christoph Schlott, Nord-Süd-Gefälle vor 1900 Jahren, in: Andreas Pfeiffer (Hrsg.), Vom Mammutfleisch bis zur Kartoffel, Begleitschrift zur gleichnamigen Ausstellung,

Heilbronner Museumsheft Nr. 15, Terra incognita/Frankfurt/Main 1992, S. 210

37 Bernd Steidl, Die Wetterau vom 3. bis 5. Jahrhundert n. Chr., Materialien zur Vor- und Frühgeschichte von Hessen, Bd. 22, Wiesbaden 2000, S. 127

38 Hermann Ament, Die Alamannenfunde von Eschborn, Eschborner Museumsschriften 1, Eschborn 1991, S. 24

39 Karl Heinemeyer, Hessen im fränkischen Reich, in: Das Werden Hessens, hrsg. v. Walter Heinemeyer, Marburg 1986, S. 135 f.

40 Willibalds Leben des Heiligen Bonifatius, hrsg. v. Rudolf Buchner, Darmstadt 1968, S. 483. Zit. nach: Dieter Trautwein, Heil von den Inseln, Konstanz 1993, S. 98

41 Willibald, S. 489

42 Fred Schwind, Von den Karolingern zu den Staufern, in: Uwe Schultz (Hrsg.), Die Geschichte Hessens, Stuttgart 1983, S. 51 f.

43 Karl E. Demandt, Geschichte des Landes Hessen, Kassel 1972/1980, S. 146

44 Clemens Lohmann, Fritzlar, in: Hans Sarkowicz (Hrsg.), Stadtluft macht frei, Leinfelden-Echterdingen, 1993, S. 95

45 Demandt, S. 148

46 Fred Schwind, Von den Karolingern zu den Staufern, in: Die Geschichte Hessens, S. 55

47 Demandt, S. 176

48 Vera Schauber/Hanns Michael Schindler, Die Heiligen im Jahreslauf, Augsburg 1990, S. 625

49 Hadwiga Fertsch-Röver, Elisabeth von Thüringen, in: Hans Sarkowicz/Ulrich Sonnenschein (Hrsg.), Die großen Hessen, Frankfurt und Leipzig 1996, S. 21

50 Fertsch-Röver, S. 22

51 Bericht Konrads an den Papst im Vorfeld der späteren Heiligsprechung Elisabeths, zit. nach: Fertsch-Röver, S. 25

52 Fertsch-Röver, S. 23

53 Caesarius von Heisterbach, Sermo de translatione beate Elyzabeth 30, [PGRGK 43], S. 379, zit. n.: Arnold Angenendt, Heilige und Reliquien, München 1997, S. 155

54 Noch heute ist die Anwesenheit einer Reliquie in einem katholischen Gotteshaus unabdingbare Voraussetzung für seine spirituelle Funktion. Bei zeitgenössischen Kirchenbauten handelt es sich meist nur noch um einen kleinen Splitter aus den Gebeinen eines anerkannten Heiligen, der in einem Hohlraum im Altar, dem so genannten Sepulkrum, aufbewahrt wird.

55 Arnold Angenendt, Heilige und Reliquien, München 1997, S. 196

56 Ulf Diederichs und Christa Hinze: Hessische Sagen, München 1992, S. 148 f.

57 In diesem Sinne zum Beispiel bei Peter Moraw: Das späte Mittelalter, in: Walter Heinemeyer (Hrsg.): Das Werden Hessens, Marburg 1966, S. 196 ff.

58 Zit. nach Hans-Otto Schembs: Frankfurt und die Wahl und Krönung der deutschen Könige, in: Bernd Heidenreich und Klaus Böhme (Hrsg.): Hessen. Geschichte und Politik, Stuttgart, Berlin, Köln 2000, S. 137 f.

59 Heidenreich/Böhme, S. 138

60 Zit. nach Heidenreich/Böhme, S. 147

61 Die Briefe der Frau Rath Goethe, hrsg. von Albert Köster, Leipzig 1923, Band 2, S. 10 f.

62 Frankfurt, Edition der deutschen Städte, München 1994, S. 94

63 a.a.O.

64 a.a.O.

65 Nach H. Werner, Reprint ›Briefe über die Galanterien von Frankfurt am Main‹ London 1791, Frankfurt 1979, S. 233–236

66 Nach Franz Prinz zu Sayn-Wittgenstein, Reichsstädte, München 1965, S. 236

67 Wolfgang Ronner, Als Kronberg hinter Mauern lag, 2. Bd., Frankfurt/Main 1978

68 Martin Maria Schwarz und Ulrich Sonnenschein (Hrsg.): Hessen riskant. Orte des Scheiterns in Hessen, Marburg 2000

69 Zit. nach Walter Heinemeyer, Landgraf Philipp der Großmütige von Hessen – politischer Führer der Reformation, in: Uwe Schultz (Hrsg.), Die Geschichte Hessens, Stuttgart 1983, S. 73

70 Nach Wolfgang Breu-Kunkel, Marburg und die Reformation in Hessen, in: Bernd Heidenreich und Klaus Böhme (Hrsg.), Hessen. Geschichte und Politik, Stuttgart, Berlin, Köln 2000, S. 163 ff.

71 Diederichs/Hinze, S. 32 f.

72 Zitiert nach Volker Press, Hessen im Zeitalter der Landesteilung (1567–1655), in: Walter Heinemeyer (Hrsg.), Das Werden Hessens, Marburg 1986, S. 288

73 Demandt, Geschichte des Landes Hessen, Kassel und Basel 1959, S. 189.

74 Söldnerleben am Vorabend des Dreißigjährigen Krieges. Lebenslauf und Kriegstagebuch 1617 des hessischen Obristen Caspar von Widmarckter, herausgegeben und bearbeitet von Holger Th. Graf, Marburg 2000

75 Demandt, S. 195

76 Fritz Wolff, Absolutismus und Aufklärung in Hessen-Kassel 1730–1806, in: Uwe Schultz (Hrsg.), Die Geschichte Hessens, Stuttgart 1983, S. 133

77 Zit. nach: Jürgen Rainer Wolf, Hessen-Darmstadt und seine Landgrafen, in: Schultz, S. 127

78 Bei den Ausführungen folgen wir insbesondere: Barbara Suchy, Zwischen Geborgenheit und Gefährdung. Jüdisches Leben in hessischen Kleinstädten und Dörfern, in: Uwe Schultz (Hrsg.), Die Geschichte Hessens, Stuttgart 1983, S. 145–159

79 Barbara Suchy, Zwischen Geborgenheit und Gefährdung. Jüdisches Leben in hessischen Kleinstädten und Dörfern, in: Uwe Schultz (Hrsg.), Die Geschichte Hessens, Stuttgart 1983, S. 159

80 Ernst Kramer, Fulda, München/Berlin 1973, S. 28

81 Rainer von Hessen (Hrsg.), Wir Wilhelm von Gottes Gnaden. Die Lebenserinnerungen Kurfürst Wilhelms. I. von Hessen 1743–1821, Frankfurt am Main/New York 1996, S. 329

82 Eckart G. Franz, Vom Biedermeier in die Katastrophe des Feuersturms, in: Darmstadts Geschichte, Darmstadt 1984, S. 296

83 »... wir ziehen nach Amerika«. Briefe Odenwälder Auswanderer aus den Jahren 1830 bis 1833, Schloss Lichtenberg 1988, S. 23

84 Klaus Eiler (Hrsg.), Hessen im Zeitalter der industriellen Revolution, Frankfurt am Main 1984, S. 291

85 Institut Mathildenhöhe Darmstadt (Hrsg.), Museum Künstlerkolonie Darmstadt, Darmstadt o. J.

86 In: Frankfurter Historische Kommission (Hrsg.), Frankfurt am Main. Die Geschichte der Stadt in neun Beiträgen, Sigmaringen 1991, S. 441

87 In: Hans Sarkowicz (Hrsg.), Die großen Frankfurter, Frankfurt am Main/Leipzig 1994, S. 231

88 Aus: Eike Hennig (Hrsg.), Hessen unterm Hakenkreuz, Frankfurt am Main 1983, S. 504 f.

89 Aus: Lothar Bembenek/Axel Ulrich, Widerstand und Verfolgung in Wiesbaden 1933–1945, Gießen 1990, S. 127

90 Heinrich Pingel-Rollmann, Widerstand und Verfolgung in Darmstadt und der Provinz Starkenburg 1933–1945, Darmstadt/Marburg 1985, S. 160

91 Werner Wolf (Hrsg.), Trümmer, Tränen, Zuversicht. Alltag in Hessen 1945–1949, Frankfurt am Main 1986, S. 71

92 Rolf Messerschmidt, Aufnahme und Integration der Vertriebenen und Flüchtlinge in Hessen 1945–1950, Wiesbaden 1994, S. 305 f.

93 In: Uwe Schultz (Hrsg.), Die Geschichte Hessens, Stuttgart 1983, S. 25

Auswahlbibliographie

Altaras, Thea: Synagogen in Hessen – Was geschah seit 1945?, Königstein 1988

Altaras, Thea: Das jüdische Rituelle Tauchbad, Und: Synagogen in Hessen – Was geschah nach 1945? Teil 2, Königstein 1994

Altaras, Thea: Stätten der Juden in Gießen, Königstein 1998

Ament, Hermann: Die Alamannenfunde von Eschborn, Eschborn 1991

Angenendt, Arnold: Heilige und Reliquien, München 1997

Archäologie in Hessen, Festschrift für Fritz-Rudolf Herrmann, Rahden 2001

Arnsberg, Paul: Die jüdischen Gemeinden in Hessen, 2 Bde., Frankfurt am Main 1971

Arnsberg, Paul: Die Geschichte der Frankfurter Juden seit der Französischen Revolution, Bearbeitet und vollendet durch Hans-Otto Schembs, 3 Bde., Darmstadt 1983

Assion, Peter: Von Hessen in die Neue Welt, Eine Sozial- und Kulturgeschichte der hessischen Amerikaauswanderung, Frankfurt am Main 1987

Auerbach, Inge: Die Hessen in Amerika 1776–1783, Darmstadt 1996

Baatz, Dietwulf / Herrmann, Fritz-Rudolf (Hrsg.): Die Römer in Hessen, Stuttgart 1989

Balser, Frolinde: Aus Trümmern zu einem europäischen Zentrum, Geschichte der Stadt Frankfurt am Main 1945– 1989, Sigmaringen 1995

Battenberg, Friedrich: Judenverordnungen in Hessen-Darmstadt, Das Judenrecht eines Reichsfürstentums bis zum Ende des Alten Reiches, Wiesbaden 1987

Battenberg, Friedrich / Wolf, Jürgen Rainer / Franz, Eckhart G. / Deppert, Fritz: Darmstadts Geschichte, Fürstenresidenz und Bürgerstadt im Wandel der Jahrhunderte, Darmstadt 1984

Bauer, Gerd: Elfen um halb zwölf, Hessische Sagen – neu erzählt, Marburg 1994

Bauer, Gerd: Geheimnisvolles Hessen, Fakten, Sagen und Magie, Marburg 3–1996

Bauer, Gerd / Boehncke, Heiner / Sarkowicz, Hans: Das Hessen-Lexikon, Frankfurt am Main 1999

Becker, Armin / Köhler, Heinz-Jürgen / Rasbach, Gabriele: Der römische Stützpunkt von Waldgirmes (Archäolog. Denkmäler in Hessen 148), Wiesbaden 1999

Becker, Armin / Rasbach, Gabriele: Der spätaugusteische Stützpunkt Lahnau-Waldgirmes, In: Germania 76, 1998, 2.Halbband, S.690 ff.

Beier, Gerhard: Arbeiterbewegung in Hessen, Zur Geschichte der hessischen Arbeiterbewegung durch einhundertfünfzig Jahre (1834–1984), Frankfurt am Main 1984

Bembenek, Lothar / Ulrich, Axel: Widerstand und Verfolgung in Wiesbaden 1933–1945, Gießen 1990

Berbüsse, Volker: Geschichte der Juden in Waldeck, Emanzipation und Antisemitismus vor 1900, Wiesbaden 1990

Böhme, Klaus / Heidenreich, Bernd (Hrsg.): »Einigkeit und Recht und Freiheit«, Die Revolution von 1848/49 im Bundesland Hessen, Opladen 1999

Boehncke, Heiner / Hindemith, Bettina / Wolf, Susanne (Hrsg.): Leben in Trümmern, Fotos und Dokumente der hr-Aktion »Hessen 1945«, Frankfurt am Main 1996

Boehncke, Heiner / Sarkowicz, Hans: Die Heimat der Romantik, Literarische Streifzüge durch den Rheingau, Frankfurt am Main 2000

Borggrefe, Heiner / Lüpkes, Vera / Ottomeyer, Hans (Hrsg.): Moritz der Gelehrte, Ein Renaissancefürst in Europa, (Ausstellungskatalog) Eurasburg 1997

Both, Wolf von / Vogel, Hans: Wilhelm VIII. von Hessen-Kassel, ein Fürst des Rokoko, München 1964

Bothe, Friedrich: Geschichte der Stadt Frankfurt am Main, 2 Bde. Frankfurt am Main 3–1929 (Nachdruck Frankfurt am Main 1977)

Boyle, Nicholas: Goethe, Der Dichter in seiner Zeit, Band 1: 1749–1790, München 1995, Band 2: 1790–1803, München 1999

Brake, Ludwig: Die ersten Eisenbahnen in Hessen, Eisenbahnbau und Eisenbahnpolitik in Frankfurt, Hessen-Darmstadt, Kurhessen und Nassau bis 1866, Wiesbaden 1991

Brugger, Albrecht/Sarkowicz, Hans: Hessen, Eine Landeskunde im Luftbild, Stuttgart 1985

Brunck, Helma/Wolf, Werner (Hrsg.): Wirtschaft, Wohlfahrt, Wunder, Alltag in Hessen 1956–1961, Frankfurt am Main/Leipzig 1992

Buchner, Rudolf (Hrsg.): Willibalds Leben des Heiligen Bonifatius, Darmstadt 1968

Burmeister, Helmut/Dorhs, Michael (Hrsg.): Fremde im eigenen Land, Beiträge zur Kultur- und Sozialgeschichte der Juden in den alten Kreisen Hofgeismar, Kassel, Wolfhagen und in der Stadt Kassel, Hofgeismar 1985

Czysz, Walter: Wiesbaden in der Römerzeit, Stuttgart 1994

Das Rätsel der Kelten vom Glauberg, Glaube-Mythos-Wirklichkeit, (Ausstellungskatalog) Stuttgart 2002

Dehio, Georg: Handbuch der Deutschen Kunstdenkmäler, Hessen, Bearb. von Magnus Backes, Darmstadt 2–1982

Demandt, Karl E.: Geschichte des Landes Hessen, Kassel 1980 (Nachdruck der 2. Aufl.)

Demandt, Karl E.: Rheinfels und andere Katzenelnbogener Burgen als Residenzen, Verwaltungszentren und Festungen 1350–1650, Darmstadt 1990

Dettmering, Erhart/Grenz, Rudolf (Hrsg.): Marburger Geschichte, Rückblick auf die Stadtgeschichte in Einzelbeiträgen, Marburg 1980

DGB-Bildungswerk Hessen/Studienkreis zur Erforschung und Vermittlung der Geschichte des Deutschen Widerstands 1933–1945 (Hrsg.): Hessische Gewerkschafter im Widerstand 1933–1945, Gießen 1983

Diederichs, Ulf/Hinze, Christa (Hrsg.): Hessische Sagen, München 5–1992,

Eiler, Klaus (Hrsg.): Hessen im Zeitalter der industriellen Revolution, Frankfurt am Main 1984

Eisenbach, Ulrich/Hardach, Gerd (Hrsg.): Reisebilder aus Hessen, Fremdenverkehr, Tourismus und Kur seit dem 18. Jahrhundert, Darmstadt 2001

Esselborn, Karl: Hessische Lebensläufe, Darmstadt 1979

Fertsch-Röver, Hadwiga/Kraus, Gerhard (Hrsg.): Denkmal, Hessischer Kultur auf der Spur, Frankfurt am Main 1997

Fertsch-Röver, Hadwiga/Spielmann, Birgit (Hrsg.): Hessen: Wo die Liebe hinfällt, Paare und Passionen in Hessen, Marburg 2001

Fiedler, Lutz: Alt- und mittelsteinzeitliche Funde in Hessen, (Führer zur hess. Vor- und Frühgeschichte 2) Stuttgart 1994

Flughafen Frankfurt/Main AG (Hrsg.): 60 Jahre Flughafen Frankfurt, Geschichte eines europäischen Verkehrshafens, Frankfurt am Main 1996

Frankfurter Historische Kommission (Hrsg.): Frankfurt am Main, Die Geschichte der Stadt in neun Beiträgen, Sigmaringen 1991

Franz, Eckhart G. (Hrsg.): Die Chronik Hessens, Dortmund 1991

Franz, Eckhart G./Köhler, Manfred (Hrsg.): Parlament im Kampf um die Demokratie, Der Landtag des Volksstaats Hessen 1919–1933, Darmstadt 1991

Franz, Eckhart G./Murk, Karl: Verfassungen in Hessen 1807 bis 1946, Verfassungstexte der Staaten des 19. Jahrhunderts, des Volksstaats und des Bundeslandes Hessen, Darmstadt 1998

Friebertshäuser, Hans: Das hessische Dialektbuch, München 1987

Friebertshäuser, Hans: Kleines hessisches Wörterbuch, München 1990

Fried, Johannes (Hrsg.): Die Frankfurter Messe, Besucher und Bewunderer, Literarische Zeugnisse aus ihren ersten acht Jahrhunderten, Frankfurt am Main 1990

Fried, Johannes/Koch, Rainer/Saurma-Jeltsch, Lieselotte E./Thiel, Andreas (Hrsg.): 794 – Karl der Große in Frankfurt am Main, Sigmaringen 1994

Funke und Feuer, Die Geschichte der Zündholzproduktion in Starkenburg, Ober-Ramstadt 1981

Gall, Lothar (Hrsg.): FFM 1200, Traditionen und Perspektiven einer Stadt, (Ausstellungskatalog) Sigmaringen 1994

Gall, Lothar (Hrsg.): 1848 Aufbruch zur Freiheit, (Ausstellungskatalog) Berlin 1998

Gelnhäuser Historische Gesellschaft (Hrsg.): Zur Geschichte der Juden in Gelnhausen während der nationalsozialistischen Verfolgung, Gelnhausen 1996

Georg Büchner, 1813–1837, Revolutionär, Dichter, Wissenschaftler, (Ausstellungskatalog) Basel/Frankfurt am Main 1987

Gerig, Uwe: Hessische Volksfeste, Frankfurt am Main 1990

Görisch, Reinhard/Mayer Thomas Michael (Hrsg.): Untersuchungsberichte zur republikanischen Bewegung in Hessen 1831–1834, Frankfurt am Main 1982

Grab, Walter: Dr. Wilhelm Schulz aus Darmstadt, Weggefährte von Georg Büchner und Inspirator von Karl Marx, Frankfurt am Main/Olten/Wien 1987

Gräf, Holger Th.: Söldnerleben am Vorabend des Dreißigjährigen Krieges, Lebenslauf und Kriegstagebuch des hessischen Obristen Caspar von Widmarckter, Marburg 2000

200 Jahre Brüder Grimm, (Ausstellungskatalog):

Band 1: Dokumente ihres Lebens und Wirkens, Hrsg. von Dieter Hennig und Bernhard Lauer, Kassel 1985

Band 2: Ludwig Emil Grimm 1790–1863, Hrsg. von Ingrid Koszinowski und Vera Leuschner, Kassel 1985

Band 3: Die Brüder Grimm in ihrer amtlichen und politischen Tätigkeit:

Teil 1: Hrsg. von Hans-Bernd Harder und Ekkehard Kaufmann, Kassel 1985

Teil 2: Hrsg. von Hans-Bernd Harder, Dieter Hennig und Bernhard Lauer, Marburg 1989

Großmann, G. Ulrich/Hoppe, Katharina: Nördliches Hessen, Köln 1991

Händler-Lachmann, Barbara/Werther, Thomas: Vergessene Geschäfte – verlorene Geschichte, Jüdisches Wirtschaftsleben in Marburg und seine Vernichtung im Nationalsozialismus, Marburg 1992

Häring, Friedhelm/Klein, Hans-J.: Hessen, Köln 5–1983

Haller, Johannes/Dannenbauer, Heinrich: Der Eintritt der Germanen in die Geschichte, Berlin 1970

Hanauer Anzeiger/Magistrat der Stadt Hanau/Hanauer Geschichtsverein (Hrsg.): Stadtzeit, 150 Jahre Revolution und Turnbewegung Hanau, Hanau 1998

Hase-Mihalik, Eva von/Kreuzkamp, Doris: Du kriegst auch einen schönen Wohnwagen, Zwangslager für Sinti und Roma während des Nationalsozialismus in Frankfurt am Main, Frankfurt am Main 1990

Heckmann, Herbert: Frankfurter Lesebuch, Literarische Streifzüge durch Frankfurt von der Gründung bis 1933, Frankfurt am Main 1985

Heckmann, Herbert/Michel, Walter (Hrsg.): Typisch hessisch, Kreuz- und Querzüge durch Deutschlands Mitte, Frankfurt am Main 1980

Heckmann, Herbert/Michel, Walter: Frankfurt mit den Augen Goethes, Frankfurt am Main 1982

Heidenreich, Bernd/Böhme, Klaus (Hrsg.): Hessen, Verfassung und Politik, Stuttgart/Berlin/Köln 1998

Heidenreich, Bernd/Böhme, Klaus (Hrsg.): Hessen, Geschichte und Politik, Stuttgart/Berlin/Köln 2000

Heidenreich, Bernd/Franz, Eckart G. (Hrsg.): Die Hessen und ihre Geschichte, Wege-Weiser durch die hessische Landes- und Regionalgeschichte, Wiesbaden 1999

Heidenreich, Bernd/Mühlhausen, Walter (Hrsg.): Einheit und Freiheit, Hessische Persönlichkeiten und der Weg zur Bundesrepublik Deutschland, Opladen 2000

Heidenreich, Bernd/Schacht, Konrad (Hrsg.): Hessen, Eine politische Landeskunde, Stuttgart/Berlin/Köln 1993

Heidenreich, Bernd/Schacht, Konrad (Hrsg.): Hessen, Gesellschaft und Politik, Stuttgart/Berlin/Köln 1995

Heinemann, Christiane (Bearb.): Neunhundert Jahre Geschichte der Juden in Hessen, Beiträge zum politischen, wirtschaftlichen und kulturellen Leben, Wiesbaden 1983

Heinemeyer, Walter (Hrsg.): Das Werden Hessens, Marburg 1986

Heitzenröder, Wolfram/Höhmann, Rolf/Schirmbeck, Peter/Seidel, Peter: Hessen, Denkmäler der Industrie und Technik, (Ausstellungskatalog) Berlin 1986

Hennig, Eike (Hrsg.): Hessen unterm Hakenkreuz, Studien zur Durchsetzung der NSDAP in Hessen, Frankfurt am Main 1983

Hentsch, Gerhard: Gewerbeordnung und Emanzipation der Juden im Kurfürstentum Hessen, Wiesbaden 1979

Herder, Hans (Hrsg.): Hessisches Lesebuch, Frankfurt am Mai 1981

Herder, Hans (Hrsg.): Hessisches Auswandererbuch, Berichte, Chroniken und Dokumente zur Geschichte hessischer Einwanderer in den Vereinigten Staaten, Frankfurt am Main 1983

Herrmann, Fritz-Rudolf: Keltische Fürsten in der Wetterau, In: 25 Jahre Denkmalpflege in Hessen, Wiesbaden 1999

Herrmann, Fritz-Rudolf/Jockenhövel, Albrecht (Hrsg.): Die Vorgeschichte Hessens, Stuttgart 1990

Herzog, Erich: Hessische Landschaften und Stadtansichten 1650–1950, Hanau 2–1975

Herzogtum Nassau 1806–1866, Politik, Wirtschaft, Kultur, (Ausstellungskatalog) Wiesbaden 1981

Hessen, Rainer von (Hrsg.): Wir Wilhelm von Gottes Gnaden, Die Lebenserinnerungen Kurfürst Wilhelms I. von Hessen 1743–1821, Frankfurt am Main/New York 1996

Hessen und Thüringen – Von den Anfängen bis zur Reformation, Eine Ausstellung des Landes Hessen, Marburg 1992

Hessischer Museumsverband (Hrsg.): Museen in Hessen, Kassel 4–1994

Hessisches Landesamt für geschichtliche Landeskunde (Hrsg.): Geschichtlicher Atlas von Hessen, Marburg 1960–1978

Hessisches Statistisches Landesamt (Hrsg.): Hessen im Wandel der letzten hundert Jahre, Wiesbaden 1960

Hessisches Staatsarchiv Darmstadt: Jüdisches Leben in Darmstadt, Dokumente 1629–1940, Darmstadt 1988

Hessisches Staatsarchiv Darmstadt: Auf dem Weg zum modernen Staat, Französische Revolution und Rheinbundreform in Hessen-Darmstadt, Dokumente 1789–1815, Darmstadt 1990

Hessisches Staatsarchiv Darmstadt: »die Zauberinnen mögen verbrennet werden«, Hexenverfolgungen in Darmstadt und Umgebung am Beginn der Neuzeit, Dokumente 1574–1628, Darmstadt 1993

Hessisches Staatsarchiv Marburg (Hrsg.): Auswanderung aus Hessen, (Ausstellungskatalog) Marburg 1984

Heßler, Carl (Hrsg.): Hessische Volkskunde, Marburg 1904 (Nachdruck Würzburg 1979)

Heubach, Helga (Hrsg.): Jüdisches Leben in Frankfurt, Materialien, 2 Bde., Frankfurt am Main 1988

Heuberger, Georg (Hrsg.): Die Rothschilds, Eine europäische Familie, 2 Bde., (Ausstellungskatalog) Sigmaringen 1994

Heuberger, Rachel/Krohn, Helga: Hinaus aus dem Ghetto ..., Juden in Frankfurt am Main 1800–1950, Frankfurt am Main 1988

Heuer, Renate/Wolf, Siegbert (Hrsg.): Die Juden der Frankfurter Universität, Frankfurt am Main/New York 1997

Hoede, Roland: Die Heppenheimer Versammlung vom 10. Oktober 1847, Frankfurt am Main 1997

Hoffmann, Friedrich: Die Verfolgung der nationalsozialistischen Gewaltverbrechen in Hessen, Baden-Baden 2001

Institut Mathildenhöhe Darmstadt (Hrsg.): Museum Künstlerkolonie Darmstadt, Darmstadt o. J.

Jäger, Wolfgang: Staatsbildung und Reformpolitik, Politische Modernisierung im Herzogtum Nassau zwischen Französischer Revolution und Restauration, Wiesbaden 1993

Kapp, Friedrich: Der Soldatenhandel deutscher Fürsten nach Amerika, Berlin 1864

Kappel, Irene: Steinkammergräber und Menhire in Nordhessen, Kassel 1989

Kiesow, Gottfried: Romanik in Hessen, Stuttgart 1984

Kiesow, Gottfried: Gotik in Hessen, Stuttgart 1988

Kiesow, Gottfried: Baukunst in Hessen, Von der Romantik zur Moderne, Stuttgart 2000

Klaube, Frank-Roland (Bearb.): Überlebensberichte, Der 22. Oktober 1943 in Protokollen der Vermisstensuchstelle des Oberbürgermeisters der Stadt Kassel, Marburg 1993

Klötzer, Wolfgang (Hrsg.): Frankfurter Biographie, Personengeschichtliches Lexikon, Bearbeitet von Sabine Hock und Reinhard Frost, Band 1: A-L, Frankfurt am Main 1994, Band 2: M-Z, Frankfurt am Main 1996

Knappe, Rudolf: Mittelalterliche Burgen in Hessen, Gudensberg-Gleichen 1994

Knauß, Erwin: Die jüdische Bevölkerung Gießens 1933–1945, Wiesbaden 4–1987

Knodt, Manfred: Die Regenten von Hessen-Darmstadt, Darmstadt 3–1989

Knodt, Manfred: Ernst Ludwig Großherzog von Hessen und bei Rhein, Sein Leben und seine Zeit, Darmstadt 3–1997

Koch, Rainer (Hrsg.): Brücke zwischen den Völkern – Zur Geschichte der Frankfurter Messe, 3 Bde., (Ausstellungskatalog) Frankfurt am Main 1991

Koch, Rainer (Hrsg.): Die Frankfurter Nationalversammlung 1848/49, Ein Handlexikon der Abgeordneten der deutschen verfassungsgebenden Reichs-Versammlung, Kelkheim 1989

Koch, Rainer/Stahl, Patricia (Hrsg.): Wahl und Krönung in Frankfurt am Main, Kaiser Karl VII. 1742–1745, 2 Bde., Frankfurt am Main 1986

Kracauer, Isidor: Geschichte der Juden in Frankfurt a. M., 2 Bde., Frankfurt am Main 1927

Krämer-Badoni, Rudolf: Deutschland deine Hessen, Hamburg 1968

Kramer, Ernst: Fulda, München/Berlin 3–1973

Kramer, Waldemar (Hrsg.): Frankfurt-Chronik, Frankfurt am Main 3–1987

Kropat, Wolf-Arno: Hessen in der Stunde Null 1945/1947, Wiesbaden 1979

Kropat, Wolf-Arno: Kristallnacht in Hessen, Das Judenpogrom vom November 1938, Wiesbaden 1988

Kropat, Wolf-Arno: Reichskristallnacht, Das Judenpogrom vom 7. bis zum 10. November 1938, Urheber, Täter, Hintergründe, Wiesbaden 1997

Krupp, Ingrid, Burgen und Schlösser in Hessen-Nassau, Würzburg 1987

Kürzinger, Georg/Wohmann, Gabriele/Pletsch, Alfred: Hessen, München/Berlin 1992

Kurt, Alfred/Schlander, Otto: Der Kreis Offenbach und das Dritte Reich, Dreieich 1991

Laub, Peter (Bearb.): Ulrich von Hutten, Ritter-Humanist-Publizist 1488–1523, (Ausstellungskatalog) Kassel 1988

Leiwig, Heinz: Finale 1945 Rhein-Main, Düsseldorf 1985

Lengemann, Jochen: Parlamente in Hessen 1808–1813, Frankfurt am Main 1991

Mack, Ernst: Von der Steinzeit zur Stauferstadt, Die frühe Geschichte von Frankfurt am Main, Frankfurt am Main 1994

Magistrat der Stadt Bad Homburg (Hrsg.): Bad Homburg vor der Höhe, Bad Homburg 1983

Magistrat der Stadt Darmstadt (Hrsg.): Darmstadt in der Zeit des Klassizismus und der Romantik, Darmstadt 1978

Magistrat der Stadt Darmstadt (Hrsg.): Darmstadt in der Zeit des Barock und Rokoko, 2 Bde., Darmstadt 1980

Mayer, Thomas Michael (Bearb.): Georg Büchner, Leben, Werk, Zeit. (Ausstellungskatalog) Marburg 3–1987

Menke, Manfred: Megalithgrab mit Menhir in Muschenheim, In: Spiegel der Forschung, Wissenschaftsmagazin der Universität Giessen 2/1993

Messerschmidt, Rolf: »Wenn wir nur nicht lästig fallen ...« Aufnahme und Eingliederung der Flüchtlinge und Vertriebenen in Hessen (1945–1955), Frankfurt am Main 1991

Messerschmidt, Rolf: Aufnahme und Integration der Vertriebenen und Flüchtlinge in Hessen, Wiesbaden 1994

Miedel, Hilde (Bearb.): Hölderlin und Homburg, Bad Homburg 1976

Moritz, Klaus/Noam, Ernst: NS-Verbrechen vor Gericht 1945–1955,Wiesbaden 1978

Mühlhausen, Walter: Hessen 1945–1950, Zur politischen Geschichte eines Landes in der Besatzungszeit, Frankfurt am Main 1985

Mühlhausen, Walter: Karl Geiler und Christian Stock: Hessische Ministerpräsidenten im Wiederaufbau, Marburg 1999

Neuland, Franz: Proletarier und Bürger, Arbeiterbewegung und radikale Demokratie 1848/49 in Frankfurt am Main, Frankfurt am Main 2–1998

Noam, Ernst/Kropat, Wolf-Arno: Juden vor Gericht 1933–1945, Band 1: Dokumente aus hessischen Justizakten, Wiesbaden 1975

Orth, Elsbet: Die Fehden der Reichsstadt Frankfurt am Main im Spätmittelalter, Wiesbaden 1973

Pfeiffer, Andreas (Hrsg.): Vom Mammutfleisch bis zur Kartoffel, Begleitschrift zur gleichnamigen Ausstellung, (Heilbronner Museumsheft Nr. 15) Frankfurt/Main 1992

Peter, Antonio/Wolf, Werner (Hrsg.): Arbeit, Amis, Aufbau, Alltag in Hessen 1949–1955, Frankfurt am Main 1989

Philippi, Hans: Das Haus Hessen, Ein europäisches Fürstengeschlecht, Kassel 1983

Pletsch, Alfred: Hessen (Wissenschaftliche Länderkunden Band 8/III), Darmstadt 1989

Polley, Rainer: Die Kurhessische Verfassung von 1831, Marburg/Witzenhausen 1981

Pötzsch, Hansjörg: Antisemitismus in der Region, Antisemitische Erscheinungsformen in Sachsen, Hessen, Hessen-Nassau und Braunschweig 1870–1914, Wiesbaden 2000

Preissler, Dietmar: Frühantisemitismus in der Freien Stadt Frankfurt und im Großherzogtum Hessen (1810 bis 1860), Heidelberg 1989

Rabold, Britta/Schallmayer, Egon/Thiel, Andreas: Der Limes, Die Deutsche Limes-Straße vom Rhein bis zur Donau, Stuttgart 2000

Rebentisch, Dieter (Hrsg.): Dreieich zwischen Parteipolitik und »Volksgemeinschaft«, Frankfurt am Main 1984

Regierungspräsidium Gießen (Hrsg.): Mittelhessen, Aus Vergangenheit und Gegenwart, Marburg 1991

Renkhoff, Otto: Nassauische Biographie, Kurzbiographien aus 13 Jahrhunderten, Wiesbaden 2–1992

Rödel, Volker: Fabrikarchitektur in Frankfurt am Main 1774–1924, Frankfurt am Main 1984

Ronner, Wolfgang: Als Kronberg hinter Mauern lag, 2 Bde., Frankfurt am Main 1975 und 1979

Ronner, Wolfgang: Politik und Religion im alten Kronberg, Kronberg 1983

Roth, Helmut/Walmers, Egon (Hrsg.): Hessen im Frühmittelalter, Archäologie und Kunst, (Ausstellungskatalog) Sigmaringen 1984

Roth, Hermann Josef: Hessen, München 1986

Sante, Georg Wilhelm (Hrsg.): Handbuch der historischen Stätten Deutschlands, Bd. 4: Hessen, Stuttgart 3–1976

Sarkowicz, Hans (Hrsg.): So sahen sie Hessen, Eine kulturgeschichtliche Reise in zeitgenössischen Berichten, Stuttgart 1988

Sarkowicz, Hans (Hrsg.): Stadtluft macht frei, Hessische Stadtporträts – eine Reise in die Vergangenheit, Leinfelden-Echterdingen 1993

Sarkowicz, Hans (Hrsg.): Die großen Frankfurter, Frankfurt am Main/Leipzig 1994

Sarkowicz, Hans/Sonnenschein, Ulrich (Hrsg.): Die großen Hessen, Frankfurt am Main und Leipzig 1996

Schaefer, Albert: Wiesbaden, Von der Römersiedlung zur Landeshauptstadt, Frankfurt am Main 3–1985

Schauber, Vera/Schindler, Hanns Michael: Die Heiligen im Jahreslauf, Augsburg 1990

Schimpf, Dorothee: Emanzipation und Bildungswesen der Juden im Kurfürstentum Hessen 1807–1866, Jüdische Identität zwischen Selbstbehauptung und Assimilationsdruck, Wiesbaden 1994

Schneider, Axel: Hessen und Thüringen, Stichworte einer Nachbarschaft, Frankfurt am Main 1990

Schütz, Philipp: Der Ruf der Zarin, Ein Beitrag zur Auswanderung hessischer Familien nach Russland, Marburg 1989

Schultz, Uwe (Hrsg.): Die Geschichte Hessens, Stuttgart 1983

Schulz, Berndt/Merk, Heidrun: Hessen, Nürnberg 1996

Schuster, Armin: Die Entnazifizierung in Hessen 1945–1954, Vergangenheitspolitik in der Nachkriegszeit, Wiesbaden 1999

Schwarz, Martin Maria/Sonnenschein, Ulrich (Hrsg.): Hessen kriminell, Orte des Verbrechens in Hessen, Marburg 1999

Schwarz, Martin Maria/Sonnenschein, Ulrich (Hrsg.): Hessen riskant, Orte des Scheiterns in Hessen, Marburg 2000

Seidenfaden, Marie-Louise (Hrsg.): « … wir ziehen nach Amerika«, Briefe Odenwälder Auswanderer aus den Jahren 1830 bis 1833, Schloß Lichtenberg 1988

Seidenfaden, Marie-Louise/Köhler, Brigitte (Hrsg.): »… jetzt sind wir in Amerika«, Südhessen in der Neuen Welt, Schloß Lichtenberg 1988

Senger, Valentin: Kaiserhofstraße 12, Darmstadt/Neuwied 1978

700 Jahre Elisabethkirche in Marburg, 7 Bde., Marburg 1983

Steen, Jürgen/Wolzogen, Wolf von (Bearb.): »Die Synagogen brennen ...!« Die Zerstörung Frankfurts als jüdische Lebenswelt, Frankfurt am Main 1988

Steen, Jürgen/Wolzogen, Wolf von (Bearb.): Anne aus Frankfurt, Leben und Lebenswelt Anne Franks, Frankfurt am Main 1994

Steidl, Bernd: Die Wetterau vom 3. bis 5. Jahrhundert n. Chr. (Materialien zur Vor- und Frühgeschichte von Hessen, Bd. 22), Wiesbaden 2000

Struck, Wolf Heino: Wiesbaden in der Goethezeit (1803–1818), Wiesbaden 1979

Struck, Wolf Heino: Wiesbaden im Biedermeier, Wiesbaden 1981

Stubenvoll, Willi (Hrsg.): »Die Straße«, Geschichte und Gegenwart eines Handelsweges, 2 Bde., (Ausstellungskatalog) Frankfurt am Main 1990

Studienkreis Deutscher Widerstand (Hrsg.): Heimatgeschichtlicher Wegweiser zu Stätten des Widerstandes und der Verfolgung 1933–1945: Hessen, 2 Bde., Frankfurt am Main 1995

Tamse, Coenraad A. (Hrsg.): Nassau und Oranien, Statthalter und Könige der Niederlande, Göttingen/Zürich 1985

Trautwein, Dieter: Heil von den Inseln, Konstanz 1993

Vehse, Carl Eduard: Badische und hessische Hofgeschichten, München 1922

Wegner, Karl Hermann (Hrsg.): 300 Jahre Hugenotten in Hessen, Kassel 1985

Wettengel, Michael: Die Revolution von 1848/49 im Rhein-Main-Raum, Politische Vereine und Revolutionsalltag im Großherzogtum Hessen, Herzogtum Nassau und in der Freien Stadt Frankfurt, Wiesbaden 1989

Wippermann, Wolfgang: Das Leben in Frankfurt zur NS-Zeit, 4 Bde., Frankfurt am Main 1986

Wolf, Werner (Hrsg.): Trümmer, Tränen, Zuversicht, Alltag in Hessen 1945–1949, Frankfurt am Main 1986

Wunder, Heide/Vanja, Christina/Wegner, Karl-Hermann (Hrsg.): Kassel im 18. Jahrhundert, Residenz und Stadt, Kassel 2000

Zimmermann, Erich: Für Freiheit und Recht! Der Kampf der Darmstädter Demokraten im Vormärz (1815–1848), Darmstadt 1987

ORTSREGISTER

Personenregister